江苏省现代服务业发展研究报告

2020

主 编　张为付

南京大学出版社

图书在版编目(CIP)数据

江苏省现代服务业发展研究报告.2020/张为付主编. —南京：南京大学出版社，2021.5

ISBN 978 - 7 - 305 - 24456 - 8

Ⅰ.①江…　Ⅱ.①张…　Ⅲ.①服务业－经济发展－研究报告－江苏－2020　Ⅳ.①F726.9

中国版本图书馆 CIP 数据核字(2021)第 082593 号

出版发行　南京大学出版社
社　　址　南京市汉口路 22 号　　　邮　　编　210093
出 版 人　金鑫荣

书　　名　**江苏省现代服务业发展研究报告 2020**
主　　编　张为付
责任编辑　王日俊

照　　排　南京开卷文化传媒有限公司
印　　刷　广东虎彩云印刷有限公司
开　　本　880×1230　1/16　印张 23　字数 658 千
版　　次　2021 年 5 月第 1 版　　2021 年 5 月第 1 次印刷
ISBN 978 - 7 - 305 - 24456 - 8
定　　价　480.00 元

网　　址：http://www.njupco.com
官方微博：http://weibo.com/njupco
官方微信号：njupress
销售咨询热线：(025)83594756

本书为江苏省发展和改革委员会服务业重大课题、江苏高校优势学科建设工程(PAPD)、江苏高校现代服务业协同创新中心、江苏高校人文社会科学校外研究基地"江苏现代服务业研究院"和江苏省重点培育智库"现代服务业智库"研究成果。

本书出版得到江苏省服务业重大课题专项资金、江苏高校优势学科建设工程(PAPD)、江苏高校现代服务业协同创新中心、江苏高校人文社会科学校外研究基地"江苏现代服务业研究院"和江苏省重点培育智库"现代服务业智库"的资助。

书　　名：江苏省现代服务业发展研究报告(2020)
主　　编：张为付
出版社：南京大学出版社

目 录
Contents

综 合 篇
PART I COMPREHENSIVE REPORT

区 域 篇

PART II AREA REPORT

行　业　篇
PART III INDUSTRIAL REPORT

集聚区篇
PART IV CLUSTER REPORT

举 措 篇
PART V POLITICAL REPORT

政 策 篇
PART VI POLITICAL REPORT

数 据 篇
PART VII DATA REPORT

综合篇

第一章　江苏现代服务业发展报告

2019年,全省坚持以习近平新时代中国特色社会主义思想为指导,深入贯彻党的十九大和十九届二中、三中、四中全会精神,深入学习习近平总书记重要指示要求,全面落实党中央、国务院和省委省政府各项决策部署,坚持稳中求进工作总基调,深入贯彻新发展理念,统筹做好稳增长、促改革、调结构、惠民生、防风险、保稳定各项工作,扎实推进供给侧结构性改革,全力推动高质量发展走在前列。

一、江苏现代服务业发展的典型事实

(一)服务业规模平稳增长,占比持续提高

2019年,江苏第三产业增加值51064.7亿元,比上年增长6.6%。产业结构加快调整,全年三次产业增加值比例调整为4.3:44.4:51.3,服务业超过第二产业占比6.9个百分点,服务业增加值占GDP比重比上年提高0.9个百分点。第三产业投资增长6.3%,科学研究和技术服务业增长8.6%,文化、体育和娱乐业增长13.9%。

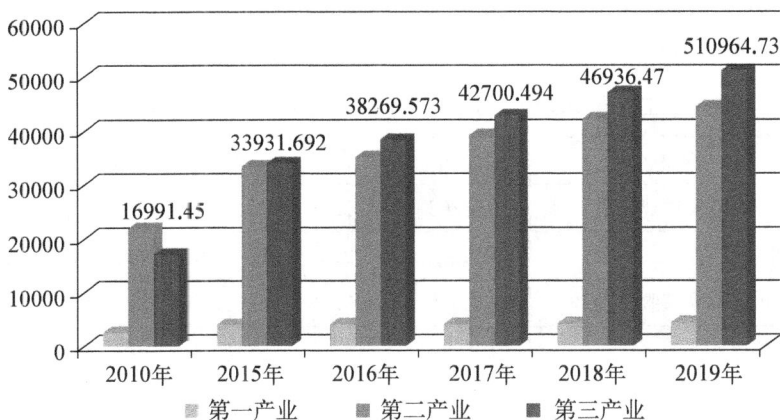

图1　江苏历年三次产业增加值情况(单位:亿元)

数据来源:江苏省统计局

(二)传统行业发展较为平稳

1. 交通运输基本平稳

2019年,货物运输量比上年增长4.6%,旅客运输量下降0.9%;货物周转量比上年增长4.3%,旅客周转量比上年增长2.6%。全省机场飞机起降56.1万架次,比上年增长8.7%;旅客吞

吐量 5844.0 万人次,增长 13.2%;货邮吞吐量 64.2 万吨,增长 7.5%。规模以上港口货物吞吐量 26.3 亿吨,比上年增长 12.8%。其中,外贸货物吞吐量 5.2 亿吨,增长 7.0%;集装箱吞吐量 1872.6 万标准集装箱,增长 4.1%。年末全省高速公路里程 4865.0 公里。铁路营业里程 3539.0 公里,铁路正线延展长度 6252.9 公里。年末民用汽车保有量 1919.2 万辆,增长 7.6%;净增 136.0 万辆。年末私人汽车保有量 1646.2 万辆,增长 7.1%;净增 108.5 万辆。其中,私人轿车保有量 1131.3 万辆,增长 6.0%;净增 64.5 万辆。

2. 邮政电信快速发展

2019 年,邮政行业业务总量 1426.9 亿元,比上年增长 35.9%;电信业务总量 7546.6 亿元,增长 56.8%。邮政行业业务收入 813.8 亿元,比上年增长 25.8%;电信业务收入 978.0 亿元,增长 3.0%。年末固定电话用户 1329.1 万户;年末移动电话用户 10166.0 万户,比上年末增加 371.9 万户;电话普及率达 126.3 部/百人。年末长途光缆线路总长度 3.9 万公里;年末互联网宽带接入用户 3585.7 万户,新增 233.9 万户。

3. 旅游业较快增长

2019 年,旅游业实现总收入 14321.6 亿元,增长 8.1%。入境过夜旅游者 399.5 万人次,下降 0.3%。其中,外国人 266.5 万人次,增长 0.7%;港澳台同胞 133.0 万人次,下降 2.3%。旅游外汇收入 47.4 亿美元,增长 2.0%。接待国内游客 8.8 亿人次,增长 7.6%,实现国内旅游收入 13902.2 亿元,增长 8.2%。

4. 金融信贷规模扩大

2019 年末,全省金融机构人民币存款余额 152837.3 亿元,比年初增长 9.4%,增加 13089.6 亿元。其中,住户存款比年初增加 6967.3 亿元,非金融企业存款比年初增加 5167.0 亿元。年末金融机构人民币贷款余额 133329.9 亿元,比年初增长 15.2%,增加 17346.8 亿元。其中,中长期贷款比年初增加 9076.1 亿元,短期贷款比年初增加 6484.1 亿元。

表 1　江苏省 2010—2019 年服务业产业结构情况(单位:亿元)

行　业	2010 年	2015 年	2016 年	2017 年	2018 年	2019 年
交通运输、仓储和邮政业	1768.62	2435.34	2535.57	2743.41	2964.41	3157.21
住宿和餐饮业	710.98	1112.55	1203.18	1302.85	1413.43	1540.21
信息传输、软件和信息技术服务业	591.23	1685.12	1961.21	2172.79	2409.97	2593.53
金融业	2105.92	4914.55	5545.17	6215.65	6846.88	7529.61
房地产业	2550.95	4954.09	5792.01	6907.75	7467.17	8057.76
租赁和商务服务业	839.58	1958.03	2278.82	2524.68	2800.26	2980.91
科学研究和技术服务业	405.46	1413.53	1645.10	1822.59	2021.53	2212.91
水利、环境和公共设施管理业	208.28	395.22	459.97	509.61	565.21	646.01
居民服务、修理和其他服务业	432.81	742.71	864.39	957.65	1062.17	1121.06
教育	1022.58	1807.68	2103.83	2330.82	2585.24	2908.01
卫生和社会工作	484.64	1155.06	1344.30	1489.34	1651.91	1842.58

行 业	2010 年	2015 年	2016 年	2017 年	2018 年	2019 年
文化、体育和娱乐业	213.38	406.75	473.38	524.46	581.71	594.23
公共管理、社会保障和社会组织	1209.52	2859.93	3328.48	3687.59	4090.10	4616.52

数据源:《江苏统计年鉴 2020》

（三）新业态新商业模式蓬勃发展

江苏规模以上服务业中,互联网和相关服务业、软件和信息技术服务业、商务服务业营业收入分别同比增长 23.4%、18.8% 和 9.4%,受电商网购经济带动邮政业营业收入增长 13.5%,4 个行业对全省规模以上服务业增长的贡献率超六成,达 60.6%。

城乡公共文化服务体系不断完善。全省共有综合档案馆 113 个,向社会开放档案 98.9 万件。共有广播电台 8 座,中短波广播发射台和转播台 21 座,电视台 8 座,广播综合人口覆盖率和电视综合人口覆盖率均达 100%。全省有线电视用户 1543.2 万户。全年生产故事电影院片 48 部;出版报纸 20.2 亿份,出版杂志 1.1 亿册,出版图书 7.4 亿册。

体育事业蓬勃发展。在重大国际比赛(世界杯、世锦赛)中获得世界冠军 14 人次(13 项次),亚军 12 人次(8 项次),季军 2 人次(2 项次),新增世界冠军 6 人;在国内一类赛事中获得金牌 143 人次(37 项次),银牌 51 人次(25 项次),铜牌 91 人次(29 项次)。

（四）服务业就业吸纳能力持续向好

2019 年末,江苏省就业人口 4745.2 万人,第一产业就业人口 734.5 万人,减少了 30.4 万人;第二产业就业人口 2012.0 万人,减少了 21.4 万人;第三产业就业人口 1998.7 万人,增长了 46.1 万人,在第一产业、第二产业增长持续减少的形势下,服务业就业同比增长 2.4%,表明服务业在就业结构中的贡献率持续提高。城镇就业人口 3282.7 万人,城镇新增就业 148.3 万人。失业率保持较低水平,年末全省城镇登记失业率 3.03%,比上年提高 0.06 个百分点。全年新增转移农村劳动力 22.0 万人,转移率达 76.1%,比上年末提高 0.9 个百分点。城镇失业人员再就业 94.8 万人,比上年增长 6.0%。

表 2   江苏省 2018 年和 2019 年三次就业人数表（单位:万人）

地 区	2018 年				2019 年			
	就业人数	第一产业	第二产业	第三产业	就业人数	第一产业	第二产业	第三产业
全 省	4750.9	764.9	2033.4	1952.6	4745.2	734.5	2012.0	1998.7
按地区分								
南 京	462.6	42.6	146.2	273.8	464.0	39.5	145.0	279.5
无 锡	388.2	15.8	213.6	158.8	387.0	14.9	213.1	159.0
徐 州	483.1	119.9	170.2	193.0	483.4	106.8	172.7	203.9
常 州	282.2	29.4	137.4	115.4	282.7	29.3	137.1	116.3

地 区	2018 年				2019 年			
	就业人数	第一产业	第二产业	第三产业	就业人数	第一产业	第二产业	第三产业
苏 州	692.3	21.7	405.8	264.8	692.6	20.9	403.8	267.9
南 通	455.0	83.7	211.6	159.7	452.0	80.0	211.1	160.9
连云港	250.5	77.7	81.7	91.1	249.5	75.9	72.7	100.9
淮 安	285.1	76.9	89.9	118.3	284.7	76.4	89.7	118.6
盐 城	431.8	95.9	158.5	177.4	430.0	95.0	158.5	176.5
扬 州	267.1	39.4	120.4	107.3	268.0	37.3	115.1	115.6
镇 江	194.8	21.9	85.1	87.8	194.9	21.5	83.7	89.7
泰 州	275.5	55.7	111.9	107.9	275.0	54.3	112.6	108.1
宿 迁	282.7	84.3	101.1	97.3	281.4	82.7	96.9	101.8

数据来源:《江苏统计年鉴 2020》

(五)服务业企业规模持续壮大

2019 年 1—11 月,全省规模以上服务业企业户均营业收入 8037 万元,同比增长 4.8%。营业收入规模超 10 亿元的企业有 180 家,比上年同期增加 11 家。超 10 亿元企业营业收入同比增长 17.5%,快于全省增速 9.5 个百分点,对全省规模以上服务业增长的贡献率达 76.6%。企业税费负担明显下降。国家大规模减税降费,为企业发展提供更优环境。全年全省新增减税降费 2200 亿元。1—11 月,全省规模以上工业企业应交增值税同比下降 6.2%,增速比上年同期回落 10.6 个百分点;税负率(应交增值税占营业收入比重)为 1.86%,比上年同期下降 0.39 个百分点。1—11 月,全省规模以上服务业企业三项税金增长 2.0%,增速比上年同期回落 4.3 个百分点;企业销售费用增长 2.1%、管理费用下降 5.1%,增速比上年同期分别回落 1.5、10.6 个百分点。市场主体数量增多。"放管服"改革纵深推进,全年新登记市场主体 184.1 万户、平均每天 5044 户,其中,企业 54.3 万户、平均每天 1488 户。

(六)服务外包和外商投资继续保持全国排头兵

2019 年,江苏省服务外包业务合同额 623.0 亿美元,其中,离岸合同额 293.8 亿美元。服务外包业务执行额 512.6 亿美元,其中,离岸执行额 242.6 亿美元,约占全国 1/4,连续 11 年居全国首位。统计显示,江苏省服务外包企业达 14000 多家,从业人员近 200 万人。产业结构进一步优化。2019 年,江苏信息技术外包(ITO)、业务流程外包(BPO)和知识流程外包(KPO)离岸执行额分别为 128.9 亿美元、22.8 亿美元和 90.9 亿美元,继续保持 5:1:4 的基本格局。2019 年,江苏省信息技术解决方案、云计算、医药和生物技术研发服务等知识密集型外包服务取得长足进步。以云计算、人工智能、区块链为代表的新一代信息技术数据服务离岸业务明显增长,达到 1.2 亿美元。生物医药研发、工程技术设计外包离岸执行额分别逾 20 亿美元、14 亿美元,在基数较大的情况下实现了两位数增长。新一代信息技术服务等知识密集型业务的增长,展示了江苏省服务外包产业发展的潜能,并将为江苏省服务外包乃至其他领域的增长和发展带来新的机遇,提供不竭动力。

2019 年,江苏服务业外商直接投资 2171 个项目,协议注册 353.44 亿美元,实际使用 121.46 亿美元,其中,批发和零售、科学研究和技术服务业、信息传输、软件和信息技术服务业排名前三,项目投资额分别为 775 个、483 个、313 个,占比高达 72.3%,是江苏外商直接投资的重点行业,这也与江苏省服务业发展的行业结构基本一致。

表 3 2019 年江苏外商直接投资基本情况(单位:万美元)

行 业	项目(个)	协议注册	实际使用
总 计	2171	3534412	1214600
批发和零售业	775	601719	154810
交通运输、仓储和邮政业	41	95596	56597
住宿和餐饮业	46	31684	1621
信息传输、软件和信息技术服务业	313	438949	105288
金融业	9	13472	25925
房地产业	120	679711	353402
租赁和商务服务业	274	568992	219555
科学研究和技术服务业	483	1069070	271752
水利、环境和公共设施管理业	12	-7218	12691
居民服务、修理和其他服务业	14	16695	6919
教育	30	1998	321
卫生和社会工作	9	14256	1606
文化、体育和娱乐业	45	9488	4013
公共管理、社会保障和社会组织			100

数据来源:《江苏统计年鉴 2020》

二、江苏现代服务业发展的问题剖析

(一)问题分析

1. 现代服务业与制造业发展不均衡

新环境下江苏现代服务业发展的制约因素之一则是制造业供给相对严重过剩,与服务业许多行业的投资不足和产出瓶颈现象同时并存,表现为"总需求向服务业集中而总供给向制造业倾斜"的结构性矛盾。这一方面由于缺少作为知识资本、技术资本和人力资本密集的现代生产性服务业投入,使制造业呈现出"大而不强"的特征并缺乏竞争力;另一方面也因为与民生直接相关的服务业,如住宅、教育、医疗、养老等不够发达。

同时,江苏制造业虽然有的发展较好已经有独立的品牌和知识产权,但大部分企业还处于"微笑曲线"底端的"制造"层面,离"设计""创造"与"自创品牌"层面还有一定的距离。无论是以加工贸易为指向的 FDI 企业(外商直接投资),还是为 FDI 企业提供配套的本土加工企业,其制造环节所带来的中间服务需求绝大多数并不在国内,甚至在国内就没有产生对高端服务的需求,因为研发设计、资金融通和销售等服务基本都是由跨国公司的母国企业提供的。加工贸易主导的贸易结构割裂了制造业和生产性服务业的产业关联,代工制造业的发展不但没有形成对生产性服务的有效需求,反而在要素获取方面与生产性服务业形成竞争。由此可见,虽然江苏制造业的总量很大,但是对生产性服务的有效需求较为有限,无法形成有力的市场支撑。

2. 传统服务业过剩与现代服务业不足并存

传统服务业进入过度与现代服务业进入不足同时并存,表现为传统服务企业的低利润甚至亏损倒闭,与一些垄断性的现代服务企业获取暴利的现象同时并存。进入过度的是那些与城市和农村的剩余劳动力就业有关的低技能的劳动密集型行业,而进入不足的是那些技术资本密集的现代服务业,如"流通、交通、通信、融通"等,这些行业普遍与政府管制和行政垄断密切联系。例如,据中国 626 家上市公司披露的年报计算,无论是毛利率、净资产收益率,还是管理层薪酬均值(行业薪酬合计除以公司家数)最高的五大行业,金融服务业位居暴利行业之首,最高的五大行业中还包括竞争严重不足的交通运输、房地产、信息服务等。

3. 现代服务业发展的动力较为单一

江苏制造业的全球化与服务业的本地化同时并存,发展动力不对称。过去,江苏的制造业在经济全球化动力驱使下,其增长受全球市场需求的支持,但是服务业的发展方式因受其技术特征的影响和制约,基本上还是本地化的,受制于本地的消费市场。尤其是在过去人均收入较低和劳动收入占国民收入的份额有所下降的情境下,本地化的市场需求不振,因此,服务业的比重就难以有突破性的提升。相反,有的地区服务业的比重还随着制造业的快速增长而呈现下降的趋势。由此看来,转变服务业的发展方式,必须基于江苏加入全球产品内分工的特征,突破服务业在技术上不可贸易的初级特征,在信息技术等支撑下寻求全球化发展的理念和手段,大力发展服务贸易和国际服务外包。

4. 知名企业、品牌企业与上海等地相比较少

江苏知名企业、品牌企业与上海、广东等服务业发展较好的地区相比相对较少,导致现代服务业发展的主体支撑较为薄弱。江苏作为制造业大省,涌现出了一批在国内具有较强品牌效应的知名企业,但其现代服务业领域的规模企业、知名企业和品牌企业相对较少。2018 年中国服务业企业 100 强中,江苏仅有苏宁控股集团、三胞集团和福中集团上榜,分别以 5578 亿元、1460 亿元和827 亿元的营业收入位列第 9、52 和 78 位,苏宁和三胞集团的业务范围虽然涉及金融、物流、信息等生产性服务领域,但主营业务仍以零售为主。

5. 行业垄断、歧视性政策导致现代服务业的发展受到束缚

江苏在我国经济发达地区的竞赛中,以对外开放度最高、参与国际竞争最激烈而著称。但是,其在现代服务业领域却没有形成与国内领先、国际接轨的服务经济的发展环境。究其原因,一是行业门槛过高,对社会资本的进入限制太多,部分行业垄断行为未能被打破,存在明显壁垒,特别是金融保险、公用事业和信息媒体等行业的市场化进程相对滞后,加之服务质量和价格方面的问题较多,抑制了需求增长。二是行业管理体制存在缺陷,部分行业存在多头管理、行政分割的现象;相关

机构、企业的设立和业务扩展面临较多的审批事项与繁琐的审批程序。三是税收体制不合理,在营业税改增值税后,分销服务业由于税率和抵扣等因素,出现实际税负不降反升的问题。同时,在政策执行方面,由于一些地方的配套措施不衔接或没有及时跟进,导致国家和地方出台的部分优惠扶持政策没有能够执行到位。

6. 区域间服务业资源竞争激烈、产业协同效应难以显现

区域间服务业资源竞争激烈、产业协同效应难以显现,导致现代服务业发展缺乏整体内源性动力。近年来,为吸引服务业投资资源,我国各地服务业同质化竞争激烈,江苏也不例外。在江苏,无论是在经济发达的苏南、苏中地区,还是在发展相对滞后的苏北地区,都在大力发展现代服务业,但许多邻近地区的结构层次和业态分布都非常接近,区域资源竞争激烈。同时,一些地方政府仍然采用粗放式的发展模式,将"做大规模"作为现代服务业发展的第一要务,在引进新项目时,对项目缺乏系统的规划与引导,对于项目投产后所处价值链环节、发展层级缺乏筛选机制,忽略了新项目与原有项目的内在联系、价值链衔接。一些地区在发展现代服务业时带有很大的盲目性,产业选择追求"高、大",导致资源利用效率不高,从而使得现代服务业的发展缺乏内源性动力。

(二)现代服务业发展的外部环境

从国际环境看,全球科技革命和国内消费升级为现代服务业发展带来诸多机遇。现代信息、互联网、生命科学等技术的不断创新,引领全球产业加速、跨界融合发展,促使服务业模式和业态日新月异,为现代服务业发展提供新动力。全球服务业呈现新的发展趋势:一是科技创新推动服务业加快转型升级,新一代信息、人工智能、区块链等技术不断突破和广泛应用,加速服务内容、业态和商业模式创新,推动服务网络化、智慧化、平台化,知识密集型服务业比重快速提升;服务业转型升级正在推动新一轮产业变革和消费革命,个性化、体验式、互动式等服务消费蓬勃兴起。二是投资贸易全球化成为新的时代特征,服务业成为国际产业投资热点,国际经贸新规则制定的焦点逐渐转向服务领域,多边和区域性投资贸易谈判正致力于推动服务贸易和跨境投资的自由化、便利化。信息技术推动服务的可贸易化,全球贸易逐步向服务内容延伸,服务贸易逐步成为发展新热点。

从国内环境看,我国服务业规模日益壮大,发展环境日趋优化,加快迈向服务经济新时代。一是服务业成为国民经济和社会发展的稳定器,2018年服务业增加值占GDP比重达52.2%,服务品种日益丰富,新业态、新模式竞相涌现,有力支撑了经济发展、就业扩大和民生改善。二是服务业迎来全面升级的重要机遇期,全面深化改革、全方位对外开放和全面依法治国正释放服务业发展的新动力和新活力,城乡居民收入持续增长和消费升级为服务业发展提供了巨大需求潜力,极大地拓展了服务业发展广度和深度。三是服务业发展的政策环境日趋完善,"一带一路"倡议和长江经济带国家战略的实施,以及中等收入群体逐步升级的消费需求,为服务业发展带来新空间;国家加快发展生产性服务业和生活性服务业、推进文化创意与设计服务和相关产业融合发展、加快科技服务业发展等一系列政策举措的出台,为现代服务业发展提供了新保障;深化推进自贸式验区建设,为服务业发展注入了新动力。

专栏　中国(江苏)自由贸易试验区

中国(江苏)自由贸易试验区(China (Jiangsu) Pilot Free Trade Zone),简称江苏自贸区,位于江苏省南京市、苏州市、连云港市境内,涵盖南京片区、苏州片区、连云港片区,总面积119.97平方公里。

实施范围

中国(江苏)自由贸易试验区涵盖南京片区、苏州片区、连云港片区,总面积119.97平方公里。

南京片区

片区面积:共39.55平方公里

四至范围:

东至长江、横江大道、浦滨路,南至虎桥路、西江路,西至环山路、沿山大道、浦乌路,北至锦绣路、凯天路、浦东路。[1]

苏州片区

片区面积:共60.15平方公里

四至范围:

东至园区行政区划界线的沪宁高速公路至强胜路段、尖浦河的强胜路至园区行政区划界线、星港街,南至园区行政区划界线的尖浦河至胜浦路段、中新大道的胜浦路至唯胜路段、听涛路、吴淞江、港田路、东方大道、钟园路、苏州大道东、金鸡湖、西沈浒路、槟榔路、苏慕路、苏惠路,西至园区行政区划界线的强胜路至新开河段、吴淞江西侧、苏嘉杭高速、星兰街,北至扬清路南侧、亚太纸业北侧、市公路管理站东侧、娄江、至和西路、渔泾河、蠡塘路北侧、娄东路东侧、至和东路、珠泾路、杏林街、吉田建材北侧、唯胜路东侧、亭平路、园区13号河道东侧。

连云港片区

片区面积:共20.27平方公里

四至范围:

东至庙岭、新光路,南至陇海铁路、港城大道、东方大道,西至海滨大道、玉竹路,北至242省道、海岸线。[1]

功能划分

南京片区:建设具有国际影响力的自主创新先导区、现代产业示范区和对外开放合作重要平台。

苏州片区:建设世界一流高科技产业园区,打造全方位开放高地、国际化创新高地、高端化产业高地、现代化治理高地。

连云港片区:建设亚欧重要国际交通枢纽、集聚优质要素的开放门户、"一带一路"沿线国家(地区)交流合作平台。

战略定位

中国(江苏)自由贸易试验区以"着力打造开放型经济发展先行区、实体经济创新发展和产业转型升级示范区"为战略定位,经过3—5年改革探索,对标国际先进规则,形成更多有国际竞争力的制度创新,建成投资贸易便利、高端产业集聚、金融服务完善、监管安全高效、辐射带动作用突出的高标准高质量自贸园区。

从江苏本身看,江苏总体进入工业化后期,国际经验表明,进入工业化后期的国家和地区,服务业占比至少要达到65％左右,江苏与此标准相比还差10多个百分点。要促进江苏实体经济发展,推动新的科技革命带动新的产业变革,核心问题是加快研发等生产性服务业的发展。尤其在以人工智能为重要标志的新科技革命背景下,发展现代服务业,尤其是生产性服务业已成为发展实体经济、推动制造业转型升级的关键所在。"走向服务业主导,不是不要实体经济,恰恰是做大做强实体经济的关键举措。"而走向服务业主导则需要进一步加快服务业市场的开放进程。根据发达国家工业化进程的经验,未来一个时期服务业在国民经济中的比重将呈现缓步上升的态势,推动服务业高质量发展显得更为迫切,需在用好市场机制、推动现代科技创新上发力,切实促进服务业高质量发展。

"两业融合"正在改变传统产业边界。先进制造业和现代服务业制造业之间存在越来越多的功能延伸,传统产业的原有边界变得愈发模糊。一方面,生产型制造转向服务型制造,传统的以产品为中心的发展模式转向以客户需求和产品服务系统为导向的服务型制造模式;另一方面,服务业制造化的现象也逐步显现,服务企业凭借其研发设计、物流网络、市场营销等方面的优势,利用其在产业链高端的控制力,通过贴牌生产、连锁经营等方式嵌入制造领域,发展起了自身的或为其服务的制造业务。受此影响,许多新业态不断涌现。

三、江苏现代服务业发展的对策建议

（一）总体思路

以习近平新时代中国特色社会主义思想为指导,全面贯彻党的十九大和十九届二中、三中、四中全会精神,统筹推进"五位一体"总体布局,协调推进"四个全面"战略布局,坚定践行新发展理念,深化服务业供给侧结构性改革,支持传统服务行业改造升级,大力培育服务业新产业、新业态、新模式,加快发展现代服务业,着力提高服务效率和服务品质,持续推进服务领域改革开放,努力构建优质高效、布局优化、竞争力强的服务产业新体系,不断满足产业转型升级需求和人民美好生活需要,为实现经济高质量发展提供重要支撑。

1. 持续深化服务业改革和扩大开放

遵循市场规律,深化要素市场化配置改革,推动资源依据价格、竞争和供求关系实现高效配置;在有序开放、防范风险的前提下,加快金融、电信、教育、医疗、文化等领域的开放进程;研究制定各行业的市场准入标准细则,重点推动落实"非禁即入";加强与国际通行的开放规则接轨,加大知识产权保护力度,打造国际一流营商环境;借鉴自由贸易试验区、服务业扩大开放综合试点和深化服务贸易创新发展试点已取得的经验,加大改革力度;培育一批专业性强的研发设计、现代物流、商务咨询等生产性服务业企业。

2. 探索建立和完善包容审慎的监管体系

针对服务业新业态新模式蓬勃发展的态势,需鼓励先行先试,对缺乏成熟标准或不适应现有监管体系的服务业新业态新模式及时开展研究监测,形成相适应的监管方式方法;积极探索服务业跨部门协同监管机制,促进服务业跨界融合监管的信息互换、监管互认、执法互助,加强事中事后监管和全程协同监管;对平台经济、分享经济、健康服务、文化创意等领域的新业态,加快研究制定相关法律法规,强化行业自律管理;利用大数据等手段,建立开放的服务质量社会监管平台。

3. 加大对创新发展的政策支持

加大各级财政对支持服务业发展的投入力度,优化国家财政专项资金使用方式,考虑推动产业项目资金更多从支持固定资产投资向人才、技术等创新投资倾斜;深化大数据、物联网、人工智能等现代科技在服务业领域的应用,支持传统服务业改造升级,将服务业信息化投资、标准化建设等纳入国家技术改造专项支持范围;支持更多符合条件的服务业企业申请成为高新技术企业,优化研发费用加计扣除政策,加强对商业模式创新的支持;着力打造"中国服务"品牌,在国际上树立良好的品牌形象。

4. 优化服务业发展的营商环境

深化服务业"放管服"改革,进一步压缩企业开办时间和服务商标注册周期。深化企业简易注销改革,试点进一步压缩公告时间和拓展适用范围。取消企业名称预先核准,开展扩大企业名称自主申报改革试点。推动"非禁即入"普遍落实,全面实施市场准入负面清单制度。制定加快放宽服务业市场准入的意见。坚决查处垄断协议、滥用市场支配地位和滥用行政权力排除限制竞争的行为。对服务业新产业、新业态、新模式,坚持包容审慎监管原则,在质量监控、消费维权、税收征管等方面实施线上线下一体化管理。推进服务市场信用体系建设,建立市场主体信用记录,健全对失信主体的惩戒机制。探索建立涉及民生安全的重点服务领域从业人员守信联合激励和失信联合惩戒制度,完善服务消费领域信用信息共享共用机制。加强服务环境综合治理,强化服务业价格监管,及时查处消费侵权等问题。

5. 加大现代服务业的融资支持

进一步完善有关金融政策,引导金融机构在风险可控、商业可持续的前提下创新机制和产品,按照市场化、商业化原则拓展企业融资渠道。鼓励金融机构积极运用互联网技术,打通企业融资"最后一公里",更好地满足中小企业融资需求。探索通过新技术、新模式,进一步优化中小企业银行账户服务。发展动产融资,依托现有交易市场,合规开展轻资产交易,缓解中小服务业企业融资难题。引导创业投资加大对中小服务业企业的融资支持,支持符合条件的技术先进型服务业企业上市融资,支持科技型企业利用资本市场做大做强。

6. 强化人才支撑

鼓励服务业从业人员参加职业技能鉴定(或职业技能等级认定、专项职业能力考核),对通过初次职业技能鉴定并取得职业资格证书(或职业技能登记证书、专项职业能力证书)的,按规定给予一次性职业技能鉴定补贴。进一步畅通非公经济组织人员和自由职业者职称申报渠道。实施更加开放的人才引进政策,加大对海外高端服务业人才的引进力度,改革完善人才培养、使用、评价机制。运用股权激励递延纳税等政策,鼓励服务业企业采用股权激励等中长期激励方式引留人才。完善灵活就业人员社会保险政策。

7. 保障用地需求

优化土地供应调控机制,保障服务业高质量发展用地需求。适应服务业新产业、新业态、新模式特点,创新用地供给方式。实施"退二进三""退低进高",对提高自有工业用地容积率用于自营生产性服务业的工业企业,依法按新用途办理相关手续。加强历史建筑的活化利用,有效发挥历史建筑服务功能。

8. 落实财税和价格政策

落实支持服务业发展的税收优惠政策,做好政策宣传和纳税辅导,确保企业充分享受政策红利。加大政府购买服务力度,扩大购买范围,优化政府购买服务指导性目录,加强购买服务绩效评价。降低一般工商业电价,全面落实工商用电同价政策,推动地方落实国家鼓励类服务业用水与工业同价;在实行峰谷电价的地区,有条件的地方可以开展商业用户选择执行行业平均电价或峰谷分时电价试点。落实社区养老服务机构税费减免、资金支持、水电气热价格优惠等扶持政策。

(二)对策建议

1. 推进协同发展,占领现代服务业发展新高地

现代服务业具有高集聚性与强辐射性,是产业融合和经济协同的粘合剂。因此,必须加强现代服务业与先进制造业的产业融合,推进现代服务业与经济格局的耦合,健全产业国际化服务体系,实现现代服务业与产业、区域、国际的协同发展,进而占领现代服务业发展新高地。

(1)推进现代服务业与先进制造业融合发展

从产业共生演化发展规律可以清晰看到,现代服务业、先进制造业、现代农业之间的关联与互动在不断加深,三次产业之间的边界日益模糊,经济活动中服务业的附加值逐渐提高。为此,江苏应充分利用自身制造业庞大的"市场需求",深化"双轮驱动"战略,推进企业竞争焦点从"产品和技术"向"应用与服务"转变。细化深化专业化分工,鼓励生产制造企业致力于具有核心竞争力的业务流程,剥离非擅长业务给专业现代服务机构完成。

(2)实现现代服务业与经济格局的耦合

在宏观层面上,江苏应利用"一带一路"倡议、长江经济带、长三角一体化等国家战略的空间联动效应,重塑现代服务业发展的空间格局。依托江苏"四沿"发展轴线,构建苏南高新技术产业服务集群、沿江现代物流服务集群、沿海海洋产业服务集群。在中观层面上,加快现代服务业集聚区建设。大力发展都市中心商务区、城市圈和密集的城市群,并将三者的交叉地带作为生产性服务业的中心,吸引周边地区的企业向中心集聚。深入实施《江苏省生产性服务业双百工程实施方案》,在提高产业集聚度、优化产业链条、促进企业融合发展等方面采取综合措施推动生产性服务业集聚区提升发展。依托现有的科技创业园、创意产业园、现代物流园、产品交易市场、软件园等区域,积极支持生产性服务企业进驻各类园区,完善园区的各种硬件环境和配套设施,为企业融合提供多方位系统的服务;构建现代金融、现代物流业、科技研发等生产性服务业集聚区。

2. 深化大数据挖掘,引进和培育复合型人才,提供更多深度服务和创新服务业态

一是可以由互联网企业、科研院所、高校以及相关行业的企业共同设立与"大物移云"相关的研究机构,充分挖掘和利用相关行业所产生的大数据资源,将深度挖掘后的行业海量数据转化为政府部门、消费者和企业的重要决策依据。

二是加强产业间、部门间大数据的综合应用,建议构建包含医疗、健康、饮食、农业、教育、运动、休闲、设计、营销、法律、金融、咨询、制造等行业的综合大数据库,为企业、消费者和政府提供完整的相互联系的动态综合服务。

三是引进和培育既熟悉本行业务又熟悉互联网业务、既精通生产技术又精通商务知识的跨学

科复合型人才,建议在目前江苏省各类人才工程的基础上,鼓励不同行业人才到互联网企业、其上下游企业或相关部门,特别是与之相关的互联网企业工作访问,从而发现和创新本行业与互联网企业的可嫁接机会,形成并拓展新的服务业态。

3. **深化体制机制改革,创新政府治理方式,激发现代服务业市场主体活力**

对政府而言,深化现代服务业供给侧结构性改革的关键着力点,在于构建一个利于现代服务业发展的公平规范、开放透明、诚信竞争的市场体系,使发展更为高效、更为有序。

(1)放宽服务领域市场准入,提高市场化程度

加快实行市场准入负面清单制度,进一步破除服务业领域"玻璃门""弹簧门"等隐形障碍,逐个梳理清除对服务业开放和准入设置的不合理限制。进一步放宽市场准入,鼓励和引导各类民营资本和社会资本投向服务业,形成多元经济主体参与的充分竞争格局。在投资核准、融资服务、财税政策、土地使用、服务贸易和经济技术合作等方面,对各类主体同等对待。落实各项创新创业扶持政策,支持大众创业、万众创新,扶持互联网创业等新兴产业,通过必要的政策杠杆为中小服务企业创造适宜的发展环境。适当引入国外服务提供者参与竞争,根据各类服务业的要素密集特点制定不同政策,鼓励外资进入知识密集型服务业,释放正向技术溢出效应。

(2)创新政府治理方式,降低企业的制度性交易成本

持续深化"放管服"改革的实质是政府的自我革命,要"削手中的权、去部门的利",放权于市场和社会。首先,提高信息互联互通水平。实行服务业企业网上并联审批和线上注册登记,积极推动网上并联审批,加强部门协调配合,优化项目审批流程,构建联合审批平台。学习借鉴新加坡、新西兰等国做法,探索实行企业网上登记注册,减少审批流程。其次,深化相对集中行政许可权改革。推广江苏省组建行政审批局,实行"一枚公章管审批"的经验和做法,理顺职责交叉,再造审批流程,切断部门利益,提高审批效率,切实降低服务业企业制度性交易成本。

4. **避免不同地区新业态雷同和同质化竞争**

(1)鼓励各地区结合本地产业和资源禀赋优势创新服务业新业态

比如,纺织业发达的地区和企业可以发展与纺织业相关的新兴服务业态,旅游业基础有明显优势的地区可以优先发展与旅游业相关的服务业新兴业态,文化创意产业发达的地区可以发展与文化创意相关的服务业新兴业态等,在差异化发展的基础上迅速做大做强由本地优势产业演变带动起来的服务业新业态,并迅速推广至全省各地。

(2)加大地区间的统筹协调

建议由江苏省发改委牵头,邀请相关部门和地区参与,建立服务业新业态投资和发展的协调机制,完善重大利益分享机制,增强省内地区与城市间合作成果的可预期性,提升各方合作积极性。

5. **优化空间布局,区域推动协同创新发展**

从功能区上看,江苏省将依托扬子江城市群打造国际服务业创新中心、立足沿海经济带打造海洋特色服务业基地、立足淮海经济区打造枢纽特色服务业基地、围绕江淮生态经济区打造生态特色服务业基地。

扬子江城市群经济相对发达,底子较好,将创新服务业发展模式和业态,大力发展现代金融、软件和信息服务、电子商务、智慧物流、科技服务、文化创意、工业设计等现代服务业,重点打造沿沪宁高端服务业集聚带,促进服务业轴带联动协调发展。

沿海经济带主攻现代海洋经济和临港产业,建立国际智慧物流信息平台,强化企业跨境物流合作,大力发展第三方、第四方物流,着力培育现代物流企业集团,打造长三角东部国际海港物流走廊和海洋经济特色区。

淮海经济区抢抓徐宿淮盐、连淮扬镇、连盐、徐连等高铁建设的历史性机遇,发挥国家级服务业综合改革试点创新引领作用,围绕制造业转型升级和新型城镇化和城乡一体化发展,培育引导服务业发展增长极,打造江苏北部服务业新兴增长集群。

江淮生态经济区充分利用网络扁平化后发优势,发展电商、金融等服务业新业态新模式;充分挖掘传统文化、大湖湿地等旅游资源,全域布局、多点突破,重点打造一批有影响力、带动性强的旅游产品;着重发展养老产业,以养老产业为支柱,带动发展地产、健康、电商、旅游、保险等相关服务业。

参考文献

[1] 李冠霖,任旺兵.用科学发展观推进服务业全面发展[J].宏观经济管理,2004(16).

[2] 王小鲁,樊纲.中国地区差距变动趋势和影响因素[J].经济研究,2004(1).

[3] 刘志彪.现代服务业的发展:决定因素与政策[J].江苏社会科学,2005(6).

[4] 李琪等.新经济环境下我国现代服务业的发展策略[J].生产力研究,2006(8).

[5] 白仲尧,依绍华.服务业与综合国力的关系[J].财贸经济,2011(3).

[6] 李庆杨,吕瑶.论现代服务业的作用及发展对策[J].集团经济研究,2006(8).

[7] 魏作磊.美国第三产业内部结构的演变规律[J].改革,2003(4).

[8] 刘重.论现代服务业的理论内涵与发展环境[J].理论与现代化,2005(6).

[9] 曹静.关于我国第三产业发展的战略思考[J].生产力研究,2006(3).

[10] 李松庆.加快发展我国服务业的战略选择[J].中国第三产业,2002(7).

[11] 邓于君.发达国家现代服务业发展策略及启示[J].环球瞭望,2008(9).

[12] 张楠.日本现代服务业发展经验及对中国的启示[J].现代财经,2011(2).

[13] 葛坚松.美国现代服务业发展经验及其启示[J].江南论坛,2007(3).

[14] 曹邦宇,姚洋洋.美国城市群服务业空间布局研究[J].当代经济管理,2013(8).

[15] 薛莉.现代服务业发展的国际比较[J].全球视城与中国实践,2005(10).

[16] 李秀文.美国服务业集聚实证研究[J].世界经济研究,2008(1).

[17] 李克强.把服务业打造成经济社会可持续发展的新引擎[J].中国产经,2013(5).

[18] 弓龙值.发展吉林省服务业的问题与对策[J].新长征,2001(1).

[19] 服务经济发展与服务经济理论研究课题组.西方服务经济理论回溯[J].财贸经济,2004(4).

[20] Hill, T. P. on Goods and Services [J]. *The Review of Income and Wealth*, 2004(23).

第二章　中国现代服务业发展报告

新中国成立 70 多年来,我国服务业规模日益壮大,综合实力不断增强,质量效益大幅提升,新产业新业态层出不穷,逐步成长为国民经济第一大产业,成为中国经济稳定增长的重要基础。

一、中国现代服务业发展的典型事实

(一)服务业比重保持上升态势

据初步核算,2019 年,全国服务业增加值 534233 亿元,比上年增长 6.9%,分别高出国内生产总值和第二产业增加值增速 0.8、1.2 个百分点;服务业增加值占国内生产总值比重为 53.9%,比上年提高 0.6 个百分点,比第二产业高 14.9 个百分点;服务业对国民经济增长的贡献率为 59.4%,比第二产业高 22.6 个百分点;拉动国内生产总值增长 3.6 个百分点,比第二产业高 1.4 个百分点,服务业在国民经济中的"稳定器"作用进一步增强。[①]

2019 年,服务业生产指数比上年增长 6.9%。其中,信息传输、软件和信息技术服务业高速增长,比上年增长 20.4%,拉动总指数增长 1.8 个百分点,是服务业稳定增长的重要动力;租赁和商务服务业增速较快,增长 9.2%;金融业增速较上年明显加快。

服务业市场主体数量持续增加,投资稳步增长。2019 年,工商新登记服务业企业 594.7 万户,比上年增长 10.8%,占全部工商新登记企业数量的 80.5%,比上年提高 0.4 个百分点,高出第二产业 63.2 个百分点。服务业完成固定资产投资比上年增长 6.5%,增速比上年提高 1.0 个百分点。

(二)新动能持续发展壮大

1. 现代服务业保持快速增长

从增加值看,2019 年,信息传输、软件和信息技术服务业,租赁和商务服务业两大门类增加值合计比上年增长 14.2%,增速高于第三产业增加值 7.3 个百分点,拉动第三产业增长 1.8 个百分点。从服务业生产指数看,信息传输、软件和信息技术服务业,租赁和商务服务业生产指数增速分别快于全国服务业生产指数 13.5、2.3 个百分点,这两大门类对服务业生产指数贡献率达 34.4%,拉动指数增长 2.4 个百分点。

2. 服务业创新发展态势良好

2019 年 1—11 月份,战略性新兴服务业、科技服务业和高技术服务业营业收入同比分别增长 12.4%、12.0% 和 12.0%,增速分别快于规模以上服务业 3.0、2.6 和 2.6 个百分点。其中,能源矿

---

① 杜希双,服务业发展提质增效,http://www.ce.cn/xwzx/gnsz/gdxw/202001/19/t20200119_34154775.shtml.

产地质勘查增长 24.2%，互联网搜索服务增长 23.7%，生物技术推广服务增长 22.0%，医学研究和试验发展增长 20.8%。高技术服务业实际使用外资 1572.7 亿元，同比增长 43.4%。其中，信息服务、研发与设计服务、科技成果转化服务业实际使用外资同比分别增长 28.3%、60.7% 和 67.8%。2019 年，高技术服务业投资比上年增长 16.5%，增速比全部服务业投资高 10.0 个百分点，比上年高 3.6 个百分点。

3. 新业态新模式成为重要引擎

2019 年 1—11 月，规模以上互联网和相关服务、软件和信息技术服务业营业收入同比分别增长 25.7%、16.6%，增速分别快于规模以上服务业 16.3、7.2 个百分点。2019 年是 5G 商用元年，全国开通 5G 基站 12.6 万个。全年超额完成网络提速降费年度任务，"携号转网"全国实行，信息消费实现高速增长。2019 年 1—11 月，全国移动互联网接入流量达到 1107.0 亿 GB，同比增长 77.4%。2019 年，消费领域繁荣发展，亮点频出。全年实物商品网上零售额比上年增长 19.5%，高于社会消费品零售总额 11.5 个百分点，占社会消费品零售总额的比重为 20.7%，比上年提高 2.3 个百分点。2019 年，直播电商、社交电商、生鲜电商等新业态快速壮大，天猫"双十一"期间，超过 10 万商家开通直播，超过 50% 的商家通过直播获得新增长。

（三）幸福产业蓬勃发展

随着人民对美好生活的需求日益品质化、个性化、高端化，旅游、文化、体育、健康、养老及教育培训等"幸福产业"蓬勃发展。

1. "品质化旅游"带动旅游产业高质量发展

据中国旅游研究院估计，2019 年国内旅游人数将达 60.15 亿人次，入境旅游人数将达 1.44 亿人次，出境旅游人数将达 1.68 亿人次，旅游总收入将达 6.6 万亿元。2019 年 1—11 月，规模以上休闲观光活动营业收入同比增长 16.0%。"文化旅游""冰雪旅游"成为旅游新亮点，2019 年，故宫博物院接待观众数量首次突破 1900 万人次，40 岁以下观众占到 56.16%；2018—2019 年的冰雪季期间，我国冰雪旅游人数达到 2.24 亿人次，冰雪旅游收入约为 3860 亿元，分别比 2017—2018 年的冰雪季增长 13.7% 和 17.1%。

2. "数字化文体"赋能文体产业活跃发展

2019 年 1—11 月，规模以上娱乐业和文化艺术业营业收入同比分别增长 8.7% 和 8.0%。数字化技术打造文体产品新业态，网络动漫、短视频、电子竞技等发展活跃。国产动画电影《哪吒之魔童降世》斩获 50 亿票房；数字故宫、数字敦煌赢得盛誉，故宫成为抖音 2019 年度被赞次数最多的博物馆，中国国家博物馆、秦始皇兵马俑博物馆分列第二和第三名；腾讯企鹅智库报告显示，"数字化＋体育"的代表产物电子竞技 2019 年迎来"爆发元年"，我国电竞用户预计突破 3.5 亿人，产业生态规模将达 138 亿元。

3. "智慧化养老"助力养老产业创新发展

2019 年 1—11 月，规模以上居民服务、修理和其他服务业，卫生和社会工作营业收入较快增长，同比分别增长 9.8% 和 9.7%，其中，家庭服务、医院营业收入同比分别增长 17.5% 和 10.5%。利用互联网、云计算、大数据、可穿戴设备等信息技术手段，智慧健康养老产业持续快速增长。据工业和信息化部测算，智慧健康养老产业近三年复合增长率超过 18%，2019 年产业总规模超过 3 万亿元,2020 年将突破 4 万亿元。

(四)服务贸易继续保持平稳发展

2019 年以来,服务贸易成为"稳外贸"新亮点,服务贸易延续稳中向好的发展态势。商务部公布的数据显示,2019 年 1—10 月,我国服务贸易继续保持平稳发展。服务进出口总额 44392.7 亿元,同比增长 2.6%。其中,出口 15772.3 亿元,同比增长 9.0%;进口 28620.4 亿元,同比减少 0.7%。

与此同时,服务出口增速明显加快,贸易逆差持续收窄。商务部服贸司负责人介绍称,1—10 月,我国服务业生产指数同比增长 7%,为服务出口的快速增长奠定良好基础,服务出口在服务进出口中的占比达 35.5%,同比提升 2.1 个百分点。总体来看,服务出口增速高于进口增速 9.7 个百分点,推动服务贸易逆差下降 10.4 个百分点至 12848.1 亿元,同比减少 1494.9 亿元。

此外,服务贸易结构持续改善,服务贸易"含金量"提高。1—10 月,我国知识密集型服务进出口 15135.6 亿元,同比增长 10.7%,高于服务进出口整体增速 8.1 个百分点,占服务进出口总额的比重达到 34.1%,同比提升 2.5 个百分点。其中,知识密集型服务出口 7959.8 亿元,同比增长 13.0%;进口 7175.8 亿元,同比增长 8.2%。

(五)企业景气扩张预期稳定

1. 服务业景气保持扩张

2019 年,服务业商务活动指数各月均位于 51.0% 以上的景气区间,年均值为 53.1%。其中,12 月份服务业商务活动指数为 53.0%。从行业看,铁路运输业、住宿业、电信广播电视和卫星传输服务、互联网软件信息技术服务、金融业、租赁和商务服务业等行业商务活动指数均位于 55.0% 以上较高景气区间,业务活动较为活跃。

2. 企业市场预期总体稳定

调查显示,2019 年四季度,规模以上服务业企业对下季度经营状况预期指数为 60.5%,2019 年 12 月,服务业业务活动预期指数为 59.1%,均位于较高景气区间。随着推动高质量发展的政策不断落实,"六稳"政策效应进一步显现,服务业有望继续保持平稳发展势头,为决胜全面建成小康社会加油助力。

十九大报告指出,中国经济已由高速增长阶段转向高质量发展阶段,正处在转变发展方式、优化经济结构、转换增长动力的跨越关口。然而,经济从高速度发展全面转向高质量发展任重道远,不仅因为旧有的经济发展存在巨大的惯性,更在于当前阶段推动我国经济全面高质量发展上还面临一系列亟待解决的重点问题。

(六)服务业 500 强表现抢眼,新型服务业蓬勃发展

2019 中国服务业 500 强规模实现较快增长,入围门槛接近 50 亿元。500 强营业收入总额为 37.63 万亿元,资产总额达到 258.52 万亿元,与上年相比较,分别增长 11.35% 和 6.88%,员工人数为 1649 万人,比上年增长 8.92%。党的十八大以来,营业收入复合增长率高达 10.68%。中国服务业企业 500 强营业收入总额连续 4 年超过制造业企业 500 强。

与此同时,千亿企业继续扩容,达到 76 家,其中,金融 25 家、批发商贸 14 家、电信及互联网信息服务 8 家。

服务业企业 500 强净利润总体保持增长,净利润总额为 2.68 万亿元。同时,非银行服务业 500 强企业效益有所好转,利润增速为 4.17%,好于总体水平。2013—2019 年,中国服务业企业 500 强中非银行服务业企业的净利润增长 234.17%,高于中国服务业企业 500 强总体净利润增长水平(173.38%),也高于银行业的净利润增长水平(144.11%)。

值得注意的是,服务业 500 强的行业结构出现重大分化,新型服务业蓬勃发展。2006—2019 年,中国服务业企业 500 强中,批发贸易、零售、交通运输三大类行业从 313 家减少到 199 家,占比从 62.6% 下降为 39.8%。同时,金融、供应链服务、互联网信息服务等行业的企业日渐强大,入围数量由 59 家攀升至 127 家,占比也由 11.80% 增加至 25.4%。伴随着传统贸易零售和交通运输等企业的持续走低,互联网、金融和供应链等现代服务业企业快速崛起,中国服务业企业所在行业表现出重大分化,产业结构持续优化。

在 2019 中国服务业企业 500 强中,非银行金融势头迅猛,入围数量有 32 家,其中,保险公司 14 家,证券公司 4 家,基金及信托企业 2 家,多元化金融机构 10 家;互联网信息服务 21 家入围;物流及供应链服务企业入围 31 家,比去年增加 4 家;此外,还有 37 家公共事业服务企业上榜,涉及电力、热力、天然气、水务、航道等公共事业的供应服务。

从企业并购行为来看,并购持续升温,医疗零售流通业最为活跃。2019 中国服务业企业 500 强中,有 144 家参与并购了 1056 家企业。党的十八大以来,服务业的并购整合持续升温,参与并购的企业数量从 2013 年榜单的 86 家,增长到 2019 年榜单的 144 家;被并购企业数量也成倍的在增长,从 357 家到 1056 家。参与并购最多的行业集中在:公共事业服务、交通运输业、物流及供应链行业、流通零售业,尤其是医疗零售流通业最为活跃。

从服务业 500 强的分布区域看,广东省遥遥领先。2019 中国服务业企业 500 强分布在 27 个省、自治区、直辖市,地区三甲包含企业数量为 212 家(广东 99 家、北京 60 家、上海 53 家),占全国的比重高达 42.4%。近五年来,服务业大企业向少数区域不断集中的趋势显著。

二、中国现代服务业发展的存在问题

(一)现存问题

虽然我国服务业实现了快速增长,但是仍然存在一些问题亟待在今后的发展过程中加以解决。[①]

1. 生产性服务业发展不足,从质到量与发达国家差距较大

我国被称为"世界工厂",在加工环节拥有强大的生产能力,但"微笑曲线"两端利润更高的服务环节,如科学研究和技术服务业、软件和信息技术服务业、品牌策划、营销咨询服务业等方面的发展并不充分,严重制约制造业升级;制造业产能过剩和服务业供给不足并存。我国缺少对农业、工业、

---

① 魏际刚,崔立新.服务消费成为新动能重要来源[N].经济参考报,2020-1-14.

贸易的升级与竞争力提升起到重要作用的、高附加值、高利润的生产性服务提供商。我国生产性服务业发展不足,从质到量与发达国家差距大,已经制约了国家战略的实施。特别是在当前"智能化＋网络化＋数字化"实施过程中,需要研发服务业、流通服务业、劳动力市场平台服务业、教育培训服务业,以及营销、咨询及品牌服务业的必要支撑。

2. 服务业国际竞争力有待提高,品牌建设缺乏

一是服务业是我国贸易逆差的主要项目。2017 年,我国服务贸易逆差达到 15024.9 亿元。电信计算机和信息服务、个人文化娱乐等新兴服务进出口同比分别增长 18.9%、19.4%。相对于其他国家,我国服务业发展滞后,附加值小,服务种类、深度不够。服务业供给品种和质量,无法满足国内快速增长、升级的需求,导致需求外溢。二是服务业国际知名品牌比较少,缺乏品牌竞争优势,不仅影响了国内市场份额和企业"走出去",也制约了提升服务业发展的质量效益。

3. 服务业质量虽稳中有进,但是投诉比例居高不下

商贸、旅游、金融、物流等现代服务业服务质量明显改善,覆盖第一二三产业及社会事业领域的标准体系初步形成,较好地支撑了消费升级、产业结构优化和新经济发展。但是,服务业质量投诉比例却居高不下。中国消费者协会 2019 年 1 月发布的《2018 年全年受理投诉统计表》数据显示,与服务业质量相关的投诉占总投诉比例高达 61.6%。其中,生活社会服务类、销售服务、互联网服务、电信服务和文化、娱乐、体育服务居于服务类投诉量前五位。

4. 新兴服务业态监管体系亟须构建

随着互联网、物联网、信息通讯、人工智能等技术的发展,顾客参与服务、顾客与服务组织接触交互的时间、地点、方式、过程都发生了翻天覆地的变化,各种新兴服务业态风起云涌。根据中国互联网络信息中心(CNNIC)发布的第 44 次《中国互联网络发展状况统计报告》数据,截至 2019 年 6 月,我国网民规模达 8.54 亿,较 2018 年底增长 2598 万,互联网普及率达 61.2%;我国手机网民规模达 8.47 亿,较 2018 年底增长 2984 万,网民使用手机上网的比例达 99.1%。现代技术背景、经济背景和社会背景下的新兴服务业态监管问题亟待解决。根据中国消费者协会与国家统计局数据监测,互联网服务投诉量 2018 年居于服务类投诉量的第三位。以网络购物为主体的远程购物投诉量在服务投诉中依然遥遥领先。互联网等新兴行业的快速发展,突显了市场监管同步创新的必要性,服务业质量标准、监管法律法规制度体系需进一步完善。

(二)国际经验借鉴

从国际经验看,几乎所有从欠发达到发达的国家和地区发展过程中,都会经历经济高增长之后转入高质量发展的过程,这是客观经济规律。

1. 美国:利用庞大的国内市场实现创新驱动发展

19 世纪末,美国经济规模已跃居全球第一,美国依托构建当时世界最为庞大的国内统一市场,保障异常旺盛的国内需求,同时创造有利于各类资本、人才等创新资源发挥效用的制度环境,推动了从引进消化吸收再创新向源头创新、基础创新的转变。

2. 德国:构建完备的教育体系保持经济独特优势

德国早在 18 世纪初就开启了国民教育改革,强制普及初等义务教育,构建普职分轨制教育体系,提倡教学与科研并重的办学理念,在中等教育阶段引入职业教育,发展出世界上第一个研究所、

研究生院和研究生指导制度。正是由于德国教育先行政策,使得德国在化学、电学、光学、热力学科技领域长期处于国际领先水平,持续保持了经济独特优势。

3. 日本:依托动态的产业政策推动产业链高端化

日本产业政策既有成功的经验也有失败的教训,但在其经济从速度到质量转化的关键阶段,日本及时调整选择性产业政策向普惠性与功能性产业政策转型,推动了产业链高端化,不仅成为世界制造强国,而且催生了动漫、游戏等世界级服务业发展。

4. 韩国:从政府主导到市场主导跨越中等收入陷阱

20 世纪 80 年代以来,韩国确立了"科技立国"战略,由政府主导的资源配置和科研体系逐步转向市场和企业主导,从出口导向的劳动密集型经济转向创新经济,实现了第二波科技创新飞跃和经济跨越发展,成功跨越中等收入陷阱,迈入发达国家行列。

三、中国现代服务业发展趋势与对策建议

(一)发展趋势

1. 一、二、三产业融合,生产性服务业将发挥重要作用

一、二、三产业融合,发展服务型制造,是增强产业竞争力、推动制造业由大变强的必然要求;发展服务型农业,提高农业现代化水平和生产效率是我国农业未来的发展方向。在工业化后期,制造业结构升级、制造业与生产性服务业融合发展是实现经济转型的重要方向。生产性服务业的发展关乎经济运行效率、经济增长与结构优化,对农业、工业、贸易的升级与竞争力提升起到重要的作用。在我国工业化与信息化融合的进程中,通过新一代信息通信技术的深度应用,产业分工协作不断深化,制造业与服务业需要不断协同融合,实现科技创新、资源配置、社会分工、劳动者素质等核心要素的协调、集成和整合;实现法治环境、文化教育、健康保健、诚信建设等环境因素的有效提供、保障和优化。高质量、高效率的服务业发展,是抢占价值链高端的有效途径。服务型新农业正成为脱贫攻坚、农民增收的重要手段。

专栏 两部门部署推进服务业高质量发展
到二〇二五年服务业增加值规模不断扩大

国家发展改革委、市场监管总局近日联合印发《关于新时代服务业高质量发展的指导意见》,围绕制约服务业高质量发展的薄弱环节和共性问题部署任务,强调要加强质量管理、完善服务标准、塑造服务品牌,促进我国服务业高质量发展。

《指导意见》坚持以供给侧结构性改革为主线,明确服务业发展方向,推动服务业高质量发展重点任务落实,努力构建优质高效、布局优化、竞争力强的服务产业新体系,不断满足产业转型升级需求和人民美好生活需要,为实现经济高质量发展提供重要支撑。

《指导意见》指出,促进服务业高质量发展要坚持以人为本,优化供给;市场导向,品牌引领;创新驱动,跨界融合;深化改革,扩大开放的基本原则。《指导意见》提出了服务业高质量发展的总体目标:到 2025 年,服务业增加值规模不断扩大,占 GDP 比重稳步提升,吸纳就业能力持续加强。服

务业标准化、规模化、品牌化、网络化和智能化水平显著提升,生产性服务业效率和专业化水平显著提高,生活性服务业满足人民消费新需求能力显著增强,现代服务业和先进制造业深度融合,公共服务领域改革不断深入。服务业发展环境进一步改善,对外开放领域和范围进一步扩大,支撑经济发展、民生改善、社会进步的功能进一步增强,功能突出、错位发展、网络健全的服务业高质量发展新格局初步形成。

围绕服务业高质量发展,《指导意见》提出了推动服务创新、深化产业融合、拓展服务消费、优化空间布局、提升就业能力、建设服务标准、塑造服务品牌、改进公共服务、健全质量监管、扩大对外开放等 10 项重点任务,强调要完善商贸旅游、社区服务、物业服务、健康服务、养老服务、休闲娱乐、教育培训、体育健身、家政服务、保安服务等传统服务领域标准,加快电子商务、供应链管理、节能环保、知识产权服务、商务服务、检测认证服务、婴幼儿托育服务、信息技术服务等新兴服务领域标准研制以及开展服务标准、服务认证示范,推动企业服务标准自我声明公开和监督制度全面实施;树立行业标杆和服务典范,选择产业基础良好、市场化程度较高的行业,率先组织培育一批具有国际竞争力的中国服务品牌和具有地方特色的区域服务品牌;加强服务质量监测评价技术机构布局建设,服务质量监测评价能力和范围基本覆盖到主要服务行业和公共服务领域,定期通报监测结果,督促引导社会各方提高服务质量水平等。

2. 加大对外开放力度,增强"中国服务"品牌影响力

随着我国经济发展进入新常态和新一轮改革开放的深入推进,国际上知名服务品牌商的进入,我国服务业将面临更加激烈的竞争,亟待加强供给侧结构性改革,大力发展高技术服务、品牌设计及推广服务、知识产权保护等现代服务业,提升传统服务业专业化、规范化、品牌水平,对标国际先进水平提升质量。提高品牌意识,提倡工匠精神,打造"中国服务"品牌,围绕"一带一路"倡议,积极"走出去",增强品牌影响力。鼓励国内企业、科研院所、大专院校、社会团体积极参与服务业质量相关国际和区域性标准、规则的制定,促进我国服务标准、计量、认证认可体系与国际接轨,并起到引领作用。

3. 服务创新重要性凸显,包括顾客参与的全员创新是趋势

目前,服务同质化严重,缺乏服务特色和服务创新。从结构视角看,批发零售、交运仓储、住宿餐饮等传统服务业在全部服务业中所占比重仍然较高。代表经济转型未来方向的生产性服务业发展不足,缺乏服务特色和服务创新。具体表现为:一是有利于创新的服务行业的发展不足,如科学研究和技术服务业、软件和信息技术服务业、品牌策划、营销咨询服务业等发展极为不充分,制约了国家的自主创新能力;二是服务企业内部缺乏创新意识和体制机制,许多服务企业甚至没有研发部门,造成服务创新不足,供给与需求不匹配。在我国工业化、信息化、城镇化、市场化、国际化进程加快的背景下,新技术、新形势使服务创新重要性更加凸显。

4. 亟须服务业全面质量管理与监督体系的设计、构建和实施

目前,我国多数服务企业没有质量管理部门,全员、全过程、全方位的质量管理意识薄弱,缺乏质量计划、质量控制、质量改进、质量攻关、质量比对、质量风险分析、质量成本控制、质量管理小组等先进技术手段和现代质量管理理念方法的应用。服务业全面质量管理与监督体系的设计、构建和实施是未来趋势。它包括顶层设计、质量标准设计、监督监管三个方面。

（1）顶层设计方面

我国服务业发展和质量的全面提升需要国家战略层面的宏观顶层设计,需要系统性思维,需要涉及服务业质量提升体制机制创新、方法创新,以及质量标准规范体系的创新等方面的顶层设计。

（2）质量标准方面

由于服务的无形性、差异性、不可储存性、服务与消费的同时性、顾客的参与性等特性,构建服务业质量标准规范体系比制造业复杂得多。世界范围内服务质量标准体系建设都是匮乏的。特别是互联网等新兴行业的快速发展,更加突显了服务质量标准规范体系建立的必要性和复杂性。

（3）监督监管方面

我国服务业质量的监督监管目前还处于探索、摸索阶段,法律、法规、制定体系极其不完善,特别是新兴服务业质量的监督监管,由于技术含量高,更加匮乏,已经对"互联网＋"、电商、平台、共享(分享)等新经济、新动能的持续发展产生制约影响,突显了市场监管同步创新的必要性。

5.深化理论研究,创新服务业管理理论体系

互联网等新兴行业的快速发展,在服务业管理理论研究方面,突显了我国与世界处于同一起跑线的优势。我们应该抓住这次千载难逢的好时机,加大理论研究支持力度,从根本上、体系上提高服务创新能力、提升服务业国际竞争力,建立科学化的服务业管理理论及监管体系。

（二）对策建议

1.通过智能化创新提升服务业的多样性

（1）通过互联网技术引导物联网、5G 和区块链技术进入服务业领域

改造提升服务业尤其是生活性服务业的发展水平。当前,互联网等技术和中国的市场规模及应用场景已经为经济向智能化转型创造了条件。进一步强化了国民经济向"互联网＋"的网络化、数字化和智能化方向发展的力度。在宏观政策上,要优先引导以物联网、5G 和区块链技术来改造提升生活性服务业,推广服务业的迅捷生产模式和现代物流体系(包括线上线下协同的生产体系和灵敏化的物流体系)。

（2）开启人工智能服务

智能服务正逐渐扩展到物业等服务业领域,服务业企业可以建立智能信息沟通机制,在提高服务效果的同时实现疫情的实时通报。例如基于 3D 激光导航系统和视觉分析的机器人,能够自主巡逻、自动充电、检测周围环境、与业主及物业服务人员互动等,配合机器人平台使用可以进行车辆、人员、保洁、绿化、环境等方面的管理和风险预警。

（3）加快服务职能转变

服务业应与政府有关部门对接,形成支持"互联网＋生活性服务业"发展的可推广可复制的经验。初步形成"商品＋服务""线上＋线下""体验＋零售""品牌＋场景"等全方位生活性服务应对格局,加快推进生活性服务业向智能化、在线化、清洁化方向发展,提高服务效率。①

---

① 夏杰长,魏翔.多举措有效促进服务业的发展[N].光明日报,2020-2-12.

2. 整合优化形成灵活高效的服务业新结构

(1) 灵活配置工作时间,减少工作人员的现场工作量

当前,我国的服务业(包括传统服务业和新兴服务业)绝大部分采取固定工时制度,生产机制和人员配置方式过于固化,就业灵活性不足。在疫情发生时,生产和服务人员需要尽量避免聚集工作,尽量错开工作时间,而传统的固定工时制难以实现这一要求,这大大抑制了服务业就业灵活反应、快速反弹和柔性生长的能力,急需通过机制调整和政策辅助,改变固定工时制的限制,更为灵活、科学地配置从业人员的工作时间。在经济较发达、技术较先进的地区,可以考虑建立"服务业人工智能提升实验区/示范区",大力降低服务业从业人员的重复劳动和现场工作量。

(2) 大力发展创意经济,创造就业岗位

包括新兴服务业(如在线旅游和在线预订)在内的中国服务业,目前主要依靠资本投入和人力投入的增长来实现产出的增长,在突发情况出现时,投资骤降、就业人员减少,服务业发展就会受到资本匮乏和人员稀缺的制约。事实上,先进的服务业无论是线上还是线下,均需依靠内容创新和产品创新来实现产出增长。中国服务业需要根据特有的国情和产业特点,寻求迅速提高服务业内容创新和产品创新的方式,摆脱传统的资本投入和人力投入的发展路径,提升发展质量,才能在外部冲击下提高抗危机、快回升的能力。可以考虑在文旅、商务和人社等部门的领导和支持下,展开国家级和省市级的服务创新能力培训和教育体系重构,大力培养创新创意方面的人才;通过给予专项奖励、稳岗补贴等方式,鼓励服务业领域相关企业创新就业岗位。

(3) 推动产业融合

鼓励服务业与相关产业融合互动发展,寻找新的成长空间。尤其要强化生活性服务业和生产性服务业的融合,打造在线式、定制化、专业化、信息化为特征的现代生活服务业。

3. 做大做强服务业和服务贸易,提升服务业发展质量

加快服务业发展,推动地区服务业和服务贸易做大做强。我们应该看到,服务业门类多,行业间技术差异较大,发展条件各异,各地要结合地区优势发展壮大服务业子类,提供政策支持,做好规划引导,强化行业监管。特别是在经济下行压力环境下,各地要通过积极发展服务业,主动吸收低端制造业转移就业人口,扩大社会就业基础,稳定社会就业。同时结合地方优势推动服务贸易进出口,搭建服务贸易发展平台,加强试点推广和示范引领,发展地方优势服务贸易业务,探索发展服务贸易新业态和新模式。我国拥有广大的市场和巨大的消费潜力,服务业和服务贸易发展空间广阔。从服务业和我国经济体量看,若服务业比重提升至 60%,意味着将近 8 个百分点的提高,服务业规模和质量将有明显提升。从竞争优势看,我国经济金融将深度融合入全球化进程,在全球竞争中获得比较优势,服务于全球制造的生产性服务业,引领科技发展前沿的知识密集型服务业发展空间巨大。从发展导向看,我国坚持对外开放,服务贸易全球竞争力将逐步提升。

4. 提高产业间资源配置效率,促进产业创新集群发展

加快我国生产性服务业参与全球产业链分工体系,核心就是要进一步加快我国制造产业转型升级的步伐,通过技术、制度以及产业价值链创新,重新打造新的产业竞争优势,以现阶段我国具有比较优势的先进制造业为主导产业,发挥主导产业集聚与虹吸效应,提高生产性服务业嵌入式专业化、规模化服务品质,加快形成我国先进制造业与生产性服务业协同综合体,实现从对外资或跨国公司服务为主的生产性服务业向对本土或内资等先进制造业服务为主的服务循环转变。此外,我

国应积极参与到全球价值链的重构中,在土地与劳动力等传统要素比较优势逐渐流失的国内外环境影响下,加快发挥互联网效应、全产业链优势,通过制度创新提升产业软实力,使之成为我国产业迈向全球价值链中高端的潜在优势,逐步实现从"制造大国"向"智造大国"转变。

深化专业分工,创新一二三产业、先进制造业与现代服务业、现代农业与现代服务业协同融合模式,构建服务生态体系。创新制造业与服务业、农业与服务业协同融合模式,构建包括服务型制造、服务型农业的服务生态体系。打破企业大而全、小而全,不断深化制造业企业专业化分工,增强先进制造业与现代服务业、现代农业与现代服务业协同融合能力,创新协同融合模式,整合资源要素,构建服务生态系统。加快科技研发服务与产业链协同融合发展,深化产业链和相关金融服务的产融合作,鼓励开展服务外包和业务协作,大力发展品牌设计、形象策划、管理咨询等服务企业。服务生态系统由各个企业组成的产业链、供应链、价值链和服务链组成。融入系统中的每个企业,与其他企业合作共赢、相互成长、相互赋能,彼此融合交叉并相互渗透,最终形成满足顾客个性化需求的服务生态体系。

5. 创新制度机制,促进产业效率提升

(1) 引导更多的流动资金投向先进制造业部门,加快制造业转型升级

例如,提高直接融资比重,并建立面向高附加值制造业、生产性服务业企业的政策性担保融资体系,通过降准等货币政策增加银行对高新技术制造业企业的短期贷款数额,为制造业转型升级提供更多政策与资金支持;通过提升制造业能级,改进生产性服务业配套服务功能。

(2) 通过创新财税政策降低制造业与战略性新兴生产性服务业企业成本

根据企业类别降低增值税税率,完善研发费用加计扣除政策,以及推进落实该类政策在高新技术制造业企业中的应用,激励先进制造业创新,提升先进制造业部门效率,增强先进制造业与生产性服务业部门之间的协同性。从顶层制度设计层面构建产业转型升级的激励机制,形成完善的政策服务配套体系,引导更多资本、技术要素投入实体经济领域,将是未来我国产业政策改革的着力点。

6. 积极营造市场化、法治化、国际化营商的新环境

依法公正高效审理各类案件,平等保护服务业市场主体合法权益。其主要措施包括:及时研究、清理与服务业准入限制相关的司法解释和司法政策,准确区分罪与非罪;依法保护服务业企业和企业家的合法权益,稳定司法预期;坚持全面、依法、平等保护产权原则,持续优化法治化营商环境;依法审理消费者权益保护纠纷案件,切实增强人民群众的安全感和获得感;准确把握服务业消费升级大趋势,提升司法审判服务的前瞻性、导向性;依法审理服务业领域民商事纠纷案件,维护交易安全和投资安全;坚持金融服务实体经济审判理念,有效防范化解服务业金融风险;依法审理知识产权纠纷案件,加大知识产权保护力度;促进国际服务贸易和投资自由化便利化,推动服务业进一步对外开放;加大对行政行为合法性的审查力度,服务"放管服"改革,推动法治政府和政务诚信建设。

参考文献

[1] 刘荣明.现代服务业统计指标体系及调查方法研究[M].上海:上海交通大学出版社,2005.

[2] 周振华.现代服务业发展研究[M].上海:上海社会科学院出版社,1994.

［3］黄少军.服务业与经济增长［M］.北京：经济科学出版社,2000.

［4］张仲礼等.第三产业的理论与实践［M］.上海：上海社会科学院出版社,1996.

［5］杨小凯,张永生.新型古典经济学与超边际分析［M］.北京：社会科学文献出版社,2003.

［6］魏江.知识密集型服务业与创新［M］.北京：科学出版社,2004.

［7］黄维兵.现代服务经济理论与中国服务业发展［M］.成都：西南财经大学出版社,2003.

［8］任汪兵.我国服务业发展的国际比较与实证研究［M］.北京：中国计划出版社,2009.

［9］江小涓.中国服务业发展报告［M］.北京：社会科学文献出版社,2004.

［10］李朝鲜,李宝仁.现代服务业评价指标与方法研究［M］.北京：中国经济出版社,2007.

［11］李江帆.第三产业经济学［M］.广州：广东人民出版社,2005.

［12］张淑君.服务业就业效应研究［M］.北京：中国财政经济出版社,2005.

［13］谭仲池.现代服务业研究［M］.北京：中国经济出版社,2007.

［14］王守法.现代服务产业基础研究［M］.北京：中国经济出版社,2007.

［15］夏杰长等.高新技术与现代服务业融合发展研究［M］.北京：经济管理出版社,2008.

［16］Daniels. *Producer Services Research in the United Kingdom*［M］. Progress in Human Geography，2011.

［17］Clark. *The Conditions of Economic Progress*［M］.London：Macmillan，1941.

［18］Orion Guaraní. *The Emerging Service Economy*［M］. Pergamum Press，1998.

［19］Robert. *Managing the service economy：Prospects and problems*［M］.Cambridge University Press，1985.

［20］沙振权,温飞,胡贝斌.现代服务业内涵及演进方向的述评［J］.华南理工大学学报(社会科学版),2011(12).

区域篇

第一章　苏南现代服务业发展报告

十九大报告提出,建设现代化经济体系,必须把提高供给体系质量作为主攻方向,显著增强我国经济质量优势。习总书记指出"产业结构优化升级是提高我国经济综合竞争力的关键举措。要加快改造提升传统产业,深入推进信息化与工业化深度融合,着力培育战略性新兴产业,大力发展服务业特别是现代服务业,积极培育新业态和新商业模式,构建现代产业发展新体系。"现阶段,现代服务业已成为苏南经济发展的主要组成部分之一。在企业越来越依靠服务维持市场地位、产业越来越趋向服务引领制造的新趋势下,生产性服务业加快发展,生活性服务业有效供给不足、质量不高的问题有所改善。数据表明,近几年苏南产业结构调整步伐在加快,三次产业结构从 2012 年的 6.3∶50.2∶43.5 调整至 2019 年的 1.6∶44.7∶53.7,服务业增加值占 GDP 比重年均提升 1.5 个百分点。第三产业对经济增长的贡献率从 2012 年的 39.7% 提升至 2019 年的 65.5%,年均提升近 4 个百分点。信息传输软件和信息技术服务业、金融业、租赁和商务服务业等现代服务业增加值占 GDP 增加值比重也稳步提升。

一、苏南现代服务业的发展现状

在研究苏南、苏中和苏北地区现代服务业发展状况之前,我们首先简要分析一下江苏省的现代服务业状况。作为制造业大省,江苏省正处于经济转型的关键点,产业结构调整升级取得重要进展,服务经济为主导的产业体系正在逐步形成。近年来,江苏省服务业稳步发展,尤其在 2004 年之后对地区生产总的贡献保持增速增长,2019 年江苏第三产业增加值 51064.7 亿元,增长 6.6%,产业结构加快调整,全年三次产业增加值比例调整为 4.3∶44.4∶51.3,服务业增加值占 GDP 比重比上年提高 0.9 个百分点,逐步深化产业结构"三二一"的标志性转变。

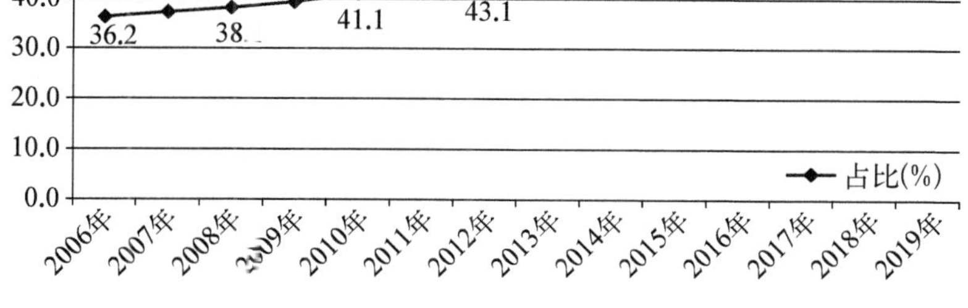

图 1　2006—2019 年江苏省第三产业占地区生产总值比例(单位:%)
数据来源:2007—2020 年江苏省国民经济和社会发展统计公报

（一）服务业总量规模绩效保持快速增长

江苏省总体上已经实现向"三二一"结构形态的标志性转变,但是就区域发展而言,苏南、苏中、苏北仍然存在地区差异。作为经济发展先驱,苏南地区产业结构相对领先,已经实现了向服务型经济转型的第一步。苏中和苏北地区发展相对缓慢,产业升级滞后。从设区市情况看,2019 年南京、苏州、无锡、常州四市服务业增加值占 GDP 比重超过 50%,分别达 62%、51.5%、51.5% 和 50.2%,均实现了"三二一"转型。仅就产业结构而言,苏中和苏北地区的发展滞后于苏南地区四到五年。

2019 年,面对错综复杂的内外部环境,南京市顶住持续加大的经济下行压力,坚定不移地推进转型升级、培育主导产业持续向中高端迈进,服务业增加值 8699.47 亿元,增长 8.6%。按常住人口计算人均地区生产总值为 165681 元(按年平均汇率折算为 24017 美元),三次产业增加值结构调整为 2.1∶35.9∶62.0。2019 年镇江市第三产业增加值 1982.33 亿元,增长 7.2%。人均地区生产总值 128979 元,增长 5.5%。2019 年常州市实现服务业实现增加值 3714.7 亿元,增长 5.8%,三次产业增加值比例调整为 2.1∶47.7∶50.2。2019 年,苏州市服务业整体延续了稳中有升的良好发展态势,第三产业增加值 9908.9 亿元,增长 6.3%。2019 年无锡市服务业增加值增长稳定,实现第三产业实现增加值 6101.94 亿元,比上年增长 6.0%,三次产业比例调整为 1.0∶47.5∶51.5。

表 1　2019 年江苏省 13 个地级市第三产业占 GDP 的比重（%）

城 市	地区生产总值	第三产业	占 比
南 京	14030.15	8701.48	62.0%
无 锡	11852.32	6101.93	51.5%
徐 州	7151.35	3582.36	50.1%
常 州	7400.86	3714.69	50.2%
苏 州	19235.80	9908.92	51.5%
南 通	9383.39	4352.45	46.4%
连云港	3139.29	1413.44	45.0%
淮 安	3871.21	1867.82	48.2%
盐 城	5702.26	2710.77	47.5%
扬 州	5850.08	2779.07	47.5%
镇 江	4127.32	1982.11	48.0%
泰 州	5133.36	2314.88	45.1%
宿 迁	3099.23	1450.29	46.8%

数据来源:江苏省统计局

（二）产业结构不断优化

三大区域加大结构调整力度,产业升级成效明显。苏南三次产业结构由 2012 年的 2.3∶51.5∶46.2 调整为 2019 年的 1.6∶44.7∶53.7,三产比重提高 7.5 个百分点,成为区域经济增长的主要力量,特别是金融、信息、广告、公用事业、咨询服务等新兴服务业发展最快。苏中三次产业结构由 2012 年的 7.0∶53.0∶40.0 调整为 2019 年的 5.0∶48.6∶46.4,苏北三次产业结构由 2012 年的 12.7∶47.5∶39.8 调整为 2019 年的 10.3∶41.6∶48,苏中、苏北三产比重分别提高 6.4、8.2 个百分点。苏中、苏北工业化水平进一步提升,第三产业迅速发展,二、三产业比重差距逐步缩小。

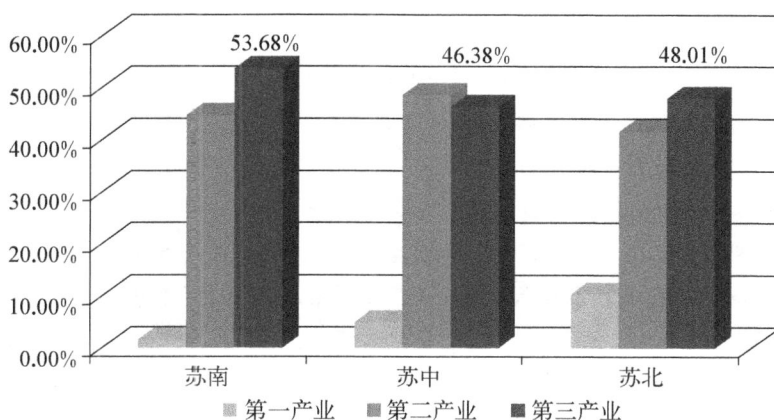

图 2　2019 年三大区域的三次产业结构情况(单位:%)

(三)主导产业快速发展

2019 年,苏南整体服务业产业结构不断优化,在传统服务业保持平稳发展时,现代服务业呈现快速发展态势。2019 年,南京市服务业紧紧围"4＋4＋1"主导产业发展方向,以产业优化升级为主线,以政策创新、服务升级为着力点,突出推进产业地标打造和产业集聚,服务业四大主导产业发展稳中有进、布局更加合理、结构持续优化、发展动能显著增强,产业引领及辐射带动作用进一步显现。2019 年,南京市现代服务业四大主导产业实现营业收入 27750 亿元,同比增长 11%。其中,软件和信息服务业实现营业收入 6850 亿元,增长 10.5%;金融和科技服务业实现营业收入 5700 亿元左右,增长 15.6%;文旅健康服务业实现营业收入 6830 亿元,增长 14.1%;现代物流与高端商务商贸实现营业收入 8370 亿元,增长 4.7%。2019 年,镇江市商贸流通及服务外包业稳中向好。前三季度,全市社会消费品零售总额 1077 亿元,同比增长 6%,增幅同比回落 1.2 个百分点,位列全省第 10 位,与去年同期相比前移了三位。其中限额以下社会消费品零售总额同比增长 10.1%,限额以上社会消费品零售总额高出 14.1 个百分点。文化旅游业保持良好发展势头,前三季度全市接待游客 5413.08 万人次,实现旅游综合收入 761.12 亿元,同比增长 8.9%

专栏　南京服务业主导产业发展再攀高峰

一、软件和信息服务业优势明显

2019 年,南京市软件业务收入 5100 亿元,规模稳居全省第一、全国前列。以"一谷两园"为核心的国家、省级软件园加快集聚,软件产业收入占全市比重约 70%。南瑞集团、熊猫电子、满运、苏宁、途牛、汇通达等一批重点企业质量不断提高,成功入围中国软件百强、互联网百强榜单。福佑卡车、三六五网络、车置宝、号码百事通等 7 家企业获 2019 年江苏省互联网企业 50 强称号。

二、金融和科技服务业增长迅速

2019 年,南京市金融业总资产规模超过 7.5 万亿元,全年实现金融业增加值增长 8.5% 左右。金融机构本外币存款余额超过 3.6 万亿元,贷款余额达到 3.4 万亿元,比年初增加 4800 亿元,余额和增量均居全省第一。全市非金融企业通过债券首发、增发、配股等方式直接融资超过 1 万亿元,直接融资规模占全省的 31%。全市保费收入规模超过 700 亿元,较上年多增 100 亿元以上。科技服务业增长 12.8% 左右,一批具有国际竞争力的科技服务业集群正在逐步形成,目前已建成省级科技服务业特色基地 3 家、示范区 1 家。2019 年,江北新区药谷、研创园等 2 家科技服务业集聚区获省科技服务骨干机构能力提升项目资助 1000 万元。

三、文旅健康服务业发展稳定

2019 年,全市文化及相关产业增加值占比达 6.5%,完成全年目标。旅游业全市预计实现总收入 2785 亿元,同比增长 13.2%;接待旅游者总人次 1.47 亿人次,同比增长 9.5%。国家全域旅游示范区创建取得成效,秦淮区、江宁区入选首批"国家全域旅游示范区"名单,全年文化旅游项目完成投资额 300 亿元以上,同比增长 30% 以上。玄武湖菱洲生态乐园、金牛湖野生动物王国、老山蜂巢悬崖酒店、熙南里大板巷示范街区、汤山温泉小镇客厅等一批文旅项目建成运营。

四、推进产业层级和水平再提升

2020 年,南京市服务业主导产业着力推进产业层级和水平进一步提升,规模效应、竞争优势和辐射带动能力显著增强,产业地标打造取得明显成效,基本构建与现代化经济体系相适应的产业体系框架。四大主导产业力争全年营收达到 31000 亿元左右,增长 12%。

当前,按照优化疫情防控措施、加快企业复工达产有关工作要求,南京市"一手抓防疫、一手抓发展"。目前,全市纳入监测的限上规上服务业企业 8403 家,已复工 8084 家,复工率近 96%,员工返岗率近 70%。南京市将继续加大力度,推动相关企业能快则快、应复尽复,确保"两个战场"同时作战、同时打赢。

(四)集聚功能显著,有效整合资源

现代服务业集聚区在构建现代化产业体系中持续发挥作用,促进资源整合、要素集聚,对培育城市经济发展新动能、推动服务业高质量发展具有意义。南京市在服务业综合改革工作中不断探索,梳理总结典型经验和先进做法,形成一批竞争力强、经济社会效益显著的服务机构和产业集群,加快推进全市服务业高质量发展,为全省乃至全国服务业发展带来先进示范经验。经过多年发展,南京市目前共有 62 家省市级现代服务业集聚区,2019 年全年实现营业收入 11594 亿元、税收 461 亿元,同比增长 22.5%、12.5%。62 家集聚区新增企业 4526 家,总数达到 5.8 万家,新增从业人员 12 万人,总数达到 123 万。服务业集聚区已成为加快服务业发展的重要载体。截至 2019 年底,苏州市 21 家省级生产性服务业集聚示范区共吸引入驻企业约 5.9 万家,吸纳就业 84.3 万人,2019 年度实现营业收入约 10054.7 亿元,实现税收约 227.4 亿元,分别占全市 32 家省级服务业集聚区的 65.1%、50.7%、63.3%、72.3%,对集聚区发展支撑作用显著。2019 年,常州市已培育形成 10 家省级现代服务业集聚区、9 家省级生产性服务业集聚示范区。在全省组织开展现代服务业集聚区(示范区)综合评价工作中,常州市太湖湾数字文化服务业集聚区、常州创意产业基地在综合评价中排名位于全省前列,其中,常州创意产业基地获得省级现代服务业发展专项引导资金1000万元的切块扶持。

专栏　苏州持续推进现代服务业集聚区提档升级

一、公共服务日趋完善

苏州市服务业集聚区不断完善公共服务平台建设,有效整合资源,深化服务内容,通过多种方式提供研发、投融资、培训、招聘等多样化的公共服务,公共服务能力显著增强。苏州高铁新城大数据产业园围绕智能驾驶产业,建设了一条国内领先的开放测试道路,重点打造了一套能够满足行业共性需求的智能驾驶产业公共服务平台,包括高性能计算平台、智能云控监管平台、数据训练标注平台、仿真模拟测试平台、开放应用平台,通过平台打通了车路网之间数据联通,满足了企业公共研发需求,降低了企业共性研发成本。

二、业态创新成效初显

随着云计算、大数据、移动互联网等新一代信息技术的升级发展,互联网加速向各行业渗透,服务业新业态、新模式不断涌现。常熟服装城积极发展新零售经济,成立产业带直播服务办公室,将产业带直播圈内的主播、机构、供应链及市场有效整合起来,常态化组织参加各种大型产业带直播活动,逐渐形成常熟产业带共同区。为解决直播人才紧缺的痛点,成立直播商学院,围绕主播孵化、主播培训、机构运营等培训赋能产业带商家,每年计划孵化培训300位以上主播。2019年,常熟产业带直播销售总额30亿元。

三、"两业"融合深度推进

服务业集聚区结合本地制造业产业需求,针对支柱产业,围绕重点产业项目,在集聚区内突出发展科技创新创业、检验检测、金融服务等专项服务,制造业与服务业的"两业"融合度不断提高。太仓物流园区依托江海联运物流运作、大宗商品交易结算平台、跨境电商交易平台和保税物流平台,积极拓展以集中采购、智慧物流、互联网金融为代表的供应链管理服务,促进太仓港经济技术开发区先进制造业企业缩短订单处理周期、减低物流成本、提高企业竞争力。

四、线上平台助推集聚提升

集聚区紧紧把握互联网和大数据发展机遇,加快搭建线上平台,利用线上平台加强对上下游产业的双向带动和统筹整合,推动大市场、大流通建设,促进线上线下融合发展,加速形成产业集聚优势。江苏化工品交易中心于2017年推出苏交网,以现货撮合、现货挂牌为业务基础,结合线上交收、线上融资、履约保障等功能,打造线上撮合平台,运用互联网手段和创新的交易机制,为市场管控交易风险、降低交易成本。2019年,江苏化工品交易中心完成交易额1174亿元,入库税收3.5亿元,成为国内最有影响力的化工品交易中心和权威的价格中心。

苏州市将进一步推动集聚区提档升级,做强集聚区规模,做优集聚区内涵,加强惠企政策落实落细,切实帮助集聚区内企业减轻负担。同时,加快实施生产性服务业三年行动计划,全力推动生产性服务业特别是重点优势产业提升发展,推动集聚区进一步提档升级。

(五)着力培育重点龙头企业

2019年,南京市规模以上服务业企业实现营业收入5694.6亿元,比上年增长12.5%,增速较上年同期提升 1.2 个百分点,其中,高技术服务业、科技服务业营业收入分别增长 15.2%、14.5%。分行业看,信息传输软件和信息技术服务业增长 19.5%、交通运输仓储和邮政业增长 13.3%、科学研究和技术服务业增长 11.1%、租赁和商务服务业营业收入增长 3.8%。在互联网企业带动下,规模以上互联网和相关服务、软件和信息技术服务等新兴行业营业收入分别增长 26.0% 和 22.4%。2019 年,苏州市平台经济、总部经济等新业态、新模式快速成长,新增 19 家市级总部企业,累计 179 家;新增省级互联网平台经济"百千万"工程重点企业 8 家,累计 23 家。现代服务业和先进制造业融合发展,新增国家级工业设计中心 2 家、省级工业设计中心 14 家。在省级特色小镇创建年度考核中,苏绣小镇、昆山智谷小镇分获第一、第二名。

(六)服务业税收持续增长

2019 年,苏州市服务业完成税收收入 1855.45 亿元,比上年增长 4.8%,增速分别比全部税收、二产税收高出 5.3、10.2 个百分点。服务业税收收入占全部税收的比重为 50.9%,比上年提高 2.6 个百分点,成为全市税收收入的主要支撑力。分行业来看,房地产业、批发和零售业、金融业的税收贡献度位列前三。房地产业、金融业、科学研究和技术服务业的税收增速最快,分别为 16.5%、16.1%、14.4%,是服务业税收增长的主要动力。2019 年前三季度,镇江市服务业实现税收 175.37 亿元,占全市税收总收入的 51.5%,服务业已成为拉动税收收入增长的主要动力。

(七)国际化程度和国际竞争力显著提升

服务业"走出去"成为境外投资主要方式,层次不断提升。近年来,苏南服务业境外投资数量迅猛增长,开放水平不断提升。服务业实际利用外资增长迅速。如苏州市 2019 年 1—10 月,按外汇管理局收付汇统计,新兴服务行业的进出口额为 80.37 亿美元,占服务贸易总额的 74.82%,环比上升 0.28 个百分比。其中,保险服务、商业服务、计算机和信息服务、文化和娱乐服务等新兴行业保持两位数的增长,增幅分别为 23.94%、11.77%、10.86%、10.76%。1—10 月,运输、加工、建设、旅行四大传统行业的服务贸易进出口额为 27.05 亿美元,占服务贸易总额的 25.18%,其中建设服务增长较快,上涨了 68.42%。从企业直报数据看,文化、金融、电信计算机和信息服务等新兴行业进出口额为 120.87 亿美元,占服务贸易总额的 8.74%。南京市 2018 年现代服务业实际使用外资 51.2 亿美元,占全省服务业实际使用外资的 39.9%。其中,教育、信息传输及计算机服务和软件业、现代物流业、租赁和商务服务业业实际使用外资分别同比增长 48.5%、37.5%、13.9%、6.7%。

二、苏南现代服务业发展的问题分析

(一)问题分析

1. 现代服务业的聚集效应尚未充分发挥

江苏现有现代服务业集聚区中,以现代物流为主,约占总量的 30%,其次为科技服务业,约占 20%。从区域分布来看,苏南现代服务业集聚区在总量上优势明显,如创业产业集聚区,比例达到了 75% 以上,软件和信息服务集聚区,占比达到了 67% 以上,但是从现代集聚区的发展来看,培育的龙头企业和品牌企业较少,省内以及全国范围内的影响力较低,没有充分发挥服务业集聚区的综合集聚效应。同时,苏南缺乏具有国际影响力的本土创新型企业,放到全球视角看,江苏距离国际标准还有相当的差距。如在全球创新100强企业中、科技100强企业中,苏南没有一家企业入围,因而现代服务业的集聚效应尚未充分发挥。

2. 高端服务业的供给相对不足

国民收入水平的提高必然伴随着消费需求升级,这其中就包括对服务消费需求的总量增加和质量提升。随着消费者消费需求的变化和升级,苏南服务业发展并没有能够跟随着消费需求的变化而实现同步发展,特别是针对"新消费"特征的个性化特征定制、精细化服务、数字服务、信息服务等新模式新业态的有效供给明显不足,商品和供给低端化、同质化的特征较为明显,大量的现代服务业的高端需求和新型消费没有得到充分重视和满足。一方面由于服务业监管体系和消费环境的不足,消费升级的潜力没有充分释放,特别是满足人民幸福生活的运动健身、数字服务、绿色幸福产业的高端供给不足,阻碍了居民消费层次的提升和优化。另一方面由于苏南本土创新和顶尖技术的缺乏,会导致大量服务业的跟随效应和模仿效应较为明显,而基于技术创新为代表的"数字经济+"等产业发展受到了影响和制约,也是高端服务业供给不足的表现。

3. 创新投入不足,知识产权保护观念相对滞后

服务业以服务为产品,生产与服务高度融合,属于知识和技术密集型产业,产业链各个环节紧密相连,具备协同创新的特性。集群内各企业的知识互补和联动效应,对于集体学习机制的建立和隐性知识的学习至关重要。现代产业结构呈现出制造业、服务业和高科技产业不断融合的新趋势。苏南服务业产业集群发展过程中,市场与政府关系定位正确,但企业创新投入不足,自主创新能力不强的状况仍然较为明显。集群内企业仍然以中小企业为主,新产品开发力度不强,产品技术含量低,市场应变能力差。集群内企业与供应商和客户的垂直互动多,企业间的水平互动有限,无法发挥因产业关联与互动而产生的网络创新效应,也不能充分利用集群内部的资源。此外,目前对商标、专利、版权等知识产权的保护意识不足、相关法律不健全,也是制约服务行业产业集群发展的重要因素。

(二)苏南现代服务业发展的外部环境

1. 科技变革加快推动服务业创新融合发展

近年来,以5G、物联网、大数据、人工智能等为代表的新一轮科技革命和产业变革孕育兴起,新技术、新产业、新业态、新模式不断涌现,服务网络化、智慧化、平台化和产业融合发展态势明显,知识密集型服务业比重快速提升。随着现代科技与服务经济的加速融合发展,迫切需要苏南服务业发挥出其领域更宽、模式更新、附加值更高、智力要素集聚效应更强的特征,适应把握和引领经济新常态,围绕制造业服务化、"互联网+"等新型服务需求,以供给侧结构性改革为主线,加速优化服务供给结构,加大服务有效供给,促进生产性服务业向价值链高端攀升、生活性服务业高品质精细化发展,支撑引领全省经济转型升级和社会全面进步。

2. 国际生产与服务分工格局深度调整

当前,以美国为代表的部分国家"逆全球化"、反自由贸易思潮明显上扬,中美经贸冲突呈现从贸易战向科技战发展趋势,并将有可能拓展到服务业全领域。随着全球从产业链式分工转向产业

网络式分工,劳动力等要素低成本比较优势和传统加工制造环节的重要性将降低,创新要素和研发设计活动在国际竞争中的重要性持续强化,围绕市场、资源、人才、技术、标准的竞争更趋激烈,供应链竞争、高端服务业竞争更加明显。作为全国重要的创新型、开放型省份,迫切需要苏南积极融入并落实"一带一路"倡议、长江经济带、长三角区域一体化等国家重大战略,在更深层次、更宽领域,以更大力度推进全方位高水平开放,推进投资和贸易便利化自由化,全面优化服务业营商环境,创新全球服务资源配置方式,抢占服务行业全球话语权、标准权,以高层次、更高水平融入到全球服务分工产业格局中。

3. 服务贸易占全球贸易比重快速提升

后金融危机时代,基于产业链、价值链、创新链的区域大融合成为国际经济发展的主流,生产要素全球范围流动加快,发达国家服务业跨国布局向纵深推进,服务贸易产值和规模逐步超过传统货物贸易,成为推动全球自由贸易重点领域。针对"大而不强"、总体竞争力不够强、发展水平不够高等现实问题,作为传统货物贸易大省,迫切需要抢抓全球服务贸易快速发展历史机遇,以服务贸易为重点加快服务业转型,加快提升旅游、健康、文化、职业教育等服务业贸易化水平,进一步提高信息服务、科技服务、金融服务、商务服务、人才服务对外开放力度,把服务贸易打造成为经济转型升级发展的新引擎,打造服务贸易江苏品牌,建成服务贸易强省,实现全省服务经济提质增效、转型升级。

三、苏南现代服务业发展的对策建议

(一)重点工作

1. 抓好重大项目建设

围绕现代服务产业新体系重点领域,加强项目储备和分类指导,突出规模性、先进性和区域性,更多安排转方式、促转型、重创新、补短板项目。2019年全省确定150个服务业重点项目予以推进实施,年度新增服务业投资1000亿元左右。江苏将调整优化供给结构,在大数据应用、科技研发服务、供应链创新体系建设、中高端消费以及现代服务业新模式新业态等方面营造一批新亮点。推广"旅游＋""文化＋"产业融合发展模式,大力发展智慧旅游,打响"水韵江苏""文化江苏"品牌,不断提升文化旅游、教育培训、康体养老、家政等服务供给能力和水平,打造一批服务消费创新示范工程。强化重点项目服务保障,土地点供指标优先供给,省级现代服务业发展专项资金对重点项目建设给予固定资产贷款贴息等支持。

2. 抓好重点企业培育

支持现代服务业龙头领军企业做优做强,继续推进"江苏省生产性服务业百企升级引领工程",以生产性服务业为主攻方向,重点发展现代物流、科技服务、软件和信息服务、电子商务、现代金融、服务外包、工业设计、国际航运等生产性服务业,加快推动生产性服务业向专业化和价值链高端延伸,引导制造业服务化。继续实施江苏省互联网平台经济"百千万"工程,扩大互联网平台经济优势,打造一批具有国际或区域影响力的平台型交易中心,培育一批特色鲜明、竞争力强的平台经济品牌企业。加快发展总部经济。

3．抓好集聚区提档升级

继续推进"生产性服务业百区提升示范工程"，重点打造若干优势公共服务平台，提升现代服务业集聚区的资源整合和集群辐射效应。针对省级集聚区在引领产业发展和促进地方经济增长中产生的实际作用进行科学评估，强化集聚区动态管理，将集聚区评估情况列为地方服务业发展考核的重要指标，倒逼集聚区优化自身运营发展模式，加快提档升级。

4．抓好服务业综合改革试点

抓住南京成为国家服务业综合改革示范典型和徐州列入国家"十三五"服务业综合改革试点城市的重要机遇，协调推进两市服务业综合改革和体制机制创新工作，总结推广先进经验和做法。深入推进新一轮省级服务业综合改革试点工作，形成一批可复制可推广的现代服务业发展经验。

5．抓好服务业发展政策储备

组织开展"十四五"服务业发展规划编制的前期研究，创新思考"十四五"时期江苏省现代服务业发展的思路导向和目标任务。针对《江苏省"十三五"现代服务业发展规划》和《服务业创新发展江苏行动纲要（2017—2025年）》实施中的薄弱环节，突出问题导向，加强专题研究，特别是针对生产性服务业、总部经济、枢纽经济、新模式新业态发展等重点领域，强化政策集成创新，确保规划和纲要顺利实施。依托现代服务业研究院和重点智库平台，加强对服务业发展热点难点问题研究谋划，加大重点课题研究成果应用转化，提高服务业政策储备效益。

6．抓好服务业人才培养

贯彻落实省"双创计划"、产业人才高峰计划、服务业人才境内外培训计划，着力培养现代服务业发展急需的知识化、专业化、复合型、创新型人才。优化江苏省现代服务业北大、清华两个培训基地建设，提高人才境内外培训成效，组织好现代服务业海外人才引进、现代服务业企业家创新创业沙龙等重点活动。加大支持创业投资机构和集聚区建设，完善创业投资匹配叠加服务，吸引并留住更多现代服务业高层次人才汇聚江苏、创新创业。

7．抓好服务业发展动态监测工作

依托现代服务业公共服务云平台，做好重大项目、重点企业培育、集聚区以及融资增信企业库的数据填报和完善工作，健全督查和调度机制，保障服务业重点工作高效有序运转。继续组织做好服务业引导资金安排工作，加强项目和资金的管理监督和检查，确保发挥引导资金的使用效益。推动江苏省生产性服务业统计制度加快健全完善，加强现代服务业尤其是生产性服务业形势分析预测。

（二）政策建议

服务业发展要将"高质量"作为确定发展思路、制定各项政策的根本要求，以服务业提质增效升级为着力点，更多运用改革、开放、创新的办法，使服务业发展跃上一个新台阶，以此加快发展方式转变、经济结构优化和增长动力转换。

1．加快服务业创新驱动和新动能培育

第一，发挥市场准入负面清单制度改革的牵引作用，清理修改不合时宜的法律法规和规范性文件，推行承诺式准入，加快"照后减证"试点，破除对创新创业的不合理束缚。同时，探索包容创新的审慎监管制度，建立跨界融合新行业和新业态的协同监管机制，把改革红利转化为发展新动能。第

二,推动资源要素向激励人才的方向倾斜。探索实施人才培训福利计划,鼓励应用型、技能型、复合型人才脱颖而出。依法保护企业家的创新收益和财产权,赋予科研人员、教师、医生等更大的流动自主权。第三,创新多样化金融服务。完善动产融资服务体系,支持符合条件的服务企业上市融资、发行债券。第四,加强知识产权保护与运用。提高知识产权侵权代价和违法成本,制定在线创意、众创众包、研发设计等新领域创新成果的知识产权保护规则,进一步完善知识产权中介服务体系。第五,加快服务业标准化建设。支持具备能力的社会组织和产业技术联盟牵头制定满足市场和创新需要的标准,实施企业标准自我声明公开制度,推进优势、特色领域标准的国际化。

现代服务业是以先进技术和人力资源作为主要投入要素的产业,要将苏南服务业由劳动和资本密集型转变为智力密集型,这就需要加大力度引进和培养高层次、高技能的服务业专业人才,根据不同领域人才的特点分类制定引进开发计划;要加快推动服务企业创新发展,引导企业开展组织创新、模式创新、业态创新、技术创新;要加强体制机制创新,依托服务业综合改革试点,逐步消除体制机制障碍,加快服务业双向开放,逐步打破社会资本和外资进入服务业的"隐性天花板",为服务业创新提供良好的外部环境。

2. 增强生产性服务业对制造业和农业的全产业链支撑

以产业升级需求为导向,着力提高生产性服务业的专业化发展能力,构建与制造业、农业交叉融合的产业协同发展体系。一是紧扣产业价值链的核心环节,支持服务企业利用信息、创意、营销渠道等优势,向制造环节拓展业务范围。二是推动生产性服务业细分行业的要素优化配置和服务系统集成,有效发挥平台型、枢纽型服务企业的作用,带动小微企业发展。三是鼓励有条件的制造企业进行柔性化改造,逐步向设计咨询、设备制造和采购、施工安装、维护管理等一体化服务总集成总承包商转型。四是培育多元化农村产业融合主体,增强生产性服务业对推进农业供给侧结构性改革、发展现代农业的支撑能力。

生产性服务业是做强实体经济、构建现代化经济体系的重要支撑。苏南积极鼓励发展各具特色的生产性服务业,推动生产性服务业向专业化和价值链高端延伸。例如,在信息技术服务领域,将进一步实施网络强省战略,加快发展以云计算、物联网、大数据为代表的信息服务业;在科技服务领域,积极构建全价值链科技服务业态,培育建设一批国家级和省级工业设计中心;在金融服务领域,推进金融产品和服务创新;在现代物流领域,促进物流企业向第三方、第四方物流模式转型;在电子商务领域,打造线上线下融合的全渠道、全开放运营模式,等等。省发改委将深入贯彻全会精神,在研究制定加快建设现代化经济体系的意见中,重点突出现代服务业特别是生产性服务业,并抓紧出台推动服务业高质量发展的具体政策措施。

借力信息技术和"互联网+",推进制造业服务化发展与服务业制造化发展双向融合。加快引导大中型制造企业将生产流程中的非核心但具有相对比较优势的服务环节从原企业分离出来,向社会提供第三方专业化服务。以服务型制造示范企业为引领,逐步增加服务要素在投入和产出中的比重,推动苏南制造业从以加工组装为主向"制造+服务"转变,从出售产品向"产品+服务"转变,以基于服务为核心的制造与服务融合,进而实现提高产品附加值、市场占有率和全要素生产率的发展目标。

3. 提升生活性服务业品质和消费满意度

首先,鼓励企业运用大数据、人工智能等新技术挖掘用户需求,丰富和细化消费品类。促进无人超市、配送机器人等新业态和新模式有序发展。支持连锁便利店叠加更多服务功能,完善便捷、智慧、安全的服务体系。其次,引导社会资本更多投向生活性服务业短板领域,进一步丰富服务内容、创新服务方式、提高服务质量,更好满足人们对美好生活的多样化、多层次需求,实现消费升级与产业升级互促共进。再次,加强服务消费与商品消费的融合互动,激发关联消费潜力。以培育发展国际消费中心为载体,建立多行业关联协同的消费生态体系。最后,健全消费者权益保护机制。打击侵权假冒行为,完善消费环节经营者首问和赔付先行制度。

4. 深化服务业高水平全面开放

一方面,进一步提高服务业对外开放水平。借鉴国际高水平自由贸易协定的经验,在互惠互利基础上推动中国与贸易伙伴国家之间的服务贸易投资自由化和便利化。以自由贸易试验区和服务业综合试点城市等为依托,加强政策创新和对比互补试验,复制推广成熟经验。适当扩大新兴生产性服务进口,充分发挥技术和知识溢出效应,改善国内服务业供给结构。另一方面,积极推动服务业"走出去"。特别是深化与"一带一路"沿线国家的服务贸易合作,加强全球布局,鼓励更多有实力的服务企业拓展海外市场,为中国制造"走出去"提供服务支持。

5. 加快现代服务业新业态发展

(1)孕育大型互联网服务企业

由于信息技术创造和改造的新兴业态服务业具有明显的规模报酬递增特性,使得某一领域的互联网企业只有第一没有第二,细分领域的互联网企业只有将自己打造成行业第一,才能生存下去,而知名度和品牌建设对于互联网企业的成长至关重要。因此,我们建议:一是通过财政支持、政府采购、广告投放、帮助树立公众信任等措施促进苏南相关企业知名度和影响力的快速提升,以此占领国内市场和提升国际市场份额,并进一步通过兼并重组巩固自己的行业地位。二是建议实施标准化战略。加快制定并发布一批由江苏服务业新业态主导的业态标准,以标准建设促进江苏服务业新业态的品牌建设和影响力的提升。三是要鼓励和引导传统服务业和信息服务业深度合作并分享市场。

(2)加速大数据运用环境建设

一是可由互联网企业、科研院所、高校以及相关行业的企业共同设立与"大物移云"相关的研究机构,充分挖掘和利用相关行业所产生的大数据资源,将深度挖掘后的行业海量数据转化为政府部门、消费者和企业的重要决策依据。二是可加强产业间、部门间大数据的综合应用,构建包含医疗、健康、饮食、农业、教育、运动、休闲、设计、营销、法律、金融、咨询、制造等行业的综合大数据库,为企业、消费者和政府提供完整的相互联系的动态综合服务。三是建议引进和培育既熟悉本行业业务又熟悉互联网业务、既精通生产技术又精通商务知识的跨学科复合型人才,建议在目前江苏省各类人才工程的基础上,鼓励不同行业人才到互联网企业、其上下游企业或相关部门、特别是与之相关的互联网企业工作访问,从而发现和创新本行业与互联网企业的可嫁接机会,形成和拓展新的服务业态。

(3)加强信息技术基础设施建设

一是应加大信息技术基础设施的投入,提高免费 Wi-Fi 的覆盖面和信号质量,进一步提高网络平台的搭建和潜在参与者的互联互通,提高消费者、生产者、中间者等所有环节的互联互通。二是建议建立标准化的基础信息数据库。服务业新业态的产生和发展都离不开数据,因此,及早建立标准化基础信息数据库,提升服务业效率,并将此标准推广至全国和国际,是江苏服务业新业态跨越发展和领先发展的关键。三是可加大对大数据、物联网、移动互联网、云计算等的投资,为进一步引导产业间、行业间的跨界融合,引导互联网企业与其他各类企事业单位的全面深度合作提供基础。

(4) 引导区域业态差异化发展

一是应鼓励各地区结合本地产业和资源禀赋优势创新服务业新业态。比如,纺织业发达的地区和企业可以发展与纺织业相关的新兴服务业态,旅游业基础有明显优势的地区可以优先发展与旅游业相关的服务业新兴业态,文化创意产业发达的地区可以发展与文化创意相关的服务业新兴业态等,在差异化发展的基础上迅速做大做强由本地优势产业演变带动起来的服务业新业态,并迅速推广至全国。二是要加大地区间统筹协调。建议可由如省发改委等部门牵头,邀请相关部门和地区参与,建立服务业新业态投资和发展的协调机制,完善重大利益分享机制,增强省内地区与城市间合作成果的可预期性,提升各方合作积极性。

6. 大力发展总部经济

全会指出,要大力发展总部经济,致力引进跨国公司总部、地区总部以及国内大企业集团决策中心、利润中心、研发中心,着力集聚一批高能级、有活力的经济主体。无锡市的抽样调查显示,享受市级政府总部企业补贴的36户总部企业2012年创造税收13.8亿元,到2016年创造税收21.1亿元,近五年税收的复合增长率11.2%,总部企业平均每户创造的税收从3833万元增长至5855万元。此外,总部企业对扩大就业总量、提升本地人才素质以及推动外地人才流入,都有较明显促进作用。SK海力士销售总部已落户并实现销售,预计全年新增销售收入40亿美元;360物联网安全运营总部落户无锡……无锡市发改委主任张明康介绍,2018年以来,无锡上下就发展总部经济形成新的共识,总部经济工作迈上新台阶,下半年将继续"五措并举"——加大总部企业招引力度、着力培育本地总部企业、建立健全总部经济政策体系、加大总部经济工作考核力度、为总部企业提供优质服务,进一步培优做大总部经济。

苏州工业园区总部经济发展起步于2003年,目前已集聚经省、市、区认定的各类总部达82家。其中,跨国公司地区总部及功能性机构(省级总部)39家,占全省五分之一。2018年底,园区各类总部达到100家。苏州高新区近日发布了总部经济新政,旨在打造总部经济高地。"目前高新区已规划了建筑面积达200万平方米的上市企业总部园,一期480亩核心区下半年动工建设,整个总部园计划用三到五年时间建成。"高新区经济发展和改革局局长何宁说,下一步要积极鼓励区内各街道、镇集中规划建设企业总部园,引导符合条件的企业优先入驻区内企业总部园。对各板块企业总部园建设,将优先提供土地指标支持。

江苏省目前已认定总部功能性机构200家。省发改委相关人士表示,近年来兄弟省市陆续出台鼓励跨国公司地区总部和功能性机构的政策措施。江苏省尤其是苏南地区迫切需要学习借鉴兄弟省市的相关经验,出台更有竞争性政策措施,营造新的引资优势。

7. 让文旅产业成为经济发展的重要支撑

要增强文化旅游产业的发展自觉,充分激活市场机制,谋划一批有影响力的标志性项目,让文旅产业成为江苏经济的重要支撑。

文化部南京大学国家文化产业研究中心教授、博士生导师顾江认为,文化旅游产业对传统产业结构转型有很大推动效应,对城市消费市场有较强的培育与吸引力,对相关产业资源整合利用具有效益增值的产业链效应。顾江建议,要按照省委十三届四次全会的部署要求,激活市场机制,加大工作力度,从体制机制上推动文旅产业成为经济的重要支撑。要加快推进文化和旅游融合的力度,全方位、多角度实施"文化＋""旅游＋"发展战略,着力打造培育一批文化旅游资源开发的新亮点、新模式,谋划一批具有全国影响力的标志性项目、标志性平台工程。要抓住大运河文化带建设契机,推进大运河国家文化公园试点建设,培育大运河文化旅游经典线路,举办大运河文化旅游博览会,打造"千年运河"文化旅游品牌;要着力培育文化旅游龙头企业,强化运河带文化产业功能区建设,突出地域特色的文化发展战略,同时,省文投集团等一批龙头文化企业要发挥新增文化旅游发展职能,尽快成为江苏省文化旅游发展旗舰;高等院校应全面做好智库工作、高质量培养与输送符合市场主体需求的人才,江苏文化产业学会和协会应大力推动与创新政产学研结合的新模式和新思路,让文化接上智慧的引擎飞得更高更远。与此同时,要实施全域旅游战略,坚持规划引领,注重共建共享,促进富民利民,加快建设文化旅游强省。7月30日,苏州亨通集团与南京21世纪投资集团在吴江举行苏州湾好莱坞魔法城投资合作签约仪式。双方将强强联合,打造苏州城市新地标、长三角文旅新天地、魔法城在中国的旗舰品牌,为苏州增添融入国际品牌的文化新名片。

　　江苏省旅游局副局长陈芬表示,增强文化旅游产业的发展自觉,谋划一批有影响力的标志性项目,首先应加大规划编制和实施力度。紧密对接国家和省委省政府各项发展战略,下半年要完成长江旅游发展规划,启动江苏全域旅游发展规划的编制,通过规划引领,让扬子江旅游成为江苏长江经济带发展的重要支撑,让全域旅游发展形成江苏样板、贡献江苏经验。同时,要加强与国家项目的对接。下半年,文化和旅游部即将推出文旅融合发展示范区(项目)、大运河国家文化公园、全域红色旅游示范市、红色示范小镇等全新的创建项目。各地要根据本地资源特色,提前谋划、主动对接。

参考文献

[1] 晁刚令.服务业分类统计核算研究[J].科学发展,2010年第10期.

[2] 江小涓,李辉.服务业与中国经济:相关性和加快增长的潜力[J].经济研究,2004年第1期.

[3] 江波,李江帆.政府规模、劳动——资源密集型产业与生产服务业发展滞后:机理与实证研究[J].中国工业经济,2013年第1期.

[4] 江静,刘志彪.政府公共职能缺失视角下的现代服务业发展探析[J].经济学家,2009年第3期.

[5] 黄繁华,洪银兴.加快江苏现代服务业发展路径研究[J].南京社会科学,2007年第7期.

[6] 李华.人口老龄化对中国服务业发展的影响研究[J].上海经济研究,2015年第5期.

[7] 李江帆.中国第三产业的战略地位与发展方向[J].财贸经济,2004年第1期.

[8] 李红梅.论生产服务业发展中的政府角色[J].统计研究,2002年第8期.

[9] 李眺.服务业开放与我国服务业的生产效率研究[J].产业经济研究,2016年第3期.

[10] 刘丹鹭,夏杰长.供给侧改革与增长效应:以生产者服务业减税为例[J].广东财经大学学报,2016年第4期.

[11] 刘恩初,李江帆.发展生产服务业核心层推动广东产业高端化[J].南方经济,2015年第1期.

[12] 刘志彪.现代服务业发展与供给侧结构改革[J].南京社会科学,2016年第5期.

[13] 刘志国,李丹.供给侧改革与我国经济的有效增长策略[J].马克思主义研究,2016年第3期.

[14] 卢云卿,孔群喜等.需求、供给和创新,谁是推动服务业发展核心动力?[J].南京财经大学学报,2015年第3期.

[15] 钱纳里.工业化和经济增长的比较研究[M].上海:格致出版社,2015年.

[16] 邱瑾,戚振江.基于MESS模型的服务业影响因素及空间溢出效应分析[J].财经研究,2012年第1期.

第二章　苏中现代服务业发展报告

现阶段,苏中处于加快构以服务经济为主的现代产业体系、推进产业结构调整走向纵深发展的关键时期。"十三五"期间,苏中服务业的发展潜力将进一步释放,服务业新动能将快速成长,服务业将继续领跑三次产业。可以说,苏中经济将逐步由工业经济转型为服务经济。在此背景下,推进服务业供给侧结构性改革,优化服务业供给结构,培育经济增长新动力,就显得尤为重要。2019年苏中服务业规模扩增、比重提高、层次跃升,服务业总量和增幅连年攀升,发展水平不断提升,结构不断优化,如今已成长为拉动苏中经济高质量发展的强大引擎。但是在苏中经济发展过程中,服务业一直是发展的短板,服务业比重不高,内部结构不合理,高端的生产性服务业还相当落后,无法满足生产发展和人民消费升级的需要等问题仍然比较突出。因此,推动苏中服务业加快发展,对实现产业结构的升级,提升经济发展的容量,推动苏中经济在新常态下持续、健康地发展具有重要意义。

一、苏中现代服务业的发展现状

(一)服务业发展提速较快,经济拉动能力明显提高

随着沿江和沿海开发战略的不断实施和地区经济的不断腾飞,为苏中地区的现代服务业发展提供了良好的机遇。苏中三市服务业都呈现出良好的发展态势,发展提速,占GDP比重稳步提升,拉动经济能力提高。表1显示了2014年以来苏中地区各市服务业增加值状况,相比2014年,2019年南通、扬州和泰州服务业名义增加值增加了近两倍,平均每年增长率保持两位数以上。在苏中三市中间,南通规模最大,扬州、泰州次之。2019年南通市保持"三二一"格局,第三产业增加值4352.45亿元,增长5.7%;2019年扬州市第三产业实现增加值2779.07亿元,增长6.6%,三次产业结构调整为5:47.5:47.5,第三产业增加值占地区生产总值的比重比上年提高0.5个百分点;2019年泰州市第三产业增加值2314.88亿元,增长7.6%,三次产业增加值比重调整为5.7:49.2:45.1,服务业增加值占GDP比重比上年提高1.4个百分点。

表1　2014—2019年苏中地区服务业增加值(单位:亿元)

	2014年	2015年	2016年	2017年	2018年	2019年
南　通	2500.78	2815.97	3231.8		4081.35	4352.45
扬　州	1584.80	1762.88	1927.89	2327.02	2569.59	2779.07
泰　州	1464.19	1657.93	2000.26	2242.32	2393.57	2314.88
苏　中	5549.77	6236.78	7159.95	8281.49	9044.51	9446.45

资料来源:《江苏统计年鉴2020》

随着服务业占 GDP 比重的提高,服务业的带动作用不断增强,拉动经济能力不断提升。整体来看,苏中地区服务业占 GDP 比重由 2013 年的 41.6% 提升至 2019 年的 46.4%,提高了 4.4 个百分点。具体来看,扬州 2019 年服务业增加值占比 47.5%,服务业提高 0.5 个百分点,越居苏中第一位。南通市服务业占 GDP 比重为 46.4%,比上年下降了 2 个百分点,居苏中第二位。泰州服务业增加值占 GDP 比重达到 46.9%,下降 1.8 个百分点,占比排名苏中第三位。

表 2 2013—2019 年苏中各市服务业占 GDP 比重(单位:%)

年 份	2013	2014	2015	2016	2017	2018	2019
按地区分							
南 通	42.0	44.1	45.7	47.6	48.0	48.4	46.4
扬 州	41.3	42.4	43.4	44.4	45.9	47.0	47.5
泰 州	41.3	43.1	44.7	46.7	47.3	46.9	45.1
苏 中	41.6	43.3	44.7	46.5	47.2	47.6	46.4

资料来源:《江苏统计年鉴 2020》

(二)服务业税收保持稳定态势,投资增速渐趋上行

苏中三市 2019 年服务业增加值都获得较快发展,同时税收支撑作用较为显著。2019 年前三季度南通市服务业实现税收 377.96 亿元,同比增长 0.8%,占全部税收的比重为 52.4%,分别比上半年、一季度、2018 年及去年同期提高 2.6、5.1、3.9 和 2.7 个百分点,服务业税收贡献增强。2019 年泰州市服务业投资增长 6.5%。在二产投资中,工业投资增长 6.1%,其中,医药制造业增长 31.1%,汽车制造业增长 15.2%,通信设备、计算机及其他电子设备制造业增长 42.2%,仪器仪表制造业增长 15.8%。在服务业投资中,信息传输、软件和信息技术服务业增长 13.7%,科学研究和技术服务业增长 60.1%,水利、环境和公共设施管理业增长 53.5%,文化、体育和娱乐业增长 60.8%。

(三)服务业集聚区集聚水平有效提升

南通市在加强 11 家省级服务业集聚区日常管理的同时,制定下发《2019 年度市区重点集聚区年度目标考评办法》并按季督查推进,评选出市北高新科技城等三家优秀集聚区并给予资金支持。新增如东洋口港物流园等三家省级生产性服务业集聚示范区,南通市省级生产性服务业集聚示范区总数全省第二,如皋港综合物流园在全省生产性服务业集聚示范区综合评价中位居前列,并作为全省唯一的物流类集聚示范区获得省级服务业引导资金切块扶持。至 2019 年底,53 家市级服务业集聚区新开工,江苏如东洋口港物流仓储项目、海安苏隆家具物流中心等亿元以上产业项目 32 个,新建研发设计、检验检测、人力资源服务等公共服务平台 25 个,实现营收 4276.9 亿元、同比增长 6.8%,其中,营收超百亿集聚区达九家。

> **专栏 江苏全力打造金融改革的"泰州样板"**
>
> 近日,《金融时报》记者专程来到泰州,通过几天的深入采访,聆听了由泰州谱写的这一段金融支持实体经济高质量发展的华彩乐章。

一、金改"上半场":跑出泰州"加速度"

在泰州金改的"上半场",各项基础设施不断完善,一个崭新、立体的金融格局正在泰州不断铺陈出来。据泰州市银保监局副局长刘维民介绍,截至2019年一季度末,辖内银行业金融机构已达36家、网点798个,覆盖所有乡镇。与此同时,法人机构转型发展也取得积极进展。例如,泰州、姜堰两家农商行引进优质法人股东,分别完成增资扩股5亿股、2.5亿股;泰州农商行、靖江农商行各发行6亿元二级资本债;江苏长江商业银行增加注册资本1.23亿元。

在金改的带动下,泰州逐渐营造出支持产业转型升级的良好金融生态,重塑风险防范化解的新格局。"我们始终把守住不发生区域性、系统性金融风险作为金融改革的底线,努力营造支持产业转型升级的良好金融生态。"泰州市地方金融监管局局长、市政府金融办主任申强如是说。他介绍说,截至2018年末,泰州市线下投融资机构由922家减少至313家;自改革以来,泰州分别累计压缩普通船舶、化工、不锈钢等产能过剩行业贷款64亿元、42亿元、67亿元。

二、"1+5+1"现代产业体系:助实体经济"枝繁叶茂"

由"一粒药"迈向"大健康",被纳入国家创新型产业集群试点的泰州医药高新区已初展雄姿。"以大健康产业为标志,以生物医药及高性能医疗器械、高端装备制造及高技术船舶、节能与新能源、新一代信息技术、化工及新材料五大产业为主导,以现代服务业为支撑的'1+5+1'现代产业体系,是泰州金改的重点产业服务领域。"泰州市地方金融监管局副局长张健羽向记者介绍说。

据介绍,在政策扶持方面,泰州出台"科技金融风险补偿办法""产业投资基金管理办法",组建"1+10+N"产业投资基金体系,市场化构建初创期医药企业"风投+基金"模式,基金认缴规模达百亿元;设立境外股权投资基金和国家一类新药研发投资基金,组建大健康二级母基金、国科健康基金等,争取江苏省政府增资共建产业投资基金,将泰州市产业投资基金作为省政府投资基金旗下的区域基金。与此同时,泰州积极驱动企业上市挂牌。开展"十百千"培训工程,即每年遴选10家以上重点拟上市企业、100家以上拟挂牌企业、1000家上市(挂牌)后备企业开展上市培训,针对不同类型企业及不同资本市场的门槛要求,对企业分层分类辅导,推动企业与资本市场的精准对接。泰州还梳理了21家科创板上市后备企业库,实现全市区域全覆盖。其中,江苏硕世生物科技公司成为苏中地区首家申报科创板获受理的企业。

三、试点成效:"试验田"成为"示范田"

广东、天津、四川、安徽……近日来,全国各大省市陆续取消企业银行账户许可的消息接连刷屏,这正是金融改革排头兵的泰州为我国金融改革贡献的重要经验之一。作为全国首批取消企业银行账户开户许可证核发试点地区,泰州探索建立了较为完整的账户改革试点推进机制,实现了企业开立基本存款账户由原来的商业银行、人民银行"两头跑"转变为银行内部"闭环",平均开户时间缩短为1天,开户效率大为提高。同时,推动金融机构开发运营"企业账户统一服务平台",扫描营业执照二维码即可自动抓取企业信息,并完成开立账户手续,在保障账户唯一性的基础上,大幅简化了开户流程。"围绕账户改革目标,我们先后向人民银行总行反馈改革建议十余次,11条可执行建议被采纳,为全国分批推广贡献了泰州智慧。"李军表示。

人民币跨境结算便利化"绿色通道"是泰州金融改革又一次先行先试的重大突破。"作为跨境结算'绿色通道'的首个试行者,我们已成功为乐金电子冷机有限公司办理了便利化货币贸易项下跨境人民币业务,大大提高了企业的运转效率。"中行泰州分行副行长边大军告诉记者。据介绍,目前已有符合条件的29家企业纳入经常项目"绿色通道"名单。试点启动以来,试点企业按照"绿色通道"业务流程办理跨境人民币业务金额同比增长30%,交易成本持续下降。

四、"金改"下半场:书写好高质量发展的"新答卷"

登高瞭望,方知山高路远;重任在肩,更须蹄疾步稳。今年是推进泰州金融改革的第三年,也是立足前期工作成效攻坚突破的关键之年,泰州市将聚焦重点项目,突破关键环节,致力开拓创新,努力取得实效。一是紧扣一个主题,始终坚持支持产业转型升级的改革主题,聚焦"1+5+1"现代产业体系发展,以金融要素资源支持引导特色产业向高端化、智能化、绿色化和服务化方向转型发展。二是打造两个生态圈。以产融综合服务中心为核心,集成企业征信、融资担保、转贷服务、资产管理、金融及破产案件审判等涉及企业融资前、中、后全过程的金融服务,努力提升金融服务实体经济效能,打造融资服务生态圈。以发展金融广场为重点,打造创投、银行、保险、基金、商业保理、融资租赁、科技小贷等各类金融要素集聚发展的金融资源生态圈。三是构建三大体系,即构建更高效的产融对接体系、构建更精准的转型升级支持体系以及构建更全面的风险防范体系。

(四)主导产业引领作用明显提升

2019年上半年,南通市生产性服务业快速发展。如皋港现代物流园区、海安商贸物流产业园获评2019年度全国优秀物流园区,洋口港保税物流中心、叠石桥国际物流园一期等重点物流项目加快推进,带动全市物流业投资增长33.1%。全市上半年完成服务外包合同额29.9亿美元、执行额27.5亿美元,分别同比增长51.7%和44.7%。全市规上科技服务机构近500家,各类科技服务机构实现营业总收入212.3亿元,同比增长22.7%。新兴服务业增势良好,1—12月,软件和信息技术服务业营业收入同比增长43.6%,生态保护和环境治理业增长20.8%,租赁和商务服务业增长16.3%,增速分别快于规模以上服务业39.1、16.3和11.8个百分点。

2019年上半年,扬州接待过夜游客477.89万人次,同比增长14.2%。其中,接待国内过夜游客475.11万人次,入境过夜游客2.78万人次,分别增长14.1%和29.4%。1—6月,全市软件和信息服务业业务收入增长15%。上半年,全市实现物流业增加值181亿元,同比增长10%。此外,在上半年核算周期,规上租赁和商务服务业营业收入增长19.8%,科学研究和技术服务业营业收入增长17.9%,居民服务、修理和其他服务业营业收入增长2.2%,文化、体育和娱乐业营业收入增长11.4%。

2019年,泰州市规模以上交通运输、仓储和邮政业企业实现营业收入122.3亿元,同比下降12.4%,规模以上信息传输、软件和信息技术服务业企业营业实现营业收入40.6亿元,同比增长8.3%,移动、电信、联通三家公司体量较大,营业收入稳定,为行业稳健发展奠定基础,规模以上租赁和商务服务业企业实现营业收入31.6亿元,同比增长21.9%,其中,新增38家租赁和商务服务业企业,有力拉动该行业营业收入提升。

(五)重大项目投资逐年增长

2019年1—9月,扬州市新开工服务业重大项目30个、新竣工项目28个、新达效23个,分别完成全年目标的75%、93.3%和92%。中航工业扬州协同创新研究院、扬泰国际机场货站扩建工程、扬州瘦西湖文创旅游融合发展示范区等"三区经济"类服务业重大项目开工建设。至9月底,在库管理的服务业重大项目136个,计划总投资1692.2亿元,当年计划投资383.3亿元,1—9月实际完成投资286亿元,占当年投资计划的75%,达到序时进度,较好地支撑了全市固定资产投资增长。

2019年上半年,南通市深入贯彻落实"重大项目落地落实年"要求,着力提升项目管理水平。一是高质量编制项目计划。创新项目计划编制思路,将生产性和新兴服务业项目比重提升至65%,创历史新高;成功推动15个项目列入省重点项目计划盘子,列入数居苏中、苏北第一。二是有效加强项目扶持引导。深入挖潜并成功推荐启东北大生科院研发平台获得国家级扶持资金,单笔扶持金额全省首位;主动应对经济下行压力,按季开展市级引导资金扶持项目的认定和兑现工作,上半年完成对10个项目共计1100万元的资金扶持。三是科学开展项目考评。制定并完善新开工项目认定细则,严格按要求开展项目核查,引导项目早落地、快达产。到6月底,全市新开工亿元以上服务业项目36个,投资完成率65.6%,超过序时进度15.6个百分点;项目转化达产率26.7%,创历史新高。

2019年,泰州市新开工项目稳中有进,共认定亿元以上新开工项目436个,完成年度计划的108.5%,超过序时进度8.5个百分点。从产业结构看,服务业项目81个,占比为18.6%,计划总投资236亿元,占比为22.2%。从项目规模看,认定项目计划总投资1063亿元,平均规模2.44亿元,其中,服务业项目平均规模2.9亿元。

（六）服务业企业发展势头良好

2019年南通市亿元以上服务业企业有124家,实现营业收入469亿元,同比增长14.5%,高于规模以上服务业10个百分点,占规模以上服务业的比重为57.8%,较去年同期提升5.1个百分点。亿元企业拉动规模以上服务业营业收入增长7.7个百分点。

2019年前三季度,扬州市规上服务业企业达882家,数量较去年同期增长73家。规上服务业企业营业收入增长7%,增速同比回升3.4个百分点。同期,全市限上批零住餐企业达1168家,数量较去年同期增长126家。限上批发和零售业销售额增长13.4%,增速同比上升7.3个百分点,限上住宿和餐饮业营业额增长5.6%,增速同比上升2.4个百分点。规上服务业和限上批零住餐业实现了企业数量和营收增速的同步较快增长,反映出扬州现代服务业发展的良好状态。

2019年1—8月,泰州市761家规模以上服务业企业实现营业收入259.5亿元,同比下降4.0%;营业利润33.1亿元,同比增长29.6%;应付职工薪酬43.0亿元,同比增长12.6%;税金及附加2.5亿元,同比下降14.4%;应交增值税7.0亿元,同比下降7.5%。

二、苏中现代服务业发展的问题分析

（一）问题剖析

1. 制造业处于价值链低端,制约生产性服务业发展

制造业和服务业的平衡体同时体现在政策层面和产业发展层面。从政策层面而言,两个产业

政策的不兼容问题严重影响了产业结构的调整。尽管政府已经从战略高度强调发展生产性服务业的重要性，并将它上升到实施"扩内需、调结构、稳增长、促就业"战略的主要突破口和关键点高度来推进。然而，一些政府部门尤其是基层政府领导，也许不少局限在兴办工业园区、招商引资上项目以及围绕产品生产安排政策的思维之中。或者说，刚刚熟悉如何围绕工业制造"抓GDP"这一中心工作，对于开始重视服务业的发展，至少在政策设计和理念上还难以转变。于是，一方面，一些政府部门开始用"抓生产"的办法来抓服务业，上各类服务业项目；另一方面，面对政策冲突常常左右为难，摇摆不定。例如，对于商业网点布局的用地政策问题。可以说，这是未来相当长一个时期内，发展生产性服务业的最大难点，即"发展生产"与"发展服务业"两类政策的普遍性"不兼容"问题。产业发展角度而言，制造业和服务业的发展是平衡进行、相互带动的。目前，苏中的制造产业的一些问题影响了服务业的提升。近二三十年，苏中第三产业增长并不慢，但由于第二产业体量太大，增速也很快，从"二三一"调整为"三二一"，是一种不同寻常的结构优化。这个不同寻常的优化背后是潜在的两大产业的平衡问题，在全球经济下行，外商投资下降，贸易增速减缓，同时国内经济也步入增速下降的新常态形势下，一方面要保持制造业的规模优势，提升制造业价值链地位，改善制造业供给效率的改革任务，另一方面要全面提高服务业在促进经济增长、吸收就业方面的贡献，加速向服务业型经济转变。这两个方面结构性地结合在一起，要一起抓才能一起发展。

一直以来，苏中传统制造业比重较高，部分高新技术产业缺乏核心技术、处于价值链中低端的行业较多的现实客观存在，产业层次需要进一步提升。苏中传统制造产业占经济总量比重较大，纺织、化工、电力设备制造、机车设备、造船、光电等产业的规模在全国处于领先地位，但是普遍存在着价值转换率偏低、产品附加值不高、不能占据价值链中高端等问题。部分制造业行业出现了结构性产能过剩的现象，库存率急剧上升、产销率快速下降、大面积企业亏损，给苏中经济带来了巨大的发展压力。制造业的产业问题制约了服务业的发展，以及产业结构整体升级。国内外实践表明，服务业特别是生产性服务业均以制造业为依托和根基。但苏中制造业长期精于制造不善服务，往往处于产业链中低端。同时，创新转化率低影响了产业升级进程，尽管区域创新能力不断提高，但是科技成果转化能力不强，创新投入产出率不高，这些成为制约苏中创新驱动发展的短板，也成为制衡服务业发展，尤其生产性服务发展的重要因素。

2. 传统服务业和现代服务业资源竞争，挤出效应明显

从服务业成长的逻辑上看，只有充分地发展基础性服务业之后，才有利于发展所谓的"现代服务业"。尽管基础性服务业与现代服务业可以兼容、不矛盾，但在现实决策时却往往矛盾。一谈到发展现代服务业，我们往往就把零售业、批发业、旅游业、酒店业、餐饮业等纳入"传统服务业"范围。这样的误解导致了在发展服务业时，会认为二者是此消彼长的关系，实际上，传统服务业也可以通过纳入现代服务业要素来提升附加值，如电子商务、现代物流。近年来，餐饮业也在运用现代管理和科学技术手段，有效实施和运用连锁经营、网络营销、集中采购、统一配送等现代经营方式，现代化程度不断提升。

在传统的割裂的视角下，在资源分配、政策支持以及市场反应方面，传统服务业和现代服务业的竞争关系导致了一定的挤出效应。近几年，苏中在政策层面上的确在大力扶持现代服务业的发展，但如果忽略传统服务业和现代服务业之间的相辅相成关系，以及传统服务业向现代服务业发展的轨迹，挤出效应形成，并不利于整个服务业的产业结构升级。比如，在债权融资方

面,可以看到传统服务业和现代服务业之间的平衡问题,在 2011 年之后政府对现代服务业的补贴和财务支持力度加大,行业对债权融资依赖度下降,而传统服务业恰恰相反。这种此消彼长的关系,反映了传统服务业和现代服务业资源竞争方面的问题,也是服务业向高端价值链升级过程中遇到的资源问题。

3. 要素配置行政干预较强,供给缺乏市场效率

要素市场的不完善会直接或间接增加现代服务业企业的要素投入成本。历经多年改革开放,市场机制在苏中许多领域已经开始发挥决定性作用。但值得注意的是,虽然产出品的价格已经基本市场化,但是各类投入品市场(要素市场)仍然存在较强的政府干预,要素价格被人为扭曲,市场在配置资源过程中的"决定性作用"尚未充分发挥,包括土地、资本和人力在内的要素市场机制还不完善。

(1) 土地市场不完整

苏中虽然在土地制度方面不断改革,但仍然存在着土地经营分散、土地资源闲置、农民收入单一等问题。当前,限制土地市场发展的主要障碍在于没有广泛对土地进行确权,尚未建立相应的土地产权市场,这容易导致在土地征用时对于征地补偿、征用标准、征地程序等方面无法遵循土地市场的供求规律和价格决定机制。

(2) 资本金融市场不健全

苏中资本金融市场发展取得了一定进展,股权交易中心和产权市场在业内有较大影响,但其规模相对偏小,且存在区域内各市各自为政、散而小等一系列问题。整体而言,苏中的资本金融市场的现代化进程较为缓慢,金融资本市场还不够健全,目前尚没有全国性的金融交易市场,这与苏中经济发展不相匹配。

(3) 劳动力市场不完善

在中共十四大确立社会主义市场经济地位以后,劳动力市场进入快速发展时期,劳动力流动障碍有所减少。苏中劳动力市场经过多年发展,虽然取得了较大进展,但由于客观上仍然存在着诸如户籍制度限制、就业歧视等一系列障碍,仍然存在着地域分割、行业分割、城乡分割、"同工不同酬"、进城务工人员社会保障不健全等诸多不良现象,导致市场机制尚难以有效在劳动力资源配置中发挥决定性作用。人力市场结构性问题明显,而现代服务业在快速增长的过程中,面临的人才短缺问题相较制造业更为严重。

4. 开放程度不足,产业融合度低,全要素贡献率不高

目前,包括江苏在内的我国现代服务业效率处于较低水平,全要素生产率对服务业增长的贡献非常小。研究指出,体制、政府规模、外贸依存度、对外开放、人力资本、信息化、财政支出、市场化和工业化都是影响现代服务业效率的重要因素。苏中虽然在市场化、对外开放、工业化等方面都不断前进,但仍然存在一些弊病限制了服务业生产效率的提高,概括而言包括市场开放程度、产业融合程度、全要素贡献程度等几个方面。

(1) 体制方面有待为企业提供新的市场活力,服务业的对外开放程度尤其需要提高

苏中开放型经济起步较早、发展较快。虽然发展迅速,但也存在着一些问题,突出表现在两大方面:一是开放型经济规模开始下降。2016 年,占出口近七成的八大重点行业中七大行业出口下降。利用外资也受到较大影响。二是开放型经济结构有待改善。在对外贸易方面,存在着服务贸

易占比较小、高新技术产品出口比重不高,新兴市场开拓力度不足等问题;在利用外资方面,存在着服务业外商投资比重仍较低、高端制造环节外商投资较少等问题;在开放的区域结构上,仍存在较为明显的差距,而且区域内部的开放程度不高,各行政区之间存在一定的贸易壁垒。

(2)产业融合的程度有待提高,融合行业范围有待拓展

产业融合是现代产业发展的新趋势,并逐渐成为产业发展和经济增长的新动力。事实上,伴随着经济的发展,服务业与制造业的关系表现出较强的产业关联性,而传统意义上的"此消彼长"产业转移关系逐渐弱化。"服务"以技术、知识和人力资本等高级要素大量地投入到制造业生产活动中,与此同时,服务业生产过程中来自制造业的投入逐渐增加。传统意义上的服务业与制造业之间的边界越来越模糊,而更多地表现出一种互相融合的趋势,融合方向可以是正向的,也可以是负向的,或者是双向耦合的融合形式。产业融合一方面会促进制造业的升级,通过服务业服务制造业,进而"补强制造业",同时也会提高服务业的生产效率和交易效率,促进服务业,尤其是生产性服务业的发展。目前而言,苏中的制造和服务产业融合集中在低附加值的交通运输等行业,在与发达国家的产业融合程度方面还有一定距离。

(3)全要素生产率需要为现代服务业效率提供动力

全要素生产率,是指在各种生产要素的投入水平既定的条件下,所达到的额外生产效率。比如,一个企业也好,一个国家也好,如果资本、劳动力和其他生产要素投入的增长率分别都是5%,如果没有生产率的进步,正常情况下产出或GDP增长也应该是5%。如果显示出的产出或GDP增长大于5%,譬如说是8%,这多出来的3个百分点,在统计学意义上表现为一个"残差",在经济学意义上就是全要素生产率对产出或经济增长的贡献。国家之间的总体经济增长差异很大程度上体现在服务业生产率的差异上,服务业全要素生产率可以在很大程度上解释这种增长差异。苏中目前的增长还更多的建立在资本等要素的投入方面,服务业增长模式仍然以粗放型增长为主,今后应转变服务业增长模式,由现在的依靠要素投入转变为依靠生产率提高来促进服务业增长和发展的集约型增长模式。

(二)服务业发展的宏观环境

"十三五"时期,"强富美高"新江苏建设迈出坚实步伐,区域性现代化经济体系初步建立,为"十四五"江苏高质量发展奠定坚实基础。

1.江苏经济将更加注重质量、效率和效益的平衡

要准确把握当前乃至未来五年的国际国内发展大势,在经济发展的同时,推动社会、生态、文化和治理体系同时进入高质量发展阶段;既从供给侧提升供给质量,也从需求侧方面采取更积极措施扩大需求空间,以持续拉动江苏经济增长。

2.以"新五化"作为高质量增长的主引擎

"十四五"时期,江苏发展最大的机遇与挑战在于"第四次工业革命"与中美大战略博弈,必须用"新五化"替代"老五化",从工业化、城市化、信息化、国际化、市场化转变为数字与智能化、产业体系现代化、城市群建设与城乡一体化、治理体系现代化和新型全球化;在发展布局上坚持"六位一体"的高质量发展。

3. 发展举措上,围绕强筋骨、破瓶颈、补短板、育优势进行产业布局

要强"三大筋骨",即经济发展"筋骨"、文化软实力"筋骨"和现代化治理体系"筋骨";补三大短板,即重大风险短板、民生短板、生态短板;破三大瓶颈,即新旧动能转换瓶颈、自主创新瓶颈、走出去瓶颈;创四大新优势,即世界一流企业和品牌、世界一流大学和一流学科、世界一流人力资源与人才队伍、世界一流科技创新体系。

三、苏中现代服务业发展的对策建议

(一)总体思路

1. 更加严格地保护投资者权益,稳定服务企业的投资预期

众所周知,有恒产者方有恒心。但当前不少民营企业家顾虑不少,资本流出现象时有发生,对其投资权益能否得到有效保护有这样或那样的担忧。为此,要重点规范产权制度保护,全面落实中共中央和国务院联合颁布的《关于完善产权保护制度依法保护产权的意见》,要把文件提出的"同等保护不同所有制经济产权,规范财产处理法律程序、完善财产征收征用制度、加大知识产权保护、加大合同执行力度"等意见切实落实、落地。

2. 打破垄断和市场管制、放宽服务业市场准入

行政垄断和市场管制是当前制约服务业发展的突出难题。国有企业在教育、文化传媒、医疗卫生、金融、交通运输和公用事业等领域的投资占比超过 2/3。要改变这些状况,就必须大胆地进行制度创新,参照国际通行的做法,以市场准入负面清单为核心,建立服务领域平等规范、公开透明的准入标准,并适时动态调整。除对少数垄断行业及关系到国家安全的重点服务业,制定"否定"或"限制"行业目录外,其他的一概实施"非禁即入"的准入制度,切实打破垄断经营,形成多元竞争的大格局。当前,特别要面向社会资本扩大服务业市场准入领域,加快开放电力、民航、铁路、石油、能源、邮政、市政等行业竞争性业务。

3. 培育市场主体,增强企业活力

服务业做大做强之关键是要充分发挥市场机制的决定性作用,而企业又是市场的主体。所以要在培育市场主体上做好做足文章。服务业企业大中小并存,差异化很大。我们既要鼓励服务业企业专业化发展,推动优势服务企业跨地区、跨行业、跨所有制兼并重组,打造跨界融合的产业集团和产业联盟,培育若干有特点、有品牌、有控制力的服务业龙头企业或企业集团;又要积极发展服务业中小企业,让中小企业充满活力和效率。政府支持中小服务企业发展,不是简单直接的帮扶,而是要从完善社会化服务体系,推进中小企业公共服务平台建设着手,通过平台建设,让企业产需对接,供需匹配。

4. 加强社会诚信制度建设

服务这一无形的特点以及越来越多服务网上交易,决定了服务交易更具"信息不对称""道德风险"和"逆向选择"的可能性。采取切实有效措施,完善企业、社会和个人信用环境体系建设,特别要善于运用大数据管理,实施信用信息共享,加大对"违信"的处罚力度,提高失信违约成本,让各类主体"不敢违约、不愿违约",建立守信、有序的服务市场秩序。

5．顺应新经济新服务的要求，创新政府治理和市场监管方式

顺应服务经济发展新趋势，改革监管思维、创新治理方式，按照统一高效、开放包容、多方参与、协同制衡的原则重新构筑服务业监管体系。新经济新服务是前所未有的新事物，创新难免有失败有过错。所以，要包容创新试错，允许草根成长，避免因为过度过细监管而可能错杀成长性的新经济新服务企业或业态。坚持"政府管理平台、平台自律共治"的原则来监管平台经济、分享经济和体验经济这些新型服务形态。

6．按照分类施策的原则推动服务业价格改革

服务业的异质性决定了它有不同的价格形成机制。所以，服务业价格改革的关键是分类指导、分类施策。竞争性领域的定价要尽可能放开，由市场供求、市场机制决定其价格形成，尽可能避免政府干预。公共服务领域包括基本公共服务需求和非基本公共服务需求。对那些具备竞争条件的客货运输、邮政服务的非基本公共服务类的价格要逐渐减少政府定价，条件具备时，可以主要由市场定价。公用事业和公益性服务价格政府指导和市场调节相结合的办法。慎重对待教育、医疗、养老等基本公共服务领域价格改革，保底线部分的定价由政府负责，但满足个人特殊需求的那部分由市场定价为主，政府实时适度调控。

7．切实降低服务业发展相关经营成本

成本持续增加是制约服务业发展的主要障碍之一，主要表现在房租、人力成本、融资难等方面。在用地、税收、融资等方面制定相关政策时，要切实考虑服务业目前遇到的"阵痛"。一是通过推进服务业"营改增"改革，针对服务业"轻资产""人力资本"密集、难以进行进项抵扣的特点，将养老服务、居民和家庭服务、餐饮服务、文化演出服务等服务业纳入简易征收范围，统一实行 3% 的简易征收税率。二是进一步清理不合理的行政事业性收费，切实减轻服务企业的成本负担。三是鼓励商业银行将服务企业的商标、品牌等无形资产纳入授信范围，创新信贷政策，完善无形资产、债券抵押、商业用地抵押制度，降低企业融资成本。

（二）基本路径

1．把握好产业动能转换中的四种关系

既要处理好新兴产业与传统产业之间的互动关系，确保新旧产业的"双轮驱动"，又要处理好"动力"与"活力"的关系，即"政府推动、自上而下式"与"市场驱动、自下而上式"的关系，激发全民创业的活力；既要处理好"全球经济形势""科技发展趋势"和"中国经济下行态势"的相互关系，又要处理好区域内"自主发展"与区域外"协调发展"的关系，促进江苏区域经济均衡发展。

2．准确推动江苏三大区域各自的动能转换

苏南、苏中和苏北沿海板块所处发展阶段不一致，经济增长的"动力方式"应有所区别。苏南地区的发展动力在于创新驱动，要以完整的高、轻、新产业体系为支撑，获取区域经济发展的竞争优势和示范效益；苏中地区的动力在于融合发展，要紧紧抓住长江经济带建设的有利时机，以深度融入苏南和自身产业的协调发展为方向和抓手；苏北沿海地区的动力在于绿色发展，要充分发挥自身资源优势，以"绿色化"亮化后发区域工业化、信息化、城镇化和农业现代化的特色发展之路。三大区域既要把握各自的"动力与活力"，又要注意三者之间的均衡协调发展，形成整体合力。

专栏 苏中三市：融合发展，创立特色

南通、泰州、扬州三市沿江分布，同处江苏省的苏中经济板块。江苏省党代会提出，苏中的发展要重融合、创特色，深入推进陆海统筹、跨江融合、江海联动发展，加快融入苏南、融入长三角核心区。苏中三市将由此开启新的发展阶段。

一、南通

南通靠江靠海靠上海，区位优势明显。对接上海，努力打造上海的"北大门"、建设融入上海大都市圈的区域一体化重要城市，将是南通未来融合发展的重中之重。南通必须更主动地学习上海、研究上海、服务上海、接轨上海，在行政机制、区域市场、社会服务等方面全面进入上海节奏。

目前，南通所有的市直医院和80％以上的县级医院已与上海名院建立协作关系，要继续推动医疗机构深度对接。完善医保异地结算、异地退休人员无差别社会化服务、公共交通一卡通等机制，推动社会公共服务联动互补。

借助上海的技术、信息、人才及外溢资本，南通将进一步向苏北辐射，成为与徐州—淮阴—连云港的亚经济圈、山东半岛经济一体化的连接型城市。未来，南通将以通州湾江海联动开发示范区建设为重点，以高端装备制造、现代物流、新能源、新材料等为主要方向，积极规划、对接，打造对接上海、对接苏南的产业融合发展大平台。

二、扬州

扬州位于江淮交汇处，比邻南京，与镇江隔江相望。"紧紧围绕'建设江淮生态大走廊、推进宁镇扬一体化'两大战略，把扬州'拼图'嵌入宁镇扬板块，共同打造沿江城市群建设的先行区"，是扬州未来发展的主攻方向。

作为长江运河交汇点、南水北调东线源头城市，未来五年，扬州将全面实施湖泊保护、沿湖沿河沿路植树造林等八大工程，挺起扬州绿色发展的"脊梁"。宁镇扬一体化将先行探路沿江城市群建设。在高铁上，确保2020年连淮扬镇高铁扬州段和扬州高铁综合枢纽建成，积极推进北沿江高铁规划建设，使扬州率先成为全省唯一县县通高铁的城市，全境迈进高铁时代。从民生实事对接、环境共建共保、重大活动联合举办等方面先行推进，与南京、镇江共同努力把宁镇扬板块打造成为扬子江城市群建设的先行区。

扬州将聚焦做大做强汽车、智能制造、旅游、软件和互联网等基本产业，更加注重错位发展、特色发展和开放合作，用好南京等地创新资源的溢出效应，与南京、镇江一体化共建长江国际航运物流中心、区域金融商务商贸中心、全国文化科技中心和国际著名旅游目的地。

三、泰州

泰州位于江苏的地理几何中心。泰州坚持"高起点融入、转型中接轨、升级中辐射"的发展策略，积极融入"苏锡常"经济圈。中国医药城快速发展，已成为国家新型工业化示范基地。泰州将进一步做优做强大健康产业，打造长江经济带大健康产业名城。围绕这一核心特色产业，泰州将以生物医药与高性能医疗器械、高技术船舶与海工装备、节能与新能源三大战略性产业为引导，先进制造业和现代服务业为主体，打造技术先进、协调融合、优质高效、绿色低碳的现代产业体系，加快建设现代特色产业名城。

泰州是江苏长江沿岸一座最年轻的城市。泰州将进一步做优、做美、做强现代化城市载体，围绕中国医药名城和长三角先进制造业基地的建设，主动寻求与沿海地区的接轨，最大化地借力沿海开发的效益，实现带动北沿江崛起、承转海陆沟通的区域功能。

（三）具体措施

1. 瞄准全国和世界著名品牌，培育一批具有国际影响力的互联网企业巨头

由信息技术创造和改造的新兴业态服务业具有明显的规模报酬递增特性，因此，某一领域的互联网企业只有第一没有第二，细分领域的互联网企业只有将自己打造成行业第一，才能生存下去，而知名度和品牌建设对于互联网企业的成长至关重要。因此，在对策建议上，一是通过财政支持、政府采购、广告投放、帮助树立公众信任等措施促进江苏省相关企业知名度和影响力的快速提升，以此占领国内市场和提升国际市场份额，并进一步通过兼并重组巩固自己的行业地位。二是实施标准化战略。加快制定并发布一批由江苏服务业新业态主导的业态标准，以标准建设促进江苏服务业新业态的品牌建设和影响力的提升。三是政府和相关部门鼓励和引导传统服务业和信息服务业深度合作并分享市场。比如，互联网金融与传统银行业的合作，四大商业银行分别与阿里巴巴、百度、腾讯和京东达成全面战略合作协议就是典型案例。

2. 深化大数据挖掘，引进和培育复合型人才，提供更多深度服务和创新服务业态

一是可以由互联网企业、科研院所、高校以及相关行业的企业共同设立与"大物移云"相关的研究机构，充分挖掘和利用相关行业所产生的大数据资源，将深度挖掘后的行业海量数据转化为政府部门、消费者和企业的重要决策依据。二是加强产业间、部门间大数据的综合应用，建议构建包含医疗、健康、饮食、农业、教育、运动、休闲、设计、营销、法律、金融、咨询、制造等行业的综合大数据库，为企业、消费者和政府提供完整的相互联系的动态综合服务。三是引进和培育既熟悉本行业务又熟悉互联网业务、既精通生产技术又精通商务知识的跨学科复合型人才，建议在目前各类人才工程的基础上，鼓励不同行业人才到互联网企业、其上下游企业或相关部门、特别是与之相关的互联网企业工作访问，从而发现和创新本行业与互联网企业的可嫁接机会，形成和拓展新的服务业态。

3. 加大新一代信息技术基础设施建设和质量提升

一是加大信息技术基础设施的投入，提高免费 Wi-Fi 的覆盖面和信号质量，进一步提高网络平台的搭建和潜在参与者的互联互通，提高消费者、生产者、中间者等所有环节的互联互通。二是建立标准化的基础信息数据库。由于服务业新业态的产生和发展都离不开数据，因此，及早建立标准化基础信息数据库，提升服务业效率，并将此标准推广至全国和国际，是苏中服务业新业态跨越发展和领先发展的关键。三是加大对大数据、物联网、移动互联网、云计算等的投资，为进一步引导产业间、行业间的跨界融合，引导互联网企业与其他各类企事业单位的全面深度合作提供基础。

4. 优化发展环境，增强发展活力

服务业是经济成分最活跃的发展领域，有效整合社会资本，切实保护各种经济成分的市场主体地位，对于服务业良性发展至关重要。要从思想上突破"重工轻商"的传统观念，把加速服务业发展作为一项重大战略任务抓好。加大对服务业特别是服务业中小企业的资金引导和政策扶持力度，对于服务业的薄弱乡镇、龙头企业和重点行业，要扶强带弱，在财政、税收、信贷、审批、土地等方面给予优惠政策，支持其健康快速发展。一是完善市场机制建设。切实推进公平的市场准入机制，以转变发展方式和优化经济结构为主线，加快建立更加公平开放透明的市场规则，以包容的姿态开放更多领域允许民间资本进入，保证民间资本公开公平公正参与市场竞争、受到同等的法律保护。同时，要真正落实各种经济成分享受同等行业政策和行业监管。二是优化资源要素供给。要不遗余力优化土地、融资、劳动力等要素供给,大力发展融资性担保机构,优化抵质押扶持政策,解除企业的后顾之忧,让企业有更多空间去创新和发展。三是深入推进简政放权。深化简政放权,创新监管方式,优化政府服务功能,取缔各种不合理的收费和摊派,降低中间成本,切实减轻企业负担。

实行分类指导培育,加大初创企业和高成长性企业的扶持力度。根据统计,规模越小的企业越更能感受到政府的优惠政策,营业收入越高的企业,其政策满意度得分越低。大企业相对来说在市场已站稳脚跟,其在资金、技术、人才方面已较有优势,政府政策的扶持对其的影响力并没有小企业显著。建议政府的服务业扶持政策,改变规模性的偏好,在分类指导培育方面细化方案,特别是要加大对初创企业、具有高成长性的基于互联网技术与商业模式的中小企业的支持力度。

5. 推动先进制造业与生产性服务业融合发展

(1) 推动现代制造业的发展,加强制造业与生产性服务业的互动

充分发挥苏中良好的制造业基础,通过政策鼓励和引导,推动传统制造业的升级发展,创造更多的中间需求,拉动生产性服务业的发展。结合苏中现状,首先应当进一步发展现代服务业,提升生产性服务业整体实力。在信息平台完善的基础上,将生产性服务业与制造业纳入统一的平台之内,实现跨产业、跨行业的知识与信息整合。其次,建立高效交流渠道与合作机制,实现制造业企业与其所需的生产性服务业企业的直接对话,降低搜寻成本,提高合作效率。再次,在此基础上,由政府牵头建立社会性的监督与激励体系,保证协同机制的良效运行。

(2) 发展优势行业,培养苏中生产性服务业突出优势

根据产业结构政策相关理论,选择主导行业进行发展是调整产业结构、实现产业升级的主要手段之一。具体到生产性服务业同样如此,根据地区具体情况选取优势行业进行发展,能够提升生产性服务业的整体发展水平,从而加快其发展进程。政府需要通过相应行为有针对性地改变行业发展方向与速度,加快江苏生产性服务业优势行业的结构转变。

6. 增加高端要素供给,引导优质资源向现代服务业有序流动

高端要素是驱动现代服务业发展的重要投入,也是供给侧结构性改革的关键驱动力。服务经济时代,信息、技术、知识等新兴要素对经济发展的驱动作用更加关键,因此,要提升其配置效率,归根结底均需要大力推进高端人力资源和技术资源的开发、引进、培育和激励。一是加大高端技术资源的引进、吸收和转化力度,增强现代服务业自主创新能力。推进政、产、学、研的协同创新,构建良好的科技研发环境,增强服务业的研发力量。鼓励互联网、大数据等新一代信息技术对于服务业的有效渗透。二是加大现代服务业人力资源开发力度。充分利用江苏科教资源丰富的优势,大力推进职业教育、创业教育,针对市场需求指导定制化的人才培养方案,增加服务业劳动力供给与企业需求的匹配度。借助服务型龙头企业在行业内的资源优势、信息优势和品牌优势,鼓励引导其制定本领域本行业技术技能人才规格标准、预警预测技术技能人才需求目录等。适应现代服务业技术密集、知识密集等特征,健全资本、知识、技术、管理等由要素市场决定的报酬机制,实现薪酬与价值对等。三是引进和培育高水平服务业人才。根据现代服务业的发展方向、人才需求、行业特点,推进现代服务业人才引进和培育计划,加大对现代服务业复合型人才和领军型人才的引进和培育力度,提高现代服务业优秀人才的供给量和储备量。

7. 培育标准化服务市场主体,鼓励多元化发展

以"标准化事务所"为代表,培育一批具备服务能力的从业主体;通过整合标准化服务相关资

源,建立现代化企业管理制度和运营模式,打造具备标准化政策、技术、咨询、信息、人才服务等多种服务能力于一体的服务方案供应商。传统的质检系统内服务机构应立足自身优势,探索向"检测、认证、标准、培训、科研、咨询"全链条复合型服务的市场化商业模式转变,打造"一站式"质量服务专家。行业院所及协会等服务机构应进一步聚焦行业发展需求,不断丰富完善服务内容,以标准推动行业发展。同时,鼓励以区域为载体,通过政策引导和财政资金支持,着力打造区域标准化产业集聚区,形成产业发展集聚效应。

随着国家标准化战略的全面实施,标准化的重要性已毋庸置疑。面对标准化工作"技术专利化、专利标准化、标准全球化"的新趋势,要想提高标准化服务的有效性和针对性,必须抓住当前经济社会的热点问题,不断扩展标准化服务的新领域,适应社会发展需求。标准化服务机构要时刻关注国家及地方层面出台的发展纲要、规划等相关文件,根据热点产业和潜力产业培育自身服务能力,扩宽服务领域,加强市场培育,把握市场脉搏,及时掌握市场需求,提高服务能力建设。

参考文献

[1] 晁刚令.服务业分类统计核算研究[J].科学发展,2010 年第 10 期.

[2] 江小涓,李辉.服务业与中国经济:相关性和加快增长的潜力[J].经济研究,2004 年第 1 期.

[3] 江波,李江帆.政府规模、劳动——资源密集型产业与生产服务业发展滞后:机理与实证研究[J].中国工业经济,2013 年第 1 期.

[4] 江静,刘志彪.政府公共职能缺失视角下的现代服务业发展探析[J].经济学家,2009 年第 9 期.

[5] 黄繁华,洪银兴.加快江苏现代服务业发展路径研究[J].南京社会科学,2007 年第 7 期.

[6] 李华.人口老龄化对中国服务业发展的影响研究[J].上海经济研究,2015 年第 5 期.

[7] 李江帆.中国第三产业的战略地位与发展方向[J].财贸经济,2004 年第 1 期.

[8] 李红梅.论生产服务业发展中的政府角色[J].统计研究,2002 年第 8 期.

[9] 李眺.服务业开放与我国服务业的生产效率研究[J].产业经济研究,2016 年第 3 期.

[10] 刘丹鹭,夏杰长.供给侧改革与增长效应:以生产者服务业减税为例[J].广东财经大学学报,2016 年第 4 期.

[11] 刘恩初,李江帆.发展生产服务业核心层推动广东产业高端化[J].南方经济,2015 年第 1 期.

[12] 刘志彪.现代服务业发展与供给侧结构改革[J].南京社会科学,2016 年第 5 期.

[13] 刘志国,李丹.供给侧改革与我国经济的有效增长策略[J].马克思主义研究,2016 年第 3 期.

[14] 卢云卿,孔群喜等.需求、供给和创新,谁是推动服务业发展核心动力?[J].南京财经大学学报,2015 年第 3 期.

[15] 钱纳里.工业化和经济增长的比较研究[M].上海:格致出版社,2015 年.

[16] 邱瑾,戚振江.基于 MESS 模型的服务业影响因素及空间溢出效应分析[J].财经研究,2012 年第 1 期.

第三章　苏北现代服务业发展报告

2019年,是"十三五"规划的第四年,是全面深化改革的关键之年,面对错综复杂的外部环境和经济下行压力持续加大的严峻形势,苏北五市继续优化服务业发展环境,创新服务业发展政策,在不断改造升级传统服务业发展的基础上,加快发展新兴服务业、高技术服务业,促进了服务业的快速增长,并已成为经济发展的主要增长点和经济的主要支撑,对拉动经济做出了重大贡献。

一、苏北现代服务业的发展现状

(一)服务业总量稳步增长,占GDP比重逐年提升

苏北地区经济的快速增长为苏北五市现代服务业的发展提供了基础,服务业规模不断扩大。从表1可以看到,苏北作为一个整体,2019年服务业增加值的11024.67亿元,同比增长了11%,苏北五市中,服务业增加值规模最大的为徐州,其次是盐城和淮安。2019年,徐州市第三产业增加值3582.37亿元,增长6.0%。三次产业结构调整为9.5∶40.4∶50.1,第三产业增加值比重超过二产9.7个百分点;2019年盐城市服务业实现增加值2710.8亿元,比上年增长7.5%,三次产业增加值比例调整为10.9∶41.6∶47.5,第三产业比重比上年提高了1.4个百分点,人均地区生产总值达79149元,比上年增长5.3%;2019年淮安市服务业增加值1867.83亿元,增长6.8%,产业结构由上年10∶42.1∶47.9调整为10∶41.8∶48.2,第三产业增加值占GDP比重较上年同期提升0.3个百分点;2019年,连云港市第三产业增加值1413.44亿元,增长4.7%,三次产业结构调整为11.6∶43.4∶45.0;2019年,宿迁市服务业发展取得了突破性发展,全年实现服务业增加值1450.28亿元,增长8.3%,高于GDP增速1.3个百分点,高于全省服务业增速1.7个百分点;服务业占GDP比重提高到46.8%,比前一年度提高了4.2个百分点,全市三次产业结构首次实现由"二三一"向"三二一"的历史性演变。

表1　苏北地区2014—2019年第三产业增加值(亿元)

	2014年	2015年	2016年	2017年	2018年	2019年
苏　北	6455.58	7249.03	8159.42	9178.25	9932.57	11024.67
徐　州	2244.13	2460.07	2751.78	3121.41	3311.82	3582.36
连云港	814.23	918.95	1025.02	1147.03	1238.74	1413.44
淮　安	1082.44	1260.76	1455.24	1583.05	1734.44	1867.82
盐　城	1563.71	1772.50	1992.2	2261.8	2477.23	2710.77
宿　迁	751.07	836.75	935.52	1065.32	1170.34	1450.29

资料来源:《江苏统计年鉴2020》

由于服务业规模的快速发展,服务业占 GDP 的比例不断提高,从表 3 可以看到,苏北服务业占 GDP 的比例从 2013 年的 40.6% 增加到 2019 年的 48%,提高了 7.4 个百分点,超过了苏中的水平,但是和苏南 53.7% 的水平还有一定的差距。从苏北五市来看,徐州的服务业比重最高,其次是淮安和盐城,以及宿迁与连云港,这和苏北地区的经济发展水平是一致的。除了服务业总体发展迅速之外,服务业大部分主要行业也呈较快增长态势,新兴服务业也开始出现明显增长。

表 3　苏北地区服务业占 GDP 比重(%)

	2013 年	2014 年	2015 年	2016 年	2017 年	2018 年	2019 年
徐　州	43.4	45.2	46.2	47.4	47.2	49.0	50.1
连云港	40.3	41.4	42.5	43.1	43.4	44.7	45.0
淮　安	41.8	44.1	45.9	47.7	47.6	48.2	48.2
盐　城	38.9	40.7	42.1	43.5	44.5	45.1	47.5
宿　迁	38.4	38.9	39.4	39.8	40.8	42.5	46.8
苏　南	47.4	50.0	51.2	52.7	52.9	53.2	53.7
苏　中	41.0	43.6	45.0	46.7	47.2	47.6	46.4
苏　北	40.6	42.6	43.8	44.9	45.3	46.5	48

资料来源:《江苏统计年鉴 2020》

(二)规上服务业企业成为拉动经济增长的主要力量

规模以上服务业共包括 10 个门类计 28 个行业,综合反映了全市服务业发展实际。如 2019 年 1—8 月,宿迁市规上服务业实现营业收入 182.03 亿元,同比增长 16.5%,比同期增速高 6.5 个百分点,增速持续保持全省第一。其中,商务服务业、专业技术服务业、软件信息技术服务业等新兴行业发展较快,营业收入分别增长 71.2%、42.5% 和 24.4%。2019 年,淮安市规模以上服务业实现营业收入 500.8 亿元,较二年同期增长 4.1%。2019 年前 8 月,徐州市规上服务业实现营业收入 427.76 亿元,增长 6.0%,增速较前 7 月提升 0.7 个百分点;规上服务业企业营业利润增长 15.8%,高于营业收入 9.8 个百分点。

(三)新业态新模式发展势头良好

2019 年,是"十三五"发展的关键时期,也是苏北产业机构调整的重要时期,五市服务业都在努力调整服务业发展的内部结构,全面提升主导产业能级水平。盐城市发改委组织实施《加快全市物流业发展行动计划》,大力发展港口物流、航空物流,推进港口物流园建设,加快空港经济区规划建设,增强城市物流服务功能。加快推进"五大组团"建设,压茬推进建军路商圈改造、高铁枢纽片区开发等项目;以规划建设盐城(上海)优质农产品供应基地为切入点,打造盐城农产品区域销售平台。积极推进金融城二期建设,有序开展银行分支机构引入筹建工作;持续推动金融机构接入综合金融服务平台,提高中小微企业接入平台覆盖面。围绕争创国家全域旅游示范区,建设一批精品线路、特色景区,打造一系列旅游景观带;紧扣打造上海生态旅游康养基地,深耕长三角客源市场;积极筹办世界湿地生态旅游大会等活动,提升盐城生态旅游品牌影响力。改革创新,构建综改试点体系。

2019 年,徐州市新兴服务业快速成长,现代生产性服务业、现代技术与创新服务业、互联网与现代信息技术服务业营业收入分别增长 2.8%、18.7% 和 4.9%,分别高于全部规上服务业 0.9、16.8 和 3 个百分点。快递业务量 2.84 亿件、同比增长 8.3%;营业收入达到 20.04 亿元、下降 0.7%,公路和水路运输总周转量增长 5.6%,机场旅客吞吐量、货邮吞吐量分别增长 19.3% 和 19.9%。规模以上服务业企业营业利润 80.19 亿元,同比增长 8.5%。

连云港市作为江苏省最具自然优势的港口城市,以物流、商贸、旅游为主导产业的"三、四、五"服务业格局逐步凸显,连云港市 2019 年规上服务业营业收入持续增长、达到 667.56 亿元,比上年同期提高 7.1 个百分点,其中,科学研究和技术服务业实现 101.23 亿元,同比增长 15.1%;信息传输、软件和信息技术服务业实现 47.38 亿元,同比增长 7.5%;交通运输、仓储和邮政业实现 330.02 亿元,同比增长 6.5%;租赁和商务服务业实现 101.22 亿元,同比增长 8.1%;卫生和社会服务业实现 13.28 亿元,同比增长 13.0%。

2019 年,淮安市规模以上服务业实现营业收入 500.8 亿元。其中,航空运输、互联网和相关服务、研究和试验、软件和信息技术服务业发展迅猛,营业收入分别同比增长 52.8%、44.2%、53.3%、22.5%,增速分别快于规模以上服务业增速 46.4、37.8、46.9 和 16.1 个百分点。全市公路客货运周转量同比增长 3.1%;铁路客货运周转量增长 6.3%;民用航空运输总周转量增长 41.7%,旅客运量增长 54.8%,货邮吞吐量增长 63.2%。

2019 年 1—9 月份,宿迁市完成电子商务交易额 1130 亿元,同比增长 20.8%,完成全年任务的 75.3%。全市网络零售额达 205 亿元,同比增长 20.6%;快递业务量累计达 24144.8 万件,同比增长 62.8%,分别位居全国第 38 位、全省第 5 位;活跃网店数稳定在 6.5 万个,其中,网络销售 2000 万元以上企业数达 10 家;新获批省级电子商务示范点 30 个,全市总数达 108 个,处于全省领先地位;获评"淘宝村"174 个、"淘宝镇"25 个,分别位居全省第 1 位、第 2 位。

(四)服务业创新能力不断增强

苏北各市注重创塑提升服务"名品"。开展品牌价值提升行动,强化服务品牌价值评价体系建设,2019 年淮安市积极培育生产性服务业载体平台。在不断提升现有服务业集聚区在资源吸附能力、产业发展能力和辐射带动能力等方面,淮安软件园、留创园等园区的创新创业服务平台日趋成熟,创新创业服务环境不断提升,进一步改善了中小企业创业环境。

2019 年,徐州市深入落实生产性服务业"双百工程"、互联网平台经济"百千万"工程,累计获批省级生产性服务业集聚示范区 5 家、领军企业 4 家、平台经济重点企业 3 家。生活性服务业品质化水平持续提高。文化旅游方面,创建国家全域旅游示范区,方特欢乐世界、恒大童乐园等项目加快推进,贾汪入选首批国家全域旅游示范区,徐州被列入十大红色经典旅游目的地。健康养老方面,深化国家居家和社区养老服务改革试点,建成多个智慧养老服务信息平台、街道老年人日间照料中心、居家养老服务中心等,徐州九如城获批省级养老服务业创新示范基地。新兴服务业规模和业态持续提质。

专栏　盐城市现代服务业与先进制造业深度融合

2019年盐城市现代服务业发展切实践行"两海两绿"发展路径，着眼"支撑制造业高端攀升"和"满足群众高质量生活需求"两大目标，总量规模壮大，质量发展提升，服务水平提高，园区、项目、企业、品牌、人才等多方面全面发展，重点领域、重点区域和关键环节得到有效突破，现代服务业提质提效"223"计划实施成效明显，以服务经济为主导的产业结构体系进一步得到巩固，全市现代服务业发展呈现稳中有升运行态势。

聚焦重点，精准发力，构建服务业高质量发展新体系。在城西南现代物流园内，盐城苏宁物流有限公司的发货车辆接连驶出大门，这里每天要向六县三区的17家苏宁门店和160个分部门店供货，总经理王立文介绍，传统大家电已经达到快销快运快达的目标，主城区半日达，其他县区次日达，这样能保证消费者尽早拿到商品。1—5月，公司的仓储费用加上物流配送费用达到2500万元。同时，第三方业务也是呈现出高增长态势。来自上海、安徽的车辆不断驶进顺丰物流盐城中转场，工人们驾驶分拣车快速把车上的货物送到指定货位码好。"除了陆路，顺丰还在建设空港通道，在湖北专门建设专用机场，辐射全国。目前，盐城这一块的发展已经提速，整个效益快速增长。"顺丰盐城中转场负责人焦连军说，顺丰每天要发货40多辆车，达18万票，辐射整个华东地区。

近年来，城西南现代物流园高质量发展迈出坚实步伐，先后获得市5A级园区、省现代服务业集聚区、全国优秀物流园区等称号。集聚摩比斯物流、神龙公路港等亿元以上企业38家，去年实现销售收入70亿元、纳税3.33亿元，亩均产出效益近11万元，连续两年在全市园区等级创建中被评为5A级园区。

梯度培育，纵深推进，打造服务业高质量发展新高地。6月11日，在盐南高新区大数据产业园内的江苏霆善科技有限公司，众多年轻员工端坐于电脑前，进行软件设计开发，这家公司致力于人工智能研发，先后推出多种人脸识别系统，广泛应用于教育、安全等领域。公司总经理沈玉阳介绍，公司在广东和深圳上海均有工厂和研发机构，现在正在盐城追加投资5000万元，将建设智能工厂，首期规划厂房2500平方米。公司的业绩增长呈现出爆发式态势，2017年，产值为500万元，2018年，为3000万元，今年1—5月产值达5000万元，预计全年将达到1亿元。沈玉阳告诉记者，4月的盐城国际马拉松比赛，该公司参与研发了比赛用的人脸识别检录系统，各方反响非常好。

当前，盐南高新区的现代服务业发展呈现总量扩张、结构优化、速度加快、质量提升的良好态势。三次产业结构调整为1.4∶32∶66.6，服务业占比全市最高；聚龙湖商务服务业集聚区、大数据产业园均创成省级生产性服务业集聚示范区，位列全市首位，在全市园区"等级创建"评定中均获批为5A级园区。

提档升级，示范引领，培植服务业高质量发展新梯队。南京大学盐城环保技术与工程研究院立足区域生态文明建设，积极为盐城高质量发展提供智力服务与技术支持。一方面，组织以博士马艳为首的生态服务团队，主动对接美丽乡村建设中环境治理需求，承担了《建湖县村庄生活污水治理专项规划》，加长了农村缺乏必要治污设备的短板，找到了一条可借鉴、可复制的农村水环境治理方法。另一方面，积极发挥研究院人才、技术优势，为城区、黑臭水体根治献计献策。今年3月，研究院受亭湖区住建局委托，主持了亭湖管辖区内黑臭水体整治方案编制工作。高质量完成了《盐城市亭湖区水环境综合整治方案可行性研究报告》，为政府解决黑臭水体行动提供了科学决策依据。此外，研究院努力为地方政府和企业提供优质、高效、准确的检测服务。去年以来，为盐城经济技术开发区、盐城林场、滨海工业园区等 80 多家企事业单位提供第三方环境检测技术服务,合同额超千万元。

中汽中心盐城汽车试验场有限公司由国务院国资委直属的中央企业——中国汽车技术研究中心有限公司(CATARC)投资控股,江苏悦达集团和江苏大丰海港控股集团参股,公司注册资金 9.9 亿元。2016 年建成并正式运营,项目总投资 20 亿元人民币,占地面积 6300 亩,试验道路总长超过 60 公里,是目前国内乃至亚洲面积最大、设施最全、技术指标最先进的第三方汽车试验场。

据中心负责人介绍,目前奔驰、宝马、大众、沃尔沃、捷豹路虎等合资整车企业,吉利、上汽、一汽、广汽、奇瑞、北汽等自主品牌整车企业以及大陆、采埃孚、爱信、米其林、佳通等数十家国内外著名的零部件企业均已入驻。蔚来汽车、北汽新能源、比亚迪等一大批新能源汽车企业和新势力造车企业也纷纷将中汽试验场作为其最重要的研发基地。

强化支撑,精准招商,拓展服务业高质量发展新空间。全市切实推动形成全流程项目服务链条,高质量、快速度、高效率推进省、市重大和重点项目建设,突出高新区科创城、丹顶鹤风情小镇等年度十大开工项目,城东宝龙广场、盐城金融智慧谷等年度十大推进项目以及中南中央商务区、盐城 5G 商用智能终端研发中心等年度十大投产项目,为现代服务业高质量发展不断注入新动能。

盐南高新区坚持"项目为王"理念,扎实开展"产业项目招商年"活动,全力突破龙头项目。瞄准北上广深等重点区域,积极对接"五大行四大所"专业机构,总投资 10 亿元的新氦类脑芯片及 AI 产业园、总投资 30 亿元的北京德利迅达云计算产业基地项目成功签约,哈工大机器人、塔普翊海智能 VR、钜成芯片研发生产等一批重大项目信息正在加快推进。

城西南现代物流园重抓项目集聚,积极开展接轨上海活动,招引保利文化综合体、中通云仓等一批龙头项目。加快项目培育步伐,力争到 2020 年,星级企业达 6 家,销售 10 亿元以上的企业超 4 家,园区快递日处理量占大市区 85%,实现电商物流主营业务收入 150 亿元以上。

(五)服务业集聚区的集聚效应和示范效应显著提升

2019 年,盐城市现有省级生产性服务业集聚示范区 9 家,数量列苏北第一位,产业类别涉及现代物流、商务服务、科技服务以及检验检测、环保服务、售后服务、大数据等新兴业态。目前 9 家省级生产性服务业集聚示范区已入驻企业 4400 家,吸纳就业 10.4 万人。2019 年累计完成投资 107.7 亿元,实现营业收入 708 亿元,完成税收 35.3 亿元。

2019 年,连云港市省级现代服务业集聚区共计 6 家,其中,生产性服务业集聚示范区 4 家。服务业集聚区建设从无到有、从小到大,呈现出良好发展态势。目前,服务业集聚区主导产业主要为物流、商务会展、商贸金融、电子商务、科技服务、研发外包、工业设计、文化创意、汽车产业及旅游休闲等,业态更加丰富。2019 年新增驻区企业 952 家,总数达 4875 家;就业人员新增 4378 人,总人数 57702 人;年度投资额 63.6 亿元,实现营业收入 531.72 亿元,较 2018 年增长 33.7%。

2019 年,淮安市不断提升现有服务业集聚区的资源吸附能力、产业发展能力和辐射带动能力等,淮安软件园、留创园等园区的创新创业服务平台日趋成熟,创新创业服务环境不断提升。六家省级服务业集聚区各自围绕主导产业积极搭建发展平台,集聚生产要素,延伸产业链条,已成为全市新的经济增长点、提升点和亮点。淮安软件园获得省切块扶持资金1000万元。

（六）推进服务业重大项目建设和招商力度

盐城市高质量、快速度、高效率推进省、市重大和重点项目建设，突出编排盐城市年度十大开工项目、十大推进项目、十大竣工项目，为现代服务业高质量发展不断注入新动能。聚焦现代物流、商务商贸、生态旅游、科技服务等重点领域，形成重点产业库，开展定向招商；聚焦上海、深圳、香港等先进地区，形成重点区域库，开展驻点招商；高质量、快速度、高效率推进省、市重大和重点项目建设，突出编排盐城市年度十大开工项目、十大推进项目、十大竣工项目，为现代服务业高质量发展不断注入新动能。聚焦现代物流、商务商贸、生态旅游、科技服务等重点领域，形成重点产业库，开展定向招商；聚焦上海、深圳、香港等先进地区，形成重点区域库，开展驻点招商；徐州市聚焦双招双引，开展专题招商活动。对接全市重点招商活动，建立现代服务业招商引资、招才引智年度计划，落实建设淮海经济区人才高地意见以及系列配套政策，积极引进一批现代服务业领域顶尖人才、领军人才、创新创业团队。

物流业是连云港服务业三大主要产业之一。沿海港口形成了"连云、徐圩、赣榆、灌河"共同构成的"一港四区"格局，拥有30万吨级航道、码头和万吨级以上泊位70个。2019年港口累计完成集装箱运量478万标箱，海河联运量完成1000万吨，其中，海河联运集装箱完成3.3万标箱，同比增长34%。连云港新亚欧大陆桥多式联运示范项目顺利获批全国首批"国家多式联运示范工程"。连淮扬镇铁路的全线贯通、连云港新机场的开工建设、市域列车的开通运营以及基本形成的"两纵一横"高速公路网，使得连云港大陆桥陆海联运优势进一步显现，为港城物流业乃至服务业的发展增添了强劲动能。

2019年，淮安市省服务业重点项目共计10个，年度计划投资85.68亿元，已全部完成投资计划。其中，华强方特复兴之路文化创意基地累计完成投资7.7亿元。200个5000万元以上服务业特色产业项目完成投资681.5亿元，超额完成年度投资计划。其中，清江浦CBD中心项目内建工总部经济大楼、洪泽湖流域气象灾害预警中心投入使用。

宿迁市服务业重点项目投资起到了巨大的支撑作用。2019年，宿迁实际列入服务业投资提速计划的112个市级服务业重点项目总投资215亿元。到12月底，全部重点项目完成投资218亿元，完成率达101.5%。带动全市服务业投资增长达10.5%，高于全市投资4个百分点。

二、苏北现代服务业发展的问题分析

随着苏北经济的发展与进步，服务业也获得了较快发展，在经济结构中的地位和比重不断上升，逐渐成为经济增长新的动力源。黄繁华、洪银兴（2007）对江苏现代服务业的发展进行了多方面评估，认为苏北服务业相对发展水平指标相当靠后，服务业人均消费量指标与其他区域有较大差距，单位工业产值服务消耗量的差别十分明显。苏北服务业在快速发展过程中，既存在规模上的问题，也存在结构上和质量上的问题。由于有效供给与有效需求均存在不足，使江苏的服务业处于低水平均衡状态。

（一）供给不足与供给过剩并存

1.服务业和制造业一样存在着结构性不足与结构性过剩的问题

服务业供给不足的行业主要是生产性服务和公共性服务,过剩的行业主要集中在生活性消费领域,主要是餐饮业和批发零售等传统行业。供给不足与供给过剩并存指的是传统服务业进入过度与现代服务业进入不足并存,表现为传统服务企业的低利润甚至大量亏损倒闭,与一些垄断性的现代服务企业获取暴利的现象并存。进入过度的主要是那些与城市和农村的剩余劳动力就业有关的低技能的劳动密集型行业,而进入不足的是那些技术资本密集的现代服务业,这些行业普遍与政府管制和行政垄断密切联系。

2.生产性服务业和基础性服务业存在供给不足

生产性服务业企业普遍规模比较小,尤其是资本、技术与知识密集型生产性服务业所占比重小,难以实现规模经济效应,致使有效供给不足。生产性服务业较小的规模使服务质量的标准化滞后,服务质量难以保障,使市场一些高质量、高标准、差异化的潜在需求无法转化为有效的实际需求。由于现有生产性服务等高端服务业普遍规模偏小,服务成本相对较高,知识技术含量低,社会化服务能力不强,最后导致了高端服务的"低供给"。

3.高端生产性服务的有效供给不足

这就迫使许多制造业企业自我提供服务,从而形成了"大而全、小而全"的封闭式自我服务体系。这种状况不仅制约了整个制造业效率的提高,还形成负向的强化反馈机制,进一步制约生产性服务业的规模化发展,从而使低效供给与低效需求形成一种"低效均衡",限制了行业的发展。

4.苏北服务业中公共性服务业也存在着供给不足的问题

现代服务业比重偏低并长期处于低水平的稳态状况,是与政府公共职能缺失和经济增长方式有关的。江静、刘志彪(2009)认为以增长为导向的发展模式使政府将资源过多投入与经济增长及其相关的领域,直接导致了公共服务供给不足。当政府以 GDP 为主要目标和考核指标时,就会将资源过多地投资于基础设施与基础产业以更有效地刺激经济增长,对于医疗卫生、教育和社会保障、环境保护和食品、药品安全等民生相关公共服务领域,由于其投入大,对增长的带动效果不明显,导致投入不足,从而限制了供给服务的供给。

一方面,政府资源投入结构导致了公共服务的供给不足,另一方面,政府对公共服务部门的市场准入限制,又抑制了民营资本和境外资本增加公共性服务的供给。在公共服务业只能依赖于政府力量的情况下,政府的财政支出规模和财政支出方向就变得非常重要。政府对住房、教育和医疗、养老等制度进行了一系列带有市场化倾向的改革,最大程度上释放了社会需求,由此使单一来源的公共服务供给变得更加捉襟见肘。在公共服务业发展严重不足的情况下,居民对未来支出和收入的不确定性预期增加,从而使谨慎性储蓄动机增强,限制了消费规模的扩大,形成社会性的有效需求不足。

5.在现代服务业供给不足的同时,传统服务业存在着过剩问题

2017 年,江苏全省批发和零售业、交通运输仓储和邮政业、住宿和餐饮业三个行业增加值占第三产业增加值的 29.1%,新兴产业相对集中的营利性服务业增加值占比为 21.4%。苏北地区这种现象更加明显,上述三个传统服务业占第三产业增加值的比重达到 40.4%。传统服务业由于进入门槛低,限制少,往往成为经济相对欠发达地区的就业的主力。近年来,由于互联网商业的崛起,传统的批发零售业发展空间受到挤压,形成过剩。以劳动密集型为主的仓储和物流产业也面临着劳动力成本上升的影响。由于制造业转型和制造业本身的不景气,大量劳动力进入餐饮服务业,从而使该行业也出现过剩。虽然传统生活型服务业出现过剩,但并不意味着生活型服务业是健全的。从经济现实来看,服务业为生活服务的功能并没有到位,尤其是年龄化社会的到来,服务业已经表现出明显的调整滞后。

(二)服务业的供给相对低端化

从供给角度看,作为中间使用的生产性服务业在第三产业中所占比重较小,如果从产业价值链的角度来看供给结构,我们会发现处于产业链下游的服务行业所占比重过大,处于产业链上游的行业所占比重较小。2019 年,苏北处于产业链下游的货物运输及仓储和邮政快递服务、批发零售业两大类行业分别占第三产业的比重仍然位于前列,而处于产业链上游的商务服务、研发设计与其他技术服务、信息服务三大类行业在服务业的比重则较低。竞争力和创新能力较弱是供给结构相对低端化的重要形式。江苏服务业的创新发展水平总体上处于较低阶段,尤其是研发、设计、营销、供应链管理等生产性服务方面,向制造业输送技术、知识密集型生产要素方面发挥的作用有限。服务业的竞争力除了创新能力以外,规模也是一个重要因素。在苏北的服务业中,具有核心竞争力的服务业大企业集团较少,品牌建设能力较低,服务业市场化、社会化、国际化水平总体上不高。在"互联网+"和智能化生产的大背景下,基础性服务业的水平决定了经济整体创新能力的提升。

(三)服务业的国际化水平和制造业的全球化发展不相适应

20 世纪 80 年代以来,苏北制造业国际化水平迅速提高,融入全球分工体系中。制造业参与全球化可以享受全球化分工所带来的益处,同时也使自己处于价值链的末端,价值创造过程被国际资本控制。90 年代以后,苏北服务业的开放力度也开始加大,使服务业的发展过程也成为经济全球化的一部分。但总体而言,相当多的服务行业并没有对外资实行积极有效的开放。服务业开放度低,一方面是因为服务业的市场化和产业化水平较低,使得服务业难以像制造业一样吸引到大量外资,另一方面是服务业中的外资主要集中在房地产业和传统的商业服务业,像现代物流、金融服务、高科服务业,由于政策限制使这些行业利用外资的比例偏低。由于服务业的开放存在的政策限制更多,使之难以引进外资和国外先进技术和管理经验,服务供给、服务质量和服务手段的国际化步伐就被延后。

(四)现代服务业信息化程度不高

1. 信息化程度偏低

根据调查结果显示:服务业拥有信息系统和信息网络的比例仅为 20% 和 40% 左右,说明在服务业企业的内部管理与市场营销方面,大多数的企业都把主要精力放在传统的人员组织和宣传上,而对通过信息化改造以提高工作效率和获取信息手段关注不够,投资不足;企业之间建立信息联系的比例几乎为 10%,说明企业与企业之间的联系还是停留在传统的沟通方式上,这样必然会造成信息的延迟性和工作的低效率;大多数的企业没有开展电子商务系统,更不要说应用供应链管理等。苏北服务业信息化程度偏低也导致了服务企业在市场上的相应能力。

2. 标准化程度不够,苏北服务业标准化水平相对较低

目前,物流业、电子商务、商业零售连锁业和餐饮连锁业的行业还没有建立起统一的行业标准。现代服务业需要标准化的规则来规范行业的发展,如果没有一定的规范,市场将会变得极其混乱。因此,苏北各市应尽快建立起服务业统一行业标准。基于业务信息实体模型并可向任何语法描述映射的电子文档格式以及业务过程和信息模型等,将满足和适应不断发展和出现的新技术要求,进一步促进数据共享、系统互操作性。

(五)人才瓶颈问题较为突出,中高端人才吸引政策支持力度有待提高

当前服务业竞争激烈,要求人才所具备的技能越来越有多元化以及专业化的趋势。近些年来,苏北现代服务业已进入快速发展阶段,对人才的需求已从劳动密集型服务业往知识密集型服务业方向发展。但苏北现代服务业的发展对于人才的需求还存在服务业人才总量不足,难以满足发展需求;专业人才引进难度较大,现代物流、金融保险、科技研发、信息软件、电子商务等领域表现尤为明显,对中高端服务业人才的支持政策体系尚不健全,在人才开发、人才奖励、保障条件等方面还有较大改进空间。服务业人才开发不平衡的现象可以说是服务业产业发展过程中必然会存在的现象和问题,最终会影响同一地区不同行业或不同地区服务业发展的不平衡,且随着后期的发展,这种不平衡会逐步加剧,甚至会造成地方发展巨大差距和社会不稳定的情况出现,因而控制人才开发不平衡是必要的。

与当下服务业呈现科技化、信息化和与互联网紧密结合等特点相对应的,服务业人才需求方面也发生了一定的变化。当下服务业发展的人才应该是综合型人才。这种人才不仅要懂得服务业,还需懂得诸如信息技术、相关的科技知识及互联网知识等,因而当下人才需要多方面锻炼,以使自己具备相关的知识而成为综合型人才。其次,当下服务业发展的人才应该具有快较强的学习能力。较强的学习能力表现在快速学习和快速更新自身知识系统的能力。无论是互联网发展,还是信息科技的发展,其生命周期较短,更新速度快,要实现服务业的发展,需要掌握最先进的相关技术,这就需要人才方面的储备。

三、苏北现代服务业发展的对策建议

(一)宏观环境

地理空间上看,苏北地区地域广阔,占据全省过半的国土面积,但是经济社会发展在全省比重与国土面积不相称,与苏南地区相比落后很多。从经济发展梯度上看,增大了区域发展不均衡。如果我们以动态观点来看,这种不均衡是可以打破的。一个发达国家或一个地区的发展状况,包括经济、基础设施、科技水平,是由这个国家或地区内部的各个区域协调发展状况所决定的,各个区域发展水平是总体发展水平的基础。

从发展阶段来看,苏北地区可以跨越传统工业化发展老路,走生态发展的可持续路径。可持续发展已成为全球共识,2016 年联合国正式启动了《2030 年可持续发展议程》,中国提出在"十三五"

期间创建 10 个左右国家可持续发展议程创新示范区。江苏以绿色生态为主线定位苏北发展,拟建苏北国家可持续发展议程创新示范区,包含江淮生态经济区建设的"1+3"区域功能布局,体现了江苏坚持可持续发展的方向,契合了当前江苏区域协调发展的总体要求。

从功能空间布局来看,"1+3"功能区突破了主体功能区以行政区为单元的类型分区局限,从全省"一盘棋"的战略层面进一步明确了各区域发展的总体思路、方向和定位。扬子江城市群是江苏工业经济的"主战场"和经济发展的"主动力",是全省经济发展"主推进器"。沿海地区是国家层面的重要战略区域,主要发展沿海经济、临港经济,不仅符合主体功能要求,也更好地体现了国家沿海开发、陆海统筹的战略意图;徐州是国家级重点开发区域,按照主体功能定位要提高对周边地区乃至中西部的影响力,切实发挥徐州对淮海经济区的引领辐射作用;苏北京杭运河沿线和环洪泽湖、高邮湖、骆马湖地区为省级限制开发区域,主体功能定位是农产品主产区和重点生态功能区,主要任务是增强农产品和生态产品生产能力。可以说,"1+3"功能区战略是依据当今发展环境和当地资源条件提出的有效发展路径,为大苏北地区指明了发展新方向。

江苏已步入发达地区行列,人们可以追求更高的生活水平。自改革开放以来,苏南地区经过快速工业化,形成了完整工业化体系,而整个大苏北地区没有赶上这一波全球工业体系分工,形成了目前工业化体系相对落后的局面。而恰恰是这样一个发展状态,为苏北地区走生态经济道路提供了较好基础。可以说,大苏北地区是一个天然的生态公园,有河流纵横,湖泊相连,海岸相伴。京杭运河、通榆河、泰东河、淮河入海水道、黄河故道、新沂河纵横其间,有洪泽湖、骆马湖、高邮湖三大湖泊湿地体系,这些自然生态资源为江苏全省推进区域协调可持续发展提供了必要条件。加强规划统筹,借助运河连通长江、淮河两大河流,以及洪泽湖、骆马湖、高邮湖等三大湖泊的生态优势,实现各大功能区的有机连接,构建由生态区和经济区相辅相成、发展带与生态带交相辉映的网络化空间,将有助于形成大中小城市、特色镇协调发展的网络化新型城镇化体系。总之,从目前来看,大苏北地区走生态可持续发展之路是必然选择。

(二)对策建议

苏北将立足沿海经济带打造海洋特色服务业基地、立足淮海经济区打造枢纽特色服务业基地、围绕江淮生态经济区打造生态特色服务业基地。沿海经济带主攻现代海洋经济和临港产业,建立国际智慧物流信息平台,强化企业跨境物流合作,大力发展第三方、第四方物流,着力培育现代物流企业集团,打造长三角东部国际海港物流走廊和海洋经济特色区。淮海经济区抢抓徐宿淮盐、连淮扬镇、连盐、徐连等高铁建设的历史性机遇,发挥国家级服务业综合改革试点创新引领作用,围绕制造业转型升级和新型城镇化和城乡一体化发展,培育引导服务业发展增长极,打造江苏北部服务业新兴增长集群。江淮生态经济区充分利用网络扁平化后发优势,发展电商、金融等服务业新业态新模式;充分挖掘传统文化、大湖湿地等旅游资源,全域布局、多点突破,重点打造一批有影响力、带动性强的旅游产品;着重发展养老产业,以养老产业为支柱,带动发展地产、健康、电商、旅游、保险等相关服务业。

1. 以技术创新为支撑,夯实微观基础

加快发展以企业为主体、以市场为导向、产学研相结合的技术创新体系,对于提升现代服务业的综合竞争力具有重要的意义和作用。对此,一方面,要深度实施江苏服务业创新百企示范工程,

引导企业开展技术创新、业态创新和品牌创新,推进创新示范企业和新兴服务业企业进一步做大做强做优,全面提升微观市场主体竞争力;另一方面,要加大现代服务业研发投入,努力形成研发投入刚性增长机制,并借此提高投入产出效率和产业技术供给率以及技术进步贡献率,力争在五到十年内,培育一批拥有自主知识产权和自主品牌的创新型企业,推进一批富含原始创新和集成创新并能注重应用技术研发和先进技术应用的大型项目,以此推动江苏省服务业在人才、技术和资本、市场等方面形成有效对接,进而促进更多的技术成果能够转化为现实生产力。最后,加快发展平台经济,推进互联网平台经济"百千万"工程,推动大平台、大市场、大流通融合发展。加快实体经济与互联网平台嫁接,大力支持本土有综合实力、有发展潜能的平台企业跨地区、跨行业、跨所有制整合资源,建设一批综合类、商品销售类、消费服务类和跨境贸易类电商平台,鼓励发展行业类专业性平台,着力培育网上商圈、区域性服务、名优特产品销售类特色化平台,培育"平台+模块"产业集群。

2. 以人才创新为动力,打造智力高地

苏北具有优良的科教和人才资源,这对于发展和提升现代服务业的竞争力具有十分重要的作用。为此,一方面,要引导省内高校和科研院所主动对接企业技术需求,加快形成以项目为纽带,以利益共享和风险共担为内涵的技术创新战略联盟,扩大创新成果向现实生产力快速转化的渠道,努力把我省的科教优势转化为创新优势和竞争优势;另一方面,要坚持人才优先发展战略,尤其是要强化高层次人才智力的支撑作用,通过深入实施现代服务业高层次人才引培工程,继续推进境内外现代服务业培训计划、现代服务业双创团队引进计划、服务业科技企业家培育计划等,吸引更多海内外高端人才能够带项目、带技术、带团队入驻服务业集聚区,以智力高地建设带动产业高地和创新高地建设。

3. 以产业创新为方向,构建比较优势

苏北具有发展现代服务业的基础,在经济发展新常态下,更应该通过创新将此优势做实做强。为此,一是要坚持生产性服务业率先发展的思路,对各类集聚区实行分类指导和错位发展,坚持走"人无我有、人有我优"的特色化发展之路,并以此为基础,加快推进企业和产品向高端化和品牌化方向发展,努力打造一批在省内外有影响力的优质产业集群;二是要支持建设一批集研发设计、科技创新、展示交易等于一体的公共服务体系,以此提升服务业的要素资源吸附、产业创新和辐射带动能力,促进服务业全面发展;三是要积极围绕主导产业有的放矢地进行招商引资和整合资源,有重点、有选择地引进龙头旗舰企业和基地型项目,以此加快培育现代服务业示范区的步伐;四是要以服务业国际化加速发展为契机,通过引进高端外商投资企业、主动融入全球分工网络与积极汲取外部先进技术和管理经验等,提升苏北服务业的对外开放水平、创新能力和发展质量。

4. 以制度创新为依托,改善发展环境

正确处理好"政府"和"市场"的关系是十八届三中全会的核心议题,也是提升苏北服务业集聚区核心竞争力的关键所在。为此,一方面,要着重理顺政府、企业和市场三者之间的关系,通过制度创新,努力改善服务业集聚区的发展环境。对此,一是要以实施省级服务业综合改革试点为契机,深入探索"一区一策"管理模式,大胆鼓励先行先试;二是要加快落实服务业投资体制改革,通过减少行政审批事项和推进服务型政府建设,激发服务业自我发展、自我强化的内生动力;三是要建立和完善现代服务业相关评价与监测系统,优化政策效果,规避市场失灵。另一方面,还要以机制创新为保障、以技术创新为核心,加快包括商业模式创新、业务流程优化和管理创新在内的组织创新,通过优化组织模式和流程再造,合理引导要素集聚,全面提升企业竞争力和影响力。最后,鼓励骨干企业、优势企业通过并购、控股、参股等多种方式,重组关联中小企业,形成一批支撑作用明显、拉动力强的百亿级大企业、大集团;引导传统优势产业中的关联企业组建行业协会,成立集团公司,实行分工合作、优势互补,变横向竞争为纵向协作;引导企业按照"资源资产化、资产资本化、资本股份化"的思路和"产权清晰、股份量化"的原则,加大股份化改造步伐。

5. 以商业模式为动力,实现服务业增值

新兴的商业模式有利于细分市场、创造需求,实现增值服务。要适应经营环境信息化、市场化、全球化的深刻变化,通过服务信息化、产业链一体化联动、品牌连锁经营、资产证券化等先进商业模式的运用与扩展,使产业核心竞争力与价值链中的重要环节相匹配。坚持开拓无形市场与做强做优有形市场相结合,积极引导企业借助网络、信息等先进技术,大力发展网络经营和电子商务,实现各类资源要素的充分利用。大企业、大集团是服务业发展的龙头,代表服务业发展的水平、实力和竞争力。要把培育现代化、国际化的大企业、大集团作为重要战略,积极鼓励企业开展多种形式的并购重组,集中资本、技术、人才等要素,加快培育一批创新能力强、带动作用大、在同行业位居前列的重量级服务业企业集团。

6. 以提高企业竞争力为核心,构筑服务业发展优势

当前,服务业的竞争越来越表现为市场主体在品牌影响、规模实力、商业模式等方面的竞争。要针对目前苏北服务企业层次低、规模小、品牌少的发展状况,着力打造知名品牌。品牌是企业技术水平、管理水平、质量水平和市场竞争力的综合体现。服务业企业从发展之初就要注重形成一套具有自主知识产权的服务标准和服务流程,努力构筑自己的品牌特色和竞争优势。要加快建立健全政府、企业和行业协会联动的品牌建设工作机制,开发一批具有自主知识产权的服务产品,实施一批优势突出、关联度高、品牌示范作用明显的重大产业项目,培育一批国内著名、国际知名的服务业品牌。一流的品牌有赖于一流的管理。要积极推进企业管理创新,运用先进的经营理念、组织形式和营销手段,使资源达到最优配置,品牌效应得到最大限度发挥。加快服务业标准化建设,突出抓好重点领域服务标准的制订与推广,提高市场话语权。

参考文献

[1] 晁刚令.服务业分类统计核算研究[J].科学发展,2010 年第 10 期.

[2] 江小涓,李辉.服务业与中国经济:相关性和加快增长的潜力[J].经济研究,2004 年第 1 期.

[3] 江波,李江帆.政府规模、劳动——资源密集型产业与生产服务业发展滞后:机理与实证研究[J].中国工业经济,2013 年第 1 期.

[4] 江静,刘志彪.政府公共职能缺失视角下的现代服务业发展探析[J].经济学家,2009 年第 9 期.

[5] 黄繁华,洪银兴.加快江苏现代服务业发展路径研究[J].南京社会科学,2007 年第 7 期.

[6] 李华.人口老龄化对中国服务业发展的影响研究[J].上海经济研究,2015 年第 5 期.

[7] 李江帆.中国第三产业的战略地位与发展方向[J].财贸经济,2004 年第 1 期.

[8] 李红梅.论生产服务业发展中的政府角色[J].统计研究,2002 年第 8 期.

[9] 李眺.服务业开放与我国服务业的生产效率研究[J].产业经济研究,2016 年第 3 期.

[10] 刘丹鹭,夏杰长.供给侧改革的增长效应:以生产者服务业减税为例[J].广东财经大学学报,2016 年第 4 期.

[11] 刘恩初,李江帆.发展生产服务业核心层推动广东产业高端化[J].南方经济,2015 年第 1 期.

[12] 刘志彪.现代服务业发展与供给侧结构改革[J].南京社会科学,2016 年第 5 期.

[13] 刘志国,李丹.供给侧改革与我国经济的有效增长策略[J].马克思主义研究,2016 年第 3 期.

[14] 卢云卿,孔群喜等.需求、供给和创新,谁是推动服务业发展核心动力?[J].南京财经大学学报,2015 年第 3 期.

[15] 钱纳里.工业化和经济增长的比较研究[M].上海:格致出版社,2015 年.

[16] 邱瑾,戚振江.基于 MESS 模型的服务业影响因素及空间溢出效应分析[J].财经研究,2012 年第 1 期.

[17] 孙爱军,刘生龙.人口结构变迁的经济增长效应分析[J].人口与经济,2014 年第 1 期.

[18] 邵骏,张捷.中国服务业增长的制度因素分析[J].南开经济研究,2013 年第 2 期.

[19] 汪德华,张再金,白重恩.政府规模、法治水平与服务业发展[J].经济研究,2007 年第 6 期.

[20] 王志明,张斌等.现代服务业的内涵界定与分类[J].上海商业,2009 年第 6 期.

行 业 篇

第一章　江苏软件与信息技术服务业发展报告

软件和信息技术服务业是知识型密集型产业,对产业结构升级和调整具有重要作用,该产业应用领域广、渗透能力强,其技术创新能力的强弱会直接影响到相关企业或产业信息技术水平的高低以及竞争力水平的大小。"十三五"时期,面对错综复杂的国际环境和艰巨繁重的国内改革发展稳定任务,我国软件和信息技术服务业发展稳中求进,规模质量效益全面提升。全球软件技术和产业格局孕育着新一轮重大变革,为我国软件和信息技术服务业带来创新突破、应用深化、融合发展的战略机遇。软件和信息技术服务业正在成为数字经济发展、智慧社会演进的重要驱动力量,书写高质量发展的"时代答卷"。

作为软件大省,江苏软件业务收入持续增加,然而,当前软件和信息技术服务业发展面临地位提升、技术架构转变、实力由大转强等趋势,由软件大省向软件强省转变,江苏省软件和信息技术服务业面临重大挑战与机遇。同时,发展和提升软件和信息技术服务业,对于推动信息化和工业化深度融合,培育和发展战略性新兴产业,建设创新型国家,加快经济发展方式转变和产业结构调整,提高国家信息安全保障能力和国际竞争力具有重要意义。

一、江苏软件与信息服务业的发展现状

(一)产业规模不断增大,业务收入增速逐年减缓

中国工业和信息化部数据显示,截至 2019 年底,我国完成软件业务收入 72072 亿元,较 2015 年增长 67%,占信息产业比重从 2015 年的 25% 提高到 2019 年的 33%,总收入占 GDP 比重达 7.2%。实现利润总额 9835 亿元,司比增长 9.7%。规模以上软件企业达 36958 家,业务收入过百亿元企业达到 14 家。全行业从业人员 677.5 万人,较 2015 年增长 18.0%。

根据江苏省工信厅数据显示,自 2019 开年以来,全省工业经济总体实现平稳开局,软件和信息技术服务业继续保持稳定增长。第一季度累计完成收入 2142 亿元,实现利润总额 245 亿元。信息技术服务业的增速及占全行业的比重均居第一,其中,电子商务平台技术服务增速同比增幅高达 55%,增速领先。

表1　2012—2019 年全国及江苏软件与信息服务主营业务收入与增速情况

	2012 年	2013 年	2014 年	2015 年	2016 年	2017 年	2018 年	2019 年
全国主营业务收入(亿元)	25038	30587	37235	43249	48511	55037	63061	72072
增速(%)	36.03	22.19	21.73	16.15	12.17	13.45	14.58	14.29
江苏主营业务收入(亿元)	4305	5177	6439	7062	8324	8936	9892	10997

	2012 年	2013 年	2014 年	2015 年	2016 年	2017 年	2018 年	2019 年
增速(%)	38.61	20.25	24.4	9.68	17.87	7.35	10.7	11.17
江苏省占全国的比重(%)	17.2	16.93	17.29	16.3	17.2	16.24	15.69	15.26

数据来源:江苏经信委、中国工业与信息化部

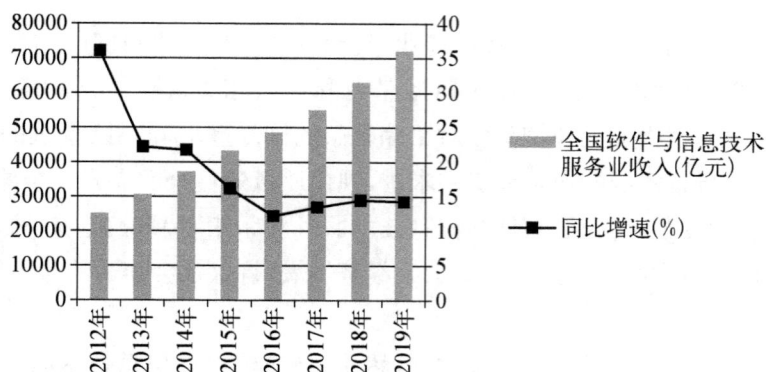

图 1　2012—2019 年全国信息与软件服务业务收入与增速情况

数据来源:江苏经信委、中国工业与信息化部

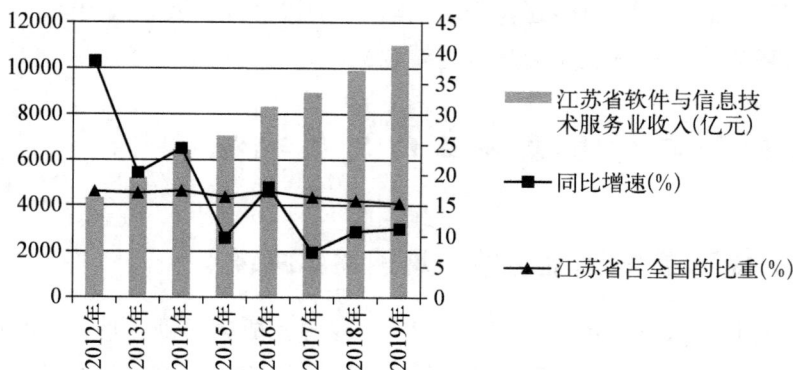

图 2　2012—2019 年江苏省信息与软件服务业务发展情况

数据来源:江苏经信委、中国工业与信息化部

图 1 和图 2 分别是 2012—2019 年全国和江苏省软件与信息服务业主营业务收入、增速及占比的变化情况。2012—2019 年间,全国软件与信息服务业的收入呈现出增速减缓的趋势,由 36.05% 下降至 14.29%,江苏省在 2012—2019 年间增速趋势与全国保持一致。从图 2 可以看到,江苏省软件与信息服务业每年的业务收入占全国的比重呈现微幅上升并趋缓的形势。在 2014 年,该占比达到近几年最大 17.29%,2019 年微幅下降至 15.26%,2012—2019 年,这一比例始终保持在 15% 以上。因此,尽管软件与信息服务业行业整体的发展趋势有所波动,但江苏省在全国的地位始终保持平稳发展的状态,反映出江苏省软件与信息服务业的发展已经步入良性循环,对社会生活和生产各个领域的渗透和关联带动作用十分稳定,经过前期政策的消化作用,其经济效果也相应有所体现。

（二）产业结构

1. 综合实力持续增强

经济总量再上新台阶，初步核算，江苏2019年实现地区生产总值99631.5亿元，按可比价格计算，比上年增长6.1%。其中，第一产业增加值4296.3亿元，增长1.3%；第二产业增加值44270.5亿元，增长5.9%；第三产业增加值51064.7亿元，增长6.6%。全省人均地区生产总值123607元，比上年增长5.8%。产业结构加快调整，全年三次产业增加值比例调整为4.3：44.4：51.3，服务业增加值占GDP比重比上年提高0.9个百分点。商务服务业、软件和信息技术服务业、互联网和相关服务业营业收入比上年分别增长9.4%、18.8%和23.4%。

2. 收入实现较快增长

2019年，我国软件产品实现收入20067亿元，同比增长12.5%，占全行业比重为28.0%。信息技术服务实现收入42574亿元，同比增长18.4%，增速高出全行业平均水平3个百分点，占全行业收入比重为59.3%。其中，电子商务平台技术服务收入7905亿元，同比增长28.1%；云服务、大数据服务共实现收入3460亿元，同比增长17.6%。信息安全产品和服务实现收入1308亿元，同比增长12.4%。2019年嵌入式系统软件实现收入7820亿元，同比增长7.8%，占全行业收入比重为10.9%。

2019年，江苏省软件产品实现收入2992亿元，同比增长37.69%，占全行业比重为27.21%。信息技术服务实现收入5361亿元，同比增长0.3%，占全行业收入比重为48.75%。信息安全产品和服务实现收入1353亿元，嵌入式系统软件1291亿元，同比下降1.75%，占全行业收入比重为11.74%。嵌入式系统软件已成为产品和装备数字化改造、各领域智能化增值的关键性带动技术。

表2　全国及江苏省2019年企业个数及软件业务收入

指标名称	单位	全国	江苏
企业个数	个	36958	5949
软件业务收入	亿元	72072	10997
其中：1. 软件产品收入	亿元	20857	2992
2. 信息技术服务收入	亿元	43580	5361
3. 嵌入式系统软件收入	亿元	6333	1291
4. 信息安全收入	亿元	1302	1353

数据来源：中国工信厅及江苏省工信厅

（三）产业成果

1. 江苏省总体情况概述

（1）两化融合发展水平位居全国首位

两化融合水平是衡量一个国家、地区、行业或企业现代化水平的重要标志，准确分析把握两化融合水平情况,是政府制定方针、出台政策、引领经济发展的重要依据。多年来,江苏省在产业基础、技术储备、管理能力等方面不断积累,融合发展逐步深入。江苏省企业两化融合发展指数已连续五年摘得"桂冠"。根据《白皮书》中显示,江苏省近年来两化融合发展成效显著。截至2019年12月31日,全国开展两化融合管理体系贯标企业数量为21759家,其中江苏省开展两化融合管理体系贯标企业数量为3185家,约占全国14.64%,位列全国第三位。2019年,江苏新增开展两化融合管理体系贯标企业的数量为1072家,占全国12.41%。截至2019年12月31日,全国累计通过两化融合管理体系评定的企业数量7363家,江苏省累计通过两化融合管理体系评定的企业数量为1329家(包含36家换证企业),约占全国18%,位列全国第二位。2019年,江苏省新增通过评定企业数量全国居首。

此外,在工信部自2014年起至今共遴选出的3111家两化融合管理体系贯标试点企业中,江苏省有315家入选,总数占全国10.13%,位列全国第2位。工信部自2017年起连续三年共计在全国范围内评选出了151家两化融合管理体系贯标示范企业(制造业与互联网融合发展试点示范项目),江苏省共入选26家企业,约占全国的17.22%,位列全国首位。

(2)企业互联网化转型成效显著

2020年1月19日,工信部公布2019年(第18届)中国软件业务收入前百家企业发展报告及名单。江苏共有9家企业入围,较上届增加1家。江苏入围软件百强的企业有:南京南瑞集团公司(第9位)、熊猫电子集团有限公司(第29位)、江苏省通信服务有限公司(第30位)、国电南京自动化股份有限公司(第52位)、南京联创科技集团股份有限公司(第60位)、江苏金智集团有限公司(第64位)、江苏润和科技投资集团有限公司(第72位)、浩鲸云计算科技股份有限公司(第89位)、无锡华云数据技术服务有限公司(第95位,首次入围)。根据《2019年中国互联网企业100强发展报告》,2019年互联网百强企业中应用大数据企业29家,云计算28家,人工智能相关企业24家,运用物联网技术相关的企业三家。2019年互联网百强企业互联网业务收入高达2.75万亿元,比去年增长超1万亿元,占我国数字经济的比重达8.8%。百强企业的研发投入达到1538.7亿元,同比增长45.1%,平均研发强度突破10%。2019年中国互联网成长型企业20强增长势头迅猛,营业收入实现128.87亿元,同比增长435.44%。成长型企业20强成立时间较短,平均成立时间只有7年,比互联网百强企业少6.3年。成长型企业20强涵盖互联网公共服务、互联网数据服务、网络营销和电子商务等12个行业,并涌现出一批农业互联网、知识产权服务等新业态、新模式。

在江苏省内,如今已形成以南京、苏州、无锡为中心的软件产业集聚带,并建成7家国家级软件园和25家省级软件园,全省软件产业规模逐年增长,业务收入、企业数量、从业人员人数多年来均稳居全国前列。而除了服务省内经济社会发展,江苏软件企业还在向省外进行着实力输出。江苏是制造业大省,软件信息技术是助推产业转型升级的关键。目前,全省正围绕13个先进制造业集群,推动软件、云计算、大数据企业与传统制造业深度融合,推动企业向网络化、智能化转型升级。

(3)信息化支撑能力不断增强

"宽带江苏""无线江苏"的建设步伐加快。2019年全省电信业务收入978.0亿元,增长3.0%。年末固定电话用户1329.1万户;年末移动电话用户10166.0万户,比上年末增加371.9万户;电话普及率达126.3部/百人。年末长途光缆线路总长度3.9万公里;年末互联网宽带接入用户3585.7万户,新增233.9万户。全省信息通信技术产业正处于从规模领先向效能比肩、赶超迈进的关键时期,集成电路封装技术水平国际领先,下一代互联网、未来网络、北斗导航核心芯片和设备的研发取得明显进展,软件产业逐步向服务化、网络化、平台化转型,以云计算、大数据、移动互联网为重点的信息服务业体系初步形成,一批为传统行业和企业提供解决方案和服务的服务商逐步发展壮大。

江苏是"感知中国"的发源地,是物联网产业在全国的排头兵,有深厚的产业基础,产业链覆盖广。近年来,江苏省先后出台了《江苏省物联网产业发展规划纲要》《新兴产业倍增计划》等政策文件,已经形成以无锡为核心、苏州和南京为支撑,一体两翼多元、辐射全省的全省物联网产业布局。目前,在传感器、集成电路、无线通信、智能控制、软件和信息服务业等物联网产业支撑领域集聚优势逐渐形成,并建立了无锡、南京、苏州等三大集群板块。江苏在推动物联网产业发展上,在各类政策扶持以及完善物联网各类公共服务平台的同时,通过"技术＋产业＋城市"的模式,整合各类创新资源和产业链,推动物联网标准的制定和应用,以及物联网与工业、农业、金融、环保、航天航空、交通、安保、智慧城市建设等深度融合,有效解决物联网产业碎片化、不融合、难发展的问题,构建起更加协同共享的产业生态系统,提升对物联网技术和产业应用的公共服务能力。

2.特色城市成果概述

南京市倾力打造全球软件名城,软件产业规模超过5000亿元,拥有重点软件企业5000家,中国(南京)智谷、中国(南京)软件谷已形成人工智能产业集群优势。苏州市获批中国软件特色名城,苏州相城区作为省内首个区块链产业发展集聚区,承担了国家法定数字货币研发任务,研制成功国内首个自主安全可控的区块链底层平台"梧桐链"。

(1)盐城再添五家省工业互联网发展示范企业

2019年7月26日,省工信厅近日公布2019年江苏省工业互联网发展示范企业名单,盐城市申报企业中共有五家入选,总数位居苏北、苏中首位。其中,江苏柚尊家居制造有限公司的思想家C2M家居整装定制平台、盐城华旭光电技术有限公司的TFT新型液晶显示模组生产大数据平台获评省重点工业互联网平台,江苏博敏电子有限公司、江苏高精机电装备有限公司、盐城阿特斯阳光能源科技有限公司获评省工业互联网标杆工厂。近年来,盐城市大力实施工业互联网标杆培育行动,围绕"一行业一标杆、一县(区)一标杆"的目标计划,坚持项目化管理、滚动培育与跟踪服务,积极帮助协调标杆建设及推广中遇到的问题,示范带动全市工业互联网新基建发展,促进新一代信息技术与制造业深度融合和产业数字化转型,为推动全市产业转型升级和高质量发展提供强力支撑。2018年企业两化融合水平指数58.9,生产设备数字化率、关键工序数控化率均超60%,建成省星级上云企业107家,在工业互联网、人工智能等领域形成一批标杆企业。

盐城阿特斯阳光能源科技有限公司打造集团内部首个工业互联网标杆工厂。工厂率先投入使用阿特斯工业大数据平台,并整合阿特斯制造执行管控、阿特斯节能降耗管控两大子平台。通过光伏电池片行业工业互联网标杆工厂建设及光伏行业工业互联网平台推广,生产效率提高20%以上,运营成本降低20%以上,单位产值能耗降低10%以上。工业互联网使工厂"旧貌换新颜",向"智慧型"企业转型。

(2)南京软博会跟踪把握新一代信息技术发展趋势

2019年7月22日上午,第十五届中国(南京)国际软件产品和信息服务交易博览会(简称"软博会")在南京国际博览中心正式落下帷幕。本届软博会达成项目签约80余项,总投资超过340亿元。第十五届中国(南京)软博会以"数字经济、智慧未来"为主题,围绕关键信息技术、云计算、大数据、人工智能、5G、数字中国等国家战略,注重跟踪把握新一代信息技术发展趋势。举办1场主题论坛、3场创新创业大赛、1场项目签约仪式、1场产业地标发展沙龙及20多场相关专题论坛和对接交易活动。

据组委会统计,有超过12万名观众参与了本次软博会,其中,专业观众、企业用户比例超过70%。与往届不同的是,本届软博会还开通了微官网和微信小程序,集中展示软博会展览、活动等相关信息,并为观众制定个性化参展路线。在为期四天的展会中,共有20多个国家和地区的1000多家企业踊跃参展,展览总面积达10万平方米,通过展示、交易、论坛、人才招聘等系列活动,充分展示云计算、大数据、人工智能、5G、虚拟现实、集成电路、物联网等领域的新技术、新产品、新业态和新模式。一大批人工智能、工业互联网、智能制造、物联网、无人系统等项目集中签约。南京市各区、软件园区和企业也积极利用软博会契机,开展招商引资和项目洽谈,加快签约项目的落地建设。

(3)苏州先进制造业城市发展指数两年位居第一

2018年,苏州制定出台《关于加强智能制造生态体系建设的若干措施》,初步构建了多行业深度参与、协调发展的生态体系。截至2018年年底,全市累计获得国家智能制造新模式和试点示范项目13个,省示范智能工厂3个,省级示范智能车间262个,数量均居全省第一。科创板就是"一面照见创新的镜子"。令人瞩目的科创板"苏州板块"背后,创新引领发展功不可没。高新技术产业勇立创新潮头。当前,苏州全市活跃着5000多家国家高新技术企业。

2019年4月25—26日,由e-works数字化企业网主办,常熟沃创智能制造服务中心协办的"2019智能工厂高峰论坛"在苏州皇家金煦酒店成功举行。本次论坛聚焦智能工厂的改造和新建,以"智能工厂的推进策略"为主题,从推进智能工厂建设的策略、使能技术、产品、解决方案以及制造业数字化转型等方面进行了探讨,汇聚了智能制造与智能工厂领域知名专家、知名制造企业生产经理和国内外主流供应商500多名嘉宾的共同参与。2019苏州智能工厂展(SIA)与2019苏州工业自动化及机器人展览会同期举办,是自动化机器人及智能制造领域的行业例会,预计吸引了400家展商,预计专业观众50000人,预计展出面积40000平方米,每年固定在上海和苏州举办。SIA智能工厂展是国际化、专业化的智能装备展会,是极具影响力的智能制造行业盛会。它全面展示工业自动化技术、工业机器人整机与核心零部件、机器视觉与传感器、AGV小车、嵌入式系统、工业通讯与物联网、智慧工厂解决方案、工业自动化全面解决方案等产品领域。多年来,展会的规模、展示范围以及专业观众快速增长,极大地推动了我国制造业的转型升级和跨越发展。

3. 特色产业成果概述

(1)服务型制造智能化

江苏省服务型制造示范企业旨在深入开展发展服务型制造专项行动,加快制造与服务融合发展,推动制造企业向价值链高端攀升,提高全省服务型制造业整体发展水平。苏州高新区企业苏州通锦精密工业股份有限公司名列其中。近年来,高新区着力加强模式业态创新,鼓励企业加快产品全生命周期的服务延伸,推进生产模式向定制化、柔性化、服务化转型升级,提升产业链高端化、智能化、现代化水平。在现有富强科技、电子五所华东分所获批国家级服务型制造示范企业(平台)的基础上,加大智能制造领域服务型制造新业态的推广。截至目前,全区拥有智能制造领域国家服务型制造示范平台1家、国家服务型制造示范企业1家、省级服务型制造示范企业8家。

（2）"互联网＋教育"建设取得显著成效

教育部发布的《中国教育信息化发展报告（2018）》显示，江苏基础教育信息化综合指数连续三年位居全国第二，教育信息化对教育现代化的支撑引领作用逐步显现。江苏省委、省政府高度重视教育信息化工作，坚持将教育信息化纳入智慧江苏建设的整体规划，并作为《江苏省"十三五"教育发展规划》的十大重点工程之一。7月，江苏省教育厅出台《江苏教育信息化2.0行动计划》，提出构建基于新一代信息技术的新型教育教学模式、教育服务供给方式、教育治理模式，探索"智能＋"条件下的人才培养新模式。此外，江苏省教育厅联合省工业和信息化厅、财政厅出台了《智慧校园建设指导意见》，旨在以智慧校园建设为抓手，引领和带动全省教育信息化水平实现整体提升。

江苏省已完成教育管理信息系统门户搭建和集成，构建了教育数据管理等标准及规范体系，并向社会提供了中小学学籍查询、教师资格认定、全省学校（机构）代码信息查询等"一站式"便民服务，有效提高教育信息化服务精准化、便利化水平。

（3）互联网金融方兴未艾

普惠小微企业贷款实现"两增两控"。全省银行机构普惠型小微企业贷款余额1.06万亿元，较年初增长31.32％，高于各项贷款增幅16.7个百分点；贷款户数122.59万，新增22.34万户；平均利率5.9％，同比下降70个BP。其中：法人银行机构贷款余额5502.36亿元，较年初增长21.47％，高于各项贷款增幅5.73个百分点；贷款户数74.92万，新增11.57万户；平均利率6.78％，同比下降38个基点。互联网金融在扶持小微企业，弥补传统金融不足，提高人民的生活质量，提升广大金融消费者幸福感、激活金融市场和金融产品创新等方面发挥了巨大的作用。自互联网金融专项整治以来，互联网金融市场得到了有效的治理，市场风险也得了一定的释放，互联网金融已经从无人管、无人爱的"野孩子"正向有规矩、有目标、有定位的"好学生"转变。

（4）科技服务业发展迅速

2018年，全省规模以上科技服务机构共有6177家，实现服务收入6558亿元，占科技服务业总收入的81.5％，同比增长8.8％，规模以上机构平均年收入首次超过1亿元。规模以上机构从业人员达74.8万人，占总从业人员数的60％。依托科技服务业特色基地等集聚区重点支持120多家骨干机构实施能力提升，涌现出一批品牌、特色科技服务机构和小而精、创业型科技服务公司。全省科技服务业特色基地（示范区）总数达20家，共拥有服务场所538万平方米，集聚服务机构1339家，拥有专职服务人员1.8万人，服务资源、服务装备原值达37亿元，年实现科技服务收入70亿元。

4.主要企业情况概述

工信部发布《2019年中国软件业务收入前百家企业发展报告》，排名前三的分别是：华为技术有限公司、海尔集团公司、阿里云计算有限公司。其中，江苏的南瑞集团有限公司跻身前十强，排名第九位。本届软件百家企业分布在全国17个省市范围内，有89家集中在东部省市。其中，江苏省有9家入选，名单如下：

表3　2019年江苏软件收入全国百强名单

序　号	企业名称
9	南瑞集团有限公司

续表

序　号	企业名称
29	熊猫电子集团有限公司
30	江苏省通信服务有限公司
52	国电南京自动化股份有限公司
60	南京联创科技集团股份有限公司
64	江苏金智集团有限公司
72	江苏润和科技投资集团有限公司
89	浩鲸云计算科技股份有限公司
95	无锡华云数据技术服务有限公司

数据来源：中国工业与信息化部

　　8月20日,工业和信息化部网络安全产业发展中心(信息中心)、江苏省互联网协会在南京联合发布了"2019江苏省互联网企业50强榜单暨互联网行业十大优秀案例"。苏宁控股集团、同程旅游集团、无锡华云数据技术服务有限公司、汇通达网络股份有限公司、南京途牛科技有限公司、南京首屏科技集团有限公司、南京三加三电子商务有限公司、江苏零浩网络科技有限公司、苏州朗动网络科技有限公司、江苏徐工信息技术股份有限公司位列50强榜单前十名。

　　地域上,进入50强的南京企业达到28家,占比达到56％,互联网收入达6542亿元,包括孩子王、开鑫金服、大众书网、蓝鲸人等企业;苏州8家,占比16％,互联网收入282.1亿元;无锡5家,占比10％,互联网收入204.6亿元;常州和镇江分别是3家和2家,互联网收入分别是15.9亿元和7亿元,扬州、徐州、昆山、兴化各占1家。业态上,50强中包括电子商务类企业15家、企业服务类企业15家、娱乐传媒类企业6家、生活服务类企业4家、互联网物流类企业3家,互联网旅游类和工业互联网类企业各2家,金融科技、互联网教育和医疗健康类企业各1家。

表4　2019年度江苏省互联网企业十强名单

企业排名	企业名称	所在城市
1	苏宁控股集团	南京
2	同程旅游集团	苏州
3	无锡华云数据技术服务有限公司	无锡
4	汇通达网络股份有限公司	南京
5	南京途牛科技有限公司	南京
6	南京首屏科技集团有限公司	南京
7	南京三加三电子商务有限公司	南京
8	江苏零浩网络科技有限公司	南京
9	苏州朗动网络科技有限公司	苏州
10	江苏徐工信息技术股份有限公司	徐州

数据来源：江苏工业与信息化部

二、江苏软件与信息技术服务业的问题分析

（一）江苏省软件与信息技术服务业面临的形势

1. 发展与竞争双轮驱动，软件成为引领变革的重要力量

2019年，全球新一轮科技革命和产业革命加速发展，新一代的信息基础设施、分布式的计算能力、丰富多样的应用场景等共同驱动软件技术持续保持高速创新演进态势。全球经济持续复苏回暖态势明显，以数字经济为代表的新经济成为新动能，为软件产业创造了更加广阔的市场空间。信息化与全球化、市场化相互交织，推动研发设计、生产制造、服务管理等过程的资源配置体系加速重组。

2. 软件业保持平稳发展态势，进入结构优化、快速迭代的关键期

2019年，在我国经济转型进入新常态，经济下行压力加大的背景下，软件和信息技术服务业作为数字经济之擎，产业规模保持较快增长，整体发展持续稳中向好。江苏省2019年软件业务收入10997亿元，同比增长11.17%，增速同比下降2.88个百分点。软件服务化进程不断加快，原有软件产品开发、部署、运行和服务模式正在改变，软件技术架构、企业组织结构和商业模式将面临重大调整。以软件应用商店等为代表，服务导向的业务创新、商业模式创新推动了产业的转型升级。以用户为中心，按照用户需求动态提供计算资源、存储资源、数据资源、软件应用等服务成为软件服务的主要模式。

3. 新兴技术加快创新应用，融合创新向深层次拓展

2019年，对基础软件、面向重点行业的高端软件的需求处于爆发增长的起点。大数据云计算保持快速发展态势，随着"百万企业上云"和制造业"双创"平台培育行动计划的推进，工业大数据应用价值持续深化。人工智能产业进入起步加速阶段，向全面商业化发展，其应用场景面向工业、安防、家居、医疗、物流、交通等行业迅速扩张。随着信息技术应用的不断深化，与业务融合的日趋紧密，软件正成为经济社会各领域重要的支撑工具。基于移动智能终端的个人计算、通信与娱乐等服务功能的融合，网络平台上通信、内容、计算等服务的融合，软硬件之间的融合，为软件和信息技术服务业带来了巨大的业务创新空间。信息技术加快向传统产业、现代制造业和现代服务业等领域渗透，将推动行业间的融合渗透，促进战略性新兴产业、面向生产的信息服务业的发展。

4. 两化深度融合推动发展

江苏省是制造业大省，制造业规模位居全国前列。经济新常态下，人力、要素、资金成本上升使江苏省制造业国际产业链分工地位和传统竞争优势受到挑战，依靠大规模投资、低成本要素投入和出口拉动的传统模式已难以为继，制造业已经到了改造升级、转型发展迫在眉睫的地步。江苏需要凝聚新常态下的两化融合发展新动能，强力支撑结构调整、动力转换，为新一轮发展注入强劲、持续的增长动力。充分发挥"互联网+"制造业的优化集成作用，构筑经济发展的新优势、新高地。大力发展以物联网、云计算、大数据、移动互联网、人工智能等为代表的新一代信息技术，强化新兴产业对经济增长的带动作用。积极培育融合创新的发展模式，构筑以互联网经济为主要引擎、以信息技术应用为发展导向的智慧企业。

（二）存在的问题

1. 缺乏具有全球领先地位的大企业，产业整体上处于价值链的中低端

二十年来，江苏软件与信息服务业从无到有、从小到大，经过长期的发展已经具备了相当的规模，但与发达国家相比还存在较大的差距。具体表现为软件与信息服务业尽管企业数量众多，但大多数规模小、实力弱、资金有限，没有能力开发高投资、高风险、高收益的大型项目，缺乏具有产业竞争力的大型企业，很难参加国际竞争。目前，江苏软件与信息服务产业总体上处于全球产业价值链的下游，软件业价值失衡导致产业大而不强。软件价值失衡主要体现在"重硬轻软"和软件价值评估失衡。一方面，大数据、云计算、人工智能等新兴产业政策多聚焦硬件层面，强调硬件投入规模和设备价值，忽视软件的价值，造成政策扶持上"重硬轻软"的事实。另一方面，软件价值认证体系不健全，价值评估机构权威性不足，导致大众认可度偏低。此外，软件产品受品牌、盗版和市场影响力等因素制约，定价普遍低于国外同类软件，如办公软件金山 WPS 售价仅为微软 Office 的十分之一左右。软件价值失衡、市场认可度不够等因素制约了软件企业规模壮大和研发投入扩大。江苏企业普遍规模较小、自主创新不足、产品同质性高、大部分产品仍处于产业链的底端、产品价格战、人才匮乏等问题较为严重。在新一轮的激烈竞争中，特别是对战略性新兴产业的发展资源争夺加剧的情况下，需要江苏信息服务业跑得更快。

2. 核心技术缺失制约软件高质量发展

在参与国际竞争中，江苏软件大多聚焦于应用创新而非核心技术的掌握，企业面临存在技术储备和技术来源不足、核心技术依赖性较强等突出问题。一方面，重要信息系统、关键基础设施中的核心技术产品和关键服务依赖国外，底层软件、高端芯片、技术标准等方面的自主研发水平与发达国家相比还存在一定差距。另一方面，开源技术创新生态建设推进缓慢，在全球开源软件领域贡献度和影响力与全球领先社区存在较大差距，主要处在应用跟随阶段。江苏省虽然是中国的经济和软件大省，在创新方面、智能制造以及"互联网＋"方面处于领先地位，但是国家整体技术水平还处于发展阶段，与发达国家相比差距还很大。如果无法掌握关键性技术，江苏省信息业的发展就无法实现质的飞跃。

3. 人才结构矛盾突出，高层次、复合型、领军型人才依然缺乏

行业的发展必然会引起人才和技术的流动，云计算、大数据以及网络传输等信息技术逐渐步入建设高峰期，对人才的需求更加迫切。人才分布不均匀，苏南区域经济发展较快，具备产业集聚优势，人才吸引力度较大。苏北地区多存在企业小、培训力度和发展空间不足、薪资较低等问题，导致人才"出走"，难以形成人才梯队，自身培育"造血"周期较长，而软件与信息技术服务业行业产品技术更新速度较快。长此以往，导致苏南和苏北地区差异越来越大。

4. 互联网金融隐藏风险

自互联网金融专项整治以来，互联网金融市场得到了有效的治理，市场风险也得了一定的释放，但互联网金融存在的问题与风险仍不可大意，对存在的问题仍不能过于乐观。一方面，互联网金融的存量风险还未释放结束。比如，P2P 网贷行业，截至 2018 年 11 月底，P2P 网贷行业正常运营平台数量下降至 1181 家，已经连续 4 个月没有新平台上线，累计停业及问题平台达到 5245 家，P2P 网贷行业正常运营平台合计待还本金总量为 8111.94 亿元，实现了机构、待收余额双双大幅度下降。虽然P2P网贷平台只有1100多家,但是约有三分之二左右的存量平台银行存管并未成功实现白名单银行存管并全量上线,存量待收资产质量风险还没有全面出清,少数头部平台仍然保持待收余额持续增长;另一方面,互联网金融的风险点与风险源不断以变异形式持续出现,如校园贷、现金贷、套路贷、ICO、STO或变换外依或变异新的品种进行诈骗或暴力催收等,五花八门的互联网金融传销更是治理对象中的"牛皮癣",对社会的稳定、对投资人的影响仍有极大的危害。此外,全民办金融的伪文化仍然深度影响着众多投资人和互联网金融行业的从业者。金融并不是任何人都可以从事的行业或职业,金融确实是一种高盈利模式,但由于金融业务和金融产品具有高风险性,且有很强的法律边界和极高的风险承受能力者才能从事,从事金融行业的人对金融风险必须抱有敬畏之心。而当今的互联网金融行业众多从业者或从业机构不具备这些基本条件,头脑中只有"金融=盈利"的逻辑,结果不但没有实现盈利初衷,不少人最终落得血本无归甚至遭受牢役之灾。

三、江苏软件与信息服务业发展的对策与建议

(一)主要任务

1. 大力发展信息技术产业

加快建设无锡物联网产业核心区,打造世界物联网发展新高地。大力支持"软件名城"建设,建设一批特色鲜明的大数据产业园。重点发展移动通信、光通信、卫星通信,打造"天地一体"现代通信产业链。大力推动智能家居、可穿戴设备、智能机器人等研发和产业化。优化特色产业基地和信息产业园区布局,推进沿沪宁线信息产业带高端发展。推进信息化和工业化深度融合、培育和发展战略性新兴产业的重大契机,以市场驱动、应用牵引、创新支撑、融合扩展为主线,以促进软件和信息技术服务业做大做强、提高对经济社会发展的支撑服务能力为目标,注重政府引导与市场机制结合,进一步优化发展环境,促进产学研用结合,大力培育龙头企业,着力增强产业自主创新能力,推进产业链协同发展,不断提高产业规模化、创新化、高端化和国际化发展水平。

2. 加快推进信息技术自主创新

加快研制E级(每秒百亿亿次)高性能计算系统,加快推进行业操作系统研发应用,着力攻克感知、传输、处理等物联网核心关键技术,创新突破并行计算、海量信息处理、数据挖掘和机器学习等一批云计算大数据核心技术,积极研发人工智能、3D打印、机器人、全息显示、虚拟现实(增强现实、混合现实)等下一代技术。重点推进传感网、集成电路、未来网络等国家级创新平台建设。开展核心技术知识产权战略布局。坚持以用立业、以用兴业、以用强业,以应用带动软件技术、服务模式和商业模式创新,提升软件对业务的支撑服务能力,形成应用、技术、产业良性互动的发展格局。技术水平和产业化能力进一步提高,具备主要应用领域安全可靠解决方案的提供和实施能力。基本形成软件和信息技术服务标准体系,各类技术和服务的标准、规范得到普遍推广。

3. 加大人才培养和引进力度

加快实施省"双创计划""333工程",引进一批信息技术领域"高精尖缺""卡脖子"人才及企业家。研究设立创新投资基金,引导各类创业投资机构参与种子期、初创期人才企业股权投资。依托江苏股权交易中心设立"人才板",省财政对符合条件的挂牌企业按政策规定给予奖励。充分利用

省综合金融服务平台,为"双创"企业提供信贷服务。统筹用好银行、保险、证券等金融资源,实现"投贷保"联动服务。实施人才优先发展战略,加快建设满足产业发展需求的人才队伍。强化人才培养链与产业链、创新链有机衔接,依托重大人才工程,加强"高精尖缺"软件人才的引进和培养。鼓励有条件的地区设立软件和信息技术服务业人才培养基金,重点培养技术领军人才、企业家人才、高技能人才及复合型人才。推行 CIO(信息主管)制度,完善信息化管理人才体系。举办中小企业创新创业、"i 创杯"等大赛,发现和培育一批创新创业团队。平衡地区人才指标,减少人才流失,促进苏南、苏北协调发展,适当政策倾斜苏北地区,吸引人才。

4．建立互联网金融新秩序

(1)互联网金融准入新秩序

凡是金融就应该纳入监管,凡是申请从事金融活动的主体就应该对其实行前置审批。目前,互联网小贷、互联网支付等部分互联网金融业态实行了前置审批制;P2P 网贷虽然目前提出来的是备案制,基于网贷行业目前复杂性及风险还未得到彻底出清的现状,无论最终是备案制还是审批制,一定会有一个较长的时间段才能出台最终准入方式。只有通过严格的审批制或者备案制将从事金融活动的主体纳入监管范围,才能做到有效地规范互联网金融活动。监管部门应当密切关注互联网金融市场新变化、新动向,及时出台准入政策。

(2)互联网金融监管机构新秩序

构建以省一级为监管主体、以从事互联网金融法人为监管对象的监管体系。互联网金融同传统金融相比,其重要特征是突破了时间与空间的限制,这与以行政区域设置的监管体制又是相矛盾的,省级人民政府设立的地方金融监局进一步明确的区域监管的责任,特别是对互联网金融监管的属地责任,如果对互联网金融实行区域分割监管势必削弱互联网金融的优势。同时,可以探索建立地方金融机构行业自律体系辅助监管,切实加强互联网金融的行业自律管理。

(3)互联网金融经营主体新秩序

确立以持牌金融机构作为互联网金融主要载体地位。以"工具形式＋金融"的不只是互联网,还有大数据、物联网、云计算、区块链、人工智能等金融科技,"科技＋金融"解除了金融发展中存在的若干痛点,科技让金融更简单,科技金融化一度成为推动传统金融创新、提升竞争力的重要驱动力。即构建"互联网(金融科技)＋持牌金融机构"模式,实现科技去金融化,提升金融科技化,这样既利于科技服务于金融,同时更有利于实现有效的金融监控,维护社会和金融的稳定。

(4)互联网金融生态新秩序

对互联网基因进行重新组合排序,在互联网金融生态中,应该大力发展互联网小贷。解决民营企业、中小微企业融资困境仅仅靠传统金融机构的支持远远不够,互联网小贷作为有场景、有技术、有风控、有资金的重要融资渠道,很好地耦合了民营中小微企业"短、小、频、快"的融资需求。互联网小贷综合了互联网工具的优势,可以有效地引导体制外资金服务于中小微企业和工薪阶层,可以有力地解除当前线下小贷公司的发展困境且监管可控。对于 P2P 网贷,应该实行待收余额与实收资本比例的杠杆控制,即借贷余额不能超过网贷平台实缴资本一定的比例范围,有步骤地控制网贷行业的超常增长。

(5)互联网金融产品新秩序

对互联网金融衍生出来的所有产品要进行事前审批或备案。互联网金融机构在开展互联网金融业务时,应该将所有的互联网金融产品、业务模式说明、风险提示、合法合规说明等材料交由相关机构进行产品备案,在"监管沙箱"里获得认可后方可进行推广。这种方式将互联网金融机构可能产生的违法违规产品扼杀在源头、苗头、萌芽状态,驱使互联网金融机构提升专业度,进一步保护和维护投资者利益。

(6)互联网金融文化新秩序

确立只有具有从事金融基本条件的主体才能从事金融业务的理念。初期的互联网金融无门槛准入让部分素质不高、动机不纯、专业不强的微观主体进入这个市场,导致后来互联网金融市场一度出现混乱的局面。因此,必须打破这种不健康或亚健康的互联网金融文化氛围,培育互联网金融从业者养成畏惧风险的意识,通过对互联网金融从业人员加强教育培训,使得他们充分认识到互联网金融风险,认识到互联网金融监管的重要性,认识到金融活动都应该被纳入监管的意义,对互联网金融树立敬畏之心,做到德才匹位,能者居之。

(二)对策建议

1. 加快新型信息基础设施建设

(1)推进5G网络建设

扩大5G网络建设投资规模,统筹省级工业和信息产业转型升级专项资金,对完成新型信息基础设施建设任务及采购计划的电信运营企业、广电运营企业给予支持。加快推进5G在智慧医疗、智慧教育、智慧交通、智慧城市、智慧环保、智慧水利、工业互联网、车联网等领域的深度应用。建设城乡一体化精品网络,开展"双千兆宽带城市"试点。支持电信运营企业、广电运营企业单独装表建户,对符合条件的5G基站实施电力直接供电,制定执行5G基站峰谷电价政策,全面清理、规范转供电环节加价行为,降低建设单位用电成本。

(2)加快推动5G网络设施延伸覆盖

推动5G等网络设施与新建筑物同步设计、同步建设、同步验收,积极稳妥推动既有建筑物信息基础设施升级改造。各级财政投入建设的建筑物、道路、市政绿化用地等公共区域以及路灯、杆塔等公共资源面向5G等网络设施免费开放。加快建设城市智能杆及相关配套设施,推动智能杆在5G网络建设中的广泛应用。

(3)实施"5G+工业互联网"512工程

组织省内重点企业开展工业互联网标识解析二级节点建设,对符合省级工业和信息产业转型升级专项资金申报条件的建设项目,给予支持。推进电信运营企业、广电运营企业、重点IT企业及工业企业开展工业互联网内网建设改造,打造"5G+工业互联网"典型应用场景,建立"5G+工业互联网"重点项目库,复制推广10个以上行业解决方案。鼓励各地(园区)打造"5G+工业互联网"典型工业应用场景与融合应用标杆,对具有较好融合应用示范效应的给予一定支持。扩大工业互联网外网建设,满足工业企业转型发展对高带宽、高可靠、高安全的需要。

(4)优化新一代数据中心布局

面向重点领域关键需求,优化全省互联网数据中心(IDC)布局。实施全省一体化大数据中心"1+N+13"推进工程,形成共用共享、科学合理的全省大数据中心整体布局。对新建、扩建符合国标A级或T4建设标准的超算中心、大数据中心、云计算中心项目,保障用地、能耗指标配额,并推动转供电改直供电。

2. 释放信息消费增长潜能

(1) 促进智能终端设备升级换代

推进消费类电子产品升级,加快信息查询终端、移动信息终端、智能物联网终端等推广应用,对新型智能终端、可穿戴设备、服务机器人、消费级无人机、虚拟增强现实、人工智能设备等研发与产业化项目,纳入相关产业类专项资金扶持范围。支持企业研发生产基于5G的新型智能终端,鼓励电信、广电运营企业与产品企业合作,对消费者购买5G智能终端设备按销售价格一定比例给予套餐补贴。鼓励消费者购买节能、智能型家电产品,完善消费类电子产品回收网络。鼓励企业开展智能终端产品以旧换新。

(2) 加快智能网联汽车研发制造

加大智能网联整车技术攻关力度,组织省内企业协同开展智能感知、决策控制等系统研发,重点研发 L2—L3 级智能网联商用车。支持整车企业融合应用机器视觉、激光雷达、毫米波雷达、线性控制等关键部件,推出智能辅助驾驶量产车型。鼓励新车型推广应用和传统汽车更新换代。推进智能网联汽车封闭测试场地建设,鼓励开展高级别自动驾驶汽车研发测试。

(3) 扩大智能家居场景化应用

实施智能家居推广计划,组织智能家居终端接入和管理系统研发攻关,加大新一代智能影音图文信息设备、智能电视、智能音响、家庭服务机器人等新型消费类电子产品供给,制定智能家居行业标准和服务规范。鼓励企业建设智能家居服务平台,推广"产品＋服务"模式。推动传统商贸企业数字化转型,打造线上线下融合的消费载体,建设 5 家以上信息消费体验中心(馆),在核心商圈、总部 CBD 设立一批信息消费体验店。

3. 推动产业数字化转型

(1) 推进软件产业高质量发展

培育软件产业创新发展新动能,定期征集和发布关键核心软件技术攻关指南,重点发展核心基础软件、工业软件、新兴平台软件、信息安全软件等。建设重点软件企业培育库,分类分策培育骨干软件企业。鼓励软件企业与制造业企业深度融合,加快工业技术软件化发展,支持工业 APP 汇聚平台以及微服务资源池建设和推广,组织省内重点软件企业研发推广智慧交通、智慧医疗健康、智慧环保等智慧江苏建设重点领域应用软件。支持建设自主开源软件社区,鼓励使用开源平台进行软件开发,引导骨干企业部署基础性、前瞻性开源项目。支持软件开发云应用,鼓励建设软件工程化平台,推广应用首版次软件产品,推广使用软件价值度量规范。

(2) 加快发展互联网经济

大力发展互联网经济新动能,建立互联网龙头企业、独角兽企业、创新型初创企业"三位一体"的互联网企业培育体系。对具备构建生态能力的重点互联网企业建立"一企一库"制度,对首次入围中国互联网百强的企业给予一次性奖励。对认定为互联网平台经济"百千万"工程的重点企业给予一次性奖励,省级现代服务业发展专项资金对重点企业符合条件的项目给予优先扶持。支持增值电信企业发展,鼓励增值电信业务、互联网业务与各行业融合创新。

(3) 加快发展大数据和云计算

建立江苏省大数据重点企业库,推动政府部门数据及应用场景优先向入库企业定向开放。支持和鼓励大数据在工业、农业、警务、水利、审计、人防、应急管理、安全生产等重点行业应用,培育一批系统解决方案服务商,研发推广大数据优秀产品与服务。组织企业积极参与数据开发与应用大赛、"i 创杯"互联网创新创业大赛,对获奖项目给予奖励。对云服务提供商开展分级评估。

（4）积极布局人工智能和区块链

组织开展工业智能建模、工业机器视觉、病理细胞诊断、人工智能算法框架等关键核心技术攻关。面向制造业重点领域开发人工智能融合创新产品。鼓励龙头企业在人工智能重点领域牵头创建制造业创新中心、人工智能测评中心,培育一批人工智能领域省市级企业技术中心。打造人工智能公共服务平台,重点支持评价、检测、计算等专业技术服务平台建设。推动各设区市争创国家人工智能创新应用先导区。组织区块链应用示范项目评选,开展省级及以上优秀项目需求对接。

（5）深化工业互联网平台建设与应用

组织实施国家、省工业互联网创新工程重点项目 30 项,新培育省级工业互联网平台 50 家、工业互联网标杆工厂 50 家、"互联网＋先进制造业"基地 10 家。积极组织电子、机械、化工、纺织、冶金等重点产业集群骨干企业承担国家、省工业互联网技术攻关任务。瞄准产业升级和智能化发展,加强 13 个重点产业集群工业互联网平台、标杆工厂、优秀解决方案、特色基地的培育,将重点产业集群优秀标杆项目、新模式新业态项目、服务支撑体系项目,纳入工业互联网重点项目库。支持工业企业运用工业互联网平台的云化软件产品和服务,加快数字化转型。全年新增 3.5 万家核心业务上云企业,培育 3000 家左右星级上云企业,新增两化融合管理体系通过评定企业 400 家以上。

（6）推进智能制造示范应用

推进智能制造示范车间和示范工厂建设,新培育省级示范智能车间 200 家。组织省内外龙头骨干企业做好智能制造服务支撑,培育智能制造系统集成服务商,在重点行业加快智能制造系统解决方案推广应用。重点围绕人工智能、工业机器人、首台（套）重大装备等新技术新产品的推广应用,遴选 10 个示范引领作用强的省级智能工厂项目,对入选的智能制造示范工厂项目,纳入智能化改造项目库。

4. 加快提高国际化发展水平

坚持开放创新,把握"一带一路"等国家倡议实施机遇,统筹利用国内外创新要素和市场资源,加强技术、产业、人才、标准化等领域的国际交流与合作,以龙头企业为引领深度融入全球产业生态圈,提升国际化发展水平和层次。

（1）提升产业国际化发展能力

支持龙头企业等建立完善海外运营机构、研发中心和服务体系,建设境外合作园区,鼓励发展跨境电子商务、服务外包等外向型业务,加快软件和信息技术服务出口,打造国际品牌。依托双边、多边合作机制和平台,加强政企联动,以龙头企业为主体开展重大合作示范项目建设,支持企业联合,发挥产业链协同竞争优势,集群化"走出去"。加强原创技术引进渠道和机制建设,深化与技术原创能力强的国家和地区的产业合作,加快引进人才、技术、知识产权等优势创新资源,提高产业"引进来"的合作层次和利用水平。

（2）强化国际化服务支撑

鼓励地方从政策、资金、项目等方面加大对产业国际化发展的支持和推进力度。支持企业、科研机构等积极参与软件和信息技术服务领域国际规则制定和标准化工作,提升国际话语权。发挥行业协会、商会、产业联盟、开源联盟等中介组织的作用,为企业国际化发展提供市场化、社会化服务。充分发挥知识更新工程、海外人才培训等手段的作用,支持软件企业培养国际化人才和引进海外优秀人才。

5. 保障措施

(1) 加快重大项目建设

围绕 5G、工业互联网、大数据等重点领域,重点在智能化、绿色化、服务化改造以及软件产品研发、信息消费、工业互联网等项目库中培育遴选一批影响力大、带动性强的重点示范项目,给予支持。围绕新一代信息技术产业强链补链、创新应用、示范试点,开展项目储备。省工业和信息化厅牵头建立新型信息基础设施督促评估制度,适时组织开展对 5G 等新型信息基础设施建设情况的评估。

(2) 落实相关优惠政策

对符合国家财政部等四部委《关于软件和集成电路产业企业所得税优惠政策有关问题的通知》(财税〔2016〕49 号)相关条件的软件企业,享受企业所得税"两免三减半"优惠政策。对国家规划布局内的重点软件企业,当年未享受免税优惠的减按 10% 的税率征收企业所得税。软件企业人员薪酬和培训费用按实际发生额在企业所得税税前列支。制造业企业发生符合条件的信息化建设费用可享受研发费用加计扣除政策。对新型信息基础设施新增项目,放宽用地纳税条件。支持鼓励各设区市结合自身实际,发放"信息消费券""消费补贴"。

(3) 加大财政支持力度

省级工业和信息产业转型升级、战略性新兴产业、科技成果转化等专项资金对符合条件的 5G、工业互联网、大数据、人工智能等重点领域的重点项目给予优先支持。创新投资建设模式,坚持以市场投入为主,支持多元主体参与新型信息基础设施建设。充分发挥政府投资基金引导作用,带动社会资本集中投资 5G、工业互联网、数据中心、人工智能等新型信息基础设施建设项目、信息消费平台项目及相关产业化项目,重点支持芯片设计制造、新材料研发、专用设备制造等关键环节核心产品研发类企业、行业应用推广型企业的孵化和发展,推动"5G＋""智能＋"等企业科技创新、行业应用与新型信息基础设施协同发展。

参考文献

[1] 冯梅,王成静.我国各地区软件与信息技术服务业绩效评价研究[J].经济问题,2015(8):66-70.

[2] 江苏省统计局.2019 年江苏省国民经济和社会发展统计公报[EB/OL].江苏省统计局网站,2020 年.

[3] 江苏省政府.2019 年政府工作报告[EB/OL].江苏省政府网站,2019 年.

[4] 柳卸林.技术创新经济学的发展[J].数量经济技术经济研究,1993(4):67-76.

[5] 沈瑾秋.江苏省科技服务业发展现状及对策建议[J].江苏科技信息,2016(2):1-4.

[6] 赵伟,周智涛,火耀高.依托软件和信息技术服务业,助推大连经济转型升级[J].软件工程师,2014(2):29-30.

[7] Porat,M.U.C. *The Information Economy* [M].Washington,DC:Government Printing Office,1977.

[8] Richard Conroy. Technological Innovation in China's Recent Industrialization [J]. *The China Quarterly*,1984(97):39-44.

第二章 江苏服务外包业发展报告

当前,全球服务业和服务贸易在开放型世界经济中的地位及作用更加突出,全球开始步入服务经济时代。随着新一代信息技术的推广应用,全球制造业服务化、服务业外包化、外包数字化的趋势日益显著,服务外包产业再次迎来重大发展机遇,70多个国家和地区将承接离岸服务外包作为战略重点,抢占全球价值链中高端环节。顺应服务经济全球化趋势,我国作出大力发展服务贸易的战略部署,取得了积极成效。

党的十八大以来,我国服务外包产业发展取得了积极成效,对经济社会的贡献日益突出,已经成为重要的战略性新兴产业。服务外包不仅是服务业发展的"发动机"、服务贸易增长的"加速器",也是我国高学历数字化人才的"蓄水池",对推动中国经济高质量发展发挥了重要作用。

一、江苏服务外包业的发展现状

(一)发展现状

1. 产业规模持续扩大

2019年,江苏省服务外包业务合同额623.0亿美元,其中,离岸合同额293.8亿美元。服务外包业务执行额512.6亿美元,其中,离岸执行额242.6亿美元,约占全国1/4,连续11年居全国首位。统计显示,江苏省服务外包企业达14000多家,从业人员近200万人。

2. 产业结构进一步优化

2019年,江苏信息技术外包(ITO)、业务流程外包(BPO)和知识流程外包(KPO)离岸执行额分别为128.9亿美元、22.8亿美元和90.9亿美元,继续保持5:1:4的基本格局。2019年1—12月,江苏信息技术解决方案、云计算、医药和生物技术研发服务等知识密集型外包服务取得长足进步。以云计算、人工智能、区块链为代表的新一代信息技术数据服务离岸业务明显增长,达到1.2亿美元。生物医药研发、工程技术设计外包离岸执行额分别逾20亿美元、14亿美元,在基数较大的情况下实现两位数增长。新一代信息技术服务等知识密集型业务的增长展示了江苏省服务外包产业发展的潜能,并将为江苏省服务外包乃至其他领域的增长和发展带来新的机遇,提供不竭动力。

3. 城市集聚效应明显

江苏作为全国服务外包示范区和"一带一路"倡议的排头兵,产业基础扎实,政策体系完善,示范载体平台众多,拥有南京、无锡、苏州、南通、镇江五个国家级服务外包示范城市,占全国数量的五分之一;拥有徐州、常州、泰州、昆山、太仓、江阴六个省级服务外包示范城市和48个省级服务外包示范区。"一群两轴"(即服务外包示范城市集群、沿大运河外包产业拓展轴和沿海外包产业拓展轴)产业发展格局基本形成。依托这些示范载体,以软件及信息技术服务、生物医药研发、文化创意、工业设计、金融后台服务等为特色的服务外包产业集群集聚效应显现。根据 2019 年商务部等九部门联合印发的《中国服务外包示范城市综合评价办法》,南京在全国 31 个示范城市中排名第一。江苏省积极推进各示范城市、示范区走特色化、专业化、品牌化发展的道路,涌现出南京软件谷、无锡 PARK 园区等具有鲜明特色的品牌园区,吸引了法国凯捷,美国的微软、IBM,日本的NEC、富士通等一批国际知名企业汇聚江苏,投资兴业。

4. 企业实力明显提升

至 2019 年底,江苏服务外包企业由 2007 年的 1000 多家发展为 1.4 万多家。离岸外包执行额 5000 万美元以上的企业约 90 家,其中,1 亿美元以上的企业 30 多家。八家企业被连续评为"中国服务外包领军企业",累计近 50 家企业被评为"服务外包成长型百强企业",约 30 家外包企业实现主板上市。

专栏 1　南京服务外包综合评价排名全国第一

在 2019 年 9 月 19 日开幕的"2019 全球服务贸易大会"高峰论坛上,商务部研究院发布了《全球服务贸易发展指数报告 2019》。报告显示,南京服务贸易发展指数在国内仅次于"北上广深"四大一线城市,位居全国第五。而在商务部最新公布的全国服务外包示范城市综合评价结果中,南京在全国 31 个示范城市当中排名第一。

据介绍,根据商务部等 9 部门联合印发的《中国服务外包示范城市综合评价办法》,商务部委托第三方评价机构对全国 31 个服务外包示范城市和 11 个服务外包申请城市开展了综合评价。结果,南京以 64.07 分居于首位,深圳、广州以 62.18 分并列第二。

此次综合评价包括基础评价、专家评审和问卷调查三项内容。其中,基础评价包括产业发展情况、综合创新能力、公共服务水平、政策措施保障等方面,共涉及 4 个一级指标、18 个二级指标。其中南京在产业发展情况、政策措施保障两项一级指标位居第一。记者了解到,在上一年度的评价结果中,南京位列第五位,此次进步幅度很大,标志着城市首位度获得进一步提升。

而在《全球服务贸易发展指数报告 2019》中,南京同样取得好成绩。商务部研究院国际服务贸易研究所所长李俊介绍,《报告》利用 5 个一级指标、17 个二级指标,对全球 81 个经济体和国内 30 个省市以及 17 个典型城市、2 个国家级新区的服务贸易发展指数进行了分析。"总体来看,南京市服务贸易发展指数达到 46.28,在全部 19 个城市中排名靠前,仅次于'北上广深'四个一线城市。"

分指标来看,南京服务贸易发展均衡,实力雄厚。南京发展指数的五项一级指标得分均较高。其中,得益于较高的新兴服务贸易占比,南京贸易结构指数突出,得分 9.09,位居前三。产业基础指数和综合环境指数均位居前五,产业基础指数中各子指标发展均衡,没有短板。2019 年,江苏省自由贸易示范区南京片区获批,为南京打造高水平的营商环境奠定良好基础,服务贸易发展必将迈上新的台阶。

南京凭借自身资源优势和产业基础,将发展服务贸易、服务外包作为转变经济发展方式、推动全市经济转型升级的重要抓手。今年上半年,累计实现服务进出口 80 亿美元,增长 12.3%;实现服务外包执行额 90.3 亿美元,增长 10.2%,其中离岸外包执行额 34.6 亿美元,增长 11.8%。

---

5. 政策资金支持有力

江苏省专门出台支持服务外包发展的政策措施,每年安排省级专项引导资金,并积极争取国家级相应资金,至 2019 年底累计对 2000 多家次企业和培训机构给予支持,对外包产业发展发挥了重要作用。江苏是国家外包政策的试验田,技术先进型企业税收优惠、服务贸易创新发展试点等政策举措在江苏省先行先试,并得以推广。南京市主动对接服务贸易创新发展引导基金,江苏润和软件成为基金自设立以来直接战略入股的第一家 A 股上市企业和第一家大型软件企业。

6. 人才支撑坚实给力

江苏高度重视服务外包人才培训工作,形成了以高等院校为主体,政府、企业和社会多渠道培养服务外包人才的格局,年均培训外包人才规模近 10 万人。江苏拥有南京、苏州、无锡、昆山四个"中国服务外包人才培训中心"和 43 家省级外包人才培训基地和若干市级外包人才培训机构。微软、IBM、印度 NIIT、安博等国内外著名外包培训机构在江苏省布点并开展外包人才培训工作。我省商务、教育部门还积极推进省内高校计算机学院教学改革工作。多年来,江苏服务外包人才体系不断完善,形成企业、高校、培训机构多层次人才资源供应链,累计培训超过 200 万人次,培训期 3 个月以上的超过 100 万人次。2019 年,从业人员已达近 200 万人。积极组织外包企业申报省"双创"计划,吸引高端外包人才来江苏创业发展。

7. 市场开拓成效明显

近年来,江苏省、市各级部门组织数百场服务外包专题招商活动和境内外市场开拓活动。境外市场开拓方面,江苏省以软件外包、生物医药外包、动漫外包等为主题,在美国、日本、英国、法国等世界主要外包市场参加专业展会、举办推介活动。在"走出去"开拓市场、推介的同时,江苏省着眼打造江苏外包品牌。江苏省及南京、无锡、徐州等地分别举办各类服务外包合作大会、中国大学生服务外包创新创业大赛等活动,每届均邀请相关的国家部委、31 个中国服务外包示范城市、几十家世界 500 强跨国公司、上百家海外服务外包企业以及中国十大服务外包领军企业和百强成长型企业,举办主题论坛、政策发布、学术研讨、企业对接、展览展示、设计竞赛等多项活动。这些外包专业大会已成为展示国内外外包产业发展成果、加强内外信息交流和政策研讨、实施产业对接和企业合作的重要平台,也是展示江苏外包实力,吸引全球目光的重要窗口。

专栏 2　让国际服务外包产业烙上"徐州品牌"

2018 年 6 月 20 日至 21 日,以"中心城市,外包引航"为主题的第二届中国(徐州)国际服务外包合作大会,如约而至。市委书记周铁根在开幕式上说,打造淮海经济区服务外包中心、争创国家服务外包示范城市,是徐州坚定不移的发展目标。

正是这种坚定的决心,让国内外知名的服务外包企业和专家把目光聚焦徐州。记者注意到,此次参会的知名企业多、平台机构多、项目合作多、参会嘉宾层次高。其中,国际 ICT10 强企业中有 6 家企业参会,国内服务外包 10 大领军企业中有 6 家参会。

一、大咖云集献计徐州,服务外包产业的"徐州速度"备受关注

徐州市成功举办了首届中国(徐州)国际服务外包合作大会,搭建了合作交流、创新发展的优质平台,取得了丰硕的对接洽谈成果。经过一年的发展,2017 年全市服务外包合同额和执行额分别突破 21.8 亿美元和 15.6 亿美元,增速均达三倍以上,外包企业数超过 1300 家,从业人员 5 万多人,集聚了华为、软通动力、华道数据、IBM、甲骨文、SAP、印孚瑟斯等一批国内外知名企业,形成了信息技术、物联网、数据处理、电子商务、呼叫中心等特色优势业态,创造了服务外包产业发展的"徐州速度"。

"徐州速度"也受到了业内企业和专家的高度关注。信永中和集团合伙人王晓良说,徐州具备一定产业优势,特别是在工程机械、新材料、新能源等方面的产业优势,是徐州发展服务外包产业的重要基础。因为服务外包并不仅仅是一个计算机或者人力资源的外包,它需要很多的行业知识和行业经验,这些是徐州所具备的。

"从未来全球发展来看,技术的迭代更新是一个不可阻挡的潮流。"微软(中国)有限公司首席技术官韦青说,我们用外包的方式把徐州的人才、成本、交通区位等优势,提供给全国乃至全世界的企业,这是徐州经济发展的一个亮点。

让服务外包产业成为徐州新的经济增长点,但在经济全球化背景下,面对国际贸易壁垒和行业竞争,徐州该如何精准发力,打造服务国际外包行业的"徐州品牌"? 在此次会议期间,不少专家和企业家纷纷为徐州出点子、想办法。

加拿大服务外包研究教育中心总监哈特马西表示,打造服务外包产业的品牌,要在做好质量和成本管理的同时,及时了解国际服务外包行业的发展和变化趋势,通过掌握更多的行业资讯,才能成为服务贸易和服务外包的领头羊。

二、34 个项目集中签约

本届国际服务外包合作大会期间,各地洽谈成功 47 个项目,其中,34 个具有代表性的项目现场集中签约,总投资额 23.3 亿元人民币。还有来自美国、加拿大、俄罗斯、新加坡等十多个国家的 23 个发包项目将与我市企业一一对接,发包项目金额超 5 亿美元。

市发改委相关负责人介绍说,从签约项目看,龙头型、基地型项目带动性强。徐州市加强业务服务平台、技术支持平台、实验共享平台的建设和现有平台的功能整合,引进培育外包龙头企业、做大产业规模,集聚了华为、软通动力、IBM 等国内外知名企业项目。为进一步整合和优化配置资源,我市加快实施服务外包品牌战略,鼓励各地加快服务外包基地建设和招引龙头型服务外包企业入驻,此次签约龙头型、基地型项目 28 个,投资额 21.3 亿元,占总项目 80% 以上,如加拿大外包研究与教育中心与云龙区合作建设的中加服务创新中心、泉山区华录淮海经济区运营基地、中国软件与技术服务股份有限公司在邳州市投资开发的"互联网+政务智慧云"系统等项目。

作为省服务外包示范城市,徐州充分挖掘市场潜力、拓展市场空间,形成了信息技术、物联网、数据处理、电子商务、呼叫产业等特色产业群。为进一步优化服务外包产业结构,各地在推动知识流程外包产业新突破的同时,结合发展实际,重点瞄准业务流程和信息技术外包龙头企业开展有针对性的项目洽谈。

据介绍,本次大会较第一届大会在信息技术和知识流程外包实现新突破,除了以铜山区英格玛淮海经济区人力资源运营中心、睢宁县殷德服务外包中心项目等为代表的总投资 19.98 亿元的 29 个业务流程和信息技术项目签约外,以总投资 2.2 亿元的徐州高新区综合性材料实验室检测产业基地为代表的技术承载度高、资源消耗低的知识流程外包项目签约将补足徐州市服务外包发展短板,加快形成我市服务外包发展新的增长点。

徐州市还积极引导全市各地按照"333"现代服务业发展体系,强化规划引导,制定差异化的服务外包产业发展战略,主城区利用楼宇资源多、配套服务全、人才资源丰富等特点,加快项目对接洽谈,已经形成一批有特色、差异化发展的服务外包产业集群。同时,较第一届大会,丰县、睢宁县、贾汪区等地载体集聚作用初显,项目数量实现突破。本次大会主城区共签约包含服务外包企业招引、接包企业对接在内的项目20个,如徐州经济技术开发区金融结算总部、鼓楼区跨境电商及外贸综合服务平台、泉山区海外数字营销推广平台等项目。

从去年的首届,到今年的第二届,中国(徐州)国际服务外包合作大会已经引起全球关注,正在成为全球服务外包合作交流的重要平台。

中国贸促会副会长尹宗华说,中国贸促会是中国最大的贸易投资促进机构,也是国务院服务贸易发展部际联席会议的承办单位,服务外经贸大局、服务地方经济发展、服务行业企业是我们的职责。下一步中国贸促会将与江苏省、徐州市一道,共同把大会办好、办下去、办出成果,共同把它打造成创新发展的高地、交流合作的平台、双向开放的桥梁。

徐州作为国家现代服务业综合改革试点城市,发展服务外包产业具有独特的优势和广阔的前景。举办这样的大会,对于旨在促进产业转型、推动高质量发展的徐州来说,是一次难得的机遇。

大会合作项目签约活动上,中国—加拿大服务创新合作中心正式揭牌,这对于挂动徐州乃至江苏省企业服务外包业务,加强中加合作交流将发挥积极作用。加拿大服务外包研究教育中心总监哈特马西表示,希望我们的特长能够帮助中国的企业更好地在外包服务这一行业不断成长、成熟,希望在徐州的创新服务能够为徐州企业带去更多的实惠,促进徐州的产业转型。

(二)发展趋势

服务外包是一种新的现代服务业形态,主要是基于现代电子信息技术实现的,具有技术含量及附加值高、吸纳就业能力高、能耗低、污染少等特点。同时,因其与互联网技术紧密结合,使之具有可迁移性和交互性分离的特点。此外,服务外包具有轻资产特性,高度电子化和数据化的业态受时间和空间的限制较小,有利于企业资源的优化配置,降低企业运营成本,提高企业核心竞争力。

1. 业务领域日趋多元并高端化

尽管当前在全球范围内,ITO业务规模占据着约2/3的份额,但BPO(业务流程外包)和KPO(知识流程外包)成长较快,2012年全球BPO业务估计已达到9750亿美元。服务外包中的科技含量越来越高,医疗、电信、人力资源、政务等新领域的服务外包进入快速发展阶段。

2. 服务外包模式创新不断

随着产品内分工的日益精细化,发包方的要求也越来越高,单纯的离岸外包模式正逐渐被在岸、近岸和离岸的混合模式、多层模式以及最佳地交付策略所取代。特别是云计算技术的引入,对传统服务外包模式产生了重大影响。基于云平台的"云外包"模式把人、知识、基础硬件等服务资源集成于一体,可根据用户需要提供源源不断的人力、智力和硬件设施等服务,开始成为服务外包的主流。

3. 接包方竞争日趋激烈

近年来,承接服务外包的发展中国家数量激增,拉美、亚太地区国家已成为主要承接方。同时,一些发展中国家的服务外包业有了长足进步。我国正在逐渐失去原有的成本优势,面临新加入的更低成本承接地的有力挑战。因此,发挥资源禀赋优势,实现差异化竞争将成为未来竞争的主要方式。

4. 发包方主体日渐多元化

当前,美日欧仍是服务外包市场的主要发包方,约占了全球市场的 90%,但是这种产业格局随着新兴国家的兴起正在改变,呈现多极化发展趋势。另外,受经济复苏影响美国的服务需求重新开始启动,而主权债务危机则使得欧洲地区这两年的服务支出在全球所占比重明显下降。

(三)发展环境

党的十九大报告提出,培育贸易新业态新模式,加快培育国际经济合作和竞争新优势,推动形成全面开放新格局。发展服务外包产业符合新发展理念要求,是把握新工业革命机遇,抢占全球价值链高端,加快新旧动能转换的重要路径,对加快经济结构转型升级,培育国际竞争新优势意义重大。

1. 国际方面

和平发展与合作共赢依然是时代主题和发展大势,全球生产要素流动日益自由,跨境产业链、价值链、供应链加速整合,服务外包配置全球资源的意义达到前所未有的高度。全球服务外包市场平缓增长态势不变,但贸易保护主义、逆全球化思潮抬头,经济发展不确定性加大,区域地缘政治不稳、接包国之间竞争加剧等因素对全球服务外包影响加大,参与国际外包市场竞争难度增大。

2. 国内方面

随着信息技术与数字技术的深入变革,新一代信息技术和大数据等新技术、新业态、新模式不断涌现,检验检测与认证、国际维修与维护服务、平台服务、工程技术服务、服务型制造等生产性服务外包业务近年来获得较快发展,制造业服务化、制造服务一体化的趋势愈发明显,助推江苏省服务外包产业转型升级迈向高端化的步伐不断加快。

我国经济发展基本面长期向好,综合国力持续增强,为服务外包产业发展提供了支撑。"一带一路"倡议、长江经济带战略的推进,带来了更多的市场机遇。国家鼓励服务贸易、服务外包发展的一系列政策和供给侧结构性改革举措的实施,为服务外包产业发展增加持续动力。两化深度融合、制造业服务化、城市智慧化等为服务外包提供了广阔的创新发展空间。

3. 省内方面

江苏省十三次党代会明确了"两聚一高"发展主题,实现经济的转型升级更加迫切。战略性新兴产业、高端制造业和生产性服务业的发展必将为服务外包产业发展提供有力支撑。苏州、南京江北新区作为国家服务贸易创新试点,必将促进江苏服务外包产业新发展。

未来,江苏省将围绕推进贸易高质量发展总体要求,抢抓数字经济发展机遇,突出抓好数字化转型,着力推动重点外包领域发展、努力构建多元化市场格局,加大示范载体和平台建设,加强企业和人才培育工作,充分发挥服务外包在实施创新驱动和培育贸易新业态新模式中的重要促进作用,加快服务外包向高技术、高附加值、高品质、高效益转型升级,在促进"两业融合""两化融合"以及提升"江苏服务"和"江苏制造"品牌影响力、国际竞争力方面发挥积极作用。

二、江苏服务外包业的问题分析

(一)服务外包规模不断扩大,但发展速度逐渐放缓

从 2007 年开始起步,得益于国内经济发展的利好环境,在国家和省级政策的大力支持下,这些

年来,江苏省的服务外包行业的发展趋势十分迅猛,在全国范围内处于领先地位。2008 年全球金融危机爆发后,江苏省服务外包行业依旧维持着高速发展的利好态势,且 2008 年江苏省全年服务外包合同额首次突破了 10 亿美元,达到 24.42 亿美元。之后的 2009 年、2010 年服务外包合同额同比增长率均维持在 30% 以上。到 2018 年为止,江苏省全年服务外包合同额已达到 450 亿美元。

虽然规模和领域都在持续扩大,但近几年省内服务外包业的发展速度有所放缓。以服务外包离岸执行额为例,2007 年为 2.6 亿美元,此后快速增长,2018 年已达 221.5 亿美元,从 2007 年到 2018 年,江苏服务外包实现了突破式增长,外包的规模不断扩大,这也说明江苏服务外包能力有了大幅的提升。近几年,虽然省内服务外包的规模仍呈现逐年增长的基本态势,但增速在持续下降。在 2013 年之前,江苏省服务外包增速始终保持在 30% 以上,而从 2014 年开始,江苏省服务外包业的发展增速一直处于 30% 以下且呈现继续下降的基本态势。究其原因,一方面,由于江苏省服务外包规模不断扩大,使得服务外包离岸执行额的基数也在不断扩大,服务外包增长的剩余空间相对缩小,进而导致增速相对下降;另一方面,也与世界整体经济疲软、政局动荡的现状有关,当前经济仍处复苏阶段,再加上欧债危机、英国脱欧、美国发起贸易战等因素使得世界发展的前景并不明朗,发达国家出于国内经济发展、促进就业等考虑,发包与以往相比并不积极。同时,来自国内其他地区的强有力的服务外包竞争者,以及其他发展中国家接包的低成本优势也不同程度上分割了国际外包市场的份额。综上,在这些因素的共同作用下,江苏省服务外包的增速逐渐下滑。

(二)外包结构不断优化,但业务主要集中在中低端

近些年江苏省服务外包不仅在总量上取得了快速发展,同时服务外包业务的质量水平也在逐步稳定提升,承接服务外包的业务结构不断优化,信息技术外包(ITO)、知识流程外包(KPO)、商业流程外包(BPO)的离岸合同执行额一直维持着稳定上升的状况,ITO、BPO 发展状况良好。以 BPO 为例,2013 年 BPO 离岸执行额占全国离岸服务外包总额的 14.0%,到 2018 年全国占比上升至 36.5%。而江苏省作为全国服务外包发展较快的一个省份,其发展结构、发展速度紧紧跟随着国家的脚步,也更加注重知识流程外包和商业流程外包这类高附加值的服务外包模式的开发与发展。以知识流程外包为例,2016 年、2017 年、2018 年的全省知识流程外包额分别占省内服务外包总额的 30.6%、38.1%、40.4%,说明江苏省外包产业的结构总体呈现不断优化的良好态势。

目前,服务外包业务主要分为 ITO、BPO、KPO 三类,相比较来看,KPO 业务的技术要求和附加值含量最高,BPO 业务次之,ITO 业务在三类中最低。在服务外包领域,中低端业务竞争最为激烈,主要依靠是低劳动力成本优势取胜。就江苏省服务外包产业结构来看,依旧以中低端产业为主。虽然商业流程外包(BPO)和知识流程外包(KPO)近几年也在维持着快速发展的趋势,但在服务外包总量中的占比依旧过低,信息技术外包(ITO)依旧占据着主要地位。从近几年的数据来看,两者相加的数量额依旧没有超过信息技术外包的数额。虽然江苏省开始慢慢从中低端外包向高端服务外包转型,但就服务外包业这类知识密集型产业的需求来看,江苏省服务外包业整体的创新能力和知识技术水平还是有所欠缺的,而这些局限性因素往往也会影响省内 BPO 和 KPO 的发展,这也是 BPO 和 KPO 占比过低的主要原因之一。但随着江苏省服务业技术水平的进一步提升和创新优势的不断突显,江苏省服务外包的发展会更加趋向高技术知识密集型的中高端业务。

（三）外包产业集聚在苏南地区，区域发展十分不均衡

江苏省服务外包业常年位于全国前三的区间内，具有领头军的作用。迄今为止，江苏省已经拥有五个国家级别的服务外包示范城市，分别为南京、苏州、无锡、南通、镇江。五个示范城市以南京、苏州为首，带动全省服务外包业发展，形成产业集聚。南京和苏州的各项指标一直名列前茅。2016年的全球服务外包大会上，南京市与北京市并驾齐驱，被评为服务外包行业最具影响力城市。2018年，南京以 60.67 亿美元的服务外包离岸执行额位列全国之首。但江苏省服务外包行业存在着较为明显的区域发展不平衡。从苏南到苏中、苏北，全省服务外包业水平呈现逐渐下降的显著趋势。苏南地区服务外包业发展十分迅速，苏南五市中的南京、苏州、无锡、镇江就占据了江苏省五个国家级服务外包城市中的四个名额。其中，南京市服务外包总额常年位居全国首位，苏州市也紧随其后，全国排名一直稳居前四。仅剩的另一外包示范城市南通位于苏中，而苏中也只有南通的服务外包业处于较好状态，其余城市的服务外包发展仍处于较低水平。而就苏北的服务外包业整体发展来看，远远低于苏南地区，据统计，苏北的服务外包接包金额只占据了全省服务外包接总量的 5% 左右。

（四）外包业务市场国过于集中，"一带一路"市场开拓仍不足

随着国家"一带一路"相关政策的不断推进，为我国发展服务外包进一步拓宽了市场。2018年，江苏承接"一带一路"沿线国家和地区的离岸业务执行额达 33.5 亿美元，占全省离岸业务执行额比重达 15.6%，取得了突破式的成绩，

"一带一路"沿线国家和地区外包业务市场的开拓为江苏省服务外包市场多元化发展奠定了良好的基础。但是，长期以来，江苏省离岸外包业务的发包国以欧美国家为主，2018年，来自美国、欧洲、中国香港、中国台湾、韩国和日本的离岸业务额占比达 79%，由此可见，江苏服务外包的发包国家过于集中，因而省内外包业务发展就容易受这些国家政治经济环境变化的影响，这也是近几年江苏省服务外包业务增长速度有所下滑的重要原因之一。因此，江苏不仅仅要努力维护已有的主要欧美外包市场，还要进一步加大对"一带一路"国家服务外包市场的开拓，努力形成服务外包行业多元化市场的发展格局。

（五）缺乏承接国际服务外包的高素质专业人才

服务外包业作为知识密集型产业，对劳动力的教育水平、知识和创新等方面有着较高要求，高素质的人才投入对整个产业的发展起着积极的促进作用，而服务业、服务外包业的快速发展同时也有效促进了劳动力水平的提升，两者之间是相辅相成的关系。

江苏省作为全国知名的教育大省，拥有较多的高等院校，从理论上来看，理应具有比较充足的高质量人才储备。但是事实上，江苏服务外包行业的人才结构不尽完善，比例失调，尤其是擅长外语和具备实践操作能力的复合型人才严重缺乏。大部分从业人员由于知识能力限制，只适合从事中低层次的非核心软件外包业务，导致服务外包的整体水平较为低下。

（六）承接服务外包的企业实力有限

目前，江苏省服务外包相关企业的国际化水平较低，全球化的运营能力较弱，承接离岸外包的

能力较低,国际市场开拓困难,相关设备也不够完备。本土实力不强的服务外包企业一般难以走出国门,需要积极依托部分企业对世界各国和地区的直接投资,借助其资源网络,通过承接跨国公司业务,同时掌握国际市场信息,汲取更多国际服务外包的承接经验以增强竞争力。

综合来看,要提高江苏服务外包产业的国际竞争力需要接包企业在参与国际服务外包业务竞争时做到有效借助省内资源建立接包企业、高校和科研院所的发展联盟,实现大学与科研机构的创新研发资源和企业的经营管理资源的优势互补以及研发链和产业链的有机结合,还需要接包企业运用知识产权规则保护属于自己的知识产权,建立企业自主创新发展体系。

（七）承接国际服务外包的企业融资困难

事实上,江苏省各地区的服务外包产业整体还处于全球价值链比较低端的不利位置,跨行业整合水平还不够,企业的优势和竞争力相对有限。而企业对于高附加值环节的开拓升级以及行业合作共赢需要通过加大资金投入来进行进一步的探索发展。江苏的服务外包企业绝大多数是中小型企业,资产规模较小、运营管理制度存在缺陷、社会诚信体系建设相对滞后以及缺乏资产和其他实物抵押品等原因,行业内较为普遍地存在着"融资难、融资贵"的问题。如何通过金融手段创新和政府财政支持促进江苏服务外包企业的融资信息与金融机构提供的金融服务间进行快速的对接,加大金融支持服务外包产业发展的力度、构建更加完善有效的服务外包产业投融资体系,已经成为江苏省发展壮大服务外包产业,推动服务外包产业升级优化的重要问题。

（八）知识产权保护环境仍不理想

服务外包产业的发展与知识产权保护力度密切相关,知识产权保护力度虽然与过去相比提升不少,但社会上仍旧存在着很多侵占他人创意成果的剽窃行为,与发达国家相比知识产权保护的环境不甚理想。由于离岸外包是全球化的竞争,竞争的主体参与者虽然是企业,但国家的整体竞争力至关重要,很多发包商往往是先考虑目的地国家,再考虑目标企业。对于知识产权保护的相对疏忽无疑在某种程度上影响服务外包企业在国际市场上的形象和接包合同额,从而制约了服务外包产业的发展。

三、江苏服务外包业发展的对策与建议

（一）发展重点

1. 进一步优化产业结构

积极推进服务外包产业供给侧结构性改革,重点面向江苏服务外包优势领域、高端领域和新兴领域,着力发展高技术、高附加值的综合性服务外包业务,向产业价值链高端延伸。鼓励服务外包与垂直行业深度融合,创新发展,提升信息化智能化水平。以产业转型升级和市场需求为导向,继续巩固软件研发及开发服务、云计算服务、集成电路和电子电路设计服务等信息技术外包;着力拓展供应链管理服务、各类专业平台服务等业务流程外包;积极发展医药和生物技术研发服务、大数据分析服务、工业设计服务、管理咨询服务等知识流程外包;大力推进信息技术解决方案服务、文化

创意服务、金融服务等综合性服务外包。

2. 积极推进离岸市场多元化

进一步扩大国际交流与合作,积极拓展"一带一路"沿线市场,面向土耳其、伊朗、埃及、南非等中西亚和非洲地区积极开展跟随服务。继续加强与欧美、日本等发达国家和地区的业务合作,向更多领域拓展、向更高水平攀升。大力开发印度、俄罗斯、巴西等新兴市场。利用语言文化同源相近优势,深化与韩国、新加坡、中国台湾等国家和地区合作,面向金融服务业、电信业、制造业等领域开展信息技术外包和业务流程外包,提升高端业务比重。鼓励企业设立境外交付中心、研发中心以及境外收购和兼并重组,建立完善的国际营销网络。

3. 推动示范区特色化发展

加强对示范区特色发展的规划引领,将省级服务外包示范区建设作为"一群两轴"建设的核心内容之一加力推进。根据各地产业特色,依托各地的软件园、生物医药园、文化创意园等产业集聚区,在原有省级服务外包示范区的基础上,建设 50 个左右专业特色明显、规模效益突出、引导带动作用显著的省级服务外包示范区。各示范区要积极引入各类创新要素,加大科技创新投入,探索创新资源整合的方式和模式,搭建服务于特色产业的创新网络,推进示范区在技术、管理和商业模式等领域创新项目,围绕服务外包优势产业加强企业品牌、产业品牌和区域品牌建设,切实增强创新能力和国际竞争能力。

4. 培育壮大市场主体

鼓励企业向高端化、规模化、特色化发展,推动企业提升研发创新水平,加强商业模式和管理模式创新,积极培育品牌企业,持续提升市场竞争力。每年支持 10 家左右创新能力强、集成服务水平高、产业带动作用突出、具有国际竞争力的服务外包龙头型企业,通过技术创新和模式创新开展高附加值业务,通过并购重组、上市融资等方式优化资源配置,实现规模化、高端化发展;支持就业吸纳能力强、技术含量高、专业水平高的骨干型企业,在垂直行业或专业领域形成优势,实现创新发展;支持 100 家左右"专、精、特、新"的创新型服务外包企业,鼓励企业通过众创、众包、众筹等模式开展业务,成为全省服务外包产业稳定发展的生力军。

5. 加强中高级人才培养

完善中高端人才引进和培育政策,大力培养技术能力和垂直领域管理经验兼备的中高级复合型人才。加大"千人计划"等高层次人才、领军型和创业型人才的引进力度,鼓励企业建立中高级人才的引进和留用机制。引进高层次人才,引导相关高校、培训机构开展"定制化人才培养",对接服务外包行业标准,修(制)定相关专业教学质量标准,优化课程设置。鼓励高校和培训机构加强与区域内服务外包骨干企业、产业化基地和地方政府等方面的合作,建立长效合作育人机制。支持训机构开展大学生岗前培训,开展具有国际认可资质的服务外包中高端人才培训。鼓励高校或研究机构开展服务外包人才标准的研究,促进服务外包人才质量持续提升。

6. 提升公共平台效能

加强服务外包公共平台的认定工作,重点建设技术、信息、培训、电子商务、创业、投融资六类公共平台,在服务外包市场开拓、人才服务、金融服务、知识产权保护等方面提升服务水平。大力提升南京"中国国际服务外包合作大会"、苏州"中国战略共享服务与外包峰会"、无锡"中国大学生服务外包创新创业大赛""常州国际动漫节""中国(徐州)国际服务外包合作大会"等服务外包平台的影响力,将其打造成为国际合作、产业对接、行业趋势发布、人才交流、创新创业与投融资等共享平台。

（二）对策建议

1. 加强服务外包人才培养，引进优秀专业人才

由于服务外包行业发展的国际性、多样性和快速性，服务外包行业对人才在技能和素质等方面的要求也越来越高，服务外包人才的培养和积累对于促进服务外包发展，推动服务业结构升级起着重要的作用。虽然江苏省一直致力于对于人才培养的投入，不断增添相关的培训机构单位和聘用相关的专业人才教学，但是当前江苏省服务外包行业的人才结构不尽合理，尤其是中高端从业人才和复合型人才相对匮乏。服务外包人才的培养方式一直是需要不断改进的。学校或机构可以提供相关的社会实践项目，理论与实践的结合式教育模式比传统的教育模式更贴合现代企业的真正需求，尤其是对于高端的服务外包人才。

对此，政府应当鼓励社会各界积极开展各式各样的服务外包专业人才培训活动。江苏省作为文化名省，高等院校众多，其中不乏教学质量较高的知名高校，优秀人才储备较为丰富，但是缺少服务外包行业所亟需的复合型优秀人才。因此，江苏省政府和相关教育部门应当加大对服务外包人员教育培训的支持力度。其中，各大高校也应当为相关专业的在校大学生提供服务外包有关的培训交流，支持高校以人才需求为导向，调整和优化服务外包专业教学和人才结构，依照服务外包人才相关标准有的放矢地组织实施相应的教学活动，进行课程体系设置改革试点，鼓励高校和企业创新合作模式，积极开展互动式人才培养，共建实践教育基地，加强高校教师与企业资深工程师的双向交流，形成江苏省服务外包人才定制化培养"升级版"。在社会上，政府要支持省内的服务外包培训机构开展大学生岗前培训，鼓励省内服务外包培训机构积极开展具有国际认可资质的服务外包中高端人才培训，从而能够让更多的有志于从事服务外包行业的社会群体了解和掌握服务外包行业的专业知识技能，为江苏省服务外包行业的发展贡献智慧和力量。此外，江苏省政府有关部门应该制定出具有足够吸引力的优秀人才引进政策，加大服务外包行业的宣传力度，加速引进其他地区高质量的高端服务外包人才和来自其他国家具有国际服务外包从业经验的人才，吸引鼓励海外留学人员回国从事服务外包产业相关工作。

2. 解决企业融资问题，加快服务外包企业发展步伐

从全省来看，接包企业的固定资产比重小，可供抵押和担保的资产少，但接包的前期研发费用较大，资金回收期较长，企业资金压力大、融资需求强。而商业银行风险投资体系的不完善以及缺乏对服务外包企业的了解，使得企业在融资方面存在许多障碍，加之风险投资机制不健全，企业融资渠道狭窄，制约企业发展。为了促进服务外包产业的健康迅速发展，江苏省政府不断加大财政扶持力度，改善财政资金政策结构，提高资金使用的效率，从实质上加速产业发展壮大，改善江苏省服务业指引资金支出结构，促进相关企业大力开展国际服务外包业务的研究、人才培训、公共服务、资格认证等。提高财政资金的运营效率，通过发展全球服务外包产业将本省的基础服务外包指引到正确的发展道路上来，促便服务外包不断扩大。

此外，政府应当为具有发展潜力的中小型服务外包企业提供相应的信用担保，加强基金建设，鼓励优质的服务外包企业发展，对于发展迅速的服务外包企业给予一定的政策支持和资金奖励。在调控方面，政府可以健全税务政策，发挥税收的杠杠作用，对于跨国企业、中小型企业适当减免税务,以此来提升江苏省服务外包业的吸引力。针对服务外包行业中的成熟企业数量偏少的问题,政府应该努力发挥政策和政府投资型基金的作用。

3. 发挥产业集聚效应和学习效应,促进区域产业平衡发展

江苏省以南京和苏州的服务外包园区作为中心,形成了服务外包行业的产业集聚。南京和苏州的工业园区发展速度较快,因而,所处的产业链位置也较为高端,知识产权保护等法律意识也较为强烈。就江苏区域发展不平衡的现状来看,相关管理部门可以借助苏南产业链的力量,发挥产业集聚效应,通过园区合作来实现园区间的二包、三包,这样既能带动苏中、苏北落后园区的发展,也使得较为先进的园区能够专注于高端外包业务。另外,政府方面也可以出台相关的帮扶政策,加强园区间的交流与学习,让先进的园区有对象、有目的地来帮助落后地区的园区建设,让落后园区学习先进园区有关管理、生产、法律等方面的模式,以此来解决苏北、苏中服务外包园区落后的问题,推动区域平衡发展。

与此同时,不同区域的服务外包企业应充分发挥各自的比较优势,积极开展服务外包业务,把江苏建成我国乃至世界发展服务外包的重要承接地。首先,江苏应认真总结苏州、无锡、南京服务外包发展的经验,尽快向其他城市进行试点推广。其次,重点鼓励苏中、苏北地区积极举办各种形式的专题招商活动,宣传投资环境,提高知名度。可以学习无锡的招商经验,在班加罗尔、孟买、东京设立商务代表处,宣传无锡的投资环境和优惠政策。最后,各地采取差别化策略。江苏各个城市在发展服务外包的时候应采取差异化、专业化的发展道路,发挥区域优势,形成特色鲜明的产业,整合载体及服务资源,推动各区域服务外包协调健康发展。

4. 加强科技研发投入,充分利用技术溢出效应

为提高江苏省服务外包行业的发展水平,政府需要完善相关政策,鼓励服务外包企业进行自主创新。政府鼓励与推动服务外包企业通过自主创新从"中国制造"到"中国创造"转变。政府可以通过设立消化吸收专项基金等方式推动企业做好引进与消化、吸收、创新、再出口工作,鼓励和支持服务外包企业依靠自主创新实现转型升级,建立对自主创新企业的金融扶持政策,建立税收优惠政策,鼓励有能力的企业积极上市获得创新资本,还应当建立多重融资渠道,保障研发项目有持续的资金投入,通过资本市场的进入为自主创新能力提供必要的财力支持。

作为服务外包的发包方,相对于接包方来说,具有较为先进的管理经验和技术水平,通过加大与发包方的关联度,可以更有效地促进发包方的技术溢出,从而更加有利于服务业技术进步,推动服务业结构升级。对此,服务外包的接包企业应当与发包企业建立长期信任的合作机制,要努力做到保质保量地完成所承接的服务外包业务。这意味着,不仅要加强承包企业和发包企业在原材料采购等方面的后向关联度,更应当加强在技术和创新方面的前向关联度,如技术研发和创新等。此外,江苏省政府应实施相应的积极政策措施来吸引跨国公司研发中心的进驻江苏,从根本上提高江苏服务外包行业整体的技术水平,促进省内服务业结构优化升级。

5. 加大知识产权的保护力度,打造江苏服务外包品牌

国际服务外包是知识密集型行业,不尊重知识产权就没有服务外包,跨国公司在考虑外包服务时,对承接地的知识产权保护状况十分看重,因此,一定要重视知识产权和信息安全保护工作,努力营造有利于服务外包企业健康发展的优良环境。虽然近年来江苏知识产权保护工作取得了很大成效,但仍需要进一步完善相关工作,切实保护服务外包过程中涉及的知识产权,解除国际发包商的

后顾之忧,促进江苏国际服务外包产业的快速发展。

为此,首先,要增强全民知识产权保护意识,尤其是要加强对员工的知识产权保护和保密的教育,在全省营造诚信为本的良好氛围。其次,完善知识产权保护法规体系。各地应该积极宣传《专利法》《著作权法》《商标法》《省软件产业发展促进条例》等法律法规,学习昆山制定《昆山市软件服务外包知识产权保护的若干意见》,指导服务外包企业建立完善的知识产权管理与保密制度,鼓励企业申请知识产权,帮助企业规避知识产权风险。最后,加大对侵权行为的打击力度。加强知识产权保护工作,建立知识产权举报投诉服务点,受理服务外包知识产权侵权的举报没诉,依法规范市场经营秩序,打击各类侵犯知识产权的违法行为,为服务外包企业创造良好的经营环境。

参考文献

[1] 江苏省统计局.江苏统计年鉴 2018[EB/OL].江苏省统计局网站,2018.

[2] 江苏省统计局.2018 年江苏省国民经济和社会发展统计公报[EB/OL].江苏省统计局网站,2019.

[3] 武红阵.江苏服务外包产业转型升级策略研究[J].唯实(现代管理),2018(6):17-21.

[4] 狄昌娅,徐颖.江苏省服务外包竞争力与影响因素研究[J].市场周刊,2018(64):64-58.

[5] 黄鹤.中国承接离岸服务外包影响因素研究[J].改革与战略,2017(2):147-150.

[6] 戴军,韩振.新常态下承接一带一路国际服务外包的竞争力研究——基于八大经济区域面板数据的分析[J].技术经济与管理研究,2016(2):104-109.

[7] 朱福林,夏杰长,王晓红.中国离岸服务外包国家竞争力及促进效应实证研究[J].商业研究,2015(1):78-84.

[8] 赵进,史成日.江苏省服务外包产业发展的现状路径探讨[J].对外经贸实务,2013(12):82-84.

第三章　江苏旅游业发展报告

一、江苏旅游业的发展现状

（一）江苏旅游业发展机遇

1. 国家和地方政府的政策支持

江苏旅游业的发展始终被放在一种战略的高度来加以认识，各级政府把旅游业作为重要产业加以培育。近年来，国家及江苏省相关部门先后通过制定法律法规、出台系列产业政策、使用相关行政手段来优化旅游产业融合发展的制度环境，对相关产业进行扶持，鼓励旅游产业与其他产业加快融合发展。2019 年 4 月 8 日，发改委就《产业结构调整指导目录（2019 年版，征求意见稿）》进行了修订，对旅游业的鼓励类共列举了 4 项，包括了各类户外活动用品开发与营销服务，旅游装备设备、旅游资源综合开发服务、旅游基础设施建设及旅游信息服务和旅游商品、旅游纪念品开发及营销。这些对经济社会发展有重要促进作用，有利于满足人民美好生活需要和推动其高质量的发展。结合江苏旅游产业发展的实际情况，江苏各地先后出台了各项政策，促进江苏旅游产业转型升级、提质增效。江苏省所处的江浙沪旅游区是全国战略性旅游空间格局的四个核心之一，得到多方面的扶持。旅游业关联度大、开放性高，一直以来受到江苏省各级政府的重视，将其作为支柱产业来协调带动苏南、苏中、苏北地区的整体发展，在地区内部有着重要的战略地位。政策支持能够很大程度上加速旅游业的发展，江苏省各旅游城市能够享受到从省到市的旅游政策扶持，政策的倾斜为江苏省旅游城市在旅游项目建设投资、金融信贷等多个方面的发展创造了新的机遇。

2. 技术机遇

原国家旅游局颁布的《旅游＋互联网行动计划》文件指出"互联网正在深刻改变着世界经济发展和人们的生产生活方式，推动全球旅游业全新变革发展，旅游与互联网的深度融合发展已经成为不可阻挡的时代潮流"。旅游业是我国国民经济中重要的综合性产业，是国民经济产业结构优化升级、融合发展和"互联网＋"行动的重要领域。当前，互联网信息技术正全领域地推动着旅游产业与其他产业融合发展，是旅游产业与其他产业融合发展的最主要的支撑手段。旅游业与互联网产业的融合发展，不仅迅速地改变了旅游者的消费习惯，不断催生出新业态、新产品，拓宽旅游经济产业面，拉长传统旅游产业链，形成包含内容更丰富的现代旅游经济产业集群，进一步改变、提升其他传统产业附加值，同时对旅游相关产业的商业管理模式、产品促销模式等方面也带来了重要的改变。目前，江苏正积极推动科学技术在旅游业的运用。一方面，通过实施"旅游＋互联网"战略，推动全省智慧旅游建设，实现大数据、物联网、云计算等信息技术在旅游业的运用，建立南京等 7 个"国家智慧旅游试点城市"，11 家省级智慧旅游示范基地和 19 家示范单位；另一方面，推动江苏省旅游资讯平台由 PC 端向移动端、由传统媒体向社交媒体、由网站向网群延伸发展转变。整合推出江苏旅游微博、微信、微视频和手机客户端"三微一端"平台,还开发应用全国首个省级旅游市场客情监测与分析系统等。

3. 日益增长的区域旅游市场需求

旅游产业是一种消费导向型产业,旅游产业融合发展必须紧贴消费需求,不断满足旅游者的消费需求。珠三角、长三角、环渤海地区是中国经济相对发达的三大经济圈,同时,江浙沪居民综合素质较高,对旅游时尚的跟进超前于其他区域,为江苏旅游业的进步发展提供了良好的机遇。目前随着人民生活水平的提高,旅游需求不断升级和增加,产生了规模更大,更为多样化的旅游消费需求。度假体验、养老休闲、海滨休闲等新产品、新业态不断涌现。这很大程度上拓展了旅游业发展的新领域,为推动旅游供给侧改革带来新动力。近几年江苏省旅游人数和收入不断上升,同时入境游客数量也持续增加,日益增长的区域旅游市场需求也为江苏省城市旅游创造了良好的市场环境。

(二)江苏旅游业发展趋势预测

回望 2019 年旅游业发展情况,消费分级和下沉是两大重点关键词,也是最为突出的趋势。这两个关键词不仅体现了国内旅游业消费者的成长和市场的逐步成熟,还意味着更多垂直细分的发展机遇正在孕育。可从预见,2020 年的旅游业发展在形式及内容上都将更加个性化和多元化。与此同时,5G 商用时代带来的红利正在激活旅游行业无限的想象力,而随着 5G 运用的深化和文旅融合的加深,沉浸式互动体验新内容、配套数字技术和商业创新模式将孕育而生。2020 年,一场由消费分级与市场下沉科技带来的行业变革即将到来。

1. 消费升级到一个全新水平,消费分级与市场下沉趋势显现

旅游大众化趋势旅游不再是高消费活动而是作为日常生活进入了千家万户。旅游有广泛的群众基础,人们的工作、生活都可能是远距离的长途旅行方式,形成空前广泛而庞大的人群交流和迁移,传统的地域观念、民族观念被进一步打破,旅游的淡旺季不再明显。一方面,随着交通便利性的提升及互联网的飞速发展,三四线城市的消费力显著提升,旅游消费日渐成为他们的刚需和高频。另一方面,一二线城市市场的日趋饱和与互联网流量红利的衰减,旅游业未来的增长动力已从一二线城市转移到三线城市以下的市场。正如东呈国际集团董事、资深副总裁吴伟讲到,未来三年下沉将无处不在,从一二线到三四线、从线上到线下、从城镇到乡村、从年轻人到老年人……接下来,将有越来越多"旅游新人口"进入到旅游消费市场,曾经占据主导的消费人群正逐渐从精英阶层转移到"小镇青年"身上。而消费层的变化必然也会进一步作用到为用户提供产品、营销形式和沟通渠道的各企业身上。当消费升级及多元化达到一个全新水平时,无论是哪类从业者都应更加重视消费分级,更加注意结合自身定位,从产品与服务的多元化到渠道下沉,再到更加开放的全渠道战略,通过精细化的运营方式提升用户体验,激活并释放更多人的消费潜能。

很多当代人深受错失恐惧症的困扰,总是担心会错过——因此会不自觉地让步伐变得更快。而 2020 年的旅行主题将不再以快节奏为主,而是"令一切慢下来",享受旅行过程的愉悦。调查显示,超过半数(53%)的中国旅行者会选择慢速交通工具来减少对环境的影响,另有 68% 的旅行者愿意花更长的时间去体验"在路上"的感觉。对于大多数的旅行者(69%)来说,花费更多时间尝试

如自行车、有轨电车、雪橇、轮船,甚至是双脚等特色交通方式,将会令旅途变得更有趣。同时,69%的中国旅行者也愿意尝试具有历史感的火车旅行,比如,在爱丁堡体验"苏格兰飞人号"蒸汽火车,感受奇妙的"穿越"之旅。

2. 产品个性化需求凸显,互动体验经济盛行

旅游已不再单纯是基于目的地之间的简单人类活动,以"人"为本的"旅游+"将被诠释和拓展出更多重定义和可能。而随着年轻消费群体的崛起,旅行必将向着更加个性化的方向发展。特别是在文旅深度融合的今天,更多的跨界融合将为旅游业带来新的机遇,文化、体育、生态、娱乐等更多形态的融合将为互动体验型"旅游+"或"+旅游"复合型产品的打造带来更丰富的内涵,也将进一步满足人们对无界旅行的期望。正如广之旅副总裁温前提出的,"新消费时代"将是更理性的"消费升级"。企业回归本质,也就是回归到消费者、服务、体验上。以个性化服务为优势的传统旅行社将迎来更广阔的发展空间。旅游的服务与体验将从有形的线下场景延伸到无形的线上场景,线上线下消费边界逐渐模糊,全渠道融合将成为行业突围方向。

形式与内容的多元化是旅游业发展的主旋律。在旅游发展的初级阶段,人们主要以游览名胜古迹和自然景观为目标。但随着经济、文化和教育的发展,人们不再满足于单纯的"观山看水",而更多的是要求在旅游的过程中获取知识和体验生活。人们旅游需求的多层次发展势必迫使旅游业无论在形式上还是在内容上,均呈现出多元化的特点。从形式上讲,自助游等旅游形式将越来越普遍;从内容上讲,工业旅游、农业旅游、会展旅游等将会成为新的热点。所谓工业旅游,是指以工业企业的生产线、生产工具、产品和厂区等为对象的专项参观活动。

旅游服务逐渐向人性化和社会化方向发展随着旅游业从经验管理走向科学管理,标准化服务的实施使服务质量有了很大提高。然而由于旅游需求的多样性、多变性等特点,标准化服务的弊端逐渐显露。因此,未来旅游服务将通过人性化的服务满足不同游客的需要,努力使所有的游客满意。近几年,江苏省旅游业的服务范围在不断拓宽,但是和发达国家城市相比,还做得很不够。旅游的多样化趋势旅游目的的不同,使目前占统治地位的观光型旅游将向多样化发展,如休闲娱乐型、运动探险型等。旅游者多样的个性化需求对旅游基础设施的多样化提出了更高的要求,如进入老龄社会后针对老年人出游增多进行的特色旅游服务等。

3. 聚焦渠道创新,打造以内容为核心的新营销策略

营销形态内容化方面,近几年的更新迭代速度非常快,从传统的硬广图文,到双微创新图文,再到短视频、直播。2019年"双11"期间,旅游达人们交出了超六亿的惊人带货"战绩",也让整个行业看到了电商直播的无穷潜力,也给旅游行业的营销突破带来了更多可能。营销渠道创新方面,各垂直细分领域的"小流量"平台潜力将被进一步释放,以短视频达人种草、直播带货为代表的新媒体营销模式将成为旅游目的地挖掘"精准流量"或触达"私域流量"的利器。途家集团CEO杨昌乐认为,"网红种草"与带货是令人比较期待的一种更有效的营销方式。基于旅游产品决策期长、需求多元、价格高等因素,很难让消费者短时间下单。但"种草带货"的旅游达人,一般以为用户提供旅游攻略、省钱秘籍等"锦囊"式内容为主,增加决策环节,直接撬动消费者的决策层。

智慧旅游将成为2020年中国旅游的主流。智慧旅游平台的作用将得以充分发挥,线上购票、刷脸入园、自助导览等智慧服务大范围应用,在落实常态化疫情防控措施,最大限度地保障游客安全和旅游秩序的同时,提升游客的体验度和满意度。可以预见的是,预约制、定制化将成为今后旅

游消费的新常态。对于旅游目的地而言,提供好的产品、好的服务将不再是唯一要求,让到访的游客在看美景的同时安全游、安心游更为重要。旅游目的地的安全、环境、服务品质将对游客的旅游决策起到关键性的影响,中国游客新的旅游安全观将逐渐形成。

文化性是旅游业发展的新亮点就旅游业的市场运作而言,第一个层次的竞争是价格竞争,这是最低层次的也是最普遍的竞争方式;进一步是质量竞争;而最高层次则是文化的竞争。旅游本身的文化功能是内在的。旅游企业是生产文化、经营文化和销售文化的企业,旅游者进行旅游,本质上也是购买文化、消费文化、享受文化。

4. 通过 5G、AR/VR 等智能科技赋能,打造深度沉浸式体验

旅游业科技化趋势日益突出发达国家高科技在旅游业中的应用始于 20 世纪 70 年代,而且迅速得到了推广普及。高科技在旅游业中的应用范围十分广泛,主要包括以下两个方面:一是旅游资源开发的高科技化。近年来在各种高科技主题公园建设过程中使用高科技对各种旅游环境的模拟已成为现实,同时,科学技术的发展使得海底游、南北极游、太空游等旅游方式已成为可能。二是旅游服务的高科技化。

科学技术对旅游业发展影响巨大,尤其是对旅游企业,特别是目的地的运营效率提升和客户体验的技术创新都非常有价值,如大数据精准营销、智慧售取票机、人脸识别、AR/VR 体验等。同时,通过大数据在旅游业的应用,不仅能让消费者感受到旅游业的蓬勃发展,还能更好地促进旅游企业、旅游景点综合管理,为文旅行业的发展提供科学支撑。随着 5G 商用的推进,其自带的"高速率、低时延"将极大提高游客服务与体验,再加上与 VR/AR 等智能科技结合,能实现用户体验多重升级。另一方面,5G 将改变企业管理运营方式,极大提高效率降低成本。同时,新的思维模式将带来新的商业模式,尤其是能提升产品力和客户体验的商业模式将会在和利润为导向的商业模式的竞争中胜出。

2020 年,旅行者将会更依赖科技来辅助决策。71% 的中国旅行者期待着科技这块"万能牌",能在新的一年里带来意想不到的旅行体验。此外,他们还会使用能够实时、快速查阅与预订到各种旅行活动的 APP,使旅行变得更方便。基于此,未来将有更多运用人工智能等高新技术的应用程序被开发,以便根据旅行者的旅行偏好和旅行记录,结合诸如天气和热门话题等元素,提供多元的目的地和住宿建议。

(三)江苏旅游业发展成绩

1. 旅游业经济指标较快增长,产业地位不断提升

近几年,江苏在旅游总收入、旅游增加值、国内旅游收入、国际旅游外汇收入等方面均呈现出不断增长的趋势,旅游产业在全省经济发展中的地位日益提高,旅游业增加值年均增长达 14.1%,高于全省经济发展平均水平;旅游总收入在全国旅游总收入的比重一直保持在 20% 以上,处于领先地位。

2014—2019 年,江苏省旅游总收入呈不断上升趋势。2019 年旅游总收入为 14321.6 亿元,增长 8.1%;国内旅游收入为 13902 亿元,增长 8.2%,占旅游总收入的 97.07%;旅游外汇收入为 47.4 亿美元,增长 2.0%。

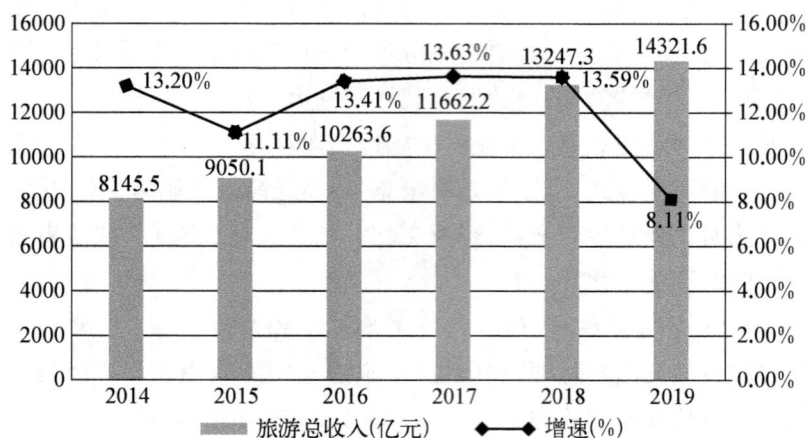

图 1　2014—2019 年江苏省旅游总收入及增速

表 1　江苏省 2019 年全年旅游业收入构成

指　标	金　额	同比(±%)
旅游业总收入	14321.6 亿元人民币	8.1
国内旅游收入	13902 亿元人民币	8.2
旅游外汇收入	47.4 亿美元	2.0

资料来源:《2019 年江苏省国民经济和社会发展统计公报》

2. 民众旅游热情不减,接待游客数量持续增长

江苏省接待国内旅游人数的数量要远超于入境过夜游客数量,2019 年国内旅游人数为 88000 万人,入境过夜游客为 399.5 万人;接待国内旅游人数占总旅游人数的 99.55%。入境过夜旅游者 399.5 万人,下降 0.3%。其中,外国人 266.5 万人,增长 0.7%;港澳台同胞 133.0 万人,下降 2.3%。旅游外汇收入为 47.4 亿美元,增长 2.0%。具体来看,2019 年江苏省接待游客数量基本保持稳定,基本在 20 万人以上。其中,10 月江苏省接待入境过夜游客人数 38.50 万人,为一年人数最高值,与 2018 年同期相比增长 5.9%。

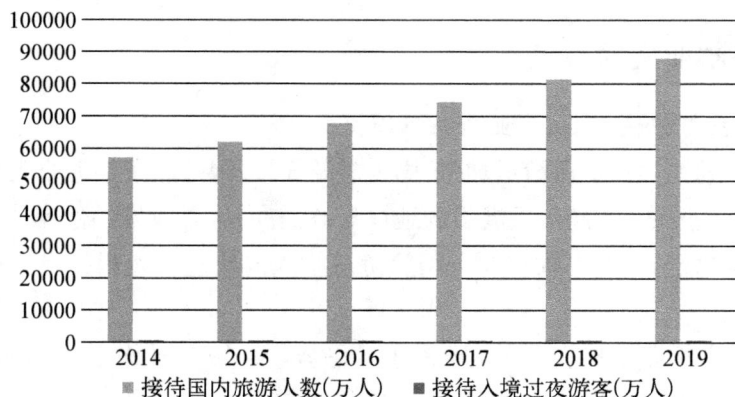

图 2　2014—2019 年江苏省接待境内外游客数量

资料来源:《江苏省国民经济和社会发展统计公报》

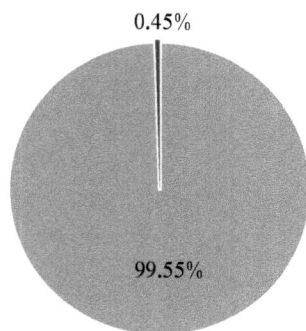

0.45%

99.55%

■ 接待国内旅游人数
■ 接待入境过夜游客

图 3　2019 年江苏省接待国内旅游人数占总旅游人数比重
资料来源:《江苏省经济发展公报》

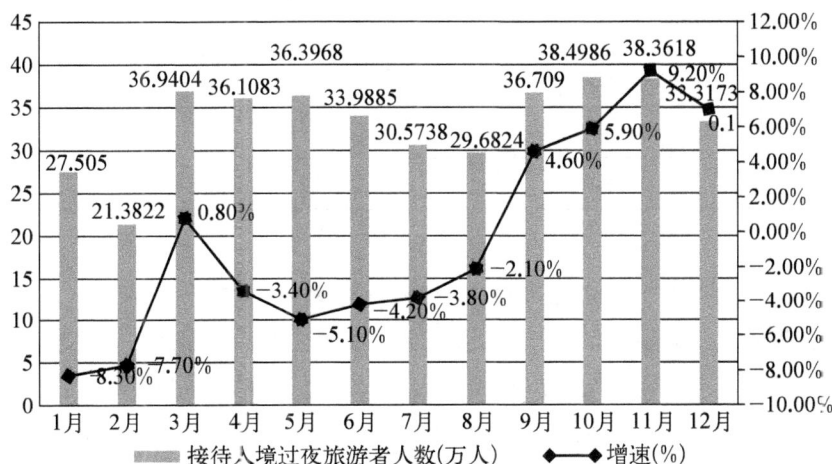

■ 接待入境过夜旅游者人数(万人)　◆ 增速(%)

图 4　2019 年江苏省接待入境游客数量统计(万人)
资料来源:江苏省旅游局

2019 年,江苏省接待入境过夜旅游者人数 3994629 人,下降 0.3%;2019 年在江苏省接待的外国人中,前三位国家分别为日本、韩国、美国,接待人数分别为 458077 人、442470 人、273196 人;从游客增速来看,2019 年,印度尼西亚游客增速最快,达到 22.97%。马来西亚游客增长也较快,同比增速为 22.73%,接待游客 135295 人。接待的香港同胞、澳门同胞、台湾同胞人数分别是 218569 人、15282 人、1096164 人。

表 2　2019 年江苏旅游接待报表

指　标	人　次	同比(±%)
接待入境过夜旅游者人数	3994629	−0.3
外国人	2664614	0.7
香港同胞	218569	4.1
澳门同胞	15282	13.9
台湾同胞	1096164	−3.7

资料来源:江苏省旅游局

表 3 2019 年江苏省外国游客按主要客源国人数排名

排　名	国　别	人　次	增长速度（%）
1	日本	458077	−5.56
2	韩国	442470	0.86
3	美国	273196	−3.63
4	马来西亚	135295	22.73
5	德国	108998	−4.62
6	澳大利亚	106873	14.15
7	新加坡	85004	5.94
8	印度	82272	0.72
9	加拿大	75041	−22.01
10	英国	63941	−0.02
11	印度尼西亚	61982	22.97
12	法国	52375	−0.26

资料来源：江苏省旅游局

3. 省内星级饭店出租趋于高级化，游客追求的质量越来越高

为了促进旅游业的发展，保护旅游者的利益，便于饭店之间有所比较，星级越高，表示旅游饭店的档次越高。2019 年，江苏省星级饭店出租率合计 57.2%，其中，五星级饭店的出租率最高，出租率为 59%。2019 年，江苏省星级饭店平均房价是二星级 189.5 元/间/天，三星级 198.2 元/间/天，四星级 318.6 元/间/天，五星级 514 元/间/天。

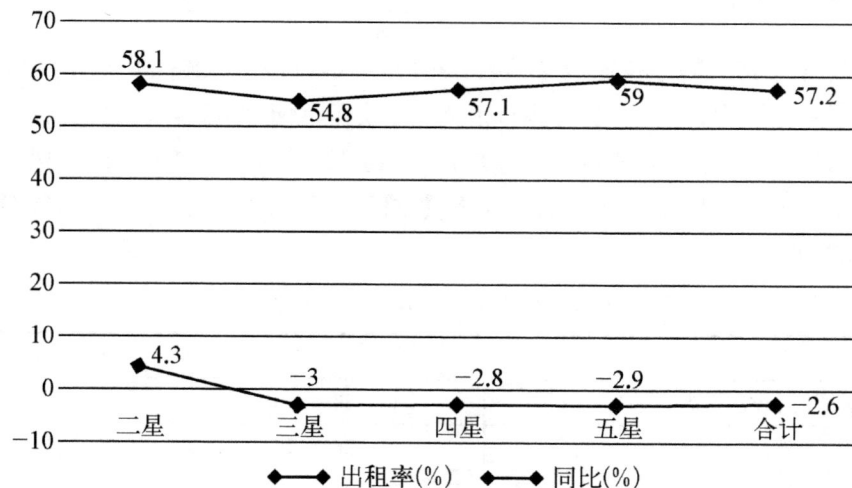

图 5 2019 年江苏省星级饭店出租率及同比
资料来源：江苏省文化和旅游厅

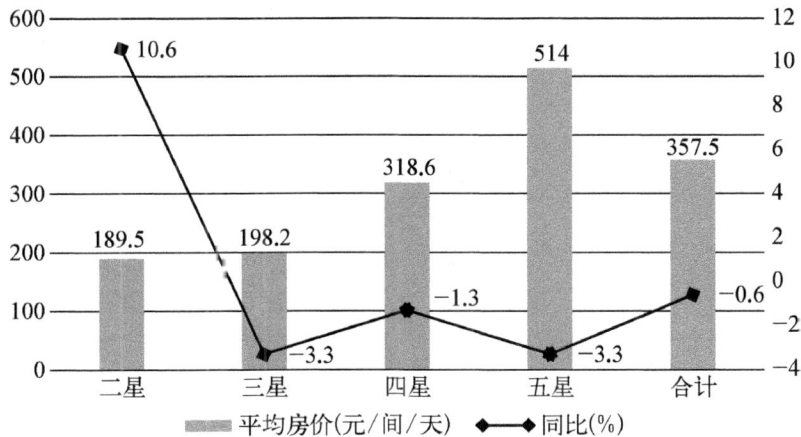

图 6 2019 年江苏省星级饭店平均房价及同比

资料来源:江苏省文化和旅游厅

4. 省内各城市旅游业经济指标增速明显,你追我赶良性发展

截至 2019 年 12 月,江苏有 4 处世界遗产(另有 3 处正申遗中)、5A 级景区 22 家、4A 级景区超 100 家、2 处国家级旅游度假区、2 处国家级地质公园、3 处国家级自然保护区、16 个国家级森林公园、5 处国家重点风景名胜区、28 座全国优秀旅游城市、120 处全国重点文物保护单位、645 处省级文物保护单位。为了消除区域旅游供给差异,推动各区域平衡发展,江苏一方面加大对苏中、苏北的规划、资金和政策支持,鼓励旅游业跨越式发展,另一方面推动省内建立区域旅游合作联盟。同时,积极推进长三角区域旅游合作,承办长三角旅游合作联席会议,形成长三角旅游发展合作协议和"苏州共识"。经过努力,苏中、苏北旅游业总收入增速显著,超过全省平均增速。吴江同里国家湿地公园入选全国精品自然教育基地。三杰纪念馆、革命烈士纪念地和茅山宝盛园三家景区成功创建国家 3A 级旅游景区。茅山旅游度假区正式启动国家级旅游度假区创建,溧阳李家园村和金坛仙姑村成功入选国家乡村旅游重点村名录,武进城西回民村成功入选江苏省乡村旅游重点村名录。2019 年常州被列为"中国高铁文旅十佳城市"。旅行社个会、世界运河大会暨世界运河城市论坛、运河文化嘉年华等活动;大运河国家文化公园建设推进会在扬召开;中国大运河博物馆开工建设;省市共建的京杭运河扬州段绿色现代航运示范区启动建设;隋炀帝墓、仙鹤寺、西方寺大殿入选全国重点文保单位;荣获"世界美食之都""东亚文化之都"称号。盐城黄(渤)海候鸟栖息地列入《世界遗产名录》,成为全国第 14 处、江苏唯一的世界自然遗产。盐都创成国家级生态文明建设示范区,东台、建湖入选全国绿色发展百强县。积极发展湿地生态旅游,大丰成为江苏省首批全域旅游示范区,恒北村入选首批全国乡村旅游重点村。

就省内各城市接待游客数量来看,2019 年,南京市接待游客数量排名第一,同时也是接待游客数量增长最快的城市,当年累计接待游客 12868.49 万人次,同比增长 9.9%;苏州市排名第二,当年累计接待游客共计 10462.54 万人次,同比增长 4.5%;无锡市排名第三,当年累计接待游客 9558.84 万人次,同比增长 1.6%。

表 4　2019 年江苏省各市 5A、4A 级景区接待情况

城　市	人　数	同　比
	（万人次）	（±%）
全　省	64271.7	4.4
南　京	12868.49	9.9
无　锡	9558.84	1.6
徐　州	5436.13	0.6
常　州	7557.94	5
苏　州	10462.54	4.5
南　通	2253.18	8.5
连云港	2075.05	5.4
淮　安	1789.99	0.7
盐　城	2916.17	1.1
扬　州	4400.23	4.5
镇　江	2398.12	−2.3
泰　州	1572.77	1.6
宿　迁	982.26	4.6

资料来源：江苏省旅游局

2019 年，江苏省旅游总收入为 14321.6 亿元，增长 8.1%；省国内旅游收入为 13902 亿元，增长 8.2%，占旅游总收入的 97.07%。江苏各城市旅游收入稳定增长，其中，南京市全年旅游收入 2784.95 亿元，排名第一，同比增长 13.2%；苏州市全年旅游收入 2751 亿元，排名第二，同比增长 5.8%；无锡市全年旅游收入 2062.90 亿元，排名第三，同比增长 5.7%。

表 5　2019 年江苏 13 个地级市旅游收入

序　号	城　市	旅游收入（亿元）	同比增长（±%）
1	南　京	2784.95	13.2
2	苏　州	2751	5.8
3	无　锡	2062.90	5.7
4	常　州	1197.6	10
5	镇　江	1024.59	9.6
6	扬　州	1010.2	10.1
7	徐　州	854.16	10.2
8	南　通	765.4	10.4
9	连云港	587.93	10.6
10	淮　安	470.08	13.8

续表

序　号	城　　市	旅游收入(亿元)	同比增长(±%)
11	泰　州	414.03	10.2
12	盐　城	421.9	12.7
13	宿　迁	336	14.0

资料来源:江苏省统计局

专栏1　2019年中国旅游城市排行榜TOP50

根据地级以上城市的旅游人数、旅游收入、人均旅游消费、旅游业比重、交通便利程度和旅游基础设施六个维度来进行评比,进而计算出中国旅游城市的排名,选出前50名进行展示。数据主要源自CEIC数据库,国家统计局,国家旅游局以及各地市国民经济和社会发展统计公报。

纵观榜单,北京、重庆和上海连续三年名列前三,不管是从旅游人数、旅游收入来看,还是从交通便利程度和旅游基础设施的角度来比较,这三个城市都是前三名。

从旅游总收入十强来看,可以发现,旅游收入最多的城市依旧是位于京津冀(北京、天津)、长江经济带(上海、重庆、杭州、成都、武汉、苏州)以及珠江三角洲(广州)等的一二线城市,这些城市作为全国性或区域性的中心城市,不仅交通便利,而且文化与城市建设领先,景点众多,消费实力也居于全国首列,从而在旅游收入上也更加具有拉动效应。

从城市吸引力上来说,重庆的国内生产总值虽然不如北上广深,但旅游总人数几乎是上海和北京的旅游总人数之和,因此,重庆成为中国最火的旅游城市。素有"中国火锅之都"之称的重庆,除了是吃货的朝圣地,景点也不逊色于其他城市。除了抖音爆火的洪崖洞和人尽皆知的长江三峡,还有一些历史悠久的小城镇,例如奉节县、巫山县等,曾有李白、杜甫等诗歌大V为它们写过诗,并留下"朝辞白帝彩云间,千里江陵一日还""无边落木萧萧下,不尽长江滚滚来"等诗句。深秋傍晚,行走在山城小路上,吹着秋风,看着美景,巴适得很。

从数量上来说,浙江省有八个城市进入榜单,分别是杭州、宁波、温州、湖州、台州、金华、绍兴、嘉兴;江苏省有五个城市入选,分别是苏州、南京、无锡、徐州、常州;山东省排在第三名,有四个入榜城市,分别为青岛、济南、烟台、潍坊。

九江、无锡、遵义和南昌四个城市是今年排行榜的新晋成员。素有"九派浔阳郡,分明似画图"美称的九江,有中国第一大淡水湖"鄱阳湖"、中华十大名山"庐山"、佛教净土宗发源地"东林寺"、中国四大书院之首"白鹿洞书院"等众多名胜古迹。被誉为"太湖明珠"的无锡是国家历史文化名城,在榜单中排在第19名。正值祖国70周年华诞之际,红色旅游似乎也成了一种潮流。被称为"转折之城,会议之都"的遵义也是著名的"红色圣地",在旅游城市榜中排在第27名,有遵义会议会址、赤水大瀑布景区、四渡赤水纪念馆等56个国家A级景区,旅游总收入达1557亿元。1921年,中国共产党第一支独立领导的人民军队就是在南昌诞生,因此,南昌成为红色旅游的必去之地,而南昌的南昌八一起义纪念馆、方志敏纪念馆、江西革命纪念堂、江西省博物馆、南昌八一广场等也是红色旅游的重点景区。

5.各项旅游服务优化升级,游客满意度不断提高

江苏通过新建、优化旅游咨询服务中心、旅游厕所、景区停车场、旅游交通标识标牌和景区无线通信等基础设施来提升旅游服务体系;同时,还在全省新建、改建旅游景区步道、绿道和慢行道,在高速公路服务区、高铁站、机场空港设立旅游咨询点,完善旅游公交系统,开通各类旅游专线。

(1)2019 年度江苏省游客满意度在"全域满意"基础上再创新高。根据清华大学发布的 2019 年度江苏省游客满意度调查结果,2019 年,江苏省同口径满意度指数为 83.95 分,同比提升 0.36 分,实现稳步增长,游客满意度综合指数为 83.81 分。宁、锡、苏、扬、常五个设区市同口径满意度达到"满意度高"水平,在加入新计算指标后,全省设区市综合满意度指数均保持在"满意"水平。同口径满意度指数同比增幅排名前三的设区市有常州(↑1.04 分)、扬州(↑0.58 分)、南京(↑0.57 分)、苏州(↑0.57 分)。

2019 年,全省旅游大环境的满意度得分为 85.46 分,持续保持在 85 分以上的"满意度高"水平,省内全域旅游环境持续优化。全省旅游大环境的游客满意度得分排名前五的设区市依次是无锡(87.38 分)、苏州(87.17 分)、扬州(86.93 分)、南京(86.85 分)、常州(86.76 分)。在旅游大环境的 10 项指标中,城市的旅游氛围(86.83 分)、安全感(86.49 分)以及品牌形象(86.25 分)3 方面居全省首位,城市旅游公厕便利性(↑1.22 分)和进入城市交通的便利性(↑1.13 分)同比提升幅度相对较大。

专栏 2　2019 中国县域旅游竞争力百强县市

　　竞争力智库、中国信息化发展研究院联合发布《中国县域旅游竞争力报告 2019》,公布了"2019 中国县域旅游竞争力百强县市"(简称"2019 中国旅游百强县市")。《报告》全面梳理了我国县域旅游发展现状,对全国旅游强县综合竞争力进行了系统评价。《报告》显示,2019 中国旅游百强县市分布在 22 个省份。其中,江苏以 7 个入榜县域居全国第三,仅次于浙江与贵州。江苏省的具体名单如下:

2019 中国县域旅游竞争力百强县市(江苏)

县　域	重点旅游资源推介
江苏常熟市	虞山、尚湖
江苏东台市	黄海森林公园
江苏句容市	茅山、宝华山
江苏昆山市	周庄
江苏溧阳市	天目湖
江苏宜兴市	宜兴竹海、善卷洞
江苏江阴市	华西村、滨江要塞

---

(2)旅游公共服务稳定增长,便民设施及休憩设施满意度增幅较大,宁、苏、锡达到"满意度高"水平。2019 年,全省旅游公共服务的满意度得分为 83 分,处于"满意"水平,其中,南京(85.37 分)、苏州(85.23 分)以及无锡(85.04 分)三个市达到"满意度高"水平。旅游公共服务的 8 个指标中,信息发布(84.86 分)、咨询服务(83.87 分)与智慧旅游(83.84 分)三项表现较好,便民设施(79.73 分)的满意度相对较低,但涨幅最大,为 0.8 分。苏州智慧旅游(89.45 分)、信息发布(88.92 分)两项领

先全省。

（3）宁、苏、扬、锡、常、连、宿、泰、淮、通旅游景区服务满意度均达 80 分以上，景区公厕和仪表态度同比增幅大。2019 年，全省旅游景区服务的游客满意度得分为 82.49 分，排名前五的设区市依次是南京（84.84 分）、扬州（84.32 分）、无锡（83.98 分）、苏州（83.92 分）、常州（82.51 分）。旅游景区服务的 11 个细分指标中，安全保障满意度（84.33 分）最高，客流管理（80.48 分）、标识牌分布及清晰（80.2 分）以及门票合理性（80.11 分）的满意度相对较低，景区公厕（↑0.96 分）和仪表态度（↑1.11 分）同比增幅大。

（4）旅游相关要素满意度提升幅度最高，旅游餐饮和旅游交通提升最快，宁、苏达到"满意度高"水平。2019 年全省旅游相关要素满意度为 82.13 分，是五大要素中增幅最大的，为 1.8 分，排名前五的设区市依次是南京（85.39 分）、苏州（85.35 分）、无锡（84.06 分）、扬州（83.70 分）和常州（82.9 分）。旅游相关要素的六项细分指标中，旅游餐饮和旅游交通提升最快，分别为 1.54 分与 1.26 分。

（5）文旅融合 10 个设区市达到"满意"以上水平，公共文化服务设施和文化旅游活动推动力度较大。江苏省的文旅融合情况满意度得分为 81.37 分，处于"满意"水平。全省宁、锡、苏、常、扬、镇、泰、连、通、淮 10 个设区市文旅融合均达到"满意"以上水平，文旅融合发展成果初显。在文旅融合的 3 个细分指标中，公共文化服务设施（81.65 分）和文化旅游活动（81.54 分）得分较高。

（6）旅游总体感知满意度稳步提升，游客忠诚度与推荐度双提升。全省的旅游总体感知综合满意度 84.45 分，接近"满意度高"水平。全省旅游总体感受游客满意度排名前五的设区市是南京（85.25 分）、无锡（85.06 分）、苏州（84.74 分）、常州（83.1 分）、扬州（82.78 分）。在总体感受的各项细分指标中，苏州在总体满足感方面（85.02 分）居于全省之首，常州在重游意愿方面（87.65 分）领先其他设区市，无锡在推荐意愿方面（85.34 分）排名第一。

专栏 3　江苏省旅游推广工作座谈会在南京召开

2019 年 7 月 4 日，江苏省旅游推广工作座谈会在南京召开。会议听取了各地上半年旅游推广工作情况和下半年工作计划。会议代表围绕杨志纯厅长提出的如何进一步打响"水韵江苏"品牌，对推进全省旅游推广工作和筹办第二届大运河文化旅游博览会建言献策。来自全省 13 个设区市及昆山、泰兴、沭阳等地文化和旅游主管部门旅游推广工作负责人及相关同志参加了会议。省文化和旅游厅旅游推广处处长王洪舟主持会议，并阐述了全省旅游推广工作基本思路，部署了下半年重点工作。

会议提出，全省旅游推广工作要以战略为引领、以绩效为目标、以融合为机遇，挖掘旅游产品、找准旅游市场、优化推广渠道、创新推广手段、提升推广质量，进一步打响"水韵江苏"品牌，为把江苏打造成为国内领先的旅游强省、国际著名的旅游目的地贡献力量。

会议明确，2019 年下半年要在建立完善全省旅游推广专家智库、产品库、图片库和渠道库，探索研究旅游广告投放渠道绩效评估和旅游推广指数的基础上，积极启动和开展"水韵江苏"旅游宣传片拍摄、编制全省旅游开发战略、深入推进"江苏人游江苏"活动等 14 项重点工作。

会议代表纷纷表示，此次会议的召开非常及时，达到了理清思路、明确任务、交流经验、学习借鉴的预期目的，对做好下半年旅游推广工作充满信心。

专栏 4 "水韵江苏"旅游宣传片正式开拍

由江苏省文化和旅游厅组织策划的"水韵江苏"旅游宣传片在江苏正式开拍,来自北京的专业拍摄团队毫不吝啬对江苏的赞美。他们分为运河勘景组、花期拍摄组,走进南京、苏州、扬州、宿迁等省内 13 个设区市,启动春季主题拍摄工作。

让消费者产生审美感动和旅游冲动。适应文旅融合的新形势、新要求和人民对美好生活的新期待,拍摄制作全新的"水韵江苏"旅游宣传片,既是引领文化旅游消费升级的需要,也是打响"水韵江苏"旅游品牌的需要,更是促进文化和旅游高水平融合、高质量发展的需要。通过组织拍摄制作和宣传推广,让"水韵江苏"在境内外有声音、有图像、有魅力、有影响。

2019 年 7 月起,江苏省文化和旅游厅就认真研究和谋划"水韵江苏"旅游宣传片拍摄制作工作,先后组织召开全省旅游推广工作座谈会和专家咨询会,并广泛听取了各方面的意见建议,经过多轮研究、商讨、修改,最终形成了拍摄制作"水韵江苏"旅游宣传片工作推进方案。

省文化和旅游厅党组书记、厅长杨志纯表示,宣传片作为展现江苏文旅形象的重要载体,要紧扣江苏"水"和"文化"的资源特色,突出江、河、湖、海和文韵悠长的江苏文化旅游符号,彰显江苏精神和气质。要坚持创新性、时代性、开放性,用国际化视野组织拍摄宣传片,使之更好地满足文旅推介、市场推广和工作汇报等多平台应用和投放需求,力求思想精深、艺术精湛、制作精良,做到有颜值、有内涵、有品位,给受众带来冲击力和震撼力,让消费者产生审美的感动和旅游的冲动,吸引更多境内外游客到江苏感受美的风光、美的味道、美的人文、美的生活、美的发现。

省文化和旅游厅旅游推广处相关负责人介绍,本次系列宣传片拍摄周期计划为一年,将横跨"春夏秋冬"四季,秉持贴近受众、扩大"水韵江苏"的认知度、延展"水韵江苏"品牌的原则,围绕综合形象、大运河、世界遗产以及古镇、湖泊、运河、园林、民宿、非遗、民俗等系列主题专项,形成适用于境内外旅游推介活动、主题文旅交流、电视平台、微信朋友圈、抖音、视频网站等不同渠道传播的 2 支 5 分钟、3 支 3 分钟、多支 15 秒的不同版本,向不同市场受众,发出"水韵江苏,有你会更美"的诚挚邀请,吸引游客到江苏走一走、看一看。

二、江苏旅游业的问题分析

(一)旅游管理人才匮乏

旅游管理相关专业的后备人才不足。一方面,旅游行业主管机构人员配备不足,而且很多管理人员都是通过招聘或经由其他行业转入,缺少丰富的理论水平和实践经验。另一方面,宿迁景区的旅游服务人员缺乏丰富的专业知识和技能水平,教育水平和专业素养整体偏低,许多旅游业一线人员甚至缺乏最基本的旅游知识,后期培训又严重不足,导致服务水平低。

(二)旅游公共服务供给不足

虽然江苏的旅游集散中心、旅游厕所、停车位、交通标志标识和无线网络覆盖等旅游公共产品建设日趋完善,但仍不能满足日益增长的旅游需求,旺季停车难,旅游厕所少、脏、乱、差,游客集散中心配套设施不完善等问题仍存在。另外,旅游基础设施服务、旅游信息咨询服务、旅游安全保障服务、旅游行业指导服务等公共服务体系也尚未完善,不仅在对游客的信息指引、安全防范、秩序维护、投诉处理等方面服务仍有缺失,在针对旅游企业的投资引导、市场营销、行业监管、诚信建设等方面的服务也有缺失。

(三)区域经济及旅游业发展不均

区域经济发展水平在一定程度上决定着旅游业的发展程度,经济发展水平的高低影响着基础设施建设、旅游资源开发力度,同时也影响着人们的旅游需求。2019 年,江苏省全省 GDP 总量达99631.52 亿元人民币,综观各地公布的数据,各市 GDP 总量之间仍存在较为明显的差距,苏南最优,苏中次之,苏北最差,这两方面的差异造成区域旅游业发展的不平衡,导致旅游产品供给不均衡。虽然江苏加大对苏中和苏北地区旅游业发展的扶持力度,但不平衡仍十分明显,苏南地区在省级旅游度假区、3A 级以上旅游景区和星级旅游饭店数量方面处于明显优势。结合旅游资源的分布情况可以看出,旅游经济的业绩与旅游资源分布在空间上有较高的一致性,说明旅游资源的吸引力是影响江苏省城市旅游经济发展的重要因素。区域旅游业发展不均衡,不均衡受旅游资源分布、城市旅游基础设施建设影响,不均衡表现在地区及数量上,竞争力较强的地区集中,竞争力较弱的地区数量多,不利于旅游业整体整合,旅游业发展较好的城市可能会对吸引更多的游客,从而使竞争力较弱的城市更加边缘化。

(四)缺乏有竞争力的品牌旅游企业

旅游强省的建设首先必须依靠大量的旅游强企支撑。江苏省旅游企业数量较多,总体营业收入在全国也名列前茅,但与北京、上海、浙江、广东等发达地区相比,单个企业创造的平均营业收入和利税相对较低,说明江苏旅游产业主体小而多,竞争力不强。江苏旅游产业规模庞大。截至“十三五”末,4A 级以上旅游景区数量、全国工农业旅游示范点数量、旅行社数量、导游数量均居全国第一,中国优秀旅游城市数量位列全国第二,星级饭店位列全国第四,规模优势明显,但发展粗放,竞争力不强,尤为值得重视的是,江苏旅游产业大企业少,小企业散,整体效益低,严重制约了江苏旅游产业的竞争力。江苏具有强大品牌影响力的大型骨干企业严重缺乏,仅金陵饭店集团进入全国综合性旅游集团 20 强行列,而北京、上海、广东、浙江则各有三家,全国上市的旅游企业共 34 家,而江苏省内只有南京的金陵饭店一家。江苏旅游产业大而不强的主要原因,是江苏除金陵饭店集团外,缺乏国内一流、全球知名的大型旅游企业或品牌旅游集团,在旅游产业链的各环节也缺少具有话语权的关键企业,产业之间关联度弱,产业集中度不高极大地影响了旅游产业的整体效益与竞争力。

(五)旅游产品品牌有待创新

目前,江苏省成熟的旅游产品主要集中于观光旅游产品,旅游收入主要依赖于门票收入。究其原因,江苏旅游主要以传统旅游产品进行市场渗透和开发,没有形成多元化的旅游产品系列,休闲度假旅游和专项旅游开发尚没有形成优势,产品创新不足。而度假和专项产品的不足将使总体供需结构失衡,并且旅游产品相对单一,主要以观光旅游为主,游客停留时间较短,产品也主要局限于传统的旅游产品及旅游开发模式,各地旅游产品存在一定的同质性,缺乏整体规划和创新,一定程度上造成了旅游资源的浪费。休闲度假游和专项旅游发展仍不成熟。随着我国经济的持续发展,居民收入逐年提高,消费升级加快,旅游需求向多元化和品质化升级转型,旅游消费结构正在发生变化,因此,更富有文化内涵和品牌号召力的旅游产品开始融入旅游业转型升级进程,国际一线旅游品牌进入中国,国内各地旅游产品加速升级换代,而江苏旅游产品创新缓慢,旅游产品新品开发和供给明显滞后于市场需求,陈旧老化的问题逐渐凸显,缺乏在全国乃至国际范围内具有极高知名度、美誉度、影响力的旅游新产品和品牌。江苏虽然创造性地开发了常州"嬉戏谷"、无锡"梵宫"等全国知名的新产品和新品牌,但从全局角度来看,针对消费需求导向的产品开发与创新依然严重滞后。传统旅游产品更新不快,新型旅游产品开发力度不大,旅游经济发展较弱的城市不能够深入挖掘产品的文化内涵,产品创新不足。

三、江苏旅游业发展的对策与建议

(一)坚持发展旅游与提升本地居民休闲生活相结合

抓旅游必须抓休闲,抓国民生活水平的提升。以主客共享的美好生活新空间,把外来游客和本地居民统一到共同消费市场。"万丈红尘最温暖,品质生活客自来。"中华民族伟大复兴和人民幸福生活的中国梦,正在成为新时代旅游发展的全新动能。没有本地居民的幸福生活,却要吸引大规模的外来游客的到访,这是行不通的。如果旅游业的发展成果不能反哺社区的发展,不能让社区居民有获得感,旅游业就不会有可持续发展的未来。这个理念在乡村旅游发展进程中尤其重要,江苏周庄通过"嵌入式"民宿经营模式提高了周边农村居民的生活水平,提升了教育、医疗、养老等公共服务水平,改善了人居生活环境。虽然短期内多付出了一些成本,账面上少了一些利润,但是社区居民和从业者的综合素质提高了,人民拥护了,企业应对危机和可持续发展的社会基础就有了。相反的例子是一些地区过于强调资本意志和商业利益,导致社区发展后劲不足,居民短期利益受损。结果,农民把猪马牛羊赶到路上,堵住景区大门,投资者和管理部门不得不花费更大的成本消除影响。"人民对美好生活的向往,就是我们的奋斗目标",不应只是空喊的口号,而是实实在在的行动。共产党领导的社会主义国家不能搞加勒比和南太平洋某些岛国那样"旅游飞地",只能走主客共享美好生活的旅游目的地发展模式。

(二)抓住"新基建"机遇,培育新型旅游市场主体

旅游资金的投入与旅游竞争力的提升存在非常大的正相关关系。如何带动旅游产业的发展,地方政府合理投入相关的支持资金非常重要。各地政府作为旅游业发展的引导者,需要根据地区旅游业发展的需要,加大基础设施建设上的投入,以完善交通网络为核心,加强旅游基础设施建设和旅游开发的结合。政府应该为城市旅游业的发展设置专项资金。在资金当中,应当划拨一定的资金用于旅游的基础设施建设,支持旅游项目的开发与建设。交通是促进旅游业发展的重要支柱,交通的便利性决定了城市的可达性,也决定了城市能否面对和承接更广阔的旅游市场。旅游交通完善方面,可以以旅游交通信息化为基础,确保各枢纽城市间的交通信息通畅。加快建设城市区内

部或城市之间快速交通体系的建设。针对省内旅游交通不平衡的问题,加快宿迁、盐城、淮安等苏北地区对外旅游交通网的建设。同时,要重视省级交通、国际通道的交通枢纽建设,不断完善立体交通网络,加强高铁和航空在交通网络结构中的相互配合。发挥公路在旅游区内部的主导基础作用与铁路干线连接的骨干作用间的相互配合。同时,也应当考虑旅游接待及旅游服务这些旅游业发展软条件方面的建设和完善,比如,宾馆酒店的环境条件优化、饭店里的用餐环境和相关配套设施的完善。宾馆需严格按照全国制定的统一标准来开展经营活动,同时改善住宿房间内的住宿条件,对房间进行相应的改造,增设娱乐设施。旅游景点之间依靠交通来相互串联。旅游系统的完善需要以交通体系为主体,同时包括邮政通信、能源建设、生态保护等基础建设方面相互协调。加强统一的规划与协作,实现多方对接。重点旅游景区的旅游基础设施水平应重点改善,包括供水、供电、环保等,以此来提升旅游接待能力。

各级旅游主管部门应抓住"新基建"的机遇,培育壮大各级各类旅游市场主体,推进旅游企业的数字化转型。中央启动了涵盖 5G、人工智能、大数据等七个领域的"新基建"。新基建对于经济增长,特别是数字经济、智能经济、新一代信息技术等业态增长有明显的推动作用,进而对旅游业高质量发展形成有效支撑。长远来看,新基建有助于促进旅游服务便利化、旅游业态多元化和管理智慧化的全面发展。不管我们愿不愿意,旅游领域都将迎来市场、资本、管理、技术和数据全面开放的新时代。传统旅游资源和市场主体集中化甚至在局部市场垄断的迹象越来越明显,但是数字化生存和文化创意发展的新型市场主体刚开始萌芽。为此,各级主管部门必须加强顶层设计识别和预警潜在风险,也需要夯实底层建设,加强公共服务建设,尤其要降低中小企业转型成本。智慧旅游的建设在形成共识、建设数据中心、应急指挥平台等方面的成就有目共睹,但也普遍存在"重硬轻软、重建轻管、重政府轻市场"的问题。智慧旅游不是政绩工程,必须在便捷、效率和品质方面让游客可知可感,必须在动能和效益方面让市场主体可知可感,才能落地生根。

(三)坚持文化与旅游融合发展,既要"旅游十"也要"十旅游"

文化和旅游部的组建已两年多了,文化和旅游融合发展才刚刚破题,真融合、深融合、广整合和实融合的道路还很漫长。未来的旅游目的地也一定是文化高地,没有文化吸引力的城市和乡村无法建成一流的旅游目的地,无法持续吸引外来游客到访。从旅游发展的角度来看,游客可触可感可体验的文化才是人民需要的文化。当代文化不只是舞台艺术和文化遗产,而是系统浸入百姓日常生活的,不是高高在上的、疏离的、非消费。着眼于文化和旅游融合发展,需要主动融入国家文化公园建设和传统文化复兴工程,统筹推进长城、大运河、长征、长江、黄河等国家旅游线路建设和推广工作;需要用好文物公益基金、旅游发展基金和产业基金,务实推进文物传承保护利用和文化遗产活化工作。无论是文化事业、文化产业,还是旅游业,都要以人民的文化权益和旅游权利为中心,回归国民休闲,回归大众旅游,从项目、产品和服务界面上切实把文化和旅游融合到一起。过去我们强调旅游对经济社会发展的带动作用,推动全域旅游和"旅游十",积累了很好的经验。今后要更加重视新型城镇化、新农村建设、国家公园、国家文化公园对旅游带动作用,不断满足广大游客的新型消费、升级消费和品质消费。"购物十旅游""科技十旅游""教育十旅游""体育十旅游""交通十旅游"等新业态,都是可能的,也是可行的。

进一步提升江苏省各大城市旅游文化的品位。江苏的名人特别多,自明清以来,就有不少状元、进士,如南通的张謇,近代的一些奥运冠军,要注意充分挖掘名人的相关资源。同时,在发展的过程中要不断注意保护和恢复传统的历史文化,比如,江苏省省委原书记李强着力于特色小镇的打造。江苏省本身就有诸如周庄、乌镇等历史古镇,特别集中在苏州地区,苏州地区本身就有"东方威尼斯"的美誉,但随着最近的一些旧城改造,现在苏州的一些历史传统都没有了。所以,要注重传统结合现实,反对只在意建设而不注重保护的盲目的城市化进程。根据每个城市不同的历史文化积淀以及历史文化资源,充分发挥本地区的优势,用文化优势来建设旅游城市。如何对城市的旅游文化进行定位,着重注意以下几个方面的认同感:一是旅游城市自身的人民群众要对旅游城市文化认同。像一些港口城市,如江苏省的洋口港位于如东县,但是经调查发现,如东本地的人民群众对洋口港旅游的定位并不认可,对政府投资建设洋口港非常有怨言,认为是在浪费钱。这种认同感的丧失,大大损害该城市旅游形象的建设,削弱了城市的凝聚力和向心力,就是因为旅游城市定位不准造成的。二是投资者是否对旅游城市的定位表示认同,旅游城市对投资者是否具备吸引力,十分重要。举个典型的例子,如多年前的南京浦口龙王山,原本打算开发成一个游乐园,但是浦口本身在当时提不起投资者的兴趣,最后开发陷入一片荒芜,变成了烂尾而不了了之。到现在还能看到破败的"售票处"等当年的基础设施。三是大众媒体对旅游城市的文化优势是否认同,对于旅游城市的文化宣传十分重要。如果不进行广泛宣传,对于旅游城市定位的形成没有帮助。

(四)坚持旅游领域新一轮的深化改革和扩大开放

20世纪八九十年代,旅游发展得益于改革开放,也在一定程度上引领了改革开放。文化和旅游系统既要落实中央深改委要求的边境旅游示范区和跨境旅游试验区建设要求,以及"一带一路"倡议、亚洲文明对话、国家文化公园、澳门世界旅游休闲中心、海南自贸区等国家战略对旅游业的要求,也要在工作层面上向市场放权,向企业让利。开放意味着双向的开放,中国的旅游企业和关联机构要出去,其他国家和地区的旅游企业和关联机构,还有跨国公司也要进来。以旅游推广为例,可以采取国际惯例,邀请更加熟悉客源市场的当地机构和人员进行"美丽中国"宣传营销,这样可以倒逼国内旅游目的地营销机构在竞争中成长。国际游客多了,世界旅游集团来了,传媒、金融、保险、自驾等关联机构入驻了,旅游业的高质量发展进程无疑会加快。

区域旅游协作已成为增强地区旅游竞争力的趋势,较强的开放性和关联性是旅游业的特点,地区旅游业不再是一个独立的个体而是一个区域共生态,各个旅游地区主体只有相互进行合作,才能使大区域内部的资源得到优化,只有各个城市协同发展才能增强区域整体竞争力。旅游者的旅行行为会受到出行时间、出行距离以及能够用于旅游的资金等因素的制约,在这些条件一定的情况下,需要满足旅游者对旅游产品不同层次的需求,而旅游产品分布在不同的地区,是不可移动的。如何为旅游者提供有效的产品组合,决定着一个地区旅游产品的供给能力的高低,从而影响一个地区的旅游竞争力。各个地区通过旅游协同发展能够增加城市间的旅游客流,从而带来资金流、物流、信息技术流。江苏省内城市旅游资源组合状况较好,自然、人文旅游资源丰富。江苏的文化兼有南北方的特色,主要分为苏州和无锡代表的吴文化;徐州代表的楚文化;六朝古都南京代表的历史文化、古都名城风景区。除此之外,还有因沿海、沿江形成的连云港的山海风景区、盐城的生态风景、南通的江海文化风景区等。各旅游城市需要联动发展,整合区内的旅游资源,共塑形象、共拓市场。在原有旅游线路的基础上,整合区内的旅游资源,并结合江苏省内的旅游交通路线,打造旅游景区资源互补或者是资源优势叠加的专项旅游线路,改善传统线路的视觉疲劳感,打造新的精品旅游线。通过省内各个城市旅游发展无疑需要通过区域联动开发,增强旅游强市,带动旅游弱市,达到共同发展,进一步推动城市旅游业的发展。

(五)坚持完善旅游治理体系,持续提升旅游治理能力

从中央层面来看,针对中小微型企业增值税及其附加、五险一金、房屋租金的减免,以及银行贷款展期等,不再区分行业和领域,只要是符合国家标准的中小微型企业和个体工商户,都可以享受相关待遇。同时,各级旅游部门也在防控疫情、推进有序复工、扶持旅游企业等方面做了大量的工作,如文化和旅游部出台了关于退还80%的旅行社质量保证金的政策,并调整了一定比例旅游发展基金使用方向,用于旅游企业贷款贴息的政策已经公布。此外,各级行政主体作为公共服务的提供方,要保障游客权利,尤其是游客的生命安全和身体健康,这是必须坚守的底线。在当前复工复业的关键时期,各级主管部门需要加强专业指导工作,重点加强游客服务中心、旅游厕所,以及主要旅游城市游客集散中心等重点场所的疫情防控。同时,需要做好市场恢复和产业振兴的准备工作,以重塑旅游业整体形象为重点,分阶段推进旅游业恢复与振兴,并持续完善旅游安全和应急管理体系。

参考文献

[1] 李英.虚拟现实技术在旅游行业发展中的应用[J].网络安全技术与应用,2020(02):127-129.

[2] 白长虹.文旅融合背景下的行业人才培养——实践需求与理论议题[J].人民论坛·学术前沿,2019(11):36-42.

[3] 吴杰.论我国旅游行业管理中的政府行为与旅游管理体制[J].中国管理信息化,2017(13):207-208.

[4] 焦彦,徐虹.全域旅游:旅游行业创新的基准思维[J].旅游学刊,2016(12):11-13.

[5] 樊志勇.互联网改变了旅游行业五种力量的竞争力[J].旅游学刊,2016(06):4-7.

[6] 张毅芳,田莉.体验营销在旅游行业的应用[J].科技广场,2015(09):201-207.

[7] 耿标.从世界各国旅游管理体制看旅游管理特征[J].商场现代化,2014(33):124.

[8] 朱海艳.旅游产业融合模式研究[D].西北大学,2014.

[9] 厉新建,张凌云,崔莉.全域旅游:建设世界一流旅游目的地的理念创新——以北京为例[J].人文地理,2013(03):130-134.

[10] 程晓丽,祝亚雯.安徽省旅游产业与文化产业融合发展研究[J].经济地理,2012(09):161-165.

[11] 刘军林,范云峰.智慧旅游的构成、价值与发展趋势[J].重庆社会科学,2011(10):121-124.

[12] 昂文尼玛.外国旅游管理体制比较研究及对我国旅游业改制的启示[J].旅游纵览(行业版),2011(10):22.

[13] 杨勇.中国旅游产业区域聚集程度变动趋势的实证研究[J].旅游学刊,2010(10):37-42.

[14] 张海燕,王忠云.旅游产业与文化产业融合发展研究[J].资源开发与市场,2010(04):322-326.

[15] 蒋莎.旅游管理体制的国际比较及启示[J].鄂州大学学报,2007(02):56-59.

[16] 王鑫.旅游城市旅游行政管理系统初探[D].四川大学,2006.

[17] 吴易明.中国生态旅游业研究[D].江西财经大学,2003.

第四章　江苏科技服务业发展报告

科技服务业作为现代服务业的重要组成部分和核心内容,是推动产业结构升级优化的关键产业,具有人才和智力密集、技术含量和附加值高、创新性和渗透性强、发展潜力和辐射带动作用显著等特点。随着社会经济的发展,科技服务业在合理整合资源、加速信息传递、推动成果转化等方面的作用日益凸显。

2014年10月底,国务院正式发布《关于加快科技服务业发展的若干意见》,随后全国科技服务业区域试点和行业试点工作陆续启动。2015年4月15日,国家统计局正式发布《国家科技服务业统计分类(2015)》,正式将科技服务统计纳入国家统计体系。2018年,国家统计局对《国家科技服务业统计分类(2015)》进行了修订,本次修订延续2015版的分类原则、方法和框架,根据新旧国民经济行业的对应关系,仅对行业分类有变化的相关内容进行调整和行业编码的对应转换,形成《国家科技服务业统计分类(2018)》。根据调整后的《国家科技服务业统计分类》,科学研究和技术服务业是指为了增加知识(包括有关自然、工程、人类、文化和社会的知识),以及运用这些知识创造新的应用,所进行的系统的、创造性的活动;该活动仅限于对新发现、新理论的研究,新技术、新产品、新工艺的研制研究与试验发展,包括基础研究、应用研究和试验发展。具体分类有科学研究和试验发展(自然科学研究和试验发展、工程和技术研究和试验发展、农业科学研究和试验发展、医学研究和试验发展、社会人文科学研究),专业技术服务业(气象服务、地震服务、海洋服务、测绘地理信息服务、质检技术服务、环境与生态监测检测服务、地质勘察、工程技术与设计服务、工业与专业设计及其他专业技术服务),科技推广和应用服务业(技术推广服务、知识产权服务、科技中介服务、创业空间服务、科技信息服务、科技金融服务、科技普及和宣传教育服务、综合科技服务)。

2019年,江苏省继续发挥科技成果转化支撑作用,不断强化高新区重要载体功能,陆续出台政策支持科技服务企业创新发展,进一步完善技术转移体系,组织实施了重大科技示范工程,逐步构建完善覆盖科技创新全链条的科技服务体系,全省科技服务业迈上新台阶。

一、江苏科技服务业的发展现状

(一)2019年中国科技服务业发展状况

1. 科技服务业发展业绩

2019年,中国科技服务业市场规模达到了2.23万亿元,GDP占比在2.2%左右,市场规模同比增长大约10.9%。2019年,中国科技服务业市场供给规模达到2.39万亿元,市场供给规模同比增长大约13.3%。2019年,科技服务行业供给中,技术交易服务和科技孵化两个细分市场占比最大,分别达到了34.8%和30.2%。随着科技情报细分市场的崛起,预计2020—2025年科技咨询细分的比重会有所增加。2019年,中国科技服务市场需求达到2.33万亿元,同比增长大约14.5%;2018年中国科技服务市场需求达到2.05万亿元,同比增长大约14.5%。

2. 细分专业发展状况

(1)科技咨询业

目前,我国已有科技咨询机构6万多个,专职从业人员超过100万人,范围包括重大决策、工程评估、项目论证、新产品和新技术开发、成果推广与转让、技术和设备引进,以及企业技术诊断与科学管理等诸多领域,并呈现专业化、多元化与综合化的发展趋势。科技咨询业市场化管理机制已经初步形成,2013年由政府批准,有多个企事业单位组成的市科技咨询业协会逐步成立,制定了行业规范和行业道德,开展了咨询机构的信誉评审等。

(2)科技企业孵化器

目前,我国国家级科技企业孵化器有500多个,在孵企业上万家。科技孵化器成为推动科技产业化、扶持科技企业创新创业的载体。这些孵化器以高科技工业园为主要集中区,辐射周边地区,在部分大中城市初步形成了科技企业孵化器产业,已成为按照市场经济规律推动科技产业化、扶持科技企业家创新创业的成功载体。

(3)技术产权交易

为促进科技成果转化,激活我国技术产权交易市场,引导技术产权规范交易,我国设立了"科技成果转化和技术产权交易专项奖励资金",用于鼓励单位及个人积极参与规范的技术产权交易,并给在所在地技术产权交易所完成的技术交易、中小型科技企业产权交易成效显著的项目进行奖励。以打造科技资本社会化服务平台为目标,经过不断探索和调整,技术产权交易市场呈现出两大根本性转变,一是变做项目为做平台,二是从单一服务到综合服务,功能定位直接转向科技创业成果转化。

(4)各类创新载体

我国不断增加国家级企业重点实验室,国家级企业工程技术研究中心,国家级国家合作基地的建设,有力地推进了创新资源配置、技术扩散、成果转化,创新决策和管理咨询等科技服务体系发展。为有效发挥好生产力促进中心、创业服务中心的作用,国家成立科技创新综合服务平台。

(5)技术转移促进行动

启动实施的"国家技术转移促进行动","创新驿站"网络平台正式开通。创新驿站由综合服务大厅、"互动式"网络平台、专利技术展示交易中心、专业技术转移中心、科技服务中心、区市科技园区分站、技术经纪人团队等七部分构成,我国创新驿站以企业需求为中心,围绕创新链条中项目、技术、资金、人才、咨询等环节,集成了企业、大学、科研院所、专业中介等资源,实现产学研有效对接。

3. 科技服务业发展趋势

(1)区块链、大数据等信息技术越来越深刻影响科技服务业

随着区块链、大数据等新兴技术的快速发展,信息共享为科技服务业的发展提供了新契机,传统的信息数据平台缺乏灵活性,难以快速处理指数级增长的行业数据,因此,在共享经济快速发展的背景下,科技服务业大数据平台建设愈加重要。大数据平台可以将获取的海量行业数据处理成具有实际市场价值的信息,通过区块链各个节点将资源信息进行存储整合,并最终实现任意点对点数据传输,实现数据资源共享。大数据平台的应用模型以数据库的形式展现,由于区块链本身是一个分布式数据库,由各个节点采集数据存储于区块当中,所以,在平台的搭建中,以各个采集不同数据的区块作为数据库实现功能,在不同的数据库中分别存储科技服务业不同方向的信息。平台数据不仅包括了科技服务企业的行业内部数据,还包含了科技服务业与政府、科技企业以及其他相关行业的外部数据,由于数据的特殊性,这些数据既有可公开成分,又有企业内部的保密成分,所以,平台采用联盟链的方式进行搭建,根据情况的不同开放不同的读写权限和身份认证入口,在保证信息共享的同时确保数据的私密性。大数据等信息技术是社会发展的必然趋势,科技服务的发展除了要抓住行业调整带来的机遇,还要依托新型信息技术的优势实现行业的长足发展。

（2）科技服务与实体经济融合程度继续加强

新冠肺炎疫情发生以来,科技服务业中的科学研究、实验发展、检验检测、科技信息、科技普及和科技教育等领域快速响应,迅速行动,进入加速成长通道。根据万博新经济研究院《全景透视疫情对中国经济影响》报告预测,信息传输、软件和信息技术服务业 2020 年第一季度增长 17.5%,全年增速或超 20%。

在疫情攻关服务领域,研发机构迅速确定了新冠病毒的全基因组序列,并分离得到病毒毒株,开启了病毒同源性分析及溯源追踪;检验检测机构推出多种检测试剂产品,为开展大规模排查、筛查提供了重要工具;顺应远程医疗的需求,5G 网络技术助力远程诊断、远程监护、预问诊或线上自诊分诊等智慧医疗的落地实施;满足健康防疫要求,多条技术路线推进疫苗攻关,中国新冠疫苗已获批进入临床试验。

在科技信息服务领域,从疫情地图实时数据报告,到流动人员健康监测;从高危人群智能警示信息发布,到普通公众足不出户千万"云监工";从人手一个的通行凭证健康码,到全国各地健康信息平台和防控联动平台的有序高效运转;从大数据比对精准开展同行航班、车次、社区确诊查询,到人工智能强劲助力复工复产,科技信息服务业为疫情研判、科学防控、复工复产、民生保障等提供了信息化保障。

在科技教育服务领域,疫情导致对线上知识和教育的需求激增。一批拥有互联网平台和大数据技术优势的科技服务公司,积极扩展文献检索、在线教育、数字出版等业务,实现迅速扩张。中国知网、维普教育、万方数据、超星集团等一批文献和数据产品平台免费开放,为科研工作的开展提供了基础保障;应对线上教育的需求,钉钉、腾讯课堂等智慧教学工具得到了快速渗透;应对防疫科学普及的需要,数字出版行业快速反应,陆续推出了防治指导类数字化出版内容和有声读物内容,为公众认知、掌握科学的防护常识,发挥了重要作用。

疫情的外部冲击对科技服务业的供求等产业环境均产生了重要影响,科技服务业在面临发展机遇的同时,也面对着一些挑战。一方面,在突发性公共安全事件的早期识别和预警,中期救援和复位,以及后期的重建和重构等方面,暴露出科技服务缺失或错位问题。例如,在本次疫情初期,各种信息混杂传播、真假难辨、极易滋生负面舆情,对信息服务的甄别和判断能力提出了更高要求。又如,应对突发事件要加快反应速度,急需强化科技服务机构的密切协同,做出集中有效的统一响应。还有,大规模远程办公和在线授课的井喷式爆发导致的网络瘫痪问题,对信息化服务能力均提出了新的挑战。另一方面,科技服务企业以中小企业为主,同时中小企业也是科技服务业的重要客户群。面对外部冲击,中小企业抗风险的能力明显较弱。据清华、北大联合调研数据显示,34% 的中小企业账上余额只能维持 1 个月。受到人流物流限制、产业链供应中断、消费需求低迷等因素影响,再加上租金、利息等刚性支付压力,已经有一批中小型科技服务企业和互联网公司经营困难。

（3）政府支持力度进一步加大

2014 年 10 月 28 日,国务院发布《关于加快科技服务业发展的若干意见》,明确提出:"到 2020

年,基本形成覆盖科技创新全链条的科技服务体系,服务科技创新能力大幅增强,科技服务市场化水平和国际竞争力明显提升,培育一批拥有知名品牌的科技服务机构和龙头企业,涌现一批新型科技服务业态,形成一批科技服务产业集群,科技服务业产业规模达到 8 万亿元,成为促进科技经济结合的关键环节和经济提质增效升级的重要引擎。"近年来,特别是 2019 年以来,政府在构建覆盖科技创新全链条的科技服务体系,推进技术转移、工业设计、检验检测、创业孵化、科技金融、知识产权等重点领域提档升级,推进科技服务专业化、精细化、规模化、集成化发展,推动科技服务业特色基地建设方面发力点更准确、着力点更精确。《产业结构调整指导目录(2019 年版,征求意见稿)》中,科技服务业只有鼓励类,共列举了 16 个条目,主要包括电信增值服务、信息系统集成和物联网技术服务、知识产权相关服务、大数据安全服务、新型文化等。

表 1　产业结构调整指导目录

编　号	条　目
1	工业设计、气象、生物、新材料、新能源、节能、环保、测绘、海洋等专业科技服务,标准化服务、计量测试、质量认证和检验检测服务、科技普及
2	在线数据与交易处理、IT 设施管理和数据中心服务,移动互联网服务,因特网会议电视及图像等电信增值服务
3	行业(企业)管理和信息化解决方案开发、基于网络的软件服务平台、软件开发和测试服务、信息系统集成、咨询、运营维护和数据挖掘等服务业务
4	数字音乐、手机媒体、网络出版等数字内容服务,地理、国际贸易等领域信息资源开发服务
5	数字化技术、高拟真技术、高速计算技术等新兴文化科技支撑技术建设及服务
6	分析、试验、测试以及相关技术咨询与研发服务,智能产品整体方案、人机工程设计、系统仿真等设计服务
7	在线数据处理和数据安全服务,数据恢复和灾备服务,信息安全防护、网络安全应急支援服务,云计算安全服务,大数据安全服务,信息安全风险评估、认证与咨询服务,信息装备和软件安全评测服务,密码技术产品测试认证服务,信息系统等级保护安全方案设计服务
8	科技信息交流、文献信息检索、技术咨询、技术孵化、科技成果评估、科技成果转移转化服务和科技鉴证等服务
9	知识产权代理、转让、登记、鉴定、检索、分析、评估、运营、认证、咨询和相关投融资服务
10	国家级工程(技术)研究中心、国家工程实验室、国家农业高新技术产业示范区、国家农业科技园区、国家认定的企业技术中心、国家实验室、国家重点实验室、高新技术创业服务中心、绿色技术创新基地平台、新产品开发设计中心、科研中试基地、实验基地建设
11	信息技术外包、业务流程外包、知识流程外包等技术先进型服务
12	智能制造系统集成应用体验证服务
13	工业服务:现代高端装备的维护与维修、数字化产线改造与集成、工业服务网络平台、工业电商、智能装备远程运维管理系统、智慧工厂设备监测诊断平台、预测性维护系统、专业维修服务和供应链服务、工业管理服务(包括设备运维管理咨询、设备运维与管理服务、工业 APP 和设备管理软件 SaaS)、数据及数字化服务(PaaS、IaaS、数据分析服务和其他创新数据服务)
14	网络安全集成、安全维护、安全运营、风险评估、教育培训、咨询、应急响应等安全服务
15	云计算数据中心的建设、维护、租赁等
16	信息系统集成和物联网技术服务、运营维护服务、信息处理和存储支持服务、信息技术咨询服务、数字内容服务及其他信息技术服务

资料来源:前瞻产业研究院整理

表 2　2017—2019 年科技服务业政策汇总

时　间	政　策	具体内容
2018 年 5 月	《关于技术市场发展的若干意见》	到 2020 年,适应新时代发展要求的技术市场初步形成,服务体系进一步完善,市场规模持续扩大。培育 20 家具有示范带动作用的高水平专业化技术转移机构、600 家市场化社会化技术转移机构,发展 3 至 5 个枢纽型技术交易市场,培养 1 万名技术经理人、技术经纪人,全国技术合同成交金额达到 2 万亿元,技术交易的质量和效益明显提升。到 2025 年,统一开放、功能完善、体制健全的技术市场进一步发展壮大,技术创新市场导向机制更趋完善,市场配置创新资源的决定性作用充分显现,技术市场对现代化产业体系发展的促进作用显著增强,为国家创新能力提升和迈入创新型国家前列提供有力支撑。
2018 年 2 月	《关于印发洛阳市科技服务业转型攻坚行动计划(2018—2020 年)的通知》	到 2020 年,引进培育一批国内外知名的平台型科技服务机构和龙头企业,备案一批技术先进型服务企业和创新型科技服务机构示范企业等科技服务示范机构,涌现一批科技服务新业态,科技服务市场化水平明显提升,服务科技创新能力大幅增强,成为促进科技创新和产业发展的重要引擎。
2017 年 12 月	《关于北京市加快科技创新发展、科技服务业的指导意见》	到 2020 年,打造一批具有国际影响力的科技服务龙头骨干企业,培育一批拥有核心技术的科技服务高成长企业,涌现一批服务模式新的科技服务创新型企业。首都科技服务资源潜力充分释放,市场化程度进一步提高,结构优化、支撑有力、创新引领的科技服务体系基本形成,定位清晰、布局合理、协同发展的科技服务业发展格局更加优化,对科技创新、成果转化、产业发展的支撑服务能力明显增强。
2017 年 12 月	《南京市政府办公厅关于印发加快科技服务业发展实施方案》	到 2020 年,基本形成符合南京经济社会发展需求,覆盖科技创新全链条的科技服务体系,服务科技创新能力大幅增强,科技服务市场化水平和国际竞争力明显提升,建设 2 个科技服务业集聚区,5 家以上科技服务业特色基地,培育 200 家营业收入超亿元的科技服务骨干机构、2 个国内外知名的科技服务品牌,引进培养 600 名高层次科技服务业领军人才,科技服务业产业规模超过 3000 亿元。科技服务成为促进科技与经济相结合的关键环节、经济转型升级和提质增效的重要引擎,将南京打造成为科技服务业中心城市。
2017 年 4 月	《"十三五"现代服务业科技创新专项规划》	到 2020 年,初步形成现代服务科学体系,理论技术水平大幅提高,生产性服务业、新兴服务业、文化与科技融合、科技服务业领域服务科学研究与实践能力进入世界前列。在重点领域攻克一批关键核心技术,形成一批国际、国家标准和行业解决方案,支持建设 10—20 个国家级现代服务业工程技术研究中心、国家重点实验室和企业技术中心,大幅提高科技在现代服务业增加值中的贡献度,全面提升现代服务业的规模、质量、效率和品质,实现我国现代服务业总体水平与发达国家并跑,在部分领域达到领跑水平。
2019 年 11 月	《关于加强农业科技社会化服务体系建设的若干意见》	改革创新、激发活力。坚持科技创新和体制机制创新双轮驱动,着力破除制约科技创新要素流动的体制机制障碍,将先进技术、资金、人才等创新要素导入农业农村发展实践,加快实现科技创新、人力资本、现代金融、产业发展在农业农村现代化建设中的良性互动。

资料来源:课题组整理

（4）科技服务在农业现代化进程中的重要性日益凸显

农业科技社会化服务体系是为农业发展提供科技服务的各类主体构成的网络与组织系统,是农业科技创新体系和农业社会化服务体系的重要内容。长期以来,以农技推广机构等公益性服务机构为主体的农业科技社会化服务体系在推进农业发展、创新驱动乡村振兴中发挥了重要作用。随着我国农业组织形式和生产方式发生深刻变化,科技服务有效供给不足、供需对接不畅等问题日益凸显,越来越难以适应农业转型升级和高质量发展的需要。为进一步加强农业科技社会化服务体系建设,提高农业科技服务效能,引领和支撑农业高质量发展,推进农业农村现代化,必须坚持科技创新和体制机制创新双轮驱动,着力破除制约科技创新要素流动的体制机制障碍,将先进技术、资金、人才等创新要素导入农业农村发展实践,加快实现科技创新、人力资本、现代金融、产业发展在农业农村现代化建设中的良性互动。江苏省政府正努力完善激励和支持政策,充分调动各类科技服务主体积极性,不断壮大农业科技服务业。

专栏 1　国务院批复同意建设南京农高区

昨日,国务院发布关于同意建设江苏南京国家农业高新技术产业示范区的批复。这是国务院办公厅 2018 年 1 月印发《关于推进农业高新技术产业示范区建设发展的指导意见》后,国务院第一批批复建设的江苏省唯一的国家农业高新技术产业示范区。

江苏南京国家农业高新技术产业示范区(简称南京农高区)位于南京市溧水区,总面积 145.86 平方公里,东至溧阳市,南至晶桥镇,西至东庐山麓,北至句容市。其前身是创立于 2009 年的江苏南京白马国家农业科技园区,2010 年被科技部批准为国家农业科技园区,2016 年获批江苏省南京白马高新技术产业开发区。

南京农高区拥有丰富的科教资源,南京农业大学、南京林业大学、江苏省农业科学院、农业农村部南京农业机械化研究所等七家知名涉农高校和科研院所先后入驻。目前已建有国家及省市科研平台 80 多个、集聚高层次创新创业人才 200 多名、累计承担农业科技项目 350 多项、取得农业科技成果 650 多项。产业方面,明确了以生物农业为主,协同推进农产品特色加工、农业智能装备制造、农业科技服务业发展,目前已集聚一批高新技术企业。

未来,南京农高区将立足"绿色智慧",在建立规模化种植示范基地等先进技术和生产模式示范体系、探索东部发达地区现代农业高质量发展和产城产镇产村融合发展系统解决方案等方面探索示范,努力创造出可复制、可推广的经验。

（二）江苏科技服务业发展成绩

2019 年,全省规上信息服务业、科技服务业中开展创新活动的企业占比为 73.98%,比 2017 年、2018 年分别提高了 23.98、9.26 个百分点,高于全部规上服务业 44.7 个百分点。2019 年,全省科技服务业生产总值约为 2212 亿元,较 2018 年增长约 9.5 个百分点。创新活跃度不仅居服务业之首,而且各类创新活动十分活跃,开展产品(服务)、工艺(流程)、组织、营销创新的企业比重均在 60% 左右,显著高于服务业平均水平。

1. 科技创新能力增强

全省专利申请量、授权量分别达 59.4 万件、31.4 万件,其中,发明专利申请量 17.2 万件;发明专利授权量 4.0 万件;PCT 专利申请量 6635 件,增长 20.6%。万人发明专利拥有量 30.2 件,比上年增加 3.7 件;科技进步贡献率 64%,比上年提高 1 个百分点。全省企业共申请专利 47.2 万件。全年共签订各类技术合同 5.0 万项,技术合同成交额达 1675.6 亿元,比上年增长 45.4%。省级以上众创空间 790 家。全年全省共有 55 个项目获国家科技奖,获奖总数位列全国各省第一。

2. 科研投入力度加大

全社会研究与试验发展(R&D)活动经费占地区生产总值比重达 2.72%,研究与试验发展(R&D)人员 58.0 万人。全省拥有中国科学院和中国工程院院士 102 人。各类科学研究与技术开发机构中,政府部门属独立研究与开发机构达 474 个。建设国家和省级重点实验室 183 个,科技服务平台 275 个,工程技术研究中心 3679 个,企业院士工作站 349 个。

2019 年,全省科技服务业固定资产投入比往年增加 8.6 个百分点,全社会研发投入超过 2700 亿元,占 GDP 比重达 2.72%,其中,企业研发投入占比超过 80%。高新技术企业达 2.4 万家,净增近 6000 家;万人发明专利拥有量达 30.2 件,同比增加 3.7 件。科技进步贡献率 64%,区域创新能力位居全国前列。未来网络试验设施、高效低碳燃气轮机试验装置、纳米真空互联实验站等重大创新平台建设取得新的进展,创建国家首个车联网先导区,国家级孵化器数量及在孵企业数均保持全国第一。新产业新业态新模式蓬勃发展,大众创业、万众创新深入推进。数字经济规模达 4 万亿元,商务服务业、软件和信息技术服务业、互联网和相关服务业营业收入分别增长 9.4%、18.8% 和 23.4%。全年新登记市场主体 184.1 万户,平均每天 5044 户,其中,企业 54.3 万户,平均每天 1488 户。

表3　2011—2019 年江苏科技投入和产出情况

指标	技术合同成交总额	规模以上工业企业R&D经费支出	规模以上工业企业R&D项目(课题)数	规模以上工业企业有效发明专利数
单位	万元	万元	项	件
2011 年	3334315.52	8998943.5	31933	26720
2012 年	4009140.76	10803107.2	44570	45120
2013 年	5275019.66	12395745.4	48530	52718
2014 年	5431585.22	13765378.2	53117	73252
2015 年	5729178.23	15065065.2	51720	85485
2016 年	6356424.81	16575417.9	59535	117912
2017 年	8729000	18338831.7	67205	140346
2018 年	11526000	20245195.4	72426	176120
2019 年	16756000	22061580.8	95240	180893

数据来源:国泰安数据库

二、江苏科技服务业的问题分析

(一)科技金融服务方式有限,服务能力亟待增强

无论服务方式还是服务能级,江苏科技金融均有较大改善空间。一是科技金融服务主要以银

行信贷为主,且服务规模和覆盖面相对有限。江苏个别地区虽然探索成立了专门为科技中小企业提供金融服务的类似"科贷通"的服务机构,但由于受制于传统银行信贷的制度要求以及考核机制,银行信贷模式下的科技金融服务规模相对有限,覆盖面不足。同时,科技服务机构作为中介服务机构的特殊性,一般企业自身无专利、无技术,相关税收减免政策很难落实。企业类科技服务机构一般规模较小,科技服务机构社会化融资的吸引力不大,全省上市融资以及到全国中小企业股份转让系统挂牌的科技服务机构数量很少,创业投资、风险投资及银行信贷等社会资本对科技服务机构的支持力度还不够。

专栏 2　支持科技企业复工"战疫",苏州"科贷通"服务模式再升级

为进一步加强科技金融结合,有序推进科技企业复工复产,助力研发创新支持抗疫防疫。根据《苏州市市级科技信贷风险补偿项目实施细则》等政策文件规定,市科技局与农业银行苏州分行等 22 家机构签署新一轮苏州市市级科技信贷风险补偿项目合作协议,共同打造"科贷通"服务升级版。

"科贷通"服务升级版:一是扩大政策惠及面。对江苏省民营科技企业、国家科技型中小企业、高新技术企业或高新技术培育企业、瞪羚计划企业、高成长创新型企业、领军人才企业等六类科技型企业给予科技信贷风险补偿支持。二是优化差异化的风险补偿体系,重点支持市级高成长创新型企业、市级以上领军人才企业,科技信贷风险补偿额不超过 1000 万元。对于市级"瞪羚计划"企业,科技信贷风险补偿额不超过 700 万元。对于其他企业,科技信贷风险补偿额不超过 500 万元。倾斜支持年销售 5000 万元以下科技型小微企业,科技信贷风险补偿比例达 50%,助力普惠金融发展。三是开展"一行一品牌"产品创新。与苏州银行合作推出"科贷通创易融"信用类科技金融产品,产品面向区级以上各级科技领军人才企业,并在生物医药等重点产业领域放宽信贷准入条件,扶持领军人才创新创业。与江苏银行苏州分行推出"科贷通高企贷"普惠金融产品,产品面向国家高新技术企业,拓宽契合创新研发的贷款用途,支持苏州市产业技术转型升级。

（二）科技成果转化率低

技术市场是科技成果从科技研究领域转化到生产销售领域,从而变为现实生产力的场所。科技成果的转化率对科技服务业的发展至关重要,科技成果的转化离不开三个因素:科研机构、企业和科技中介机构。一种情况下,企业已有产品定位,主动寻求科研机构进行研发来满足其需求,企业和科研机构建立有效关联,科研机构研发出成果后,企业可以直接促进科技成果转化成市场所需要的产品;另一种情况下,科研机构研发科技成果,通过科技中介机构取得与有相应需求的企业的有效沟通,间接实现两个主体之间的互动,最终促成科技成果的转化。只有实现科研机构、科技中介机构、企业三者的关联才有利于促成科技成果的有效转化。通常是省内科研院校作为科技创新和科研成果的集中地,无法与企业形成有效的联动机制,导致科技成果缺乏针对性,有效供给不足,转化率不高。

（三）江苏科技服务业创新生态系统的适宜度水平存在较大空间差异

苏南地区普遍优势明显;苏中、苏北地区在科技服务业创新生态系统的发展方面仍存在相当大的提升空间。作为落实创新驱动发展战略的基点,科技服务业承载着促进科技经济深度融合、推动产业结构优化升级、实现社会经济提质增效的重要任务。在《国务院关于加快科技服务业发展的若干意见》等政策的引导、助推下,科技服务业的发展高度不断提升,江苏省更是将其作为推动经济高质量发展的主导产业。而创新生态系统作为当下的新创新范式,对于提升当前科技创新能力、推动产业高质量发展意义匪浅。创新生态系统的适宜度存在较大空间差异,将影响全省科技服务的协同发展,无法有效发挥科技服务业的省域集聚效应。

专栏 3　江苏省发布"2019 江苏省百强创新型企业"名单

近日,江苏省科技发展战略研究院发布了"2019 江苏省百强创新型企业"名单。榜单显示,苏南、苏中、苏北地区分别有 74 家、14 家和 12 家企业上榜,国电南瑞科技股份有限公司、天合光能股份有限公司、江苏恒瑞医药股份有限公司位列榜单前三位。从 2016 年开始,省科技发展战略研究院已连续向社会发布了四届百强创新型企业榜单,本届榜单依旧从创新投入、创新产出、创新绩效、创新管理等四个方面出发,针对企业创新的关键要素和主要环节,选择能够有效体现创新发展水平的定性及定量指标,对企业创新发展水平进行综合评价。

入选的百强创新型企业具有四个鲜明特点:一是自主创新能力强。百强创新型企业研发经费内部支出占销售收入比例平均达 3.3%,研发人员占从业人员比例达 15.6%,分别是规模以上工业企业的 2.1 倍和 2.3 倍;新产品销售收入占总收入比重平均达 39.9%。90% 的企业是高新技术企业或核心子公司为高新技术企业,所有企业均建有研发机构,全部拥有自主知识产权,户均有效专利 364 件,户均有效发明专利 129 件。二是企业经济效益好。2018 年,百强创新型企业共实现主营业务收入 7143 亿元,实现利税 977 亿元,平均销售利税率达 13.7%,比上年提高 0.9 个百分点。其中规模超百亿元的有 17 家,50 亿元以上的有 15 家,10 亿元以上的有 45 家。三是行业影响力大。百强创新型企业中有 60 家入选省创新型领军企业培育库,有 48 家获得过国家或省科学技术进步奖,有 55 家企业参与或主持过国家标准或国际标准的制定,在行业内具有较强的影响力和带动性。四是创新管理水平高。百强创新型企业普遍建立了现代企业制度和比较完善的法人治理结构、质量保证体系、知识产权和品牌管理体系,重视高端科技人才的引进和培养,硕士以上学历人员占从业人员比重达 7.6%。

(四) 科技服务业标准化体系建设缓慢

科技服务标准化即是制定和实施科技服务标准,运用标准化的原理和方法,使科技服务全流程有标准可依,科技服务质量有标准考核,最终获得优质的科技服务。通过实施科技服务标准化,可以加快江苏省科技服务业标准的制修订、推广及应用,规范科技服务市场秩序,提升科技服务质量,为培育全省经济发展新动能注入新活力,让科技创新在经济社会领域建立最佳秩序,创造最佳效益。江苏省科技服务业发展态势良好,但直接服务于技术研究、开发转移、转化等方面的标准仍然紧缺,成为制约全省科技服务业发展的瓶颈。为了进一步规范发展科技服务业,有必要建立科技服务业标准服务体系,通过标准化建设工作,推进科技服务业规范化管理。

专栏4 《科技企业孵化器服务规范》国家标准研讨会在成都召开

2019年9月4日,火炬中心在成都组织召开《科技企业孵化器服务规范》国家标准研讨会。中国标准化研究院、住建部标准定额研究所、相关创业孵化研究机构和行业协会等单位近50余人参加了会议。

《科技企业孵化器服务规范》国家标准研制项目由科技部火炬中心提出,"全国服务标准化技术委员会"归口管理。标准的编制和实施将有助于规范科技企业孵化器的服务与管理,提高科技企业孵化器行业的服务质量,规范科技企业孵化器管理机构的服务行为。

自立项以来,通过调研多家国内知名孵化器,召开多次研讨会议,征询主管部厂领导、服务标准化专家、在孵企业与毕业企业代表以及国内孵化器行业专家意见,形成了《〈科技企业孵化器服务规范〉征求意见稿(草案)》。

研讨会上,与会专家肯定了标准整体框架结构,结合国际国内科技创新及科技企业孵化器发展最新趋势,再次对科技企业孵化器的服务流程、服务内容、服务质量的评价与改进等进行了充分的研讨,对草案内容提出了具体、可落实的改进意见。标准起草组将根据研讨意见进一步修改完善,力争使《科技企业孵化器服务规范》国家标准尽快发布实施。

（五）科技服务业专业水平偏低,市场化程度亟待提升

目前,江苏科技服务业前景广阔,但整体实力偏弱,尤其是专业化和市场化程度总体偏低。一是服务质量参差不齐。由于设立门槛不高,江苏科技服务企业发展良莠不齐,不少企业仅充当了低层次的"二传手"角色,无法为客户提供专业性更强的增值服务和解决方案。科技服务业发展的低层次性,使得科技服务业难以形成既有专业侧重,又有服务延伸与服务衔接的协同局面,制约了科技创新服务生态体系的构建。二是不少科技服务企业缺乏市场活力,服务能力与竞争力不强。江苏不少科技创新服务企业业务经营依赖于承接政府项目和国有企业项目,市场开拓能力较弱。同时,该类科技服务企业由于在技术服务人员和技术转移人员激励等方面缺乏创新·对专业服务人才吸引力不足,团队建设较为薄弱,这也制约了其市场服务能力的提升。

三、江苏科技服务业发展的对策与建议

（一）利用区块链技术构建科技服务业大数据共享平台

随着经济的快速发展,大数据是社会发展的必然趋势,科技服务的发展除了要抓住行业调整带来的机遇,还要依托新型信息技术的优势实现行业的长足发展。大数据平台的建立可以加快以科技服务业为核心的相关产业发展,平台内部针对不同情况设立不同的数据库,一方面可以使科技服务企业参考、弥补企业的业务弱点,争取市场份额,帮助企业树立良好形象,加快科技服务业发展;另一方面可以帮助联动产业发展,以平台交互的模式加强与联动产业的联系,既增加了科技服务业的柔性,也可以加快制造业、农业等相关产业的发展。江苏省应抓住有利时机,利用区块链技术结合大数据设计科技服务业大数据平台,以区块链的核心技术优势为平台提供安全保障,将科技服务

企业、科技企业、政府以及其他相关行业融入其中,利用大数据在平台内部实现信息有效共享、互动以及跨部门联合等,并达到以下目的:一是形成完整有效的信息互通渠道,保证行业内部信息沟通得顺畅有效,提升机构的合作动力,促进科技服务业发展;二是促进法律法规体系的完善,通过数据库内问题的跟踪督促政府部门完善相关体系;三是促进科技服务业协同发展,通过数据库落后地区可以与发达地区形成信息、资源、设备等的共享,促进协同发展。

(二)着力增强科技银行服务能力,拓展其信贷覆盖面

一是优化科技银行监管制度,增强其服务科技创新的能力。科技银行不同于一般商业银行,主要从事对公业务,不涉及零售业务,且服务对象为初创企业或科技型中小企业。由于其服务对象普遍缺少资产抵押物,这需要科技银行在监管制度上有别于一般商业银行,比如,在坏账率、存贷比等方面比一般商业银行更加宽松。与此同时,强化对科技银行和商业银行的科技金融信贷担保或信贷风险补偿力度,尤其是推动省、市级政府性基金与科技银行合作,将部分政府性基金存入科技银行,扩大科技银行的存款规模,提升其服务潜力。二是着力推动科技银行与园区、孵化器合作联动,拓展其潜在客户。鉴于科技银行的现有客户筛选模式制约了其客户拓展,因而可通过推动科技银行与园区、孵化器的合作联动,使园区、孵化器作为科技银行的客户联系者和推荐者,拓展科技银行的潜在客户。

着力引进和培育 VC、PE 等股权投资机构或投资人。研究出台更有竞争力的吸引 VC、PE 等股权投资机构或投资人的政策,吸引更多投资科创企业的优秀天使和创投基金汇集江苏,支持具有专业知识背景的人士,作为独立投资人参与投资科技创新企业。完善股权投资机构在注册、投资退出等方面的制度环境,营造有助于便捷投资,稳定投资预期的投资生态。提升"绿色技术银行"、国家技术转移东部中心等平台影响力,建立科学家、企业家、金融家等多方互动交流机制,促进科技创新团队、科技初创型企业、科技型中小企业与金融资本的对接。

大力推进江苏省风投、创投等股权投资机构管理制度创新。进一步扩大省内国有创投引导基金的资金规模,特别是聚焦产业链发展,强化创投资本与产业资本有机结合,吸引更多社会资本参与创新创业投资。简化国有参股基金被投企业的退出流程,放松在股权转让、工商变更等方面的约束,增强市场活力。完善国有创投机构绩效考核制度,实行综合考核,不以短期盈亏为唯一指标,营造"宽容失败"的氛围。强化对风投、创投等股权投资机构在税收、投资担保等方面的政策支撑,转变市场化风投、创投机构的短期利益倾向,使其真正承担"风险投资"的角色。

(三)对于创新生态系统适宜度较差的城市,不断加强政策引导,继续强化政策支持

以扩大科技创新投入力度、加快创新载体平台建设、落实人才培养引进战略、提升区域对外开放水平等为着力点,逐渐健全创新网络,不断优化创新环境,有效改善其创新生态系统适宜度水平。对于适宜度中等的城市,分别针对科技服务业企业、高等院校、科研机构、中介机构、金融机构等创新主体制定相应的政策,以完善整个系统内部的联动机制,强化创新主体之间的协同趋势,优化创新生态系统的发展能力,形成各类主体相互扶植配合的,有利于科技与经济深度融合的良性循环,进而优化系统的现实生态位。对于适宜度较好的城市,进一步健全、优化科技服务业创新生态系统

的综合治理机制,强化各类创新主体之间的网络联结,做好理论与实践的充分结合以及研发与产出的顺利对接;此外,不断强化、提升该类城市的辐射功能和带动作用,以便引导、辅助其他适宜度水平较低的城市,最终实现全省科技服务业的共同发展。

(四)强化共性技术的研发,尤其是核心关键领域、关键技术的共性技术研发

面对共性技术研发服务能力弱化的局面,江苏在提升城市科技创新服务功能过程中,必须依托优势资源和基础,强化共性技术的研发,尤其是核心关键领域、关键技术的共性技术研发,形成促进资源要素集聚和高效配置、促进创新理念萌发和成果转化、促进创新政策保障有力的共性技术研发服务体系,增强科技成果产业化应用的能力。大力推进研发与转化功能型平台的机制改革,对于基础平台要加强平台的公益属性,探索建立以质量绩效为导向和"竞争性经费"与"非竞争性经费"捆绑的财政科研经费投入机制和管理模式;对于专业平台要按照社会化、市场化建设模式,建立政府引导、专业研究机构组织、社会相关主体共同参与的组织运作机制,充分调动非政府组织和企业建设共性技术研发服务平台的积极性。同时,要推进实施一系列科技推广计划,加强共性技术的扩散应用。

(五)着力提升知识产权保护、管理与交易的服务水平

积极推进知识产权保护与交易平台建设。加快推进江苏省知识产权保护中心建设,建设完备的设施设备体系,加快推进转移预算等服务系统与国家知识产权局的系统对接,大力推进知识产权快速审查、快速确权、快速维权以及纠纷解决等工作机制建设,强化形成与司法保护协作联动机制。加快推进江苏知识产权交易中心建设,积极推动高校、科研院所、大型企业知识产权与交易中心的对接,强化知识产权交易中心供需资源库建设。强化知识产权交易中心的功能集成,推动建立知识产权质押融资、国际交流合作、科技服务业集成等服务功能。开展全省高校、科研院所知识产权评估工程,由第三方专业机构对高校、科研院所的科技创新成果转化、知识产权管理服务机构进行评估评级,提出有针对性的能力提升计划,促进高校、科研机构科技成果知识产权保护和转化能力建设。

(六)加快科技服务业发展,增强市场专业化服务功能

把科技服务业发展作为发展高能级现代服务业的重要抓手,完善科技服务业统计制度,积极出台提升科技服务业专业化、国际化、品牌化发展水平的针对性扶持政策,重点打造知识产权保护、科技金融等领域的科技服务品牌。同时,顺应信息化时代的基础设施要求,强化科技服务业发展的基础设施支撑能力。强化科技服务业发展的统计评估,着力提升科技服务业发展质量水平。一是完善科技服务业统计制度,强化科技服务业发展的评估分析。积极落实国家关于科技服务业的统计分类制度,进一步统一科技服务业行业分类和行业标准,特别是对科技服务业中的"专业服务"大类进一步细分,规范统计口径。在探索完善科技服务业统计制度的基础上,积极推进科技服务业发展现状评估分析,找出短腿或薄弱环节。二是大力提升科技服务业的专业化水平和服务能级。探索制定科技服务业的市场准入制度,完善市场化激励机制,提升科技服务业市场化发展水平。积极推动科研院所、高等院校和大型国企等将大型仪器等科技资源向市场开放,探索建立合理的利益分享机制,推进知识交流和资源共享。创新完善科技服务人才的职称评定机制,为研发服务人员、技术转移人员等科技服务人员按照专业领域设置专门的职称体系,以服务绩效而非论文、专利等产出作

为职称评定依据。三是打造具有国内外影响力的科技服务品牌企业。选择一批具有平台功能、专业化水平、国际视野的科技服务业知名企业,帮助解决企业发展中的困境,拓展其发展网络,提升其国际竞争力,打造科技服务业的品牌标杆。

(七)加大政策支持力度,强化政策整合与协同

增强科技政策服务功能科技创新服务的扶持政策不同于一般的产业扶持政策,除了要强化科技服务业的发展指引外,也需要强化对科技创新资源的激活、科技创新要素的整合、科技创新成果的应用等各领域各层面的政策扶持,因而需要营造更加高效的政策环境,提升政策精准性。强化政策整合与协同,提升政策易达性和易懂性。积极推进各类鼓励和支持科技创新政策的汇总与梳理,强化政策整合与协同,形成政策合力。特别是针对部分现有政策过于强调原则性等问题,积极推进政策细化工作,提升政策透明度、可读性与易懂性。同时,以政策发布会、企业沟通会、企业家培训等方式,加大政策宣传力度,依托中小企业"服务云"、技术交易中心、孵化器等平台,及时同步发布和传递政策,强化政策解读与解答,协助企业开展政策享受申请工作。此外,增加政策外文版本,以提升对外资创新创业企业的政策服务能力。

提高政策扶持的精准性,提高政策效能。一是针对创新创业活动特点,构建全创新链的政策扶持体系。针对科技研发与产业创新衔接、科技创新成果转移转化与应用、企业创新产品市场开辟等创新链的关键环节,出台更具吸引力的扶持政策。如探索制定新技术产品的应用试验区政策,开放公共领域与公开空间用于产品社会应用测试,加大政府采购力度;针对科技创新服务平台、创新企业的国内外网络拓展,完善海外创新中心认定和扶持政策,通过绩效评估政策创新,鼓励江苏孵化器、创新企业到海外设点。二是针对创新创业企业发展所面临的共性"痛点",制定针对性政策,创新政策扶持方式。如针对科技创新创业企业的扶持政策,将政策着力点放在创新团队上而非企业上,使创新团队能更多享受政策红利。

(八)进一步完善技术转移体系,促进技术成果有效转化

衔接国家科技部关于高校专业化技术转移机构建设的有关部署,组织推荐一批高校技术转移中心开展试点,面向社会开展技术转移服务。加快建设省技术产权交易市场,持续推进高校院所专利成果挂牌拍卖工作。

参考文献

[1] 李昌峰,刘筱天.基于产业协同演进的高新技术产业和科技服务业发展研究——以江苏省为例[J].江苏科技信息,2018(25):1-5.

[2] 袁汝华,马城楠.江苏省科技服务业创新生态系统适宜度评价[J].科技管理研究.2020(6):75-82.

[3] 上海市人民政府发展研究中心课题组.上海自贸试验区与科技创新中心两大战略联动研究[J].科技发展,2018(5):5-13.

[4] 杨勇.构建广东科技服务业联盟的对策研究[J].科技管理研究,2011(8):16-19.

[5] 杜振华.科技服务业发展的制度约束与政策建议[J].宏观经济管理,2008(12):30-32.

[6] 叶欢蝶,蒋志华.科技服务业研究文献述评[J].合作经济与科技,2019(13):55-57.

第五章　江苏物流业发展报告

2019年,面对宏观经济下行压力加大和国内外各种风险挑战明显增多的复杂局面,全省上下坚持以习近平新时代中国特色社会主义思想为指导,按照省委省政府统一部署,加快推进物流业供给侧改革,切实推动物流业高质量发展。当前,新冠肺炎疫情在全球蔓延扩散,世界经济遭受冲击,短期内江苏省物流业受到一定影响,全球空运、海运等通道受阻,物流成本上升导致供应链风险加大,2020年,江苏省物流业发展挑战与机遇并存。

一、江苏物流业的发展现状

(一)物流规模稳步扩大,增长速度有所放缓

2019年,江苏省实现社会物流总额31.88万亿元,占全国比重10.7%,按可比价格计算(下同),同比增长5.8%;完成物流业增加值5778.79亿元,同比增长5.5%,物流业增加值占全省服务业增加值的比重为11.3%,比上年同期下降0.7个百分点。2019年,江苏省全年货物运输量为258659.1万吨,比2018年增长4.3%。2011—2019年,货物周转量呈波动趋势。2019年,货物周转量为10095.4万吨,比2018年增长4.3%。

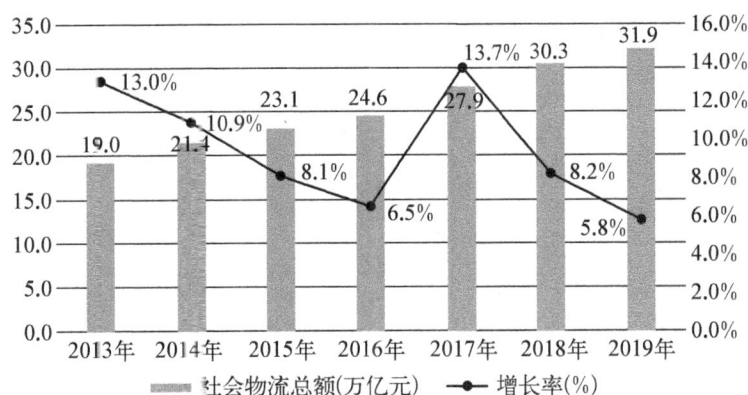

图1　江苏省社会物流总额及增速(单位:亿元,%)
备注:2019年起按可比价计算

(二)消费物流快速增长,需求结构有序调整

2019年,江苏省单位与居民物品物流总额同比增速达31.8%,占全省社会物流总额的比重较2015年提高0.2个百分点;消费升级带动电商快递等民生类物流市场快速发展,全省规模以上快递服务企业完成业务量57.4亿件、收入619亿元,分别同比增长30.8%、28.7%,人均快递量达71

件,比全国平均水平高 26 件。受中美贸易摩擦影响,江苏省进口货物物流总额同比减少 5.9%,占全省社会物流总额的比重降低 0.51 个百分点。工业品物流仍是江苏省社会物流需求的主要来源,占全省社会物流总额的 80.77%,比 2015 年降低 1.2 个百分点;工业品物流结构上,高技术产业、战略性新兴产业产值的快速增长带动了相关产业物流需求比重增加;钢铁、水泥等行业完成"十三五"去产能任务,高耗能物流、大宗商品物流需求比重降低。

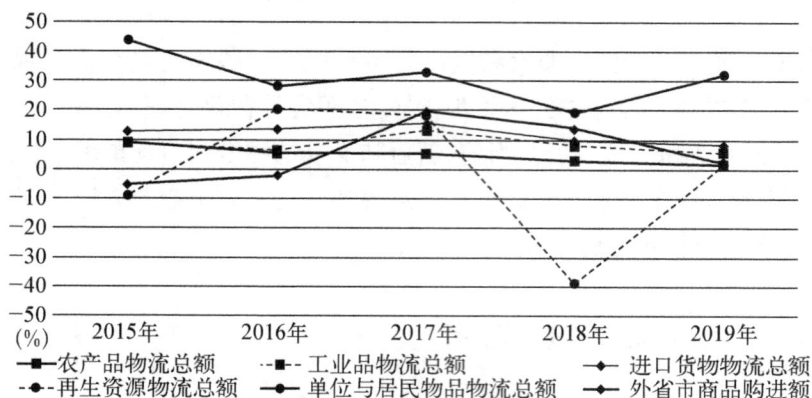

图 2　江苏省社会物流总额分项增速(单位:亿元,%)

(三)降本增效成效显著,物流费用结构趋优

江苏省持续推进物流降成本工作,社会物流成本稳中趋降。认真实施公路和水路通行费优惠政策,全年累计减免公路水路通行费达 41.84 亿元,其中,减免公路通行费达 38.57 亿元,减免水路通行费 3.27 亿元。2019 年,江苏省社会物流总费用与 GDP 的比率降至 13.8%,比上年同期下降 0.1 个百分点,较 2012 年下降了 1.6 个百分点,低于全国 0.9 个百分点。其中,运输费用 6575.94 亿元,同比增长 2.3%,占全省社会物流总费用的比重为 47.99%,比上年同期下降 1.88 个百分点,运输成本占比下降明显。

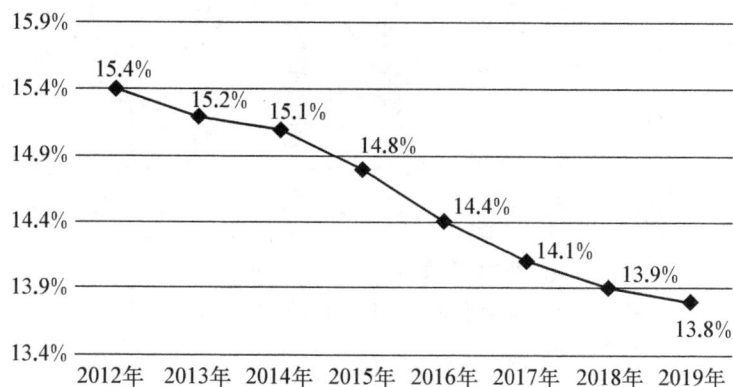

图 3　2012—2019 年江苏省社会物流总费用与 GDP 比率

(四)改革试点稳步推进,智慧物流加快发展

国家物流枢纽加快建设,南京龙潭国家物流枢纽入选首批 23 家国家物流枢纽建设名单。以智

慧物流为重点推进物流降本增效,被国家列为六个物流降本增效综合改革试点省份之一。为贯彻落实国家赋予江苏省的试点任务,江苏省发改委在全省选择了 25 家重点城市、物流园区和企业开展综合改革试点,有力推动全省智慧物流加快发展。

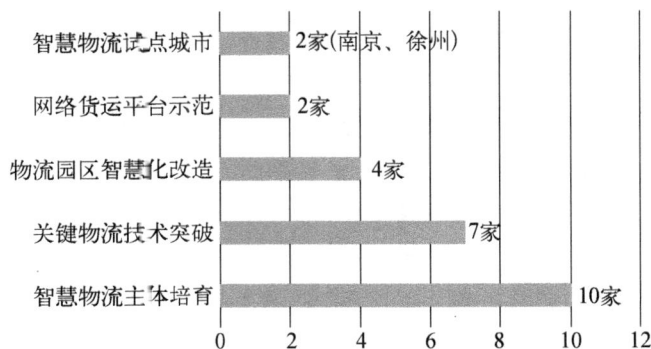

图 4 江苏省智慧物流主体分布

专栏 1 智慧物流的四项技术

1. 仓内技术

主要有机器人与自动化分拣、可穿戴设备、无人驾驶叉车、货物识别四类技术,当前机器人与自动化分拣技术已相对成熟,得到广泛应用,可穿戴设备目前大部分处于研发阶段,其中,智能眼镜技术发展较快。

2. 干线技术

干线运输主要是无人驾驶卡车技术。无人驾驶卡车将改变干线物流现有格局,目前尚处于研发阶段,但已取得阶段性成果,正在进行商用化前测试。

3. "最后一公里"技术

"最后一公里"相关技术主要包括无人机技术与 3D 打印技术两大类。无人机技术相对成熟,目前包括京东、顺丰、DHL 等国内外多家物流企业已开始进行商业测试,其凭借灵活等特性,预计将成为特定区域未来末端配送重要方式。3D 技术尚处于研发阶段,目前仅有亚马逊、UPS 等针对其进行技术储备。

4. 末端技术

末端新技术主要是智能快递柜。目前已实现商用(主要覆盖一二线城市),是各方布局重点,但受限于成本与消费者使用习惯等问题,未来发展仍存在不确定性。

专栏 2 《江苏省大力发展智慧物流推进降本增效综合改革试点实施方案》简介

省发展和改革委员会、省交通运输厅联合印发《江苏省大力发展智慧物流推进降本增效综合改革试点实施方案》(以下简称《实施方案》),明确徐州和南京为全省智慧物流试点城市,积极探索形成可复制、可推广的发展模式和成功经验,为全国物流业高质量发展探路。

《实施方案》提出,要推进智慧物流基础设施建设、提升货物运输智慧化水平、推进智能仓储与配送发展、推进智慧供应链创新与应用、推进智能物流技术装备研发与应用、加快智慧物流标准和诚信体系建设,通过两年努力,全省物流智慧化水平显著提高,智慧物流基础设施明显改善,物流主体智慧化服务能力显著增强,智慧物流标准体系逐步建立,关键智慧物流技术取得重要突破,全社会物流运行效率显著提升,全省社会物流总费用与 GDP 的比率明显降低。围绕上述目标和任务,《实施方案》明确我省要实施智慧物流城市试点、物流园区智慧化改造试点、网络货运平台示范试点、关键物流技术突破试点、智慧物流主体培育试点这五大重点工程。

(1)智慧物流城市试点工程方面。在国家物流枢纽载体城市徐州、南京开展智慧物流城市试点,重点探索国家物流枢纽载体城市物流业智慧化治理的"江苏路径"。推进构建多部门联动、责权明确的智慧物流运行管理机制。加快物流基础设施数字化建设,形成一批设施先进、智能化程度高的物流枢纽、物流园区、配送中心和智慧仓储。加大智慧物流主体培育力度,鼓励物流运营主体开展智慧物流技术应用和经营模式创新,打造一批有行业影响力的智慧物流企业和智慧物流信息平台。

(2)物流园区智慧化改造试点工程方面。四家省级示范物流园区推进改造试点,重点打造物流园区智慧化网络化改造的"江苏样本"。推进新一代信息技术在园区广泛应用,实现物流园区作业自动化、产品追溯化、设施数字化、管理智能化。利用信息互联网和设施物联网推动物流园区全面接入,打造在线物流园区,提高园区的整体运作效率。

(3)网络货运平台示范试点工程方面。两家平台推进示范试点,重点形成网络货运平台智慧化的"江苏范式"。运用新一代信息技术整合资源,推进多式联运、甩挂运输和共同配送等运输组织模式。推动与供应链上下游企业平台的互联互通,探索"互联网+"物流与产业融合的实践模式和经验。研究制定适应于江苏发展实际的网络货运平台标准体系、信用体系。

(4)关键物流技术突破试点工程方面。七家公司推进突破试点,重点集成智慧物流技术攻关的"江苏经验"。突出大数据、云计算、物联网、区块链、5G、人工智能、无人机、无人驾驶、货物识别等信息技术与设备在物流领域的应用,推进智慧物流运输、仓储、配送等物流环节以及供应链、物流枢纽、物流园区、港口、口岸等物流场景中的应用研究取得突破性进展,促进形成技术引领、产业联动的智慧物流产业生态圈。

(5)智慧物流主体培育试点工程方面。在 10 家公司推进培育试点,重点树立先进典型,提供"江苏案例"。在电商快递、冷链、多式联运、港口物流、城乡配送、智慧供应链等领域,培育一批智慧物流运营主体,推进供应链体系建设,加强商业模式和技术运用创新,提升物流全程智慧化服务能力,切实推动物流降本增效。

(五)物流主体不断壮大,示范带动作用增强

江苏物流园区示范工程有序推进,集聚效应不断显现。2019 年度,全省新认定省级示范物流园区 13 家,累计达 46 家,被评为"2019 年度全国优秀物流园区"的有 20 家,居全国第一位。市场主体不断壮大。全省 4A 级以上物流企业达 252 家,占全国的比重达 11%,居全国第一位,比上年新增 17 家;新认定省级重点物流企业 23 家,累计达 366 家。

专栏3 江苏海安商贸物流产业园简介

海安隶属于江苏省南通市,地处南通、盐城、泰州三市交界处,濒江达海,与国际大都市上海隔

江相望。2018年海安在全国中小城市综合实力百强榜、最具投资潜力中小城市百强榜中分别列第28位、第7位;在全国工业百强县(市)排名中列第26位。

海安位于江苏沿海开发、长三角一体化以及"一带一路"倡议等多个国家战略叠加区域,是江苏省政府确定的两个省级综合交通枢纽县级城市。海安是长三角北翼物资集散的黄金位置和江苏沿海经济发展带上承南启北的重要节点。独特的区位优势、完备的交通条件及雄厚的产业基础为海安发展现代物流业提供了坚实基础。

海安是江苏省政府确定的两个落户县级城市的省级综合交通枢纽之一(另一个为昆山市)。

公路枢纽。依托通过海安境内的G15沈海高速、S28启扬高速和三条国道、四条省道成为与全国公路网相联系的快速运输网,高等级公路密度全省领先。

铁路枢纽。海安火车站集客运站、货运站、车务段、编组站于一体,是江苏两个二级编组站之一,处于宁启铁路、新长铁路、海洋铁路的交汇点。更重要的是,随着沪通铁路、盐通铁路的开工建设以及宁启铁路复线电气化改造工程的建成通车,海安正阔步迈入"动车时代",深度融入上海1小时经济圈,成为连南贯北、通江达海的"节点城市",汇集着资金、技术、人才等各类资源的关注和聚焦。

水运及空运条件。连申运河(连云港——上海)、通扬运河(南通——扬州)两条高等级航道流经海安全境,可通航千吨级船舶、万吨级船队;2小时车程分布有洋山港、南通港等多个深水大港和虹桥、浦东、禄口等8个机场。

江苏商贸物流产业园成立于2013年,规划建设面积10.8平方公里,核心功能集聚区面积2.8平方公里,去年新批准增加东部扩展区1平方公里。近年来,紧紧围绕"枢纽海安,物流天下""产业高地,幸福之城"的战略目标,全力构建"以铁路物流为龙头、内河物流为突破、公路物流为基础"的现代物流体系,不断提升物流社会化、专业化水平,降低制造业企业的物流成本,推进"枢纽·物流·产业"三大优势向更深层次融合发展。园区蝉联"全国优秀物流园区""江苏省示范物流园区",获评全国物流业"金飞马奖(百强园区)"、江苏省首批生产性服务业集聚示范区、江苏省现代服务业示范集聚区、江苏省重点物流基地。

多式联运功能。依托铁路海安县站二级编组站和宁启、新长、海洋铁路交汇穿行的优势,与上海铁路局共建铁路物流基地,并与物流园区共同投资组建铁联公司负责基地运营,已成为"路地合作"的示范品牌。目前,铁路基地主动转变角色,由"铁老大"变身为"店小二",不断优化服务流程,完善服务细节,到发量已实现连续翻番,2018年到发量已经超过周边南通东、泰州西、盐城北、扬州东等周边地市级货源站场货运量。公路运输一直是海安的"物流强项",利用穿境而过的启扬、沈海、沿海高速和328、204国道以及353、221省道便利地畅通全国。海安的河道资源比较丰富,连申运河、通扬运河纵横交错,整合内河资源,控降物流成本,已成为海安产业发展的内在需求与物流业发展的主攻方向。

期货交割功能。上海期交所在海设立有色金属期货交割库,这是苏中、苏北唯一一家。运营四年多以来,铜铝铅锌到发量超60万吨,成为新材料产业板块支撑平台;大连商品交易所海安塑料粒子交割库运营两年多以来,中转量已超20万吨,成为苏中苏北地区塑料生产加工原料采购基地;郑州商品交易所指定的银隆棉花交割库已于去年获批运营。

保税物流功能。海安保税物流中心于2016年5月26日获准建设,2017年7月5日通过联合验收,2018年5月18日正式封关运营。中心立足于服务海安外向型经济发展,整合资源、集聚要素、集成政策、提升功能，打造成为集多式联运、物流配送、加工服务、保税物流、商贸、仓储、产品展示于一体的开放型经济综合服务平台。自 2018 年 5 月 18 日封关运营以来，已入驻国际贸易企业 19 家，国际物流企业 12 家；累计进出区（进出境）货值 5433 万美元，进出区货量 183600 吨。

现货交易功能。 依托园区有色金属、塑料原料、棉花等大宗物资仓储物流中心，积极争取省市金融办支持，启动大宗商品现货贸易中心（平台）审批建设，整合产业链上下游资源的供应链管理企业，通过"交易平台＋功能性项目＋贸易企业"模式实现线上线下优势互补叠加，不断放大"产业链"前后链条的互惠效应。

以有色金属、塑料粒子、纺织原料、粮食、生鲜冷链、木材等六大物资为重点，依托各类期货交割平台、保税平台以及各生产资料市场、仓储物流设施，配合区域产业发展需求和专业市场物资集散需要，建设区域性大宗商品集散交易中心和冷链物流中心，打造新型的大宗商品产业链平台。目前园区内百金汇、正盛、银隆、联发、派格家具等基地型仓储物流项目运营质态良好。

"枢纽海安，物流天下""产业高地，幸福之城"是海安新时期转型发展的战略目标，已成为海安经济社会发展的新优势，园区将积极打造国内一流物流基地，欢迎从事大宗物资商品流通及保税业务需求的有识之士前来洽谈合作！

二、江苏物流业的问题分析

（一）现存问题

虽然江苏物流业发展质效提升、稳中向好，但与高质量发展的要求还存在较大差距，以下一些问题需要进一步加以关注：

1. 物流业集聚集约水平仍需提升，现代物流业服务功能不完善

部分物流园区对建设发展规划不够重视，规划水平不高，存在规划落实不到位、项目布局不合理等问题，造成物流资源分散、集聚化程度不高，土地集约利用水平有待进一步加强。部分物流项目投产不达预期，存量物流资源有待整合优化。物流园区同质化、重复建设现象依然存在，部分物流园区规划建设脱离实际市场需求，造成较大的资金压力和运营风险。部分物流园区用地受限，发展受到制约，需要与互联网结合提升园区单位土地产出效率，提高园区集聚集约水平。现代物流业提供的物流服务功能不仅包括传统的仓储、存货管理、发送、配送和运输等，还包括对服务对象进行订货处理、采购等信息处理和质量控制等功能。江苏具有雄厚的工业基础，机械、电子、化工、汽车等支柱产业在全省工业增加值中占有较高的比例，这符合江苏省制造业发达的特点，但从物流服务提供商的物流服务来看，主要是传统的运输、仓储、配送等传统物流服务功能，增值服务如订货处理、采购等较少，现代物流业服务功能还不完善。此外，有资料显示根据对江苏部分工商企业的典型调查，尽管江苏省外包比例高于全国的平均水平，但仍说明由于现代物流业服务功能不完善，企业自营物流占较大比重。

2. 物流业区域发展不平衡，缺乏先进的物流观念

江苏虽然总体上属于经济发达省份，但省内苏南、苏中、苏北三大区域经济发展不平衡现象比

较突出，这不仅表现在经济发展总量上的差别，在物流业发展方面也有明显表现，高质量发展环境还需改善。部分地市物流降本增效工作推进缓慢，物流降本增效政策措施的落实工作有待进一步加强。通过问卷调查反映，"放管服"改革、降税清费、发展要素保障等方面的物流降本增效措施存在落实不到位的情况。随着中美贸易摩擦逐步加剧，国际环境不稳定性不确定性有所上升，加之物流行业发展不平衡不充分的问题仍然存在，推动物流高质量发展的任务仍然繁重。江苏省对于现代物流业的重要性观念认识不足，主要体现在：（1）对于现代物流业的重要性的忽视，缺乏相应的政策激励电子商务物流这个行业；（2）因为政府的不重视，使得许多企业对于电子商务物流缺乏重视，不能促进产业发展；（3）对于了解电子商务物流这一概念的公司只重视硬件而忽视了软件部分。

3. 物流业人才稀缺，缺乏专业性指导

人才的缺少也是大大阻碍一个江苏省物流业发展的因素。近年来，由于物流业的快速迅速，物流专业人才的需求日益增长，在物流相对发达的长江三角洲等地区，物流专业人才的缺乏更加明显。由于我国在物流研究和教育方面还非常落后，物流知识远未得到普及，物流企业对人才也未予以足够重视，人才缺口明显。随着我国逐步成为世界制造中心，江苏省发达的制造业必将由于全球采购与销售网络的形成而带动形成庞大的国际物流系统，而目前江苏物流方面从业人员主要是从传统运输、仓储行业转变而来的，大部分未接受过物流业务知识、业务技能的系统学习与训练，缺乏熟悉现代物流理念和现代物流管理，精通国际法、进出口贸易业务、采购系统、供应链管理的物流专业人才。在江苏，为了能招聘到高级的物流人才，个别公司甚至给出30万元的年薪以及一些福利待遇。根据相关网站的统计表示，在掌握物流知识的人才中，物流规划、管理、研究员和物流师是最稀缺的。在这些人员中，掌握英语、现代贸易运输理论和技术的人才最受欢迎。

4. 物流业门槛过高，缺乏良性竞争

物流运输的主要方式有铁路、公路、水运、航空、管道等，物流运输市场的绝大部分份额是铁路和水运。而江苏省内，国家铁道部大力度管制铁路运输市场，国家铁道部是经营主体，铁路运输市场不存在来自铁路部门以外的竞争。水运业尤其是外贸远洋运输，其运输市场门槛高，实际上就是介于垄断竞争与完全垄断之间的一种比较现实的混合市场。因为垄断和分割长期以来存在于物流运输市场，良性竞争较难在物流企业中开展，因此，物流运输业的成长受到了很大阻碍。

5. 物流成本依然偏高，行业盈利能力下降

江苏省目前物流成本依然偏高，导致物流行业盈利能力下降。受产业结构、运输方式、组织化程度等因素的影响，江苏省物流成本依然居高不下，影响了企业的盈利能力和经济效益。物流设施之间不衔接、不配套、信息不通畅等问题还比较突出，都直接拉高了物流业运营成本。全省社会物流总费用与GDP的比率虽然低于全国平均水平，但与发达国家相比仍存在较大差距，不仅高于美国、日本、德国等发达国家，也高于印度、巴西等新兴市场国家。

6. 物流设施、设备有待于进一步改善

由于现代物流业发展时间较短，江苏省除少数新建的一些大型物流企业有较先进的物流设施、设备，大多数物流企业是从运输、仓储等传统业务起步的，先进的物流技术、物流设备、设施使用较少，普遍存在仓储设施陈旧、货物混堆、人力搬运、敞篷货车等现象，专用物流设施、设备和工具比较落后，全自动立体仓库、托盘、货架、集装箱、机动工业车辆、自动拣选设备、一体化的配送信息系统、条形码、磁卡、RFID等先进的物流设施、设备与技术尚未普及使用，搬运系统尚未实现机械化、半

自动化或自动化。

7. 物流运输管理效率低

以尽可能少的资源投入,在节约成本和环境负担的管制下达到顾客满意的服务为宗旨的一项管理活动是物流管理。因为江苏省物流业相对于欧美国家及先进城市而言还在低级发展水平,物流管理还在较为粗放的经营布局,多数物流运输企业管理机制仍不够先进,甚至还是较为低端的机制,服务机制依然低端化。首先是物流设施配备整体低端化,基本凭借廉价人力资源作为劳动力来做成各项物流活动。其次是较为落后的物流信息系统功能,没有办法来实现现代物流的信息一体化的需求。再次是统一的物流管理机制的缺少,延迟了物流活动各个环节的交接和物流信息的传递,导致物流运输的管理效率和物流管理水平低下。

8. 物流运作时间过长

江苏省传统的运输企业成功地转型成现在的物流运输企业,技术能力、服务范围和管理水平与现代物流业的需求还有颇大的距离。物流企业不但普遍有经营规模小,所占市场份额少,服务项目单一,信息化程度较低,高素质管理人才大量缺失等现象,而且物流企业整体运行水平低,缺乏高科技的管理模式。除此之外,以低水平运行的物流企业,物流运输时间得不到保障,致使企业可以用来流动的资金很少,甚至物流运输交通事故层出不穷,更是导致物流企业入不敷出,周转资金严重匮乏。

9. 物流运输结构有待优化

江苏货物运输仍以公路为主,上半年公路货运量占全省货物运输总量的比例达到 61.7%。受国际贸易环境趋紧和运输航线调整导致的远洋运输量快速下降影响,水路货运增长放缓。上半年水路货运量占比为 35.5%,比去年底下降 3.4 个百分点,水路货物周转量不增反降。铁路货运量占仍比较低,仅为 2.8%,低于全国平均水平。同时,各种运输方式之间的有效衔接和协调性不够,组织化程度不高,多式联运一体化运作水平有待提升。

(二)江苏物流业的发展机遇

物流业运行回稳向好态势不会改变。当前,江苏疫情防控形势持续向好,随着经济高质量发展持续推进、增长动力发展模式转换,积极向好因素不断累积,江苏物流业总体平稳、稳中向好的发展态势不会改变,未来随着制造业的复苏将实现持续健康发展。同时,江苏在抗击疫情中主动服务企业、及时消除堵点难点,既抓疫情防控又抓恢复生产的一系列举措,将进一步提高物流营商环境吸引力。

物流业基础性战略性地位进一步巩固。在疫情防控和推动上下游企业复工复产中,物流发挥了"生命线""先行军"的保障作用。疫情期间,江苏物流底盘的厚实、物流体系的完善、物流网络的健全和应对风险的能力得到充分体现。社会各界普遍认识到了物流业举足轻重的地位,这为物流业高质量发展提供了良好的市场环境。

疫情危机中孕育物流业新的发展机遇。当下,疫情防控中发挥重要作用的智慧物流、生鲜冷链物流、医药物流、航空物流等行业迎来发展的重大机遇,无接触配送、共享物流、网络货运平台等新业态新模式正在快速崛起,形成物流行业新的增长点。基于无人化的物流场景将会有较大的应用,对与此相匹配的智能物流技术的需求也会增多,智能物流发展空间巨大。

（三）江苏物流业的发展前景

1. 区块链前景

尽管区块链这一技术尚处于发展初期，但仍可为运输与物流业带来潜在效益。由于缺乏透明度且流程繁琐，物流业频遭瓶颈。无法掌握在途货物的确切位置，导致物流公司常常难以安排最佳交货时间或满足特定交货时间要求。此外，大多数货运会涉及大量文件凭证，如果缺少某份文件，运输可能会因此延迟数天。区块链技术有望消除这些障碍，因为凭借加密的数字分类账技术，承运人可在发货到签收的整个流程中实时监控货物动态，并在货物送达时直接提供相关文件凭证。

运用区块链物流程序，可以轻松发现任何可能影响正常运输的意外事项，从而提醒物流公司立即采取补救措施。此外，区块链还可以自动管理海关协议，完成分包商付款等流程。

尽管业内采用区块链技术的公司数量不多，但各公司对该项技术都十分感兴趣。2018 年初，IBM 与 A. P. Møller-Maersk 宣布成立一家合资企业 Trade Lens，为运输与物流生态圈开发基于区块链的技术平台。

2018 年末，业界九大海运承运人和码头运营商携手成立了全球航运商业网络（Global Shipping Business Network）。近期，交通联盟引进区块链技术的某行业组织，在全球范围内已拥有 500 多个成员。

区块链的最大功效可能在于优化"最后一公里"交付的效率，从而提高部分运输与物流业务的利润率。众所周知，该部分业务的回报率极低且管理成本高昂。借助区块链技术的额外优势，实时掌握货物动态并预见可能出现的延迟，运输和物流公司理论上可以按分钟规划分批运送货物到特定地址或附近地区，最大程度减少"最后一公里"交付问题，这种做法称为联合交付。UPS 正着手开发类似系统，并计划于 2020 年在美国上线。该项名为智能物流网络的系统主要利用区块链技术持续整合交付作业，以便缩短货运路线，增加车载包裹量。

亚马逊也正积极采取联合交付方案。亚马逊 Prime 会员现在可以选择免费的"不急送达"服务，该项服务为愿意多等六天收货的会员提供即时订货折扣或代金券，供其未来网购使用。此举为亚马逊争取了额外时间，以便确定最具成本效益的交付方式。

2. 卓越的人工智能

人工智能可以帮助企业从众多竞争对手中脱颖而出，为客户提供更好的服务，降低企业成本并加强企业日常运营管理。例如，在货车、轮船和飞机上安装与 AI 程序相连的传感器，可以大大改善车队管理。这些程序可以监控油耗，针对减少石油和天然气的使用提供方法建议，以及在昂贵且耗时的重大故障发生之前主动提供维修意见。

戴姆勒（Daimler）和五十铃（ISUZU）等卡车制造商大力投资并有效发展其物流业务，利用先进的摄像头、传感器和软件升级其车辆，以自动识别、扫描和记录货运包裹，表明了基于人工智能的应用程序具有相当潜力。此外，这些程序还可以根据包裹尺寸、目的地、重量以及油耗等信息，针对包裹投放位置提供建议。这些机械化的功能距实现自动化仅一小步之遥。自动化设备可根据不同的货运需求，不断评估和调整货运业特有的气候控制系统。此类自动化设备有望大大扩展物流公司的特殊货运市场，例如易腐食品、药品和化学品市场。

调度方面，人工智能可以利用车载传感器网络预测需求并优化货运安排，同时保证准确的交货时间。此举有望开辟动态定价机制。正如旅游公司会根据需求调整收费,力求每张机票产生尽可能高的利润,运输和物流公司也可以根据特定区域内的货物量、运送量和交付量,在某时刻到下一时刻期间收取更高的费用。为此,运输与物流公司有必要引入 AI 程序,在较短时间内准确地衡量供需关系,而非仅通过长远考虑来考量。

尽管人工智能前景光明,但总体看来,部署该项技术并非业内高管的首要任务。在他们看来,面对利润率下降,还要花钱购买昂贵的程序可能不是明智之举,但这也可能仅是出于谨慎考虑。根据普华永道 CEO 调研结果,40% 的业内受访者表示暂未考虑 AI 项目规划,其他行业的这一比例仅为 23%。

3. 机器科技的创新应用场景

物流业利用机器(尤其是机器人)十分普遍,这些机器主要用于完成仓储管理和码头装卸活动。一部分机器使用 AI 技术完成重复作业,但大多数情况下,机器的应用场景非常有限,无须较高的智能化水平。

根据研究公司 Tractica 的预测,全球仓储和物流机器人的发货量将从 2018 年的约 194000 单激增至 2022 年的 938000 单。对于运输和物流公司而言,即使这些机器人仅用于库存管理,也可能对净利润造成显著影响,尤其是在优化人力资源规划和雇员人数管理从而达到降本增效方面。

当然,物流业并不满足于所采用的自动化设备仅仅实现简单且毫无技术性可言的功能。已有迹象表明可以处理复杂交付的先进机器即将成为现实。例如,日本软银愿景基金已向一家生产自动驾驶汽车以提供本地货运,并且已经在亚利桑那州的斯科茨代尔(Scottsdale)试点运营日杂用品配送业务的初创公司 Nuro 投资近 10 亿美元。

亚马逊在 2016 年率先试点了"最后一公里"无人机送货服务。自此,业内其他公司也纷纷在此基础上进行了积极探索。欧盟商用无人机实验计划中的佼佼者是开发运输与物流无人机管理系统的航空软件公司 Unifly 以及 Helicus,是一家致力于向医院更快运输关键药物的公司。对于物流公司而言,探索机器的创新应用场景无疑是未来几年取得成功的决定性因素。

三、江苏物流业发展的对策与建议

(一)发展趋势

1. 新型物流基础设施投资规模扩大

自动驾驶、无人仓等技术的发展对物流基础设施智能化的要求越来越高,建设互联互通的物流物联网迫在眉睫。但是,我国存量巨大的物流基础设施目前还达不到智能化的要求,推动传统基础设施的智能化改造将成为发展重点。

中央经济工作会议将"5G、人工智能、工业互联网、物联网"定义为"新型基础设施建设",并且提出"加大城际交通、物流、市政基础设施等投资力度",《国家物流枢纽布局和建设规划》提出以127 个城市作为国家物流枢纽承载城市建设现代化物流运行体系。预计作为政府稳增长稳投资的重点领域,智慧型物流园区、物流物联网络、农村物流、冷链物流等新型物流基础设施的投资规模将进一步加大。

2．物流市场监管转向信用和数据

物流信息化建设深入推进，国家综合物流信息平台实体化营运，部分地区交通运输、海关、税务、工商等部门积极开展政府物流信息平台建设，20家部委就物流业严重违法失信市场主体及其有关人员实施联合惩戒，物流业信用体系建设步入规范化轨道。信息技术的进步为政府监管提供了新的手段，货运市场监管向实时监管、视频监管、远程监管、平台监管发展，监管信息透明化程度和监管力度得到加强。

未来监管的重点将由以审批为主的事前资质监管转向以信用为主的事中事后监管转变。随着区块链技术商业化，物流信用记录方式、契约规则将发生改变，物流信用系统、物流金融创新将具有极大的发展潜力。

3．物流业务流程数字化改造

推动物流企业拥抱智能科技，加快推进传统企业业务流程的数字化改造，是物流业下一步发展面临的艰巨挑战。通过云计算、大数据、物联网等新型基础设施的建设，把物流每个环节的信息转化为数据，并将这些数据打通实现在线化，只是解决传统物流企业业务数据化的第一步。更为重要的是按照数字化的要求对业务流程及组织管理体系进行重构，推动全流程的透明化改造，通过智能化技术赋能物流各个环节实现效率提高和成本降低，实现数据业务化。

4．物流业和制造业深度联动

伴随新一轮产业革命以及中美贸易摩擦，全球产业布局和全球供应链格局均将发展重大调整。《中国制造2025》将推动我国的制造业加速向智能化、高端化、精细化发展，对于物流供应链可视化、协同化、全球化和稳健性的要求越来越高。作为生产性服务业的重要组成，物流业将在提升制造业核心竞争力方面发挥更加重要的作用。未来这种趋势将进一步驱动物流业与制造业深度联动融合发展。对于物流企业而言，竞争力的关键不再是单纯提供物流运营业务，而是能够输出上下游供应链一体化的解决方案，实现制造、流通和消费的无缝对接。培育具有国际竞争力的全球供应链体系，将成为物流业和制造业深度关动融合发展的核心。

5．区域物流一体化加速推进

2018年，港珠澳大桥通车，京津冀、长三角、粤港澳大湾区等城市圈（群）和区域一体化正成为引领高质量发展的重要动力源。推动城市圈（群）一体化发展，要求打破传统的城市行政边界，在更大的范围内调整物流布局。未来，以京津冀协同发展、粤港澳大湾区、长三角高质量一体化三大国家战略为核心，以基础设施互联互通、运输组织协同高效、信息资源共享应用、管理政策规范统一、推动区域物流与产业协同为重点，区域物流一体化将加速推进。

6．信息技术影响物流模式变革

随着新型信息技术的广泛应用，物流管理理念转向以轻资产的形态管理重资产，推动物流业跨界融合、动态化演进。2018年，物联网和大数据在物流领域中的应用潜力已经得到验证，2019年人工智能和区块链技术在物流领域迎来应用的爆发。信息技术对物流业的支持，也逐步由问题解决型向方案设计型过渡，新兴技术给物流业带来信息收集、精准匹配及产业链整合的机会，同时也扮演着流量端口和精准营销端口的双重角色。新零售的变革带来线上线下的进一步融合、落地，推动智慧物流加速前进的同时，也对物流效率和服务体验提出了新要求。

（二）发展思路

1. 立足疫情防控常态化，谋划物流发展新篇章

充分认识和精准把握疫情全球蔓延对江苏物流与供应链的深刻影响，统筹兼顾做好"严防控"和"促发展"，持续跟踪分析江苏物流业发展态势，切实推进现有扶持政策落地实施，打通物流政策落实中的"堵点"。高标准、高起点开展江苏"十四五"物流业发展规划编制工作，加强应急物流规划研究，将发展应急物流纳入"十四五"规划重点。

2. 聚焦枢纽能级提升，打造"物流强省"新名片

继续指导各枢纽承载城市超前谋划、科学规划，加快推进国家物流枢纽布局和培育，择优推荐最符合条件的承载城市申报 2020 年国家物流枢纽。加快推进首批国家骨干冷链物流基地申报和建设。继续认定一批省级示范物流园区，开展全省示范物流园区竞争力评价研究。继续开展 2020 年省级重点物流企业和基地认定工作，创建一批江苏知名物流品牌企业。

3. 大力发展智慧物流，培育物流发展新动能

开展智慧物流城市、智慧物流园区、网络货运平台、关键物流技术、智慧物流主体等五大领域试点，探索形成可复制、可推广的智慧物流发展模式和成功经验。推动物流产业积极应用云计算、大数据、物联网、人工智能、区块链等新一代信息技术，提升网络化、数字化、智能化水平。聚焦城乡配送、农产品物流、电商快递等重点领域的智慧化发展，不断满足人民群众日益增长的物流需求。

4. 强化数字平台支撑，探索物流管理新模式

加快推进江苏省物流公共管理服务平台建设，率先建成物流统计直报、物流项目管理、公共信息服务三大平台功能，推动物流行业管理的标准化、数字化、可视化。做好全省物流统计工作，实现物流数据的动态监测、数据解析、趋势预判、风险预警、指数评估等功能，为政府和企业管理提供决策依据。

（三）对策建议

随着"一带一路"倡议、长江经济带、"互联网＋"等国家战略的深入实施，物流"补短板"、物流降本增效、物流与产业融合发展的不断推进，支持物流业高质量发展的积极因素也不断积累。5 月 16 日、6 月 27 日，国务院总理李克强分别主持召开国务院常务会议，确定进一步降低实体经济物流成本的措施，部署调整运输结构提高运输效率，降低实体经济物流成本，这对江苏物流业发展提出了新的要求。国家级物流枢纽载体城市积极布局与淮安区域性航空物流枢纽建设、京东物流全球航空货运枢纽项目落地江苏，为推动江苏省物流业发展、提升物流服务水平带来了机遇。

1. 推进货物运输结构调整

充分发挥省级物流业降本增效联席会议机制作用，加强对江苏省物流降本增效工作的指导和推进，持续加强跟踪调度和督促检查，力促各项政策措施落地见效。加强铁路集装箱运输的应用研究，推进铁路集装箱多式联运相关政策落实，提升江苏省铁路物流服务水平，提高铁路货运量占全省货运总量的比重。进一步发挥江苏省水运资源优势，围绕沿海、沿江、沿运河重点港区，加强铁路专用线和集疏运体系建设，提升水运服务能力和中转联运能力。

2. 强化重点物流枢纽建设

结合国家级物流枢纽布局建设,进一步强化南京、徐州、苏州、连云港四大综合性物流枢纽功能,增强无锡、南通、淮安等物流节点服务能力。加快打造一批各具特色、优势互补的重点物流枢纽,着力推进南京区域航运物流中心、南京空港枢纽、徐州铁路物流枢纽等建设,进一步完善多式联运基础设施建设,提升综合服务功能。推进打造淮安区域性航空物流枢纽,加快建设和做大做强淮安货运机场。积极推进京东物流全球航空货运枢纽项目在江苏落地建设。高水平建设上合组织(连云港)国际物流园、中哈物流合作基地等重要开放合作平台,尽快建成面向"一带一路"沿线国家的区域性国际物流枢纽。

3. 推动供应链创新与应用

加强"江苏供应链管理应用与创新"专题研究,加快现代供应链创新应用,促进物流业与上下游制造、商贸企业深度融合,培育一批供应链创新与应用示范企业,建设一批跨行业、跨领域的供应链协同、交易和服务示范平台,提升江苏省制造业物流管理水平。结合国家骨干物流信息平台试点,重点支持推进中储智运、物润船联等一批公共物流重点平台建设。加强物流信息资源整合,推动跨地区、跨行业物流信息互联共享,发展"互联网＋物流园区"模式,推进各物流园区之间实现信息联通兼容。

4. 抓好物流园区试点示范

围绕科学规划、功能提升和企业集聚,继续培育和认定一批省级示范物流园区,会同省国土资源厅、住房城乡建设厅做好省级示范物流园区认定工作;密切关注国家物流示范工程的最新进展,做好争创国家级示范物流园区申报工作。进一步调整、完善省级示范物流园区特别是专业示范物流园区的评审认定办法和申报标准,建立考核评价体系,加强对示范物流园区的跟踪检查和动态考评,抓紧建立完善省级示范物流园区退出机制。会同省有关部门,加快推进有条件的示范物流园区引入铁路专用线,进一步完善园区集疏运体系。

5. 加强物流对外开放合作

全力建设连云港—霍尔果斯串联起的新亚欧陆海联运通道,加快打造标杆和示范项目,支撑面向新时代的江苏"一带一路"交汇点建设。推进中欧班列资源优化整合,重点围绕连云港、南京、苏州三大国家中欧班列枢纽节点,推动省内货源向枢纽城市集并,集中资源重点打造"连新亚""宁新亚""苏满欧"国际货运班列线路。继续深化苏港、苏澳物流合作,积极探索推进在国际产能转移中与香港共建共用海外仓等方面的合作,增强江苏对"一带一路"沿线国家市场进出口货物的集散能力。组织物流企业参加香港亚洲物流与航运会议,探索推进物流企业"走出去"。

6. 培育壮大物流主体

鼓励物流企业通过参股控股、兼并联合、资产重组、协作联盟等方式做大做强,形成一批技术水平先进、主营业务突出、核心竞争力强的现代物流企业集团。培育一批区域服务网络广、供应链管理能力强、物流服务水平优、品牌影响力大的第三方、第四方物流知名企业。打造一批行业特色明显、区域影响力大的物流公共信息平台,提升平台的竞争力。引进一批国内外知名物流企业在江苏设立地区总部、采购中心和配送中心,努力使江苏成为国内外品牌物流企业的总部集聚地。加快物流领域本土驰名商标、著名商标的培育创建工作,逐步扩大品牌效应,推动品牌物流企业做大做强做优,提升品牌价值。鼓励国家级和省级示范物流园区运营管理创新,对外进行模式复制和管理输出,推动品牌园区的网络化发展。加快推进物流咨询、规划、设计、物流金融、境外服务等服务品牌的建设,扶持一批物流品牌培育和运营专业服务机构,开展品牌管理咨询、市场推广等服务。

7. 推动区域物流联动

继续发挥长三角地区、"丝绸之路"经济带等区域物流联动发展合作机制作用,积极推进物流业的跨区域合作与资源共享。统筹长三角区域物流基础设施规划建设和功能对接,加速区域物流服务融合互通,实现物流信息、人才等资源共享和平台互联。完善长江经济带物流集疏运和多式联运服务体系,加强与上海、武汉、重庆等重要物流枢纽节点的联动,着力提升通道运营组织能力,形成通畅高效、服务融合、协同运作的跨区域物流联动机制。加强与西安、郑州和新疆等枢纽城市在"无水港"建设、大陆桥海铁联运方面的联动,加快推进与河南、安徽等东陇海沿线地区在内河运输上的通畅衔接。

围绕"苏南提升、苏中崛起、苏北振兴",大力推进物流业跨江融合、南北联动。推动苏南物流业高端引领、创新发展,苏中物流业转型提升、跨越发展,苏北物流业提档升级、突破发展。创新三大区域物流合作模式,推动物流园区等设施的南北共建和物流企业合作运营。推进电子口岸"大通关"合作,建立跨关区、跨检区的申报、审单、验放协作机制,推动实现沿江及大陆桥口岸管理相关部门"信息互换、监管互认、执法互助"。继续推进与国内其他主要物流区域之间的深层次物流合作和联动发展,建立统一开放、通畅高效、协调共享的现代物流市场体系。

参考文献

[1] 杨宇.浅探江苏省物流业发展的问题及对策[J].江苏商论,2008(7):6-8.

[2] 黄新涛.浅探我国物流业建设发展[J].中国外资,2008(7):57-57.

[3] 赵婕.浅析江苏省物流运输近况、问题、对策[J].中国管理信息化,2016(7):155-157.

[4] 马向阳.江苏电子商务物流发展现状及对策分析[J].现代商贸工业,2016(34):52-54.

[5] 白元龙,杨柔坚."一带一路"战略下江苏物流业发展研究[J].宏观经济管理,2017(1):79-82.

[6] 姚晓霞.江苏现代物流业发展现状与对策[J].江苏商论,2007(6):9-10.

第六章　江苏公共服务业发展报告

现代服务业往往被划分为生产性服务业、消费性服务业、公共性服务业和基础性服务业四大类。公共服务可以根据其内容和形式分为基础公共服务、经济公共服务、社会公共服务以及公共安全服务。基础公共服务是指那些通过国家权力介入或公共资源投入，为公民及其组织提供从事生产、生活、发展和娱乐等活动都需要的基础性服务，如提供水、电、气，交通与通讯基础设施，邮电与气象服务等。经济公共服务是指通过国家权力介入或公共资源投入为公民及其组织即企业从事经济发展活动所提供的各种服务，如科技推广、咨询服务以及政策性信贷等。公共安全服务是指通过国家权力介入或公共资源投入为公民提供的安全服务，如军队、警察和消防等方面的服务。社会公共服务则是指通过国家权力介入或公共资源投入为满足公民社会发展活动的直接需要所提供的服务。社会发展领域包括教育、科学普及、医疗卫生、社会保障以及环境保护等领域。社会公共服务是为满足公民的生存、生活、发展等社会性直接需求，如公办教育、公办医疗、公办社会福利等。

"十三五"时期，是江苏全面贯彻党的十八大和十八届三中、四中、五中全会精神，深入贯彻落实习近平总书记系列重要讲话特别是视察江苏重要讲话精神、推动"迈上新台阶、建设新江苏"取得重大进展的关键时期，是率先全面建成小康社会决胜阶段和积极探索开启基本实现现代化建设新征程的重要阶段。加快发展公共服务业，提供丰富的公共服务和公共产品，促进公共服务均等化，是深入贯彻落实科学发展观的重大举措，对于江苏推进以改善民生为重点的和谐社会建设具有十分重要的意义。

一、江苏公共服务业的发展现状

2019年，江苏省实现地区生产总值99631.5亿元，按可比价格计算，比上年增长6.1%。其中，第一产业增加值4296.3亿元，增长1.3%；第二产业增加值44270.5亿元，增长5.9%；第三产业增加值51064.7亿元，增长6.6%。公共服务业实现总产值13882.43亿元，占第三产业比重为27.19%。服务业作为重点产业，在江苏经济中的领先优势逐步显现出来。近年来，随着江苏经济的不断发展，符合省情、比较完整、覆盖城乡、可持续的基本公共服务体系不断完善，公共服务的各行业得到了全面快速的发展，产值虽然增速波动较大，但规模持续扩大，对第三产业的贡献度愈发显著。

（一）公共服务业各行业发展成效显著

1. 科学研究和技术服务业

（1）科技创新能力持续增强

2019年，全省专利申请量、授权量分别达59.4万件、31.4万件，其中，发明专利申请量17.2万件;发明专利授权量 4.0 万件;PCT 专利申请量 6635 件,增长 20.6%。万人发明专利拥有量 30.2 件,比上年增加 3.7 件;科技进步贡献率 64%,比上年提高 1 个百分点。全省企业共申请专利 47.2 万件。全年共签订各类技术合同 5.0 万项,技术合同成交额达 1675.6 亿元,比上年增长 45.4%。 省级以上众创空间 790 家。全年全省共有 55 个项目获国家科技奖,获奖总数位列全国各省第一。

2019 年度获得专利授权最多的前 100 家江苏省内机构中,高校的数量较多,有 38 家,这些高校的专利数量占 100 强的比例为 75%。高校是江苏省专利研发的重要组成力量,其中,高校专利约占江苏省专利的 33% 左右。2019 年,企业专利最多的是昆山国显光电有限公司,获得了 183 项专利,居江苏省第 20 位。这表明江苏企业的专利研发能力较低,形势不容乐观。

(2) 高新技术产业加快发展

组织实施省重大科技成果转化专项资金项目 102 项,省资助资金投入 9.4 亿元,新增总投入 86.0 亿元。公示高新技术企业数 10689 家,企业研发经费投入占主营业务收入比重提高至 1.6%;国家级企业技术中心达到 117 个,位居全国前列。全省已建国家级高新技术特色产业基地 162 个。

(3) 科研投入力度逐步增强

全社会研究与试验发展(R&D)活动经费占地区生产总值比重达 2.79%,研究与试验发展(R&D)人员 58.0 万人。全省拥有中国科学院和中国工程院院士 102 人。各类科学研究与技术开发机构中,政府部门属独立研究与开发机构达 474 个。建设国家和省级重点实验室 183 个,科技服务平台 275 个,工程技术研究中心 3679 个,企业院士工作站 349 个。

表 1   2012—2019 年江苏省科技活动基本情况

指　标	2012 年	2013 年	2014 年	2015 年	2016 年	2017 年	2018 年	2019 年
科技机构数(个)	17776	19393	21844	23101	25402	24112	24728	26087
科研单位	148	143	144	142	135	133	130	128
规模以上工业企业	16417	17996	20411	21542	23564	22007	22469	24387
大中型工业企业	7395	7231	7538	7432	7816	7204		
高等院校	761	801	854	971	1055	1133	1219	1369
其他	450	453	435	446	648	839	910	203
科技活动人员数(万人)	98.23	109.46	115	111.99	117	—		
大学本科及以上学历	44.96	49.09	53.61	54.84	70.16	—		
研究与发展经费内部支出(亿元)	1288.02	1450	1630	1801.23	2026.87	2260.06	2504.43	2779.5
R&D 经费支出占国内生产总值比重(%)	2.33	2.45	2.5	2.57	2.66	2.63	2.7	2.79
三种专利申请受理量(件)	472656	504500	421907	428337	521429	514402	600306	594249
发明专利申请受理量(件)	110091	141259	146660	154608	184632	187005	198800	172000
三种专利授权量(件)	269944	239645	200032	250290	231033	227187	306996	314395
发明专利授权量(件)	16242	16790	19671	36015	40952	41518	42000	40000

数据来源:江苏省统计局,历年《江苏统计年鉴》

2. 教育事业全面发展

2019 年江苏共有普通高校 162 所。普通高等教育招生 65.9 万人,在校生 208.9 万人,毕业生 53.9 万人;研究生教育招生 7.4 万人,在校生 21.5 万人,毕业生 5.0 万人。高等教育毛入学率达 60.2%,比上年提高 3.3 个百分点;高中阶段教育毛入学率达 99% 以上。全省中等职业教育在校 生 62.2 万人(不含技工学校)。特殊教育学校招生 0.3 万人,在校生 1.9 万人。全省共有幼儿园 7608 所,比上年增加 386 所;在园幼儿 253.9 万人,比上年减少 1.7 万人。学前三年教育毛入园率 达 98% 以上,全省中小学普遍建立了课后服务制度。

表 2　各阶段教育学生情况

指标	招生数		在校生数		毕业生数	
	绝对数(万人)	比上年增长(%)	绝对数(万人)	比上年增长(%)	绝对数(万人)	比上年增长(%)
普通高等教育	65.9	3.0	208.9	4.4	53.9	0.0
研究生	7.4	3.4	21.5	10.2	5.0	5.7
普通高中教育	38.8	10.1	105.0	7.1	31.4	0.5
普通初中教育	86.2	7.5	242.5	7.4	69.3	11.2
小学教育	100.1	—2.1	572.6	2.2	87.6	7.4

数据来源:《2019 年江苏省国民经济和社会发展统计公报》

3. 水利、环境和社会保障

(1) 水利工程有序推进

2019 年,省水利厅完成水利重点工程投资 126 亿元、农村水利投资 53 亿元。国家 172 项节水 供水重大水利项目年度建设计划百分百完成,列入省政府"十大主要任务、百项重点工作"各项目标 任务百分百完成,全年 126 亿元建设任务百分百完成,实现三个"百分百"。

2019 年,省第一号总河长令号角争催,江苏在全国率先启动河湖"两战",专项开展"两违""三 乱"整治。一年来,国家交办江苏的 68 个长江干流岸线拆除取缔项目全部完成、整改规范项目完成 477 个,退出岸线 44.5 公里,复绿 583 万平方米;省级排查下达的 1250 个"三乱"项目完成 93%,各 地排查的 21404 个"三乱"项目完成 98%;排查重要河湖水域"两违"项目 15830 个,完成 95%,基本 实现两年任务一年完成。

淮河治理重点平原洼地工程开工建设,黄墩湖滞洪区调整和建设工程加快实施。太湖治理新 沟河、望虞河除险加固工程基本建成,新孟河工程全面加快实施,具备应急通水条件,东太湖综合整 治后续工程加快推进。长江治理宜扬河段三期、长江干流崩岸应急治理等工程基本建成,八卦洲汉 道整治全面推进。此外,沿海水利、灾后水利薄弱环节、黄河故道后续等工程按计划有序推进。

(2) 环境保护、节能降耗

污染防治力度加大。全省 PM2.5 平均浓度 43 微克/立方米、同比下降 6.5%,空气质量优良 率达 71.4%,均超额完成国家考核目标;104 个国考断面水质优 III 类比例 77.9%,同比提高 8.7 个百分点,国考省考断面和主要入江支流断面全部消除劣 V 类,长江、淮河等重点流域水质明显改 善,太湖治理连续 12 年实现"两个确保",13 个设区市及太湖流域县(市)建成区基本消除黑臭水 体,近岸海域优良海水面积比例同比提高 41.2 个百分点;土壤污染防治工作有力推进。化学需氧量、二氧化硫、氨氮、氮氧化物四项主要污染物减排和碳强度下降全面完成国家下达的任务。农村人居环境持续改善,无害化卫生户厕普及率达 95%,10 万户苏北农房改善年度任务全面完成。建成国家生态园林城市 9 个,国家生态工业园区 22 个,国家生态文明建设示范市县 16 个。

节能减排成效显著。加快淘汰低水平落后产能,全年压减水泥产能 333 万吨、平板玻璃产能 1410 万重量箱,全面完成"十三五"任务。全年关闭化工企业 735 家。绿色江苏建设有力推进。全年高耗能行业投资同比下降 10.4%,其中,化学原料和化学制品制造、有色金属冶炼和压延加工、火力发电投资分别下降 28.3%、23.0%、32.4%。规模以上工业企业新能源发电量为 641.7 亿千瓦时,同比增长 18.4%。

(3) 社会保障体系更加完善

稳步实施全民参保计划,参保覆盖面持续扩大。年末全省城乡基本养老、基本医疗、失业、工伤、生育保险参保人数分别为 5754.3 万人、7848.8 万人、1794.2 万人、2015.0 万人和 1868.8 万人,比上年末同口径分别增加 112.6 万人、127.1 万人、42.4 万人、156.4 万人和 174.3 万人。企业退休人员基本养老金人均增长 5.5%。为 352.5 万贫困人口参加基本医疗保险提供 10 亿元资金补助,大病保险受益人数和保障资金增幅均达 60% 左右,医保市级统筹制度基本建立。

医疗保障水平提高。全省基本公共卫生服务人均补助标准比 2018 年提高 10 元,达到人均不低于 75 元。产前筛查、新生儿疾病筛查均实现全覆盖。城乡居民基本医保人均补助实际达到 673 元,困难人员大病保险起付标准降低 50%、报销比例提高 5—10 个百分点得到全面落实。

养老服务力度加大。新建街道老年人日间照料中心 176 个,新增护理型床位 2.61 万张,共为 229 万居家养老老年人提供助餐、助浴、助洁等服务,为 720 万 65 岁以上老年人免费提供一次基本健康体检服务。

加强特殊群体关爱。新建农村留守儿童和困境儿童"关爱之家"218 个、精神障碍康复社区服务点 107 个,完成 1.7 万户低收入残疾人家庭无障碍改造。"好苏嫂"家政服务联盟信用平台上线运行,已有近 2500 家企业、10.9 万余名服务人员入驻,为 30 余万家庭提供了放心家政服务。

医疗、教育、养老等问题与民生幸福息息相关。2019 年,江苏省政府工作报告提出,要提高医疗保障水平,城乡居民基本医保人均补助标准提高到 550 元,而从完成情况看,这一数据实际达到 673 元。在教育方面,2019 年,江苏提出要新建改扩建幼儿园 300 所、义务教育学校 350 所、普通高中 30 所,而从此次发布的"成绩单"看,实际完成数据都超过目标,分别为 443 所、545 所、66 所。

4. 卫生

2019 年,全省卫生健康系统深入学习贯彻党的十九大和十九届二中、三中、四中精神,以习近平新时代中国特色社会主义思想为指导,按照省委省政府高质量发展走在前列决策部署,坚持稳中求进工作总基调,坚持以人民健康为中心,坚持新时代卫生与健康工作方针,紧扣卫生与健康领域主要矛盾变化,以健康江苏建设为统领,深化医药卫生体制改革,加强整合型医疗卫生服务体系建设,卫生健康事业大踏步前进、健康江苏建设取得显著成效。

(1) 卫生资源

2019 年末,全省医疗卫生机构总数 34796 个,比上年增加 1543 个,其中,医院 1941 个,基层医疗卫生机构 31821 个,专业公共卫生机构 685 个。与上年比较,医院增加 88 个,基层医疗卫生机构增加 1527 个,专业公共卫生机构减少 123 个。2019 年末,全省卫生人员总数达 786380 人,与上年比较,增加 47086 人,增长 6.37%。其中,卫生技术人员 633345 人,其他技术人员 34696 人,管理人员 32556 人,工勤技能人员 60960 人。与上年比较,卫生技术人员增加 43301 人,增长 7.34%,其他技术人员增加 2821 人,管理人员减少 28 人,工勤技能人员增加 3169 人。2019 年末,全省医疗机构床位 515915 张,其中,医院床位 407248 张,占床位总数的 78.94%;基层医疗卫生机构床位 98411 张,占床位总数的 19.08%。与上年比较,全省医疗机构床位增加 24393 张,增长 4.96%,其中:医院床位增加 19267 张,增长 4.97%(公立医院增长 2.41%,民营医院增长 9.56%);基层医疗卫生机构床位增加 4872 张,增长 5.21%。

表 3 2014—2019 年江苏省卫生机构、床位及卫生技术人员情况

分 类	2014 年	2015 年	2016 年	2017 年	2018 年	2019 年
卫生机构数(个)	32020	31925	32135	32037	33254	34797
卫生机构床位数(万张)	39.23	41.36	44.31	27.0	49.08	51.6
卫生技术人员数(万人)	45.55	48.70	51.71	32.8	59.0	63.1

数据来源:江苏省历年统计年鉴

(2)医药卫生体制改革向纵深推进

分级诊疗格局加快形成。推进医联体网格化布局,所有设区市、县(市、涉农区)全面启动医联体建设,全省建有医联体 430 个,24 个紧密型县域医共体建设国家试点进展顺利。家庭医生签约服务务实开展,重点人群签约率达 62.96%,全省二三级医院向基层下转患者同比增长 10.36%、上转同比下降 20.41%。公立医院改革不断深化。694 家二级以上医院开展章程制定,占总数的 96.52%。协调出台医疗服务价格动态调整指导意见及儿童专科、麻醉、精神卫生、肿瘤、儿保价格调整方案。江苏省政府出台《江苏省三级公立医院绩效考核工作实施方案》,组织开展三级公立医院绩效考核。连云港市被国务院表彰为城市公立医院综合改革真抓实干成效明显地区。南通等三市和南京市江宁区等 13 个县(市、区)被省政府表扬为城市和县级公立医院综合改革真抓实干成效明显地方。

药品供应保障更加有力。江苏省政府印发《关于完善国家基本药物制度的实施意见》,以省为单位明确基本药物配备使用比例。对 25 种药品实行省级定点储备供应,首次将 35 种儿童专用制剂调剂给基层医疗机构使用,启动开展药品临床使用监测和综合评价,推进 17 种国家医保谈判抗癌药应用尽用。

医疗卫生综合监管进一步加强。江苏省政府出台《江苏省改革完善医疗卫生行业综合监管制度实施方案》。"双随机一公开"抽查完结率达 100%。集中开展打击无证行医、整治医疗乱象等专项行动,依法查处违法案件 2127 件、罚没款 4152.5 万元,向司法机关移送 134 件。在全国率先建成全省医疗服务综合监管、医疗机构药品耗材采购使用监管、医疗卫生信用信息管理等信息系统,创新监管机制、实施信用信息管理等做法得到国家卫生健康委等部委实地督察组充分肯定。

(3)卫生服务水平不断提升

大力推进厕所革命。全省新建改扩建城市公共厕所 1191 座、旅游厕所 1380 座。新增农村公共厕所 8676 座、无害化卫生户厕 32 万多座,分别完成年度目标任务的 145%、207%。深入整治黑

臭水体。完成 148 条黑臭水体整治任务,实现 13 个设区市及太湖流域全部 9 个县城建成区基本消除黑臭水体目标。

5. 文化和体育

(1) 公共文化服务水平提升

城乡公共文化服务体系不断完善。全省共有综合档案馆 113 个,向社会开放档案 98.9 万件。共有广播电台 8 座,中短波广播发射台和转播台 21 座,电视台 8 座,广播综合人口覆盖率和电视综合人口覆盖率均达 100%。全省有线电视用户 1543.2 万户。全年生产故事电影院片 48 部;出版报纸 20.2 亿份,出版杂志 1.1 亿册,出版图书 7.4 亿册。全省村(社区)综合性文化服务中心四年来年均建设超 5000 个,提前一年完成省定 98% 以上覆盖率建设目标。改造升级农贸市场 206 个,新建社区商业便利网点 1739 个。

(2) 体育事业成绩斐然

2019 年,江苏体育产业总规模 4620.42 亿元,增加值 1570.94 亿元,占全省 GDP1.58%(总规模约占全国 1/7 左右);全省城乡居民体育消费总规模 1971 亿元,人均体育消费 2442 元。体育服务业快速发展。江苏体育产业继续保持较好发展态势,从全省体育产业内部结构来看,体育服务业继续保持快速发展势头,2019 年,体育服务业实现总产出 2466.11 亿元,占体育产业总产出的比重为 53.4%,同比增长 1.5 个百分点;创造增加值 1074.79 亿元,占体育产业总增加值的比重为 68.4%,同比增长 2.0 个百分点。

体育用品及相关产品制造稳居首位。2019 年,江苏省体育用品及相关产品制造的总产出和增加值尽管增速放缓,但规模体量仍是所有门类当中最大的。2019 年实现总产出 2059.97 亿元,占全省体育产业总产出的 44.6%;创造增加值 474.39 亿元,占全省体育产业总增加值的 30.2%。

体育场地设施建设平稳发展。2019 年,江苏省体育场地设施建设实现总产出 94.34 亿元,占体育产业总产出的 2.0%;创造增加值 21.76 亿元,占体育产业增加值的 1.4%。占比与 2018 年基本持平。

南京、苏州、常州成功入选首批国家体育消费试点城市;江苏创建 24 个国家体育产业基地和 102 个省级体育产业基地,拥有 4 个国家级运动休闲特色小镇试点项目、3 个体育类省级特色小镇以及江苏金陵、淮安共创两家上市公司,认定三批 43 家体育服务综合体。

(3) 竞技体育实力突出

在重大国际比赛(世界杯、世锦赛)中获得世界冠军 14 人次(13 项次),亚军 12 人次(8 项次),季军 2 人次(2 项次),新增世界冠军 6 人;在国内一类赛事中获得金牌 143 人次(37 项次),银牌 51 人次(25 项次),铜牌 91 人次(29 项次)。

(4) 群众体育蓬勃开展

一直以来,增强人民体质,发展全民健身事业,提升公共体育服务的质量,满足人民对美好生活的需求,都是江苏省体育事业发展的重要任务。近年来,江苏持续完善公共服务体系,推动城乡基层体育设施全覆盖和均等化,打造城乡社区"十分钟健身圈"。截至 2019 年 12 月 31 日,全省建成有规模的体育公园 905 个、健身步道 1.3 万公里,建成冰场、雪场 40 多片,人均体育场地面积达到 2.9 平方米。在今年发布的《江苏省贯彻体育强国建设纲要实施方案》中就明确提出要加快建设优质高效的全民健身公共服务体系,对标《体育强国建设纲要》,对相关指标数据进行优化和完善。

从江苏省体育局相关部门了解到,由省统计局、省发展改革委、省政府研究室联合发布2019年江苏省基本公共服务体系建设成效百姓满意度调查报告正式出炉,其中,基本公共文化体育满意度86.2分,位居受调查的11个基本公共服务体系之首。报告显示,整个体系中公园满意情况满意率最高,为97.7%。近年江苏大力推进体育公园建设,截至2019年年底,江苏共建成有规模的体育公园905个。值得一提的是,2019年公共文化体育满意度增幅最大的是体育活动设施或体育场馆提供的服务满意率,增幅3个百分点。从城乡来满意度看,城市体育活动设施或体育场馆提供的服务满意率为97.5%和乡村满意度则为97.3%,差距不大。从设区市的体育活动设施或体育场馆提供的服务满意率来满意度看,常州最高,为99.8%,南通、南京、扬州、泰州、徐州高于全省总体水平。

健康是人民追求和享受美好生活的基础。满足人民群众日益增长的多层次、多样化健身休闲需求,统筹建设全民健身场地设施,构建更高水平的全民健身公共服务体系,这正是"以人为本、执政为民"理念的生动诠释。

6. 交通、邮电和旅游

(1) 交通运输基本平稳

全年货物运输量比上年增长4.6%,旅客运输量下降0.9%;货物周转量比上年增长4.3%,旅客周转量比上年增长2.6%。全省机场飞机起降56.1万架次,比上年增长8.7%;旅客吞吐量5844.0万人次,增长13.2%;货邮吞吐量64.2万吨,增长7.5%。规模以上港口货物吞吐量26.3亿吨,比上年增长12.8%。其中,外贸货物吞吐量5.2亿吨,增长7.0%;集装箱吞吐量1872.6万标准集装箱,增长4.1%。年末全省高速公路里程4865.0公里。铁路营业里程3539.0公里,铁路正线延展长度6252.9公里。年末民用汽车保有量1919.2万辆,增长7.6%;净增136.0万辆。年末私人汽车保有量1646.2万辆,增长7.1%;净增108.5万辆。其中,私人轿车保有量1131.3万辆,增长6.0%;净增64.5万辆。全省镇村公交开通率达到95.8%。

表4 各种运输方式完成运输量情况

运输方式	货物周转量		货运量		旅客周转量		客运量	
	绝对数(亿吨公里)	比上年增长(%)	绝对数(万吨)	比上年增长(%)	绝对数(亿人公里)	比上年增长(%)	绝对数(万人)	比上年增长(%)
总计	10095.4	4.3	258659.1	4.4	1736.9	2.6	120302.8	-0.9
铁路	322.4	8.7	6169.7	3.3	846.8	5.4	22879.7	7.9
公路	2678	5.2	147047	5.6	698	-2.6	94475	-2.6
水路	6379	4.2	90670	3.3	3.7	5.9	2084	-12.6
民航	1.1	2.1	7.4	-3.4	188.4	11.6	1364.1	7.3
管道	714.9	-0.7	14765.0	2.4				

(民航运输量数据仅指东航江苏分公司完成数)
数据来源:《2019年江苏省国民经济和社会发展统计公报》

（2）邮政电信快速发展

全年邮政行业业务总量 1426.9 亿元，比上年增长 35.9%；电信业务总量 7546.6 亿元，增长 56.8%。邮政行业业务收入 813.8 亿元，比上年增长 25.8%；电信业务收入 978.0 亿元，增长 3.0%。年末固定电话用户 1329.1 万户；年末移动电话用户 10166.0 万户，比上年末增加 371.9 万户；电话普及率达 126.3 部/百人。年末长途光缆线路总长度 3.9 万公里；年末互联网宽带接入用户 3585.7 万户，新增 233.9 万户。新增高清数字电视家庭用户 111.23 万户，发放经济薄弱地区农村低保户有线电视收视维护费补贴 1449.2 万元。

（3）旅游业较快增长

江苏省是我国七大重点旅游省市之一，也是我国经济、文化、科技和对外开放最发达的省份之一。2014—2019 年江苏省旅游总收入呈不断上升趋势，2019 年旅游总收入为 14321.6 亿元，增长 8.1%；2019 年江苏省国内旅游收入为 13902 亿元，增长 8.2%，占旅游总收入的 97.07%。

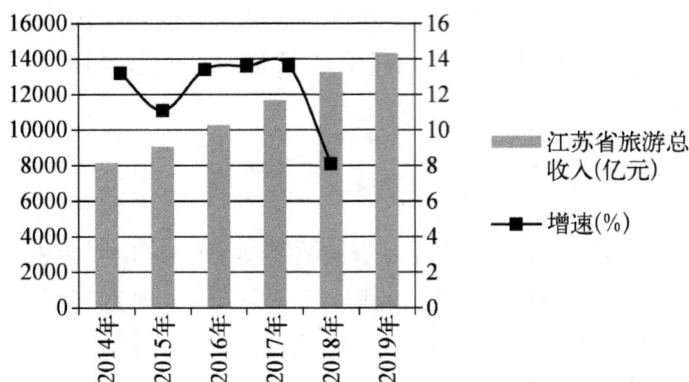

图 1　2014—2019 年江苏省旅游总收入及增速

数据来源：《2019 年江苏省国民经济和社会发展统计公报》

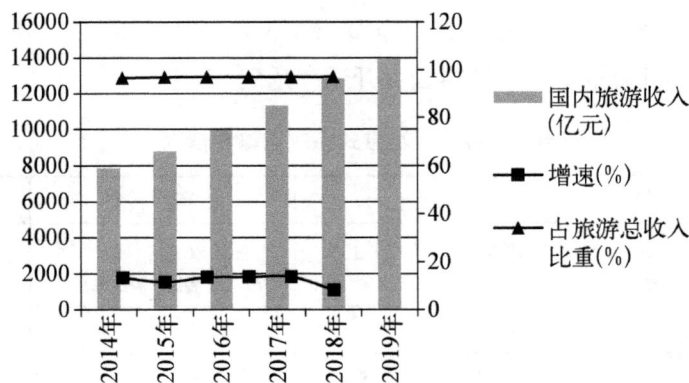

图 2　2014—2019 年江苏省国内旅游收入及占比

数据来源：《2019 年江苏省国民经济和社会发展统计公报》

江苏省接待国内旅游人数的数量要远超于入境过夜游客数量，2018 年国内旅游人数为 81422.8 万人，入境过夜游客为 400.9 万人；2019 年国内旅游人数为 88000 万人，入境过夜游客为 399.5 万人；2019 年江苏省接待国内旅游人数占总旅游人数的 99.55%。

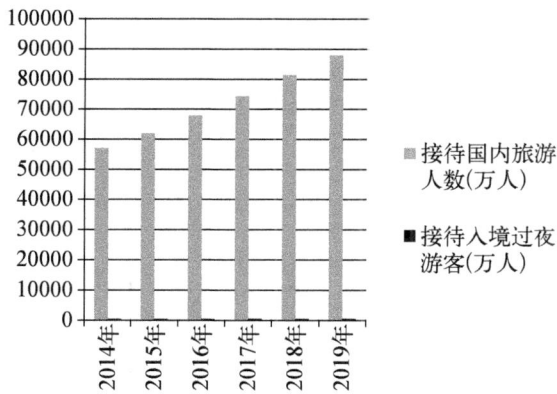

图3 2014—2019年江苏省接待境内外游客数量
数据来源:《2019年江苏省国民经济和社会发展统计公报》

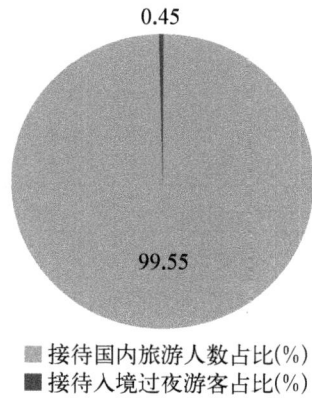

图4 2019年江苏省接待国内旅游人数占总旅游人数比重
数据来源:《2019年江苏省国民经济和社会发展统计公报》

7.其他公共服务

城市公共设施建设加快。新增便民型公园绿地项目100个,完成老旧公园绿地改造提升39个,各设区市城市绿化覆盖率均提高到40%以上。新建健身步道1611公里、体育公园205个。

老旧小区改造升级。完成320个老旧小区整治改造;推动既有多层住宅适老化改造,已加装投入使用电梯1000多部;新增130个省级宜居示范居住区。新开工城镇棚户区改造26.86万套,基本建成15.54万套,分别完成年度任务122.10%、141.27%。

苏北农民住房条件大力改善。启动实施754个改善项目(含进城入镇),同步提升公共服务、产业发展和社会治理水平,10万户苏北地区农民群众住房条件得到有效改善,其中包含9691户省级建档立卡低收入农户。

(二)公共服务业产值规模持续扩大

一直以来,江苏积极转变经济增长方式,产业结构持续优化,总体表现为第一产业比重不断下降,第二产业在快速发展后占比也呈下降趋势,代表最高结构层次的第三产业比重逐渐提高,全省服务业增加值比上年增长6.6%。全省规模以上服务业(不含批零住餐、金融及房地产业)实现营业收入13596.9亿元,同比增长8%,比上年同期加快0.9个百分点。调查的31个行业大类和4个中类中,有28个行业营业收入保持正增长,增长面达80%。新兴服务业快速成长。快递业务量同比增长31.4%,带动邮政业营业收入同比增长13.5%。全年铁路运输总周转量增长6.3%,公路运输总周转量增长5.1%,机场旅客吞吐量、货邮吞吐量分别增长13.2%、7.5%。

2015—2019年,江苏省公共服务业的总产值逐年增长,从2015年的8781.78亿元增加到2019年的13882.43亿元,增长了58.08%,并且公共服务业各行业的产值均呈增长态势。江苏公共服务业发展呈现出蓬勃发展、整体推进的良好势头,进入了重要发展期,并且公共服务业总产值占第三产业的比重每年均维持在25%以上,保持了平稳的增长。

表5 2015—2019年江苏省公共服务业发展情况 单位:亿元

项 目	2015年	2016年	2017年	2018年	2019年
科学研究和技术服务业	1413.53	1645.10	1822.59	2021.53	2212.91

项　目	2015 年	2016 年	2017 年	2018 年	2019 年
水利、环境和公共设施管理业	395.22	459.97	509.61	565.21	646.01
教育	1807.68	2103.83	2330.82	2585.24	2908.01
卫生和社会工作	1155.06	1344.30	1489.34	1651.91	1842.58
文化、体育和娱乐业	407.75	473.38	524.46	581.71	594.23
公共管理、社会保障和社会组织	2859.93	3328.48	3687.59	4090.10	4616.52
居民服务、修理和其他服务业	742.71	864.39	957.65	1062.17	1062.17
公共服务业总产值	8781.78	10219.45	11322.06	12557.87	13882.43
第三产业总产值	33931.69	38269.57	42700.49	46936.47	51064.73
公共服务业产值占第三产业比重(%)	25.88	26.70	26.52	26.76	27.19

数据来源：根据历年《江苏统计年鉴》整理

从上面表格数据可以看出，公共服务业占第三产业比重在 2019 年这一占比达到最高，为 27.19%，与 2015 年相比增速提高了 1.31 个百分点。分行业来看，2019 年科学研究和技术服务产值达到 2212.91 亿元，较上年增长 9.47%；水利、环境和公共设施管理业产值为 646.01 亿元，较上年增长 14.30%；教育产值为 2908.01 亿元，较上年增长 12.49%；卫生和社会工作产值为 1842.58 亿元，较上年增长 11.52%；文化、体育和娱乐业产值为 594.23 亿元，较上年增 2.17%；公共管理、社会保障和社会组织产值为 4616.52 亿元，较上年增长 12.87%，是增速最快的公共服务业。公共服务业总产值总体呈上升趋势，但是增长速度并不稳定，这在一定程度上表现出了江苏省公共服务业发展面临的经济社会环境依然错综复杂，可持续发展尚缺乏具有竞争力的有效依托，受政策变化等不确定因素的影响显著。

二、江苏公共服务业的问题分析

（一）标准设置不尽合理、执行不够到位

当前，江苏的基本公共服务资源配置还不够均衡，教育、医疗等重点领域存在薄弱环节，部分标准没有充分体现百姓关切，有些群众要求强烈的事项未被列入，或标准不具体；部分标准过于超前，不符合当前经济发展水平。同时，基层基本公共服务设施不足和利用不够问题并存，如城市社区的适老化改造还存在问题。部分苏北县(市、区)镇村公交开通率仍较低，不少地方班次利用不足，存在资源浪费的现象。部分建制镇污水处理设施由于管网不配套和成本负担等问题，正常运行率不高。

（二）财政资金的投入不能满足基本公共服务建设的需求

在省定标准的基础上，部分地区又增加了一些地方项目，有的标准较高，地方财政压力较大。此外，随着基本公共服务保障范围扩大，如外来务工人员和新市民纳入保障范围，各地的公共服务

资源,尤其是优质公共服务资源难以满足人民群众的实际需求。有的地方保障措施尚不到位,造成基本公共服务人才流失,在一定程度上制约了服务质量的提升。

(三)资源和信息共享不够充分

基本公共服务涉及面广,参与管理的部门多,虽然各部门都建立了信息化管理系统,但没有统一数据归集利用,存在重复投入、各自为政的现象,有些可以共享的基本公共服务设施资源以及信息化数据等没有打破部门职能界限,难以形成合力。

(四)基本公共服务供给模式单一

社会组织、企事业单位参与基本公共服务的路径不够通畅,社会力量在基本公共服务提供方面的参与度有待提高,政府购买基本公共服务机制不够健全,如何处理好政府和市场的关系,加强政府和社会资本合作还需要进一步探索研究。

(五)公共服务业固定资产投资比例较低

2019 年,全省固定资产投资比上年增长 5.1%。分产业看,第一产业投资增长 9.5%,第二产业投资增长 3.4%,第三产业投资增长 6.3%。第三产业公共服务业投资中科学研究、技术服务和地质勘查业增长 8.6%,教育业投资增长 30.8%,文化、体育和娱乐业投资增长 13.9%,公共管理、社会保障和社会组织投资增长 15.0%,居民服务和其他服务业投资增长 11.1%,但 2012—2019 年水利、环境和公共设施管理业投资额首次下降,增长了 -1.4%,卫生和社会工作固定资产投资额增长率为 -18.8%,与 2018 年 -30.8%的增长速度相比,收窄了 12 个百分点。

2014—2019 年,总的来说,除了 2018 年有轻微的下降,江苏省公共服务业固定资产投资额在不断增长,但是投资增速一直处于波动的状态,平均增速低于 10%。其中,2017 年固定资产增速达到近几年最大为 13.71%,在 2018 年首次出现了负增长,2019 年公共服务业固定资产投资增速转负为正,较同期增长 3.51%。

表6 2012—2019 年江苏省公共服务业固定资产投资(单位:亿元)

项　目	2012 年	2014 年	2015 年	2016 年	2017 年	2018 年	2019 年
科学研究、技术服务和地质勘查业	337.7	606.63	592.31	639.21	768.48	820.74	891.32
水利、环境和公共设施管理业	2014.32	3541.34	3868.82	3965.38	4692.76	4805.39	4733.31
教育	326.90	479.78	543.29	590.09	677.40	626.60	819.59
卫生、社会保障和社会福利业	166.04	271.44	450.55	446.43	534.39	369.80	300.28
文化、体育和娱乐业	343.42	578.86	560.11	642.24	546.77	593.25	675.71
公共管理、社会保障和社会组织	299.58	361.99	370.47	485.82	477.49	424.97	488.72
公共服务业	3487.96	5840.04	6385.55	6769.17	7697.29	7640.75	7908.93
公共服务业固定资产投资占比(%)	11.00	14.05	13.91	13.71	14.5		

资料来源:根据历年《中国统计年鉴》整理

（六）地区发展不平衡，南北差距较大

GDP 总量方面，整体继续呈现"南强北弱"的特征。2019 年，苏南地区苏州市、南京市和无锡市仍稳居省内前三，GDP 总量均超过 10000 亿元，三个城市 GDP 总和占江苏省 GDP 的 45.2%。苏北的淮安市、连云港市和宿迁市仍位居省内最后三位。GDP 增速方面，2019 年，南京市位列第一，为 8.0%；苏州市、徐州市和连云港市都为 6.0%，并列倒数第二；盐城市位列最后一位，为 5.1%。

GDP 增速变化方面，南京市与 2018 年相比持平，其余上涨和下跌的城市各占半数。在增速上涨的城市中，除了苏南的镇江市以 3 个百分点位居第一外，徐州市、连云港市、宿迁市和淮安市均位于苏北地区，扬州市位于苏中地区。其中，徐州市和连云港市上涨幅度较大，分别提升 1.8、1.3 个百分点。在增速下滑的城市中，有三个都位于苏南地区，苏州市、无锡市、常州市分别下降 0.8、0.7、0.2 个百分点。

区域发展不平衡是江苏经济社会发展的典型特征，苏南、苏中、苏北三大区域发展的差距不仅体现在经济发展的水平上，在公共服务发展的领域上也有所体现。从表 7 中公共服务业的各项指标来看，2019 年苏中、苏北公共服务业的发展明显落后于苏南地区。从公共服务业的生产总值来看，2019 年苏南地区的生产总值为 56646.49 亿元，是苏中地区的 2.78 倍，苏北地区的 2.47 倍。在科技服务方面，苏南地区生产总值大约为苏中、苏北地区的 10 倍。在公共服务行业方面，苏南地区生产总值与苏中、苏北地区差异明显，苏南在公共管理、社会保障和社会组织方面实现的生产总值最大，教育次之。从地区生产总值这一指标来看，苏南与苏中苏北地区相比具有明显的比较优势，且公共服务业产值占比苏南、苏中均高于苏北地区。

表 7　2019 年江苏省三大区域社会基本情况和公共服务业差异比较

项　目	苏　南	苏　中	苏　北
就业人数(万人)	2020.1	997.6	1733.2
地区生产总值(亿元)	56646.49	20366.83	22963.34
科学研究和技术服务业(亿元)	1409.21	410.35	347.79
水利、环境和公共设施管理业(亿元)	415.44	126.57	158.74
教育(亿元)	1620.39	537.34	702.35
卫生、社会保障和社会福利业(亿元)	994.26	449.75	444.06
文化、体育和娱乐业(亿元)	345.95	138.35	132.81
公共管理、社会保障和社会组织(亿元)	2505.27	1002.19	998.7
公共服务业(亿元)	7780.13	2916.98	3023.46
公共服务业占地区生产总值比重(%)	13.73	14.32	13.17

数据来源：根据《江苏统计年鉴 2020》整理计算

（七）公共服务业市场化程度低

目前，江苏省公共服务业在生产和提供方面仍然是以政府和事业单位为主导，而一些社会中介

组织在公共服务资源配置方面的作用仍然是有限的。江苏省公共服务业市场化程度低的具体表现是：公共服务资源的配置方式目前多通过计划而非市场，价格也并不是主要依靠市场来提供。从总体来看，在多数公共服务的生产和提供领域，目前仍主要采取由政府和事业单位直接提供公共物品和服务的单一模式，市场机制在公共服务资源配置方面的作用仍然有限，导致从事公共产品生产的部门人员众多，但效率低下。从总体格局上来说，公营部门仍然是江苏省公共服务业的主力军，尤其是在具有非营利型的公共服务业当中，如公共管理和社会组织的国有单位比重接近100%。公营部门的比重过大，政府包揽公共服务生产和提供的绝大多数领域和环节，一方面导致政府负担过重，公共投入不足；另一方面政府对公共服务的垄断供给，阻碍了竞争，也影响了公共服务绩效和质量的改善。此外，公共服务产品的价格大多由政府制定和管理，这就造成了服务产品的定价不能市场化和合理化，进而不能通过市场竞争来刺激企业提高生产效率、提升服务质量、增加服务产品种类等方式来满足消费者的需求。近年来，公共医疗、教育等领域的市场化改革不尽如人意，城市公交特许大多由经营出现回潮，市场化面临着责难与质疑。因此，正确认识公共服务的市场化提供机制，是江苏公共服务业健康发展的一个核心问题。

（八）人才建设体系有待完善

人才就业公共服务是政府公共服务的重要组成部分。建立和完善人才就业公共服务体系，更好地发挥政府人事部门、政府所属人才服务机构的作用，充分调动社会各方面的力量，积极采取多种形式，不断满足人民群众日益增长的人才就业公共服务的需要，既是人才就业与人才市场发展的内在要求，也是政府转变职能、更好地履行政府公共职能的客观需要。近年来，尽管江苏政府已经意识到加强人才就业公共服务管理的重要性，在立法、质量管理、标准化管理、人才队伍建设等方面采取了很多富有成效的举措，但是与我国人才就业公共服务发展的要求相比还存在着亟待改善的地方，主要表现在立法与制度建设、规划、准入条件、标准化管理、监管和绩效管理等多个方面，其主要原因是政府职能转变尚未完成，政府人才就业公共服务职能界定不清，相关理论准备不足等。

三、江苏公共服务业发展的对策与建议

江苏省基本公共服务标准化建设体系已经基本建立，为江苏实现高质量发展走在前列奠定了良好的基础。

（一）推动江苏省公共服务业发展建议

我国正处于全面建成小康社会的决胜阶段，经济进入新常态，人口形成新结构，社会呈现新特征，完善基本公共服务体系、推动基本公共标准化水平稳步提升，面临新的机遇和挑战。为了更好地促进全省基本公共服务标准化建设工作，推动江苏省"六个高质量"发展，提出以下建议：

1. 进一步细化完善标准，规范基本公共服务体系

基本公共服务标准化建设要围绕中心工作和重点领域，以问题和需求为导向，自下而上问需于民，多倾听人民群众的呼声、多思考人民群众的需求，分清供给的轻重缓急，更加科学合理、符合实际地制定或修订标准。要健全细化需求表达、财政保障、管理运行、评估考核和监督问责等制度，推

进内容标准化、流程规范化,形成保障基本公共服务体系有效运行的长效机制。同时,对部门之间、地区之间公共服务的差异化进行改进完善,对标实际情况适时调整标准设置,在动态治理中实现基本公共服务的标准化、均等化。

2. 进一步加强调查评估和督查考核,促进公共服务标准化建设落到实处

各级政府要加强监督评估机制建设,加强调查评估,严格督查考核,实现对基本公共服务供给的标准化、透明化监管。在内部评估考核方面,健全基本公共服务需求反馈机制,对标清单和标准,实施动态跟踪监测,对偏离目标的要及时纠正和整改。在外部评估考核方面,要接受人民群众及社会各界的监督,形成对基本公共服务标准化供给的全方位监督,提高群众满意度。通过评估和督查,把基本公共服务项目和标准严格落实,并逐步扩大范围和提高标准,保证人民群众享有基本公共服务的公平性和可及性。

3. 进一步加强信息化建设,利用信息化手段提升基本公共服务水平

各地、各有关部门要充分利用现代信息技术手段拓展和延伸基本公共服务的广度和深度,利用互联网＋、大数据以及云服务等现代信息技术,实现信息共享、互联互通和业务协同,打造覆盖面广、资源丰富、功能齐全的网络信息平台。要积极总结有的地方试点经验,探索人口数据应用服务平台建设,全面了解各类各层次的人口信息,形成人口信息应用成果,为政府决策和项目研究提供支撑。

4. 进一步加大保障力度,确保基本公共服务标准化建设工作有序运转

要清醒认识基本公共服务的公益性质,确立政府在基本公共服务方面的主体责任,合理划分各级政府事权和支出责任。努力提高财政资金的使用效益,优化财政支出结构,对经济薄弱地区的基本公共服务设施建设给予倾斜。支持人才队伍建设,留住基层基本公共服务人才。同时,坚持政府主导、社会参与、突出公益、专业导向原则,充分发挥市场机制作用,通过购买服务和财政补助等形式鼓励和引导社会力量参与养老服务、基本公共服务设施建设等,形成多元主体积极参与、平等竞争的基本公共服务供给格局。

5. 重视公共服务业发展

(1)更新观念并从战略高度重视公共服务业的发展

政府部门应该及时更新观念、清楚认识发展公共服务业在经济社会发展中的"稳定剂"与"融合剂"的作用,是经济发展和谐的必然要求和结果。充分重视公共服务业相关的各项工作,进行科学规划,尤其是城乡公共服务均等化与一体化规划。

(2)加大财政扶持力度

各级政府要进一步调整和优化财政支出结构,加大对公共服务领域的投入,将财政性资金重点投向"三农"和社会事业、社会保障等公共领域,以公共消费引导和拉动社会消费。同时,政府应该发掘有潜力做好公共服务的优质企业,给予财政优惠政策,壮大公共服务业的市场主体,为加速江苏省公共服务业市场化进程,确保江苏省公共服务业市场化水平稳步提高打下坚实基础。

6. 促进公共服务业区域协调发展

由于江苏公共服务业存在区域条件差异、经济发展不平衡的问题,因此,公共服务业的发展要结合资源禀赋优势,因地制宜,统筹协调,促进区域间的协调发展。苏南地区要根据工业化中后期城市化水平相对较高的特点,大力发展技术密集型与资金密集型的科学研究、技术服务,文化卫生教育等服务业,不断提高公共服务业的发展水平与质量。积极参与国际服务业分工的大格局,努力拓展国际服务贸易,使服务贸易与国际接轨,促使公共服务业的发展水平更上一个台阶。例如镇江可以深度挖掘自身特色与优势,在发展文化产业方面,依托七大名山、八大古寺、镇江博物馆、赛珍珠故居等历史资源,积极整合,深度挖掘特色文化内涵。苏中地区应根据特大工业企业集中的特点,以提高工业化水平来带动公共服务业的发展。例如,扬州市可以通过大力发展文化产业来促进该市公共服务业的发展。苏北地区现阶段应根据第二产业还不发达、服务业发育程度较低的特点,在注重保持区域公共服务业协调发展的基础上,还要充分利用该区域城市的聚集与辐射效应,实现城市公共服务业向农村公共服务业的有效带动,促进农村公共服务业的发展。

7. 创造良好的市场发展环境

(1)转变方式

公共服务业由政府主导转变为由市场主导,改革公共服务业的投融资体系,加快公共服务业的资源配置,实现要素在行业内的自由流动,鼓励其他新的市场主体参与公共服务业的发展中来。除此之外,鼓励以服务外包、管理外包、政府购买、租赁、特许经营、投资补贴、区域间竞争、社会契约制、BOT/BOO 等市场运作方式参与公共服务业的发展中来,推进公共服务业所有制结构的多元化。调整投资结构,吸引更多的外资投入公共服务业中来,尤其是科技服务业,这样可以利用国际先进的技术与管理理念来促进江苏省公共服务业的国际化发展。

(2)加快推进城市化进程

城市化水平的提高会促进产业、人才、信息、技术等资源的集聚,进而会为服务创造大量的需求和有效的供给。我国较低的城市化水平必然会阻碍公共服务业的发展,因此,要通过提升城市基础设施建设、培养和吸引高素质的人才、完善城市功能,为公共服务业的发展创造需求和提高供给能力,活跃市场供需环境。

8. 构建人才就业公共服务管理体系

(1)人才就业公共服务立法与制度建设

通过加强立法工作,确定人才就业公共服务的运行规则,使其做到有法可依、有章可循,提供法律保障。通过立法和修订现行法规,明确各类公共服务的主管职能部门及具体服务提供者,明确开展各类公共服务的资质条件并统一人才就业公共服务的标准;涉及政府各部门,以法律、法规的形式加以明确,并接受社会监督,加强依法行政。

(2)人才就业公共服务的监管

人才就业公共服务管理工作重心要落在对江苏省人才就业公共服务机构的监督和评价上。监督需要给予政府相关部门一定的管理职能,设定监督机构,配备专职人员,依照相关的法律法规对人才就业公共服务的提供机构进行监督,保护各类人才和用人单位的合法权益。监督和评价的主体除了政府部门以外,可借助社会力量,引入第三方评价机制。加强社会监督,实行政务公开,广泛听取相关利益群体的意见,增强社会成员的知情权和选择权。

(二)江苏省公共服务业发展的具体对策

1. 加快推进智慧健康服务

加快疾病预防控制体系、公共卫生服务体系等领域信息化建设,组织实施江苏线上线下分级诊疗和医联体建设。加快江苏医疗健康大数据平台、"三医"联动综合信息平台建设。推进"互联网+

医疗健康"示范省建设,完善基层远程医疗服务网络,实现乡镇卫生院—服务中心全覆盖。推进"5G＋医疗健康"示范工程建设,深化"苏康码"在卫生健康领域应用,完善"江苏健康通"APP 功能,促进电子健康档案开放式服务。支持和鼓励有关企业研发推广智慧健康产品与服务,建立智慧健康产品研发推广培育项目库。制定智慧医院、互联网医院建设指南,在二级及以上医疗机构建设智慧医院、互联网医院,开展统一规范的互联网医疗服务。

2. 加快推进智慧养老建设

建设江苏养老服务管理信息系统,促进信息服务企业与养老机构及社区开展合作,提升老年人家庭居家适老化改造的智能化、信息化水平,探索养老机构智慧安全监管方案。充分利用现有健康、养老等信息平台,打造覆盖家庭、社区和机构的智慧健康养老服务网络,推动老年人的健康和养老信息共享、深度开发和合理利用。推广"互联网＋"养老服务典型应用。支持各地建设以社区为基础的养老服务信息管理平台,提供生活照料、健康管理、康复护理等居家健康养老服务。组织企业开展智慧健康养老试点示范,遴选一批重点企业、优秀产品服务和创新基地。

3. 完善交通出行综合信息服务体系

推动公共交通服务公司、互联网公司、地图导航公司、车路信息服务公司、电信运营企业等合作,实现信息查询、出行规划、智能诱导、智慧停车等个性化服务,组织省内重点软件企业研发智慧交通产品,实施智慧交通示范工程,促进"互联网＋""智能＋""5G＋"等在交通行业创新应用。鼓励有条件的设区市建设"公交都市",优化推广智能公交调度系统,提升信息技术在城市公共交通管理与服务中的应用水平。全面推广手机扫码等移动支付服务应用,打造"指尖出行"助手。深化高速公路 ETC 门架等路侧智能终端应用,建立云端互联的感知网络。

4. 打造智慧教育升级版

实施教育信息化 2.0 计划,推进省教育专网建设,推动全省中小学网络接入宽带达到 1000M及以上水平。推进江苏智慧教育云平台建设,完善省级教育资源公共服务体系,提升"平台＋资源"服务能力。建好用好名师空中课堂、城乡结对互动课堂,建设一批网络名师工作室。推进智慧校园建设,完成 100 所省级智慧校园示范校培育认定工作,推动全省 60％中小学达到省级智慧校园标准。启动"人工智能＋教育"试点,推进 5G、人工智能在智慧教室、在线学习平台、教学管理等领域创新应用。实施中小学教师信息技术应用能力提升工程 2.0。

5. 加快打造智慧文旅平台

建设集智慧服务、行业管理、数据分析于一体的江苏智慧文旅平台,推动文旅市场服务与监管深度融合。打造智慧文旅服务中心,面向游客和市民提供文旅公共信息查询、文旅产品预订、投诉处理等在线服务;开设线上"文旅超市",运用手机 APP 等方式整合文旅产品,实现文旅产品和服务供需精准对接;推进 5G、人工智能等新技术在文旅行业深入应用,通过虚拟现实、网络直播等手段,推出更多线上展览展示展演项目。建设文旅行业监管指挥中心,实现 4A 级以上景区、重点文化场馆和文保单位全覆盖,做到安全和质量实时监测、智慧监管。建设文旅行业数据分析中心,推进文旅大数据集中化管理和交换共享,为决策分析和精准供给提供数据支撑。

6. 加快长三角一体化,打造水利现代化示范区

长三角一体化示范区内水网密布、河湖众多,具有生态绿色一体化发展的自然优势和生态基础,但也存在防洪供水风险,跨区域共治共保需求迫切。按照省委、省政府的决策部署,立足江南水

乡特色,以安全为前提、生态为基底、美丽为形象、幸福为目标,坚持高起点谋划、高标准定位、高品质实施,打造水利现代化示范区、风景优美的世界著名湖区。聚焦高质量发展,通过综合治理、系统治理、源头治理,打造水网密集区的防洪保安样板、行政交集区的协同供水样板、产业集聚区的集约用水样板、城镇密布区的生态保护样板。聚焦现代化建设,探索水利现代化的科学内涵与发展模式,打造标准化建设、精细化管理和智慧化运行的先行区,努力使之成为长三角地区乃至全国水利现代化的先行区。

参考文献

[1] 陈建辉,孙一平.构建人才就业公共服务管理体系初探[J].湖南行政学学报,2007(6).

[2] 国家统计局.2020 年中国统计年鉴[M].北京:中国统计出版社,2020

[3] 江苏统计局.2020 年江苏统计年鉴[M].北京:中国统计出版社,2020.

[4] 江苏统计局.2019 年江苏省国民经济和社会发展统计公报[EB/OL].江苏省统计局网站,2019 年.

[5] 刘素姣.发达国家公共服务业的演变趋势及启示[J].经济问题,2013(7).

[6] 田文.江苏产业结构演进中服务业的发展分析[J].现代经济探讨,2006(2):84-88.

[7] 吴根平.我国城乡一体化发展中基本公共服务均等化的困境与出路[J].农业现代化研究,2014(1):33-36.

[8] 吴先满.江苏服务业深化发展研究[J].江苏商论,2007(12).

[9] 杨跃之.江苏服务业发展对策研究[J].商场现代化,2011(23).

[10] 朱芬华.城镇化与我国公共服务业发展关系的实证分析[J].通化师范学院学报,2014(1).

第七章　江苏商务服务业发展报告

　　商务服务业指为企业提供服务的行业划分,其提供的服务以知识、技术和信息为基础,对商业活动的抽象分析和定制化程度高,以知识要素投入生产过程,表现为人力资本密集。根据最新修订的国民经济行业分类,商务服务业具体涵盖企业总部管理、投资与资产管理、资源与产权交易服务、单位后勤管理服务、农村集体经济组织管理、园区管理服务、商业综合体管理服务、市场管理服务、供应链管理服务、法律服务、咨询与调查、广告业、人力资源服务等诸多行业门类。商务服务业已成为拉动经济发展的重要力量,全球化大趋势带来的知识转移,促使商务服务业迅速发展。作为以新技术和新模式为主要支撑的新兴服务业态,商务服务业在助力传统服务业转型升级的同时,成为高新技术产品实现价值增值和拓展服务领域的有效途径。加快发展商务服务业,积极开发新的服务渠道和服务产品,提高服务质量,降低服务成本,扩大服务消费规模,提高服务业的比重,对于节约能源资源、提高资源利用效率也同样具有重要意义。

　　江苏是全国经济发达省份之一,工业经济发展程度高,为商务服务业发展奠定了坚实基础。在江苏经济发展进程中,经济发展增强着产业发展的基础,构建起促进聚集发展的"高地",有效促进人才、技术和资金等生产要素向江苏流动、新产业向江苏集聚,进而又强力支撑着江苏商务服务业的跨越式发展。2019年,江苏商务服务业规模总量持续攀升、综合实力不断增强、行业结构不断优化,新产业新业态层出不穷,服务生产和造福民生作用凸显,为推动全省现代化经济体系建设做出了重要贡献,有力地推动江苏经济高质量发展。

一、江苏商务服务业发展的现状分析

（一）商务服务业的国际化对标

　　从国际市场来看,我国在"十四五"时期面临了全球经济的分化期,同时国内市场也面临着改革深化期,进一步扩大开放程度,营造更加便利化的营商环境,成为未来五年发展最迫切的市场需求。完善法律法规制度体系、搭建更健全的市场平台、加强监管体制机制的建立,要求各地政府和产业相关主管部门更能从市场的角度、企业的角度,引导市场发展、提升财政资源利用率、直击产业痛点,提供更有效、更新颖的企业服务、产业服务。21世纪以来,全球产业结构逐渐由"工业型"向"服务型"转变,服务业已经成为越来越多国家的支柱性产业。随着社会分工的进一步细化和明确,商务服务业等一些具有专业技术要求的工作开始独立出来,已经成为全球经济新的增长点。

　　商务服务业已成为发达国家和地区经济增长最为强劲、最为活跃的生产性服务部门。20世纪80年代以来,多数发达国家的商务服务业发展迅速,OECD国家的战略性商务服务业,信息与软件服务、研发技术服务、销售服务、企业集团服务和人力资源服务近年来平均增长达到10%。商务服务业深刻影响发达国家产业机构的优化。从商务服务业的中间消耗来看,对文化创意产业、金融业、信息服务业、商务服务业自身等行业的产品和服务依赖较大;从商务服务业的产品分配来看,商务服务业自身、金融业、汽车制造业、房地产业、运输业、计算机服务和软件业、医药制造业、电子计算机制造业等行业对商务服务业的产品和服务需求较多。以美国为例,美国是专业服务最发达国家,其咨询营业额占全球咨询市场的50%,吸引了与之相关的各种专业服务机构,形成了一个控制国内、影响全世界的服务管理中心。

对比中国商务服务业的定义,美国商务服务业涵盖的范围增加了"科学研究和技术服务业、专业技术服务业、软件和信息技术服务业"三类。纽约、洛杉矶、波士顿、芝加哥等城市是美国商务服务业的集聚城市,尤其是以电子信息技术为基础和以高科技为先导的一系列新兴服务成为美国服务贸易的主要支柱和强大动力。和美国类似,英国也没有明确的商务服务业的定义,以金融服务业、专业技能服务业和信息通讯业为代表的知识密集型服务业总体产出水平占GDP的三分之一,吸纳就业人口占总体就业人口的四分之一。日本商务服务业基于工业研发服务业的迅速发展,成立了大量支持企业零件等产业发展的研发联盟,攻克行业关键技术,促进中小企业创新能力提升,形成了以产品研发和技术创新为特色的生产性服务业集群。

(二)江苏商务服务业发展基本特征

江苏根据各地区现代化建设进程、区域生产力和城市空间布局,打造"沿沪宁线、沿江、沿海、沿东陇海线"四个服务业集聚带,不同地区在金融、软件研发设计、创意文化旅游、物流、中央商务区等重点项目取得了一定的突破进展,促进了全省制造业与服务业、城市化与服务业的协同发展,逐渐形成了优势互补、层次鲜明的服务业区域发展格局。其中,商务服务业的发展成绩突出,商务服务业在服务业中占比显著提高。

1. 商务服务业集聚区分布的区位特征明显

江苏区域经济发展特征,决定了商务服务业集聚区的空间布局存在非均衡状态。南京凭借科研院所林立、高等院校众多的科教资源优势,以发展总部管理、法律咨询服务、广告业等为主,是集聚区最多的城市。无锡、常州、苏州凭借高度发达的工业基础,以发展工业设计、综合性生产服务为主,是集聚区最密集的区域,占全省总数的40%左右。南通、扬州、泰州则分别受益于上海经济圈、苏锡常城市带和南京城市圈的辐射带动,整合区域资源优势,通过承接产业转移,实现产业对接,促进商务服务业集聚发展。徐州、连云港则依托"一带一路"优势,与盐城、淮安、宿迁一起,主动与苏南各市对接优势、合作共建,促进集聚区互补发展,苏北五市共有集聚区27个,占全省总数的21.6%。

2. 商务服务业发展态势良好,有力推动了经济高质量发展

2019年,江苏商务服务业增长9.4%,商务服务业固定资产投资额比2018年增长4个百分点,传统产业领域在被改造,战略性新兴产业蓬勃兴起。新产业、新业态、新模式成为江苏高质量发展的"未来经济",为"强富美高"新江苏再发展注入新动能。

3. 总部经济发展受政策倾斜,外溢效应不断显现

总部经济是伴随着世界经济全球化而来的,经济全球化要求"最经济原则",即对成本最小化、利益最大化。总部经济一旦形成,就可以给当地区域经济发展带来诸多外溢效应,比如税收供应效

应、产业聚集效应、产业关联效应、消费带动效应、就业乘数效应、资本放大效应等明显的外溢效应。江苏依托总部经济推动高质量发展,一方面,借力 G60 科创走廊,巩固和扩大苏州在 G60 总部经济当中的地位;另一方面,依托 G40 放大上海—南通—泰州—扬州—南京—滁州—合肥运输段的总部经济效应,不断塑造和提升南京在 G40 总部经济当中的节点功能。

专栏 1　无锡总部经济发展迎来春天

　　总部经济是伴随经济全球化而出现的一种经济形态,一经形成,会通过税收供给、产业关联、消费带动、就业乘数、资本放大、品牌营造等外溢效应带动所在城市的快速发展。加快发展总部经济,是推进产业结构升级、城市功能转型的重要抓手,是建设产业强市的重要路径,也是推动经济高质量发展的重要举措。无锡市委、市政府高度重视总部经济的发展,明确要求研究制定总部经济政策,切实加快推进。

　　目前,无锡市经认定且正常经营的总部企业共 79 家。从注册资本看,10 亿元以上 7 家,5—10 亿元 10 家,1—5 亿元 40 家,1 亿元以下 22 家。从企业性质看,民营企业 43 家,外资企业 23 家,国有企业 8 家,中外合资企业 3 家,台港澳独资企业 2 家。从总部类型看,综合型总部企业 55 家,销售总部企业 11 家,研发总部企业 5 家,投资总部企业 4 家,物流总部企业 2 家,管理型总部企业 1 家,金融总部企业 1 家。

　　为了支持总部经济发展,无锡市出台《关于加快推进总部经济高质量发展的实施意见》在制定中主要考虑三个方面:一是着眼于立足无锡产业基础,结合产业转型升级需要,围绕产业链、产业体系与城市综合服务能力的关键缺失,紧紧围绕先进制造业、战略性新兴产业、现代服务业等重点产业来发展总部经济,体现无锡特色。二是着眼于体现精准扶持,本次总部企业认定门槛有所提高,并结合行业特点分类确定,针对总部企业不同的发展阶段也有针对性的政策,实现精准识别、精准扶持。三是着眼于加大扶持力度,与苏州等周边城市相比,政策突出贡献激励,更具吸引力,让总部企业享受到更多政策实惠。它包括总体要求、主要任务、总部企业认定及奖励政策、优化服务四个部分。

---

4. 充分依托省内资本市场助力,产业整体提质增效

2019 年,江苏省租赁和商务服务业金融机构贷款年末余额为 15264.41 亿元,较 2018 年增长 15.5%,占总贷款余额的 11.9%。由此可见,江苏省金融机构对商业服务业的支持力度也不断加强,与此同时,在优良的金融环境下,商务服务业的发展速度和质量也随之大幅提高。金融机构的支持更多体现政策层面的宏观倾向,除了金融机构的支持外,省内很多非金融机构也创新了服务模式,为商务服务业提供了更多便捷的融资工具。

表 1　江苏省分行业金融机构贷款年末余额

行　业	本外币(亿元)				
	2015 年	2016 年	2017 年	2018 年	2019 年
总　计	76605.13	87656.54	100400.48	112748.81	128627.06
农、林、牧、渔业	1488.50	1482.38	1487.68	1674.23	1841.87
采矿业	107.36	119.51	107.66	82.29	98.05

续表

行　　业	本外币（亿元）				
	2015 年	2016 年	2017 年	2013 年	2019 年
制造业	15839.77	15263.76	15857.57	16495.32	16957.80
电力、热力、燃气及水的生产和供应业	1994.42	2347.16	2768.60	3075.22	3420.07
建筑业	3418.13	3335.06	3676.27	4179.05	4729.11
批发和零售业	6049.68	5869.39	6303.20	6553.52	7260.99
交通运输、仓储和邮政业	3993.95	4003.88	4468.39	4820.51	5666.01
住宿和餐饮业	474.14	434.08	442.01	455.51	455.35
信息传输、软件和信息技术服务业	270.62	253.76	328.14	386.94	461.93
金融业	654.48	826.34	661.81	1241.43	1781.61
房地产业	6080.13	6083.06	6613.47	7580.48	8594.22
租赁和商务服务业	7630.99	10062.03	12240.27	13220.69	1526.41
科学研究和技术服务业	209.01	264.92	291.34	377.72	431.29
水利、环境和公共设施管理业	6005.49	8118.76	10341.17	11645.95	12909.25
居民服务、修理和其他服务业	156.97	163.61	175.35	165.60	184.28
教育	405.50	359.86	342.74	328.86	326.05
卫生和社会工作	590.84	580.72	555.47	587.32	574.61
文化、体育和娱乐业	434.79	420.16	425.36	472.75	485.73
公共管理、社会保障和社会组织	347.47	325.01	217.06	125.96	152.21

资料来源：《江苏统计年鉴 2020》

5. 行业开放度进一步提升，"走出去"呈现显著

2019 年商务服务业对外投资新批项目数 80 个，中方协议投资 10.93 亿美元，分别较上年增长 24.6％和 13.9％。商务服务业对外投资额排列服务业各细分行业第二位，占比为 28.9％。苏宁云商、武进出口加工区、吉打邦农林生态产业园等一批商务服务企业加快"走出去"步伐，在"一带一路"国家投资设厂。

表 2　服务业分行业境外投资情况（2019 年）

行　　业	2018 年		2019 年	
	新批项目（个）	中方协议投资（万美元）	新批项目数（个）	中方协议投资（万美元）
全　部	**786**	**948424**	**827**	**894503**
第一产业	10	11392	12	6065
第二产业	324	466125	372	511081
第三产业	452	470907	443	377357
按国民经济行业分				

行 业	2018 年		2019 年	
	新批项目(个)	中方协议投资（万美元）	新批项目数（个）	中方协议投资（万美元）
农、林、牧、渔业	10	11392	12	6065
采矿业	3	98	4	475
制造业	259	411638	316	465575
电力、热力、燃气及水的生产和供应业	26	43885	16	28013
建筑业	36	10504	36	17018
批发和零售业	218	150767	218	174036
批发业	183	145445	175	165750
零售业	35	5322	43	8285
交通运输、仓储和邮政业	11	31778	12	23666
住宿和餐饮业	3	1517	1	450
住宿业	1	1500	1	450
餐饮业	2	17		
信息传输、软件和信息技术服务业	48	18244	37	39639
金融业			2	132
房地产业	2	6000	5	5632
租赁和商务服务业	65	95938	81	109335
租赁业	1	128	1	
商务服务业	64	95810	80	109335
科学研究和技术服务业	79	64911	70	36390
水利、环境和公共设施管理业	9	82162	3	110
居民服务、修理和其他服务业	13	2127	10	—12137
教育	3	17155	3	96
卫生和社会工作				
文化、体育和娱乐业	1	307	1	8

资料来源:《江苏统计年鉴(2020)》

二、江苏商务服务业的问题分析

(一)缺乏龙头企业,企业竞争力较弱

商务服务业企业对品牌重视程度仍然不够,不能够形成品牌效应,从而严重削弱了自身的竞争力。无论是从咨询服务方面,还是会计、审计、税务服务方面都缺少规模较大的相关企业。同时,尽

管每年举行几百场会展,但是由于规模较小且不重视质量,导致无法形成具有较大影响力的品牌。虽然江苏企业数量众多,但是与外资企业相比,企业的人员管理和服务水平都相对落后,企业受益也相对较少。外资企业凭借自身的优势,加上本土策略的执行,已经占据我国的大部分高端市场。因为经济实力的局限,内资企业在服务创新投入上无法与外资企业抗衡,造成依赖大企业创新后的知识溢出,同时内资商务服务业提供商在传统业务领域高度聚集、服务性质趋同进一步削弱了自身的竞争力。咨询服务方面,美国有兰德、麦肯锡等超级国际品牌,德国有罗兰贝格,与之相比,到目前为止江苏的管理咨询企业还没有一家成长为世界级的咨询公司。会计、审计及税务服务业方面,世界四大会计师事务所普华永道、安永、毕马威、德勤等国际巨头均来自海外,并在江苏商务服务业市场上占有较大比重的市场份额,而江苏的相关企业却没能发展出与之相当的规模。商务服务业近五年上市公司中,所在地位于江苏的仅有一家,这与当前江苏省的经济实力严重不匹配。

表3 商务服务业近五年上市公司情况一览

代 码	名 称	总市值(亿元)	主营业务	所在地
300805	电声股份	108.6431	营销活动的策划、执行、监测、反馈服务。	广州
300795	米奥会展	24.6303	会展项目的策划发起、组织承办、推广及运营服务。	杭州
300781	因赛集团	22.1199	从事整合营销传播代理服务	广州
601828	美凯龙	302.7766	家居装饰及家具商场的经营、管理和专业咨询服务。	上海
603648	畅联股份	30.7099	为国际跨国企业提供精益供应链管理服务。	上海
300688	创业黑马	22.7052	创业辅导培训、公关、会员服务等	北京
002889	东方嘉盛	33.9453	提供综合供应链管理服务	深圳
300662	科锐国际	61.4307	提供人力资源服务整体解决方案	北京
002878	元隆雅图	39.9017	促销品供应及促销服务	北京
300612	宣亚国际	21.6594	整合营销传播服务	北京
002818	富森美	91.4602	装饰建材家居和汽配市场的开发、租赁和服务	成都
603569	长久物流	48.2396	主要从事整车运输物流服务	北京
002769	普路通	27.4762	供应链管理服务	深圳
603117	万林物流	22.8271	木材进口装卸业务、基础物流业务及进口代理业务	泰州
603598	引力传媒	32.0418	从事传播策略与媒介代理及专项广告服务	北京
603729	龙韵股份	12.7873	点事广告媒介代理和广告全案服务业务	上海

注:总市值截至2020年4月10日
资料来源:课题组整理

(二)高端人才匮乏,专业化服务水平低

江苏虽然作为我国的发达区域,吸引和集聚了一定规模的高素质商务服务从业人员,但和外资同行相比,高端人才仍然相当匮乏,突出表现为工资水平不高。2019年,江苏省城镇非私营单位就业人员年平均工资为96527元,商务服务业平均工资显著低于省内就业人员平均工资。究其原因:一方面外资机构利用丰厚的薪资待遇和良好的工作环境等优势,从本土企业分流高端人才;另一方

面,国内职业教育环节薄弱,培养的人才不能适应社会实际需求。作为典型的人力资本密集型服务业,人才的匮乏直接制约了本土商务服务企业专业化服务水平的提升,无法形成自己的优势领域,在与外资竞争中只能承接附加值较低的中低端服务业务。

表4 2019年江苏省城镇非私营单位、城镇私营单位分行业就业人员年平均工资 单位:元

	城镇非私营单位	城镇私营单位
总计	96527	58322
(一)农、林、牧、渔业	51095	41772
(二)采矿业	94090	55786
(三)制造业	86366	59317
(四)电力、热力、燃气及水生产和供应业	142745	55960
(五)建筑业	69783	58541
(六)批发和零售业	88790	55569
(七)交通运输、仓储和邮政业	98468	62596
(八)住宿和餐饮业	51977	49447
(九)信息传输、软件和信息技术服务业	147409	68791
(十)金融业	162687	58955
(十一)房地产业	83674	48000
(十二)租赁和商务服务业	71335	56207
(十三)科学研究和技术服务业	128141	61918
(十四)水利、环境和公共设施管理业	78242	40631
(十五)居民服务、修理和其他服务业	64189	46156
(十六)教育	124443	53670
(十七)卫生和社会工作	128624	68748
(十八)文化、体育和娱乐业	108370	54362

资料来源:《江苏统计年鉴2020》

(三)商务服务业与先进制造业融合不足,产业效能有待提升

江苏打造先进制造业基地,将着力聚焦智能制造、智能城市、智能港航等重点领域,推动实体经济与互联网、大数据、人工智能深度融合,先进制造业和商务服务业的互动和融合是关键环节,商务服务业在提高都市经济发展水平,提升城市服务功能等方面的作用日益凸显。商务服务业不仅能够为先进制造业提供智力型服务,降低制造业的交易成本,而且对于江苏而言是转变经济增长方式,加快培育新的经济增长点,促进产业结构转型升级,提高对外开放水平,加快承接国际产业梯度转移的必然选择。

但是应该看到,江苏商务服务业的整体规模比较小,基础比较差,占服务业的比重较低且内部发展不均衡,无法满足先进制造业所需的服务,并且商务服务业整体素质不高,辐射能力不强,制约

了商务服务业的跨越式发展,商务服务业与先进制造业的需求不匹配。从实际情况看,江苏商务服务业规模较小,发展水平较低,江苏先进制造业则保持了全国领先的地位,因此商务服务业无法满足先进制造业对外包服务的实际需求。特别是在科技含量比较高的先进制造业中,对商务服务业从业人员的素质和综合能力有较高要求。同时,先进制造业中融入商务服务业还需要相关政策支撑和配套基础。从江苏目前实际情况来看这些均不具备,因此,江苏省商务服务业的发展水平与先进制造业的实际需求不匹配。由于商务服务业发展的历程比较短,并且整体上受到区域经济发展水平、人力资源、科技发展水平、基础环境的制约。在江苏的发展中,先进制造业基地的打造非一时之功,这种偏移发展便导致了服务业的整体滞后。在这种情况下,商务服务业内部结构不均衡,经济增长方式多依靠投资和资本积累,很难发挥人力资本和知识资本的作用。江苏先进制造业的发展已经取得了领先的水平,但受限于观念和相关配套设施不成熟,先进制造业的发展仍然局限于全产业链的思路,相关的商务服务业与制造业协同发展、相互促进的机制并不成熟。江苏先进制造业对商务服务业引力作用不明显,主要是由于江苏先进制造业的规模效应还不明显,分工还不够明确,且由于技术水平的差异和制造业性质的不平衡性,严重阻碍了生产要素的流动以及商务服务业溢出效应的发挥。

(四)产业内部发展不均衡,总部经济发展相对落后

总部经济是一种专业化、集约化、高效化、高端化的,适应现代城市社会经济和文化提升完善的高级经济形态。总部经济中,松散、粗放的经营模式彻底颠覆,创意、决策、指挥等高端智能相关联环节高度聚集,位于产业链、价值链高端位置的企业高度聚集。综合来看,总部经济能够实现低成本和少资源的投入,而带来高效益、高品质、高端化的产出,是江苏中心城市产业升级、品位提升的动力引擎和战略选择。江苏总部经济之于经济社会发展和转型升级,以及城市品牌形象提升作出了重要贡献。集群式总部企业对城市转型升级发挥的作用远大于单个总部企业发挥作用的累加,特别是总部经济通过众多具有分工合作关系的不同规模等级的企业与其发展相关的各类机构、组织等行为主体,通过纵横交错的网络关系紧密联系在一起,推动了当地区域经济的迅速发展。在开放经济条件下,本地产业系统的内力和国际资源的外力有效结合,能够进一步提高区域竞争力。

从江苏总部经济的集群效应来看,尚有待进一步增强。一是各产业聚集区之间分散发展,沟通交流协作较少,缺乏完善的协作机制,资源共享不充分,不利于产业聚集区高端化、特色化、协同化发展。区域规划调控引导和利益协调机制有待进一步优化提升。二是产城融合模式已成为现阶段产业园区建设和发展的先进模式,一些成熟园区的原有产业、存量资源存在改造升级难度大、成本高的问题,亟待从增量提升的领域走出一条产业区建设的新路。三是一些新发展起来的产业聚集区对"高精尖"项目、领军企业的吸引力不足,其基础设施以及相关配套、公共服务平台等亟待进一步完善。江苏面临的人口资源环境和公共服务资源在一定程度上制约了总部经济的发展。一方面,人口资源环境对企业发展的约束增大。随着全国城镇化的推进,在就业机会增多、公共服务优质等因素影响下,未来江苏人口规模仍将持续增长,人口过快增长将使江苏资源能源持续从紧,环境压力不断增大,基础设施承载力不堪重负,对企业经济发展有所影响。其主要表现为:一是能源和水资源需求刚性增长,能源、水资源供应保障压力增大。二是改善空气质量任务更加艰巨。城市快速发展和机动车保有量不断增加,导致新型污染物快速增加,影响居民生活质量和江苏城市形

象。三是环境污染、垃圾处理等问题仍比较突出。另一方面,提供均等化社会公共服务任重道远。随着人口规模持续增加和经济发展水平不断提高,人们对均等化社会公共服务的需求不断增加,新城和产业功能区的加快建设,也迫切要求优化社会公共服务资源的空间布局,但优质教育、医疗和文化等资源主要集中在中心城区,其他区域配置明显不足。同时,以政府和事业单位主导供给的服务模式总体缺乏活力,优质公共服务供给标准和制度欠缺,部分公共服务资源利用效率不高,民生改善需付出更大努力。同时,现行的总部经济政策对总部经济发展的吸引力和影响力不足。一方面,当前的总部经济政策覆盖面窄、力度偏小。在企业申报过程中,数据获取涉及面过宽、综合贡献度计算公式复杂,以至于制约了企业的申报积极性,且评审周期过长。另一方面,总部经济政策的可操作性也有待改善。如税收由地方留存,企业无法测算;企业跨区纳税,为企业申报增加不必要的麻烦,等等。

专栏 2　德企深耕江南江苏外资"总部经济"释放"磁吸力"

中新社南京 9 月 22 日电(记者　朱晓颖)　博西家电集团全球最大的综合性研发中心——博西家电中国新研发中心 22 日在位于江苏省的南京经济技术开发区启用。

江苏省副省长惠建林在启用仪式上表示,德国是江苏在欧盟最紧密的合作伙伴之一。在新冠肺炎疫情全球蔓延的情况下,2020 年以来,江苏利用德国协议投资达 4.7 亿美元,实现了 230% 的逆势高速增长。

惠建林表示,2020 年上半年,江苏省地区生产总值为 4.67 万亿元(人民币,下同),增长 0.9%,经济增速在东部沿海省份保持第一。1—8 月,江苏外贸进出口 2.82 万亿元,占全国 14%,位列全国第二。实际使用外资 198.7 亿美元,继续位居全国首位。

外资企业是江苏经济社会发展的重要力量。中新社记者从江苏省商务厅获知,得益于疫情防控取得积极成效,江苏外资企业迅速组织复工复产,目前规模以上外资企业已 100% 复工复产。

以制造业见长的江苏,吸引了同样以制造而闻名的德企。多年来,德企持续重仓江苏、增资扩产,并以此作为全球布局点之一。博世、菲尼克斯等一批德资企业,相继将地区总部、功能性机构设在江苏。2020 年 1 月,博世在中国最大的太阳能项目——博世太阳能光伏项目在南京竣工。

江苏外资"总部经济"持续释放"磁吸力"。地区总部、功能性机构的引进,进一步为地方发展带来"乘数效应"。江苏省商务厅数据显示,截至 2019 年 10 月,江苏累计认定跨国企业地区总部、功能性机构 258 家,其规模不断扩大,功能形态不断完善。

(五)信息化建设滞后,创新动能不足

20 世纪 90 年代以来,信息通信技术应用领域不断扩大,技术竞争逐步加剧,二、三产业融合趋势不断增强,商务服务范畴更加广泛。加速发展的信息网络技术,刷新了传统商务服务概念,创新了服务提供的途径以及用户界面的互动方式,创造了现代商务服务新概念,大大拓展了服务提供的范围和可交易性,许多新的服务模式、新的商务服务种类由此而不断产生。一些行业的共性技术服务平台、信息服务平台和商务服务平台就是这方面的典型。新技术的应用,促进了传统商务服务业与电子商务的结合,引起了服务模式的创新,使得这些服务平台能够集成各方资源和信息,整合政府、研究部门、企业、协会等多方力量,提供更为强大、更为专业化的服务。在信息技术的支撑下,现

代商务服务业呈现明显的电子商务特征,即数字化形态:与商务服务相关的各种信息都以数字形式被采集、存储、处理和传输。这使得商务服务中的商品流、资金流和信息流都能够在计算机网络中迅速传输,形成"三流合 E"的商务模式,大大减少了中间投入。相比传统的行业形态,现代商务服务业具备三大特征:无纸化、信息化、高效化。然而江苏商务服务业虽然拥有信息化的服务提供方式,但是其与传统形态也并没有完全脱离,作为一个人力资本密集、智力密集的行业,有一部分的业务运作也是依赖于保留下来的传统形态,所以,行业中目前主要是线下与线上的紧密合作。

发展现代商务服务业,是在网络信息环境逐渐成熟的情况下,将服务提供平台的普遍性、合理性、深入性逐个充分挖掘,以实现服务的延伸速度匹配网络的信息扩散速度。现代商务服务业是传统商务服务业与信息技术及网络技术相互融合而发展起来的具有新兴形态的产业。现代商务服务业以网络虚拟服务为基础,运用电子商务手段,提供兼备精准营销及品牌营销的相关服务。此模式颠覆了传统商务服务业营销方式单一、缺乏信息化支撑等问题,通过利用现代科学技术及先进营销理念,促进商务服务业拓展服务空间,引导消费需求,实现精准营销的目的。现代商务服务业多通过网络虚拟环境提供服务,通过构建网络虚拟场景、利用虚拟技术的娱乐性与互动性提高用户的体验度。这主要表现为虚拟商圈、虚拟店铺、虚拟展示内容等。现代商务服务业通过整合线上、线下及新媒体资源,为传统形态与现代形态之间的过渡搭起了桥梁。科技的进步、市场竞争的加剧要求服务提供者能更准确地把握客户的动向和需求变化,现代商务服务业主要通过对客户需求行为进行分析,实现个性化定制服务。

(六)行业标准化体系不完备

和国际商务服务业标准化体系相比,江苏商务服务业的体系建设滞后,与国际化水平相比存在一定差距。在目前阶段,标准化体系不健全已成为本土企业"走出去"的重要阻碍。虽然从政府到协会,都在不断推进各类服务标准化体系建设,但在商务服务业方面,行业整体标准化程度仍然较低,如在成本核算标准、从业人员资格认定标准、市场准入与退出标准以及标准的相互认证、承认制度等方面都没有与国际标准接轨,使国内企业服务得不到国际认可,无法承接高端业务,更无法开展国际业务。

三、江苏商务服务业发展的对策与建议

(一)走内涵式发展道路,打造创新型总部经济

1. 发展方向

对照江苏的区域经济实际,目前,苏北大部分区域尚处在以工业型经济为主的发展阶段,苏中区域处在工业型经济向创新型经济过渡的经济发展阶段,苏南区域则处在创新型经济、知识型经济和服务型经济等多种经济模式并存阶段。针对江苏区域经济的现实,同时综合考虑总部经济的类型和特点,江苏总部经济的功能定位是:首先,像盐城、连云港、宿迁和淮安等绝大部分苏北地级市或县级市,适合做专业性总部。其次,像徐州、南通、泰州、扬州、常州和镇江等体量较大抑或产业基础较好的地级市,可以充分利用其区位优势和都市圈的邻近效应,在优先定位为专业性总部的基础

上,适当考虑发展区域性总部经济。最后,像南京、苏州和无锡这些产业基础好的城市,可以在立足于做好专业性总部基础上,将发展区域性总部经济放在较为突出的位置。其中,南京作为江苏的省会城市和长三角唯一的特大城市,战略重点是发展区域性总部经济,适度发展综合性总部经济。

在各类总部经济模式当中,企业是最主要的经营和决策主体,应当结合企业经营所处行业的属性和企业自身的实际,按照总部经济的模式进行空间布局。比如,企业可以充分利用高铁通勤的条件,把总部放在通勤条件较好的中心区域,而将生产加工基地放在节点优势不明显的外围区域。这样做的好处是,一方面企业能够以较低的成本获得中心城市的战略性资源,另一方面有助于企业利用欠发达地区的常规资源实现两个区域优势资源在企业内部集中配置。同时,企业总部所在区域的中心城市,密集的人才、信息和技术等资源能够得到最充分的效能释放,加工制造基地所在的欠发达地区密集的制造资源也能得到最大限度地发挥。

2. 发展策略

众所周知,改革开放以来江苏选择的是两头在外的外向型经济模式。不过,这种以参与外资代工为主的外向型经济模式当前面临的最主要困难是,在跨国公司主导的国际生产体系发生深刻变革的大背景下,江苏总部经济模式转型遇到了外资撤离和内需不振的双重困扰。原因是在早期参与国际代工时,大部分为制造业配套的生产性服务体系,包括金融服务和营销网络服务体系等,均主要是在跨国公司内部完成的。在全球产业转移和产品内分工日益深化的新趋势下,美国的贸易保护和"技术孤岛"战略,使得江苏发展总部经济难度加大。为此,当前江苏发展总部经济的战略方向,主要是优化生产性服务业空间布局,服务经济,即生产性服务业真正担负起引领和协调江苏总部经济的角色和重任。

在都市圈和城市群功能定位上,南京都市圈和苏锡常都市圈可重点发展以金融服务和研发咨询服务为主的区域总部经济,苏中和苏北中小城市群发展以制造业为中心的工厂经济。需要特别强调的是,在总部经济与工厂经济空间分离模式中,总部经济所在的区域无论是在人才还是在税收等方面,均占据着巨大的优势,因而总部经济区域在税收和服务业均等化方面要对工厂经济区域尽更多的补偿义务。生产性服务业的区域性总部经济,并不仅仅局限于生产性服务业当中的传统服务业,包括交通运输仓储和邮电业、批发和零售贸易业等,同时还包含现代服务业中的金融保险业、科研和综合技术服务业等。在以新一代信息技术驱动的全球技术体系中,生产性服务业总部经济更多地还应包括平台经济服务、园区技术服务和一揽子问题解决方案的服务等。要充分利用产业双迁和人才双迁的功能,让沿线城市更多的金融保险业、科研和综合技术服务业等现代服务业优先向 G40 节点城市集聚,强化南京都市圈在服务业区域性总部经济中的地位。

同时,江苏在"交通走廊"和"产业走廊"两个廊带建设方面着力在做好沪宁线产业带、沿海产业带、京沪线产业带、陇海线产业带"井"字形或"口"字形产业带基础上,还要依托宿淮泰锡常宜铁路产业带延伸功能,打造"中"字形产业带。处在"中"字形节点上的每一个城市和区域,都可以利用产业双迁、人才双迁和就业双迁等功能,实现各类总部经济的战略互动。

在操作策略上,重点是要利用好南京市科教资源优势,同时结合区域性总部经济的特点,发挥好南京都市圈服务业引领和协调周边地市生产力空间布局和优化的功能。要让金融保险业、科研和综合技术服务业等现代服务业向南京都市圈集聚,让南京担当大型制造业企业和生产性服务业的总部基地。目前,南京市已经明确提出了从科教名城迈向创新名城的战略构想,同时强调要依托学科群建设,打造从新型研发机构到孵化科技型企业良性互动的创新链条。

（二）加快推进江苏先进制造业与商务服务业深度融合

1. 树立正确的商务服务业和先进制造业产业发展观念

要加快推进江苏先进制造业与商务服务业深度融合,首先是要树立正确的产业发展理念。具体而言,一是支持制造企业向价值链前后两端的服务业领域延伸。鼓励制造业企业整合研发设计、经营销售、售后服务等商务服务业资源,在向企业提供核心产品的同时,向客户提供增值业务,逐步提升服务收入在制造业企业销售收入中所占的比重。增加政府公共服务供给,建立和完善服务型制造公共服务平台。二是鼓励有条件的制造业企业实施"主辅分离"。引导江苏规模以上大型制造业企业通过管理、工艺流程等创新,逐步向研发设计、经营销售、售后服务等服务型企业转型。支持制造企业主动剥离服务部门,推进服务业专门化、市场化发展。鼓励规模大、信誉好的企业进行跨区域、跨产业的兼并和重组。三是引导制造业与服务业企业在区域内形成产业集聚。通过在制造业产业集群内布局物流、金融、科研、设计等服务业平台,构建围绕制造业的区域服务体系等方式,形成产业共生、资源共享的互动发展格局。

2. 推动体制机制改革,发展完善商务服务业和制造业模式

为促使江苏制造产业和商务服务产业"水平分离",江苏加快了促进二、三产业的分离步伐。在进一步促使推进企业分离发展服务业的同时,也要强调通过政策引导、产业整合和集聚发展等措施促使江苏已经分离出来的制造业和生产性服务业形成产业间的"垂直联合"。同时,要大力推进商务服务业的集聚式发展,实现制造业群和生产性服务群间"群群互动"。从总体上来看,虽然江苏商务服务业功能区块建设在稳步推进中,但商务服务业集群化水平不高,其中,运输物流和金融保险、信息化配合程度和服务层次较低,专业化、集群化发展水平仍亟待提高。

3. 加强信息技术创新能力,推动商务服务业和先进制造业协调发展

加强信息技术的创新应用,推动生产与服务模式转变和产业互动升级。目前,江苏的大多数制造业产品仍处于附加值低、替代性比高的阶段,主要依靠低成本与生产规模上的优势占据市场,没有明显的技术优势,更谈不上自主知识产权,即便是一些发展较快的块状经济也缺乏必要的创新能力。先进制造业与商务服务业的融合要建立在信息化平台之上,信息技术的发展使商务服务业的虚拟化、网络化成为一种可能。同时,无论对传统制造业的信息化改造,还是以信息化带动和发展先进制造业,信息技术都将强化产业体系的整合。产业政策应适度向信息技术倾斜,推动协调发展。

（三）强化职业人才教育,培养商务服务业专业型人才

无论是国民经济产业结构的转型升级还是商务服务业的发展,其最后都要回归到人力资源的问题,人力资源开发是商务服务业发展的智力保证。江苏应当树立职业教育必须面向市场的理念,坚持以就业为导向,建立新的机制和办学模式,加强岗位职业培训;有计划地在现有高等院校和中等职业院校增设商务服务业紧缺专业。同时,探索由政府、高校职业院校和企业共同投入的人才实训基地建设,全面推进职业资格证书制度,也可以建立院校与企事业单位合作进行人才培育的机制,实行根据企事业用人"订单"进行教育与培训的新模式。发挥领军人物重要作用,加快培养引进

中高级经营管理、技术技能人才。加大科技服务业研发的投入力度,需要强化资本对技术创新的支撑作用。充分发挥财政资金的杠杆作用,逐步提高研究与试验发展经费占地区生产总值的比重,保证技术创新,尤其是保证产业关键共性技术的创新资金有效供应。增强金融机构对企业技术创新的支持作用,鼓励金融业加入产业创投基金。

（四）重视品牌建设,提高企业核心竞争力

品牌价值在商务服务行业具有更大的影响力,重视品牌建设能使企业获得更大的业务量,从而增加企业的经济效益。品牌价值能让企业在竞争中获得优势,让企业更易于发展规模、占据高端市场,因此建立服务品牌是商务服务业提高自身竞争力,获得发展的重要手段。现阶段江苏的商务服务业缺少影响力大的品牌,为了能进一步促进商务服务业的发展,省内需要不断建设品牌体系,并建立健全品牌保护体系,鼓励企业不断引进新技术,提高服务质量和信誉,建立有影响力的品牌,从而提高江苏商务服务业的竞争力,促进行业的健康发展。

（五）政府加大政策支持力度,创新政府服务模式

1. 弥补产业发展短板,发展高品质商务服务业

（1）大力引进国际领先企业、知名品牌和优质项目。发挥专业服务机构有效连接全球优质资源优势,强化招商引资。分行业、分区域强化精准对接,积极引进商务咨询服务全球领先企业,强化市场化机制,促进以商招商,吸引一批优质国际机构、品牌和项目在苏落地。

（2）提高会计服务国际竞争力。鼓励会计师事务所在境外以自有品牌设立分支机构（包含并购吸收所在国家和地区的会计师事务所成为其成员所）,提升国际声誉。

（3）打造律师业务智能平台。推进省律师协会律师智能工作平台建设,加快与法院数据互通、律师网上立案、律师协同办案等功能运用,满足律师进行诉讼案件及非诉项目中全流程管理、协同办公、任务管理等需求,帮助律师快捷高效办理业务。加快平台在中小型律师事务所在线部署,提高律师事务所信息化水平和远程办公能力。

（4）构建商务咨询服务国际网络。加强自主品牌培育,协助咨询行业兼并重组进行优势互补,提高自主品牌认知度。鼓励咨询企业提升能级,在江苏地区注册并具备独立法人资格。支持咨询等行业设立境外分支机构,鼓励境外经贸发展服务中心拓展咨询业务。

（5）提升广告业传播力。对标国际顶尖广告节,加大对江苏广告节的资金支持力度,培育成为优秀广告创意设计、广告企业形象传播、广告设备展览展示的窗口和业界高水平对话平台。优化审批服务,对大型广告企业实施兼并、重组、股权激励办理登记注册时提供绿色通道。创新监管方式,强化信用监管,将行政指导和行政执法有机结合,促进广告市场健康有序发展。

（6）增强会展业影响力。探索建立对标国际标准的会展业政策支持和服务体系;积极推动会展业相关单位结成江苏线上展会发展联盟,整合行业要素资源,拓宽办展办会渠道,提升江苏会展业综合竞争力,提升江苏国际服务贸易交易会专业化、国际化水平。

（7）提高旅行社服务质量。着力推进旅游行业质量提升,运用信息化手段加强对旅行社和旅游团队管理,加强对导游等从业人员的教育培训,树立行业榜样,推进导游队伍整体素质提升,使其在传播历史文化、展现江苏风采中发挥作用。

（8）引进培养行业领军人才。聚焦会计、法律、管理咨询、广告业和会议展览等领域,引进培养国际化创新创业领军人才。进一步发挥猎头机构引才融智作用,猎头机构依照有关人才选聘项目清单为用人单位选聘人才后,给予资金奖励。

2. 完善产业发展机制,充分发挥政府统筹力

（1）创新工作机制。统筹建立江苏商务咨询服务促进体系,强化部门联动,形成合力,建立定期调度、重点联系企业、监测信息共享和定期更新纳统等工作机制,及时掌握工作进展情况,会商推进中遇到的问题,细化工作安排,督促任务落实。

（2）优化人才环境。为江苏商务咨询服务发展急需或创新创业潜力较大的人才在人才引进、子女教育和医疗等方面开辟服务通道。面向海外高层次人才,加快建设国际人才社区。

（3）加大支持力度。调整优化财政资金支出结构,着眼引进增量和产业聚集,制定导向性政策,重点支持引进优质商务服务业增量,促进商务服务产业升级。支持打好新冠肺炎疫情防控阻击战,对具有发展潜力的中小微商务服务企业强化资金支持。

3. 积极应对疫情带来的冲击,稳定产业经营

（1）缓解税费压力。受疫情影响纳税申报困难的中小微商务咨询服务企业,可依法办理延期缴纳税款。给予信贷支持,对因受疫情影响经营暂时出现困难但有发展前景的商务咨询服务企业不抽贷、不断贷、不压贷,对受疫情影响严重的中小微企业到期还款困难的,可予以展期或续贷。

（2）加大政府采购支持力度。预算单位在满足机构自身运转和提供公共服务基本需求的前提下,进一步提高面向中小微商务咨询服务企业采购的金额。对于因疫情影响暂停举办的展会项目,给予一定的场租费用补贴。

（3）实施援企稳岗和促进就业政策。对受疫情影响较大,面临暂时性生产经营困难且恢复有望、坚持不裁员或少裁员的中小微商务咨询服务参保企业,适当降低保费比例。

参考文献

[1] 刘海波.我国现代商务服务业发展探析[J].现代经济信息,2016(4).

[2] 吕梦婕.供给侧结构改革下商务服务业发展机理研究[J].财会学习,2017(23).

[3] 吴福象.总部经济:江苏高质量发展的新动能[J].群众,2019(16).

[4] 王海波,关丽红,杨立娜.宁波先进制造业与商务服务业融合发展的对策研究[J].三江论坛,2020(7).

[5] 郭怀英.商务服务业的产业特性与驱动机制分析[J].中国经贸导刊,2010(7).

[6] 苏夏怡.现代商务服务业发展研究[J].物流管理,2012(10).

第八章　江苏商贸流通业发展报告

我国商贸流通业经过十几年的努力,已成长为开拓市场、扩大需求、促进消费、拉动经济增长的战略性支柱产业。2019 年,江苏商贸流通业在促进社会经济转型、增强城市辐射能力、提高居民生活质量、实现包容性增长等方面发挥了积极作用。随着互联网不断向各行各业渗透,传统的行业边界日渐模糊化,行业跨界融合发展成为一大重要趋势。在这一时代背景下,"互联网+""智能+"等成为商贸流通业跨界融合的主要特征,零售 O2O、机器人餐厅等是商贸流通业跨界融合的重要案例。根据十九大报告和 2019 年中央经济工作会议精神,高质量发展成为经济建设的根本要求。而商贸流通业的跨界融合发展,正是对高质量发展的有力呼应。但在起步阶段,江苏商贸流通业的跨界融合之路任重道远。

一、江苏商贸流通业发展的发展现状

(一)消费品市场增势稳定,商贸流通业总体发展平稳

2019 年,江苏社会消费品零售总额 37672.51 亿元,比上年增长 6.2%。按行业分,批发和零售业零售额增长 5.9%;住宿和餐饮业零售额增长 8.7%。全省限额以上社会消费品零售总额比上年下降 1.2%。从消费品类值看,基本生活类消费增长平稳,限额以上饮料类、烟酒类、服装鞋帽针纺织品类和日用品类商品零售额分别增长 3.4%、4.1%、1.6% 和 8.0%。部分消费升级类商品零售额增长较快,限额以上中西药品类、化妆品类、书报杂志类分别增长 10.6%、8.2%、19.8%。汽车类下降 1.6%;石油制品类下降 1.9%。网上零售占比提升。全年限额以上批发和零售业通过公共网络实现零售额 1391.7 亿元,占比达 10.4%,比上年提高 0.8 个百分点;限额以上住宿和餐饮业实现网络餐费收入 16.2 亿元,占比为 2.0%,比上年提高 0.1 个百分点。

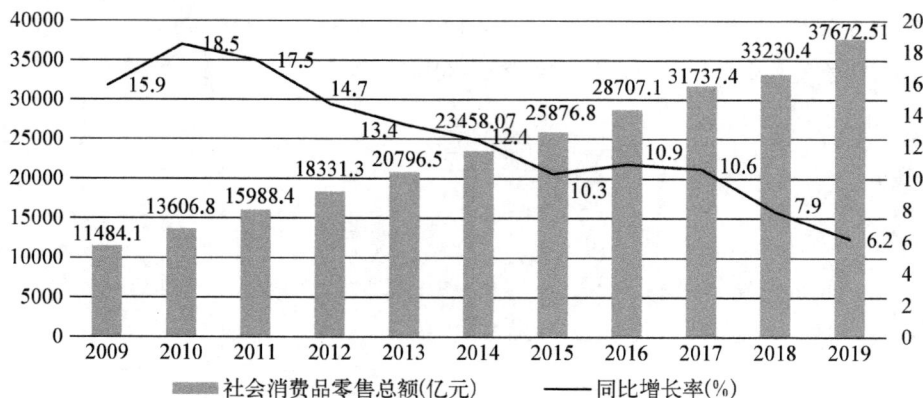

图1　江苏省社会消费品零售总额

资料来源:《江苏统计年鉴 2020》

（二）新型发展业态发展壮大，电子商务成为趋势

江苏零售业态以专业店、超级市场和专卖店为主，其中，专业店数量最多，从业人数也最多。面对网上零售新兴业态、经营成本上升等方面的挑战，实体商圈业态积极加快调整转型，不断推进业态创新融合。从江苏情况看，不少实体商圈以"百货＋餐饮"为主的传统营业模式日益不适应消费需求，一些实体商圈积极调整商场业态，加快向社交、时尚、文化消费中心转型，如徐州苏宁广场的文创街区"30间铺子"、南京雨花客厅E-park、龙湖苏州狮山天街和南通印象城均引进文创品牌"西西弗书店"；南京金鹰世界GE·WORLD和南京金鹰湖滨天地B区也设有自己的文创品牌G·TAKAYA书店。部分实体商圈的转型升级有效激发了消费动力，并逐渐形成"鲶鱼效应"，带动周边其他商圈进行商业模式的改造和创新，有效提升了实体商业整体发展能级。

电商是商贸流通经济中出现的新生事物"也是调结构、促转型、稳增长"的重要内容，是商贸流通业创新的方向和革命性的变化。江苏省商贸流通业现代化水平进一步提升，流通新业态、新模式不断涌现，电子商务快速发展。目前，江苏省网络交易规模持续增长，线上线下融合发展特点明显，农民上网交易成"新常态"，电商已经成为一种潮流和趋势。截至2020年，江苏跨境电子商务发展处于全国第一梯队，共有10个市区入选跨境电商综合试验区（占全国的9.5％），分别为苏州、南京、无锡、徐州、南通、连云港、常州、宿迁、盐城和淮安，数量上仅次于广东。数据显示，2019年，江苏省通过海关平台统计（不含海外仓和邮快件进出口渠道）的跨境电商进出口2.7亿美元，同比增长4.2倍，其中，出口2.6亿美元，增长4.9倍，跨境电商产业发展迅速。在出口产品结构中，高新技术产品出口额为9947亿元，占出口总额的36.6％。此外，江苏省近年来水产品、化妆品等优质消费品方面出口值也保持较快增长。总体来看，呈现四个方面的发展特点：一是跨境电商政策引导不断强化；二是跨境电商试点区域稳步发展；三是跨境电商企业参与持续增多；四是跨境电商监管服务同步推进。广大跨境电商从业者把握当前"跨电"新机遇，不断创新发展模式，培育发展新动能，重视品牌营销，把关产品质量，诚信规范经营，专注提升企业自身核心竞争力，让江苏智造、江苏品牌享誉海外，进一步实现江苏跨境电商的高质量发展。

专栏1　2019中国·江苏电子商务大会在南京召开

9月26日，2019中国·江苏电子商务大会在南京江宁会展中心成功召开，本届大会由江苏省商务厅、南京市人民政府指导，南京市商务局、江宁区人民政府主办，香港贸发局、江宁高新区管委会、江宁区商务局、台湾物联网协会、江苏省电子商务协会、南京市投促中心协办，亿邦动力、南京电子商务协会承办。

中国江苏电子商务大会已经连续举办三届，本届大会以"看趋势、赢未来"为主题，来自香港贸发局、台湾贸易中心、郑州、鞍山、无锡、徐州、常州、苏州、南通、连云港、淮安、盐城、扬州、镇江、泰州、宿迁等省市各级商务主管部门代表，以及南京市各级商务主管部门领导、江宁区政府有关部门和江宁高新区管委会领导，知名专家学者、国内电商组织、行业协会、近700家国内外电商企业、20余家媒体，共计1000余人参加。

南京市商务局孔秋云局长出席大会并致辞，孔秋云表示，南京一直主动顺应技术和产业变革大趋势，积极推动传统产业与互联网深度交融，努力打造电子商务与实体经济融合发展的"南京样本"。

　　香港贸发局华东、华中首席代表钟永喜先生在致辞中指出:南京与香港,在"苏港合作联席会议"的机制之下,开拓更领先的创新模式,构建更全面的服务场景,继续深入合作,把握市场发展趋势,推动宁港两地企业并船出海。

　　会上,举行了南京市 2019—2020 年度省级电子商务示范基地授牌仪式,南京市建邺区、南京市玄武区徐庄软件园、江宁高新区电商产业园、中国(南京)软件谷南京软件园、白下高新技术产业开发区、南京雨润菜篮子电商产业园、南京龙潭跨境贸易电子商务产业园、南京电子商务(双龙)园区、南京邮政跨境电商创业基地、南京空港跨境电商产业园共十家基地获此殊荣,江苏省商务厅二级巡视员郁冰滢、南京市人民政府办公厅主任闵一峰为以上基地授牌。

　　在大会政策推介环节,江宁高新区投资环境做了主题推介。江宁高新区作为南京市创新发展的主阵地之一,重点规划了江宁高新区电商产业园、红太阳跨境产业电商城等专业载体,吸引了永辉云创、有爱科技、海豚电商等近百优质项目集聚发展。同时,江宁高新区积极引导南高齿、万宇汽车博览中心等制造企业和传统服贸企业"触电上网",用"互联网＋"新业态、新模式,助推传统行业加速转型升级,开辟新的利润增长点。未来,江宁高新区将加大电子商务领域招商引资力度,积极发挥江宁大学城科教资源优势,打造"总部＋孵化＋创投＋交流空间"的完整产业生态链,进一步吸引云计算软件及服务、互联网＋应用、大数据等领域的高层次人才和领军企业集聚发展。

　　在大会主题演讲环节,创新工场合伙人郎春晖从资本视角出发,深度解析互联时代的产业变革。同时,作为电商行业热点的代表,盒马公共事务部总监原若凡、什么值得买 CEO 那昕、爱库存首席战略官巨颖、云集高级副总裁张铁成、美团点评政府事务部华东区总监张昊舒围绕新零售、内容电商、社交电商等电商增长新风口在会上做了精彩分享。

　　作为苏商力量的企业代表,苏宁易购集团拼购公司总经理张奎、新一站保险网副总经理李阳、江苏徐工电子商务股份有限公司 CTO 刘彬、车置宝创始人兼 CEO 黄乐、艾佳生活 CEO 潘定国分别围绕江苏电商的新业态创新引领,以及保险、汽车、家居、智能制造领域的产业升级发表主题演讲。伴随着 AI、物联网等新兴科技的迅猛发展和持续深化,电商整体发展环境利好,资本市场对于电商的热度有增无减,从融资事件城市分布来看,除了北上深以外,产业基础雄厚的南京、苏州、无锡等崛起一批电商项目,发展后劲十足。为了进一步助力江苏电商的高质量发展,抓住数字经济发展新时代的新趋势和新要求,江苏正在不断完善电子商务发展环境,提升开放发展水平,加快传统企业利用电商转型升级,培育和发展电商领域的新优势。

　　在圆桌互动环节,由亿邦动力联合创始人、思路网总裁、善物派发起人刘宸围绕"对话零售数字化:品牌如何实现可持续增长"这一话题,邀请汇通达副总裁孙超、索菲亚营销中心副总经理钱晔、来伊份电商总经理尤强展开了激烈的探讨。

　　此外,2019 中国江苏电子商务大会共设置四场专题活动同期举办:南京市江宁高新区互联网产业招商对接会、南京市示范基地授牌仪式、江苏省商务系统参观南京电子商务发展环境、江苏电商大会马蹄社南京见面会。

(三)三大流通商圈形成,竞争力得以提升

　　由于地理位置、政治因素以及历史文化等原因,南京、苏锡常、徐州三个地区一直是江苏省的交通枢纽、生产基地和大型商品集散地,2017 年出台的《江苏省流通业"十三五"发展纲要》更是将这

三个地区纳入江苏省流通业重点发展地区。经过多年的发展,三地也逐渐形成了在江苏省内甚至是全国范围内竞争力较强的三个商圈,南京、苏锡常和徐州"三大商圈"集聚效应更加凸显。新街口商圈核心区面积不到 0.3 平方公里,集中了近 700 家商店,1 万平方米以上的大中型商业企业有 30家,1600 余户大小商家星罗棋布,营业额长期居中国各商业街区之首,商品以高端化、品牌化消费品为主。苏锡常商圈靠近上海,依托高度发达的农工业经济、保税物流政策优势,其商贸流通业发展水平一直处于全省前列。徐州是黄淮海地区的中心城市,其地理位置的优越性不言而喻,徐州商圈拥有亿元以上商品交易市场 27 个,营业面积 236.92 万平方米,商品以中低档为主,业态以批发市场为主。南京、苏锡常和徐州这三大商圈的各自发展定位:一是促进南京商圈特别是新街口核心商圈向高端化、品牌化发展,进一步扩大南京商圈对周边城市的辐射力;二是推进苏锡常商圈的现代化、特色化建设,提升苏南板块流通业的区域竞争优势;三是支持徐州商圈集聚流通资源,健全服务功能,提升发展水平,进一步巩固和发展徐州作为淮海经济区中心城市的地位。打造"三大商圈",促进各城市优势流通资源向中心商务区集聚,强化其城市功能核心地位。

(四)辐射带动力增强

1. 内部辐射

根据《江苏省城镇体系规划(2015—2030 年)》,江苏省将结合全省城镇空间发展态势,引导中心城市差别发展,培育具有国际竞争力的专业化城市,对部分具有一体化发展态势的城市组群进行整体功能引导。江苏对 13 个直辖市和 8 个县、县级市进行了发展定位,这就是省政府"13+8"中心城市(组群)规划。《规划》提出,江苏坚持"协调推进城镇化、区域发展差异化、建设模式集约化、城乡发展一体化"的新型城镇化道路,加快构建"一带二轴,三圈一极"(沿江城市带、沿海城镇轴、沿东陇海城镇轴与南京、徐州、苏锡常三个都市圈,淮安增长极)城镇化空间格局,远期形成"带轴集聚、腹地开敞"的区域空间格局,构建特色鲜明、布局合理、生态良好、设施完善、城乡协调的城镇体系。与此同时,《规划》提出要着力强化苏南地区的资源整合和转型发展、率先发展,以空间转型引导产业转型、环境优化和文化提升,将苏南地区建设成为自主创新先导区、现代产业集聚区、城乡发展一体化先行区、开放合作引导区、富裕文明宜居区。

2. 外部辐射

南京、苏州、无锡、常州、徐州是江苏商贸流通业重点发展地区,也是江苏商贸流通业竞争最激烈的区域。强化三大商圈建设,就是要重点发展以上城市商圈。其中,南京商圈地跨江苏、安徽两省,由江苏南京、镇江、扬州、淮安,安徽马鞍山、滁州、芜湖、宣城八市组成,面积超过 6 万平方公里,人口超过 3000 万,GDP 超过 2 万亿元,南京都市圈不仅要带动本省经济,还承担着带动安徽四市的发展。苏锡常商圈以苏州、无锡、常州三个大城市为中心,共同构成江苏最有活力的都市圈,三市经济总量超过 2 万亿元,与上海、浙江两大经济体对接,是江苏最为富庶、城市化程度最高的地区。苏锡常地区靠近上海,依托高度发展的经济,商贸流通业发展水平一直雄居全省之冠。但是由于靠近上海,这一地区又受到上海先进流通业的影响和辐射。因此,苏锡常商圈建设应以现代化、特色化为主,减少上海流通业对本地区流通业的辐射,力保本地区商贸流通业竞争力的整体提高。徐州商圈以苏北重镇徐州为中心,地处苏、鲁、豫、皖四省交界,东襟淮海,西接中原,南屏江淮,北遏齐鲁,素有"五省通衢"之称,是国家重要的综合交通枢纽。徐州商圈由江苏徐州、连云港、宿迁,安徽宿州、淮北、山东枣庄、济宁微山县以及河南省永城市（县级市）总共 8 个市组成，面积达 4.8 万平方公里，人口超过 3000 万。作为苏北最重要的城市，徐州都市圈对于江苏而言意义重大，同时还兼具带动苏北、皖北、鲁南、豫南的发展重任。因此，徐州商圈发挥其突出辐射功能，重点扩大了对苏北地区、安徽北部、河南南部、山东南部的影响。

（五）农村市场不断开拓

商贸流通中一个很重要的媒介是农产品的流通，2005 年开始的"万村千乡"市场工程的建设，也已经取得初步成效，如今江苏省的部分乡镇已经建立起高效的农产品集贸市场和批发市场。2019 年，全省日用消费品和生产资料连锁农家店已基本实现乡镇全覆盖，村级覆盖率超过 95%。社区民生服务网络进一步得到优化，便利店、中小超市、社区菜店等社区商业加快发展，便民生活服务体系得到基本完善。当前，江苏省商贸流通行业农村市场呈现出以下发展特点：一是农产品批发市场升级改造加快，市场交易综合能力显著提升。不仅市场规模不断扩大、市场层次不断提升，而且农产品批发市场信息网络建设步伐加快，与基地联系不断紧密，交易手段亦在不断改进。二是农产品展览、展销活动水平不断提升。以城市超市为主题的乡村农家店迅速发展，产销结合型农民专业合作经济组织蓬勃兴起。与此同时，苏北农村电商蓬勃发展，显示出强劲的发展态势。

专栏 2　2019 海峡两岸（江苏）名优农产品展销会在盐召开

海峡两岸（江苏）名优农产品展销会（以下简称"农展会"）是江苏省人民政府和中华全国供销合作总社为促进海峡两岸农业方面的交流与合作，于 2009 年共同打造的农产品展示展销平台，已在南京、无锡、镇江成功举办了 10 届。本次农展会是首次跨江到江北城市举办，由江苏省人民政府主办，指导单位为中华全国供销合作总社，承办单位为盐城市人民政府、江苏省供销合作总社、江苏省人民政府台湾事务办公室、台湾农会、台湾农产品流通经纪人协会，支持单位为共青团江苏省委、江苏省妇女联合会，执行承办单位为盐城市供销合作总社，协办单位为除盐城之外的江苏省其他 12 个省辖市供销合作总社。

10 月 18 日上午，2019 海峡两岸（江苏）名优农产品展销会在盐城国际会展中心拉开帷幕，来自台湾、江苏、新疆、青海、西藏、陕西的 1800 余种名特优农产品参展。中华全国供销合作总社党组成员、理事会副主任蔡振红，省政协副主席周继业，台湾农会常务监事白添枝，市委书记戴源出席开幕式。省政府副秘书长诸纪录主持，台湾农产品流通经纪人协会理事长林瑞民、市长曹路宝、市政协主席李驰、市委副书记陈红红参加。省供销合作总社党组书记、理事会主任陶长生介绍农展会基本情况。

本届农展会由江苏省人民政府主办，中华全国供销合作总社指导，盐城市人民政府、江苏省供销合作总社、江苏省人民政府台湾事务办公室、台湾农会、台湾农产品流通经纪人协会承办。展馆面积超过 14000 平方米，设立标准展位 480 个，参展的专业合作社、家庭农场主等新型农业经营主体 1000 多家，3000 余人，各类农产品及农产品加工品 1800 余种。农展会还邀请了江苏、上海、浙江、北京等地大型超市、大型农产品批发市场、大型电商企业、大型农产品加工企业的 200 多名采购商参展洽谈采购。农展会展销时间为 10 月 18 日至 20 日。蔡振红在讲话中说，深化合作、实现共同繁荣，共创两岸互利双赢，增进两岸同胞福祉，是海峡两岸同胞的共同愿望。海峡两岸（江苏）名优农产品展销会已成为江苏、全国供销合作总社对台工作重要窗口和加强海峡两岸合作的重要平台，有力促进了海峡两岸特色农产品的贸易合作、产业升级，为农业增效、农民增收做出了积极贡献。我们热忱欢迎更多的台湾同胞到江苏、到大陆，推动更加深入的交流与合作。

（六）企业竞争力进一步增强

企业培育卓有成效,涌现出一批跨行业、跨地区、专业化、特色化的商贸流通企业。业绩快报显示,2019 年苏宁易购商品销售规模为 3796.73 亿元,同比增长 12.74%;营业收入 2703.15 亿元,相比上年同期增长 10.35%。报告期内,苏宁易购实现营业利润、利润总额分别为 161.44 亿元、161.47 亿元,同比增长 18.20%、15.79%。苏宁云商、宏图三胞、文峰大世界、金鹰、五星电器、江苏华地、中央商场、江苏新合作常客隆等企业进入中国连锁百强。江苏品尚餐饮、大娘水饺等企业入选全国餐饮业百强。苏宁易购、宏图三胞、焦点科技、惠龙易通、同程网络、远东买卖宝、途牛等企业成为国家电子商务示范企业。早在 2015 年 7 月,首批 84 家企业(品牌)被江苏省商务厅认定为江苏老字号,另有 92 家中华老字号企业已申请自动成为江苏老字号。截至 2018 年,江苏省共有 96 家"中华老字号"企业。

二、江苏商贸流通业的问题分析

（一）发展趋势研判:跨界融合

1. 商贸流通业跨界融合发展,成为顺应新宏观环境的客观需要

商贸流通业向跨界融合发展,是顺应我国国家战略的重要体现。随着"互联网+"革命的不断深入,互联网信息技术日益融入各行各业各环节中,近年来,中央充分抓住这一有利契机,提出要加快推进产业跨界融合。例如,2016 年《国务院关于深化制造业与互联网融合发展的指导意见》就明确提出支持制造业与互联网经济跨界融合,而流通业作为连接制造端和消费端的重要枢纽,也必然要借此机遇加快推进跨界融合。2016 年《国务院办公厅关于推动实体零售创新转型的意见》就明确将促进零售业跨界融合作为一条重要路径。

消费层级不断提升,对商贸流通业跨界融合提出新要求。伴随国民收入水平提升,整体消费层次也不断提升,居民的生活消费已不仅仅满足于食品消费。在新时期,对个性化商品的需求将持续呈现爆发式增长,这一需求导向必然会波及流通领域,加速流通服务个性化和定制化的步伐。可见,商贸流通业的跨界融合已是大势所趋。京东物流针对不同行业甚至不同企业特征,定制化推出物流全程链条服务方案;2016 年飞凡开展与欧亚、绿地、步步高等集团的商业联盟,打造城市购物核心商圈。这些都是商贸流通业跨界融合的重要体现。

智能制造的路线引领,将带动商贸流通业走跨界融合之路。随着"中国制造 2025"战略的不断实施,智能制造上升为未来制造业发展的潮流。智能制造不是单调的传统制造,它关系到大量的供应链与价值链的融合,一个制造体系中要嵌入物联网、大数据、人工智能等高科技,这就要求与制造环节相连接的物流、零售等商贸流通环节也赋予智能化的元素,与智能制造形成配套,而商贸流通业的智能化,就必须以跨界融合作为重要前提。

绿色生态意识不断加深,对商贸流通业跨界融合提出迫切需求。当前,生态环境问题日益成为全球关注的焦点,我国明确将绿色发展理念作为新时代下经济发展必须遵循的重要理念之一,全国范围内的绿色生态意识不断深化。商贸流通业作为连接生产与消费的枢纽,流通过程是否能实现绿色低碳,对整个经济的绿色发展具有重要影响。

2. 商贸流通业跨界融合发展,成为顺应行业自身变革的内在需要

跨界融合,不仅仅是商贸流通业站在宏观趋势层面上作出的重要选择,也是商贸流通业为适应自身发展需求,克服自身发展短板,实现商贸流通业质量、效率和动力"三大变革"的内在需要。当前经济进入新常态,规模总量增速逐步放缓,传统的增长方式已无法充分满足时代发展需要。类比可推,商贸流通业的发展也必然需要寻找新的发展路径。从自身短板来看,跨界融合也已成为商贸流通业克服制约因素、实现跨越发展的迫切需要。

第一,商贸流通业的发展方式仍显粗放。受到逐利思维的影响,许多企业借21世纪初期经济持续火热的契机,不考虑自身发展基础和市场需求,违背商业规律而片面追逐规模化,因而导致服务质量偏低、成本浪费严重、资源配置低下等问题。由于商贸流通业的体制机制不完善,不少商业企业钻国家空子,打着建立城市商业中心的幌子而开展盲目的"圈地运动"。

第二,商贸流通业作为连接生产和消费的重要枢纽,近年来得到国家充分重视,因而其市场份额也不断提高。在商贸流通业规模日益扩大的背景下,一些大型商业集团实力也明显增强,导致行业内部出现垄断现象,特别是外资企业进军中国市场,给本土商贸流通业的发展带来一定威胁。例如,沃尔玛、家乐福等跨国集团,凭借自身的市场优势而不断挤占本土商业市场。在垄断特征仍然明显的环境下,跨界融合成为必然需求。通过跨界融合,能促进本土商贸流通企业拓展功能、扩大业务,提高市场集中度,从而增强自身实力。

第三,商贸流通业的市场分割较为突出。当前,商贸流通业的市场分割仍然是制约行业高质量发展的重要短板。一是同一业态市场分割突出,比如零售业是苏宁、国美、天猫等企业一方割据;二是城乡流通市场二元结构突出;三是不同业态间的协同发展程度不足,如实体零售、物流、电商等业态之间尚未普遍形成协同发展的良好关系。只有通过商贸流通业的跨界融合,才能促进业态之间实现协同发展,不断打破条块分割瓶颈。

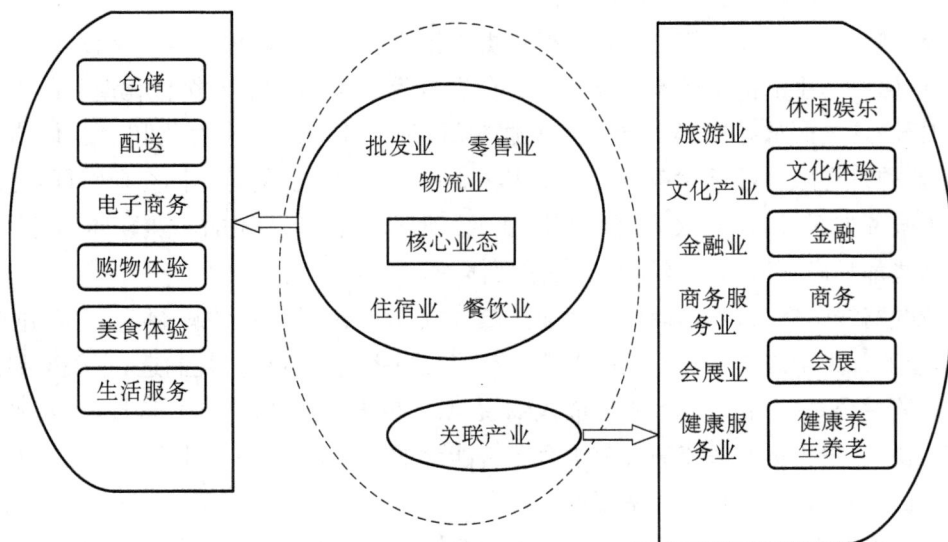

图 2 商贸流通业边界与产业跨界融合示意图

（二）突出问题

1. 商贸流通业的跨界融合意识普遍不强

国外商贸流通业的跨界融合已持续了很长一段时间,且取得了较为显著的经验。在零售领域,阿里巴巴拓展生鲜和餐厅业务,建立"生鲜＋餐厅＋外卖O2O集市"——盒马鲜生;居然之家集团打造集吃、玩、卖于一体的新体验商业平台——怡食家超市。但在江苏,受传统的商贸流通业态经营方式的约束,总体上无论是物流还是零售等行业,跨界融合的思维仍然没有充分打开,大部分商贸流通企业跨界融合的意识仍不强。在一些地区,商贸流通企业的跨界融合几乎演变成为一场"圈地运动",名义上跨界融合,事实上还是搞大型商业点或者甚至是房地产,这明显是不科学的。

2. 商贸流通业的跨界融合缺乏顶层设计

虽然出台了一系列支持商贸流通业融合发展的政策文件,但是总体上还缺乏对商贸流通业跨界融合的顶层设计,因而政策在实际中仍然难以落实到位。由于前瞻性研究、规划等缺位,商贸流通业的跨界融合发展无法真正体系化,多为小范围合作,并且即使是小范围合作也存在大量的模仿现象。对应到商贸流通行业网点规划和布局上来看,江苏省城市建设与商贸项目开发往往较难协调发展。这表现在省内流通企业缺乏整体统一的规划布局以及各种商业网点的规模、数量、集聚区比例不协调;大多数规模商业网点主要集聚在市区内,但广大农村、乡镇很少有300平方米以上的超市,商贸流通行业的普惠功能没有得到充分发挥。

3. 商贸流通行业的现代化水平较弱

现代信息技术是商贸流通业发展的重要支撑,但是在全球化的市场竞争中江苏商贸流通技术水平较弱的缺点暴露无遗。零售业和批发业作为商贸流通业的重要组成部分,不断引进国外先进的信息系统和管理经验,但是大部分引进工作停留在形式上,没有从根本上分析国外先进技术的广泛应用和管理实践的适用性,造成零售业和批发业难以有效提升其竞争力水平。如实行购物中心和无人便利店等新型零售业态,只停留在名称的变更上,而上下游企业的协调和管理模式仍未改变。信息技术在商贸流通业的使用不足,互联网、物联网技术逐渐在全球兴起,而零售业和批发业仍采取传统的信息沟通和传递形式,造成企业内部和企业之间的信息传递不及时。而沃尔玛利用其信息系统整合了上下游的企业,为其创造了巨大的数据交换收益。此外,江苏省不少地区的现代化商贸流通发展规模较小、组织化程度较低,导致大流通格局的知名企业不多。相比之下,传统流通企业体制不健全,缺乏竞争力,管理方式和经营机制均有待转型升级。

4. 商贸流通行业的国际竞争力不足

全球化背景下江苏商贸流通业发展的国际竞争力不足主要表现在两个方面:一方面是盈利能力不足,经济新常态下我国经济发展进入缓慢增长时期,逐渐提高产品和服务的有效供给,面对市场不景气和激烈的商贸流通企业间竞争,江苏商贸流通企业的盈利能力逐渐下降。盈利能力不足主要表现在零售企业、批发企业、餐饮和服务企业的净利润出现下滑现象。另一方面是商贸流通企业创新能力不足,江苏商贸流通业发展主要依赖国外先进的零售业态和发展经验。相比国外的商贸流通企业,江苏商贸服务创新能力较弱,企业间的同质化竞争严重,为了争夺有限的市场份额,"价格战"频发。商贸流通企业的信息化水平较低,上下游企业间的信息难以得到有效沟通,造成了供应链中的"牛鞭效应"现象,增加了供应链的风险和不确定性。

5. 商贸流通业的行业监管不到位

目前,江苏商贸流通业的行业监管仍然处于无的放矢的局面。虽然商贸流通业相关政策不断出台,但由于政府缺乏数据信息支撑,所以仍难以有效对行业采取科学措施进行监管。一些商家由于势力大,掌握信息多,因而可以过多地控制市场,开展不当竞争,从而不利于维护商贸流通业的市场秩序。在这样无的放矢的尴尬境地下,商贸流通业的跨界融合也就自然面临着壁垒,如何有效突破行业监管瓶颈,是商贸流通业有序开展跨界融合的重要前提。具体来看,江苏省商贸流通行业监管不到位体现为:第一,商贸流通市场的企业准入和退出机制、中小流通企业保护、大型流通企业激励政策不完善,商贸流通行业法律制约不健全;第二,商贸流通市场监管体系缺乏权威性和系统性;第三,商务主管部门监管手段有限,主要处罚手段是罚款,但简单的罚款手段对违法经营者的威慑力不足;第四,商贸流通市场监管执法队伍建设不足。

6. 商贸流通行业的公共服务环境有待优化

虽然跨界融合越来越成为商贸流通业高质量发展的一大趋势,但当前许多地方仍然缺乏必要的公共服务环境来支撑商贸流通业的跨界融合。第一,苏北一些地区尤其是偏远农村基础设施体系仍有待完善,现有农贸市场规模小、档次低,市场环境差、市场设施落后,在生产与零售、生产与物流、物流与零售等关节经常存在"最后一公里"问题,不少地区对连锁经营、物流配送、电子商务等新型流通方式的扶持力度也不够。第二,许多地区缺乏必要的互联网信息支撑,在数据采集、处理、共享等方面不到位,不利于供应链大集成大整合,也就制约商贸流通业跨界融合。第三,跨界融合需要技术,但缺乏创新基础支撑,特别是人才引育的环境不利,不利于集聚创新资源,制约了跨界融合的步伐。

三、江苏商贸流通业发展的对策与建议

(一)建立健全商贸流通行业治理体系,推动商贸流通行业的转型升级

1. 推进商贸流通行业管理服务信息化

注重互联网大数据等现代信息技术在商贸流通领域行政管理中的运用,利用大数据加强对市场运行的监测分析和预测预警,提高市场调控和公共信息服务的预见性、针对性、有效性。推进部门间信息共享和信息资源开放,建立政府与社会紧密互动的大数据采集机制,形成高效率的商贸流通综合数据平台。

2. 创新商贸流通行业应急调控机制

完善市场应急调控管理体系,按照统一协调、分级负责、快速响应的原则,健全市场应急供应管理制度和协调机制。健全突发事件市场应急保供预案,细化自然灾害、事故灾难、公共卫生事件、社会安全事件等各类突发事件情况下市场应急保供预案和措施。根据突发事件对市场影响的范围和程度,综合运用信息引导、企业采购、跨区域调运、储备投放、进口组织、限量供应、依法征用等方式,建立基本生活必需品应急供应保障机制。加快完善政府储备与商业储备相结合的商品应急储备体系。推广商业储备模式,推进商业储备市场化运作和储备主体多元化。建立储备商品定期检查检验制度,确保储备安全。建设应急商品数据库,保障信息传导畅通和组织调度科学有序。实施应急

保供重点联系企业动态管理,保持合理库存水平,增强投放力量,合理规划设置应急商品集散地和投放网点。探索利用商业保险稳定生活必需品供应机制,推动重要生活必需品生产流通保险产品创新。

3. **实施产业互动发展战略,创造新的机遇和空间**

产业互动发展,能够为商贸流通业创造新的机遇和空间。首先,以产业链为基础,加强产业间的互动,在农业产业化、新型工业化建设的过程中,充分发挥商贸流通业的引导和促进作用,推动商贸流通产业与新型工业化、新农村和旅游、文化等三产业的互促互动,农工商联手开拓繁荣市场,深度融合发展。其次,自觉适应城市化加速推进的要求,以规划为龙头,突破传统商业布局观念,拉开中心城市骨架,加快形成若干个以商业功能区为基础、错位竞争、有序支撑、层次清晰的商圈。实施内外贸一体化战略,消除内外贸一体化市场壁垒,培育内外贸一体化企业主体,形成"内贸促进外贸、外贸拉动内贸"的内外贸一体化市场格局。最后,与产业结构调整战略相结合,重点培育现代物流业。建设区域性物流网络,要以中心城为依托,连接一批大中型的储运、批发企业,建立现代物流产业走廊。

(二)打造新业态新模式,提升商贸流通行业现代化水平

1. **鼓励新零售业态和模式**

进一步推动商业企业线上线下结合,应用各种新型营销手段,重点引进和培育商业领域体验型、服务型、智能型业态,推动江苏成为新零售的"试验田"和"竞技场",满足消费者日益增长的全方位多层次需求。推动"传统商业＋互联网"模式,"线上销售＋线下体验＋供应链管理",将门店、社区、商圈与会员串联,形成全渠道商业生态圈。推动实体商业跨界融合,以新街口商圈为代表,着力推动商业、旅游、文化、艺术、体育与会展的深度融合。推动科技创新型零售业态,发展以"盒马鲜生"为代表,深受消费者欢迎的线上线下融合的无界零售,生鲜智能直投,无人值守商业等科技创新型零售业态。推动"前店后工厂"模式,以星巴克甄选上海烘焙工坊为学习代表,让消费者全流程观察生产过程,体验"浸入式"消费。创新自贸试验区特色的商业模式。打造集免税产品展示预定和完税商品零售于一体的会员制线上购物平台,会员覆盖整个长三角地区,实现国际国内、线上线下商品的同步同价销售。同时,扩大海外产品直销店规模,让消费者与众多海外产品直接见面。

2. **打造特色专业市场**

按照"功能集中、优势互补、错位发展"的思路,引导各类市场合理布局、有序竞争、协调发展,形成功能明确、分工合理的多层次发展格局。依托交通枢纽发展商品市场,规划建设区域性生活资料和生产资料批发市场。立足优势产业,加强分类指导,建设一批综合与专业、批发与零售、产地与销地联动融合的商品交易市场,培育一批有影响力的区域性商品交易市场群。围绕建设辐射全国、影响全球的国际家纺商务城的目标定位,大力发展智慧物流,整合物联网、传感网与互联网,对商品实施智能化跟踪与管理,实现物流的自动化、可视化、智能化、网络化,提高资源利用率和流通效率。加强智慧流通基础设施建设,支持农产品流通全程冷链建设,支持第三方电子商务平台建设,统筹智能化物流集散和储运设施建设。加快智慧商圈建设,促进商圈内各种商业模式和业态优势互补、信息互联互通、市场资源要素共享,抱团向主动服务、智能服务、立体服务和个性化服务转变,提高商圈内资源整合能力和消费集聚水平,构建线上线下融合发展的体验式智慧商圈。

（三）助推商贸流通行业的国际化水平，打通双循环体系

1. 推动商贸流通企业国际化水平

积极推进商贸流通企业国际化、现代化、标准化水平，培育一批符合内陆开放型经济需要，开放性程度高，与国际接轨的商贸流通企业集群。鼓励江苏省内商贸流通企业应用互联网技术实现国内国外两个市场无缝对接，推进省内资本、技术、设备、产能与国内和国际资源、需求合理适配，重点围绕"一带一路"倡议及开展国际产能和装备制造合作，构建国内外一体化市场。面对经济全球化发展趋势，首先应抓住国际商业资本和各类区域外商业资本对营销网络开拓的机遇，适时调整引资重点，加强对国际知名商业的引进力度，优化商业网点布局，推动商贸流通业的开放度，提升区域商贸流通业的水平。其次要大力实施开放带动战略，推动商贸服务业国际化同样是商贸流通业加快发展、提高的有效途径。一方面，要抓住我国融入 WTO 的历史性机遇，进一步扩大开放，有效地利用国际商业资本，全面与国际商贸服务业发展接轨。另一方面，要实施"走出去"战略，开拓国际市场。通过独资、合资、合作方式和连锁代理等渠道，建立国际市场贸易网络；以贸易网络为载体，以高新技术为手段，建立市场信息网络；利用各种运输渠道和储运企业建立国际物流网络；以区域传统、特色的加工技术为基础，建立商贸流通服务网络。

2. 大力引进海内外高端人才

吸引海内外精通现代流通方式、掌握商业经营管理和信息化知识的高端紧缺人才，促进人才流动。实施更加开放的人才政策，加大全球引才引智力度，全面用好国际、国内人才资源。实施"十大领域海内外引才行动计划"，组织"海外博士江苏行"等活动，广泛汇聚海内外高层次、高技能人才创新创业。采取柔性引进、项目引进、专项资助引进等方式，大力引进国外人才和智力，构建引智成果发现推广体系。加强人才创新创业载体建设，加大对留学回国人员资助力度，打造江苏海内外高端人才集中生活服务区。鼓励江苏人力资源服务机构参与国际人才竞争与合作，推进国家级（中国苏州）和省级人力资源服务产业园、南京国家领军人才创业园、常州国家科技领军人才创新驱动中心等集聚区建设。

（四）健全商贸流通法规体系，强化商贸流通行业监管

1. 加快推进流通领域立法

加快完善有关商贸流通业的地方性法规，健全流通领域法规规章，强化对市场竞争行为和监管执法行为的规范。加快制订商贸流通各行业领域的行政法规和规章，规范相关参与方行为，推动建立公平、透明的行业规则。对商贸流通领域与经济社会发展需要不相适应的现行地方性法规、规章及规范性文件，及时予以修订或废止。加快研究制定商业模式等新形态创新成果的知识产权保护办法，健全知识产权维权援助体系，增强知识产权保护力度。

2. 提升市场监管执法效能

加强流通领域执法，坚持依法行政，完善执法监督体系，规范执法行为，提高执法效率。创新管理机制，加强执法队伍建设，合理配置执法力量，严格落实执法人员持证上岗和资格管理制度。健全举报投诉服务网络，完善受理、办理、转办和督办机制。整合执法资源，推进行政执法与刑事司法衔接，建设行政执法与刑事司法衔接信息共享平台，建立信息共享、案情通报和案件移送制度，完善

部门间、区域间执法协作机制,开展商务综合执法改革试点。创新市场监管方式,加强事中事后监管,坚持日常监管与专项治理相结合。积极推进商贸流通投诉处理和行政处罚案件信息公开。创新企业产品质量执法检查方式,推行企业产品质量承诺制度。创新电子商务监管模式,完善网络商品的监督检查、风险监测、源头追溯、质量担保、损害赔偿、联合办案等制度。

(五)优化商贸流通公共服务环境,构建现代化城市流通网络体系

一方面,充分落实发挥电子商务的主宰作用。首先,推进电子商务平台建设。实施专业型特色型平台龙头企业培育工程。结合江苏产业结构和特点,培育特色平台龙头企业。鼓励发展专业型平台,增强实体产业发展活力和市场竞争力。实施移动电子商务完整产业链构建工程。重点推进移动电子商务在农业生产流通、企业管理、安全生产、环保监控、物流和旅游服务等方面的试点应用。推动移动电子商务产业链和各应用领域相关主体加强合作,加快社会化协作机制创新。着力推进电子商务运营服务。积极打造总部经济,发展有基础支撑的潜力领域,培育一批在全国具有重要影响力的面向不同行业、区域和消费者的电商服务平台。着力扶持和引导电子商务产业链快速发展,提升江苏在电商领域的地位和影响力。推进电子商务服务网络和服务园区建设。关注大中企业服务网络建设,围绕信息、科技、金融三大核心业务,积极降低企业运营成本,优化发展环境。推进电子商务产业基地和示范园区建设,着力打造引领电子商务服务创新的国家示范城市。

另一方面,促进企业电子商务智慧化应用。实施大中型企业智慧化建设工程。推进电子商务深度应用,促进研发设计、生产、销售、管理等产业链条的智慧化建设,引领企业智慧化工程。提升现代服务业电子商务应用深度。积极推进金融、物流、商贸、旅游、科技、工业设计等现代服务业电子商务应用深度,大力培育和发展各类行业技术创新中心、信息服务中心、数据中心。强化优势行业信息化深度融合。推动信息化与工业研发设计的融合、推动信息化与生产过程控制的融合、推动信息化与经营管理的融合。在苏北优先推动企业的信息化硬件投资,重点推进信息化软件投资。

(六)积极应对疫情带来的冲击,稳定产业经营

正确看待疫情对商贸流通业的影响,尤其是短期和长期影响,除短期对消费、行业、交易以及复工复业复市复苏的影响外,特别要关注对商贸转型升级及变革的影响,疫情可能成为新一轮商贸大变革的重要推手。这一轮变革的核心和实质就是"从传统实体商业主导向数字化商业的大变革";警惕疫情下商贸企业复工复业后可能出现的产业链、供应链、资金链断裂以及二三个月可能出现的部分行业和区域的门店转让和倒闭潮;把握"新商贸"崛起和创新升级的新机遇。在疫情冲击下,传统业态的商场、市场都面临着业态、模式老化带来的困境,商贸的数字化、智能化、在线化趋势更加强化。商贸产业链重构,意味着更多的商贸活动将直接从消费端向生产端延伸,同时,"新商贸"与"新消费"同频共振,消费、商贸与生产的边界将进一步模糊化。传统的工厂、农场有可能直接实现销售、商场的功能,以直播等方式融入消费场景中;"新基建"中应该包括数字化商业基础设施,尤其是智慧物流与数字化供应链平台等设施。网红直播、在线设计、数字交易、时尚定制等园区建设,应纳入"新基建"的体系中来。

参考文献

［1］纪良纲,王佳淏."互联网＋"背景下城乡商贸流通一体化模式研究[J].经济与管理,2020(02):77-84.

［2］宋则.论零售企业自营——"十三五"时期商贸流通业改革、发展新方向[J].中国流通经济,2017(03):25-37.

［3］关冠军.我国商贸流通业品牌建设的关键因素与模式[J].中国流通经济,2016(06):10-18.

［4］李杨超.我国商贸流通业发展与制造业增长方式转变的关系研究[D].首都经济贸易大学,2016.

［5］徐丽.长江经济带商贸流通业区域差异及影响因素分析[D].重庆工商大学,2015.

［6］关冠军,祝合良.我国商贸流通业品牌建设现状与特征[J].中国流通经济,2015(05):11-19.

［7］陈宇峰,章武滨.中国区域商贸流通效率的演进趋势与影响因素[J].产业经济研究,2015(01):53-60.

［8］司增绰.我国商贸流通业产业链识别与优化研究[J].江海学刊,2014(05):85-91.

［9］王德章,张平.对我国商贸流通业发展方式转变的探讨[J].中国流通经济,2014(05):21-26.

［10］任保平.中国商贸流通业发展方式的评价及其转变的路径分析[J].商业经济与管理,2012(08):5-12.

［11］杨以文.江苏商贸流通业的发展现状、存在问题及发展重点研究[J].江苏教育学院学报(社会科学),2012(5).

［12］陈文刚.我国商贸流通业自主品牌培育发展策略分析[J].商业经济研究,2016(11).

［13］张宁.经济结构转型升级背景下我国商贸流通业发展策略探析[J].商业经济研究,2016(8).

第九章　江苏金融业发展报告

2019 年,面对中美贸易摩擦、产业结构深度调整等带来的困难和挑战,江苏省全面落实党中央、国务院决策部署,坚持稳中求进工作总基调,深入贯彻新发展理念,全力推动高质量发展,经济运行总体平稳、稳中有进,高水平全面建成小康社会取得新的进展,"强富美高"新江苏建设迈出新的步伐。

一、江苏金融业的发展现状

2019 年,江苏省金融系统深入推进金融供给侧结构性改革,社会融资规模同比增多,信贷结构不断优化,融资成本逐步下行,多层次资本市场健康发展,保险保障功能稳步提升,金融业继续呈现平稳发展的良好态势,服务实体经济质效持续提升。

(一)银行业发展稳中有进,服务实体力度加大

江苏银行业贯彻落实稳健的货币政策,加大对实体经济的融资支持,民营和小微企业融资难、融资贵有所缓解,防控金融风险攻坚战取得阶段性成果,围绕江苏自贸区和泰州金改试验区建设深化区域金融改革创新,金融基础服务和金融生态环境进一步优化,为辖区实现"六稳"和经济高质量发展营造了适宜的货币金融环境。

1. 资产规模平稳增长,组织机构优化升级

2019 年末,江苏银行业总资产为 19.3 万亿元,同比增长 8.6％,增速比上年提高 2.3 个百分点;全年共实现净利润 2219 亿元,同比增长 10.5％。其中,地方法人银行业金融机构资产总额同比增长 7.4％,净利润同比增长 16.3％。全年全省银行业金融机构网点总数增加 563 家。紫金农商行、苏州银行分别在上交所、深交所挂牌上市,全省上市银行达到 9 家,居全国首位。省内第二家民营银行无锡锡商银行正式获批筹建。江苏银行、南京银行获批成立理财子公司。多家服务自贸区的金融特色机构陆续成立。

表 1　2019 年江苏省银行业金融机构情况

机构类别	营业网点			法人机构(个)
	机构个数(个)	从业人数(个)	资产总额(亿元)	
一、大型商业银行	4992	106670	64756	0
二、国家开发银行和政策性银行	95	2433	10366	0
三、股份制商业银行	1182	33752	32816	0
四、城市商业银行	987	33098	39723	4

续表

机构类别	营业网点			法人机构（个）
	机构个数（个）	从业人数（个）	资产总额（亿元）	
五、城市信用社	0	0	0	0
六、小型农村金融机构	3384	50285	29945	63
七、财务公司	16	472	1513	14
八、信托公司	4	679	389	4
九、邮政储蓄	2512	25480	8155	0
十、外资银行	78	2484	1674	3
十一、新型农村机构	267	4861	896	74
十二、其他	11	1439	2300	7
合　计	13528	261653	192533	169

注：营业网点不包括国家开发银行和政策性银行、大型商业银行、股份制银行等金融机构总部数据；大型商业银行包括中国工商银行、中国农业银行、中国银行、中国建设银行和交通银行；小型农村金融机构包括农村商业银行、农村合作银行和农村信用社；新型农村机构包括村镇银行、贷款公司、农村资金互助社和小额贷款公司；"其他"包含金融租赁公司、汽车金融公司、货币经纪公司、消费金融公司等。

数据来源：中国人民银行南京分行、江苏银保监局、江苏省地方金融监管局

2. 各类存款增速明显，非金融机构存款增速有所下降

2019 年末，江苏金融机构本外币存款余额为 15.7 万亿元，同比增长 8.95%，增速高于上年同期 1.9 个百分点；当年新增 1.29 万亿元，同比多增 3431 亿元。分部门看，居民及企业资金向银行等传统渠道回流，本外币住户存款、非金融企业存款余额同比分别增长 13.6%、8.9%，分别高于上年同期 3.5、4.2 个百分点。同业负债监管趋严，非银行业金融机构本外币存款同比下降 7.6%。分币种看，人民币各项存款余额同比增长 9.4%（见图1），外汇存款余额同比下降 6.1%。

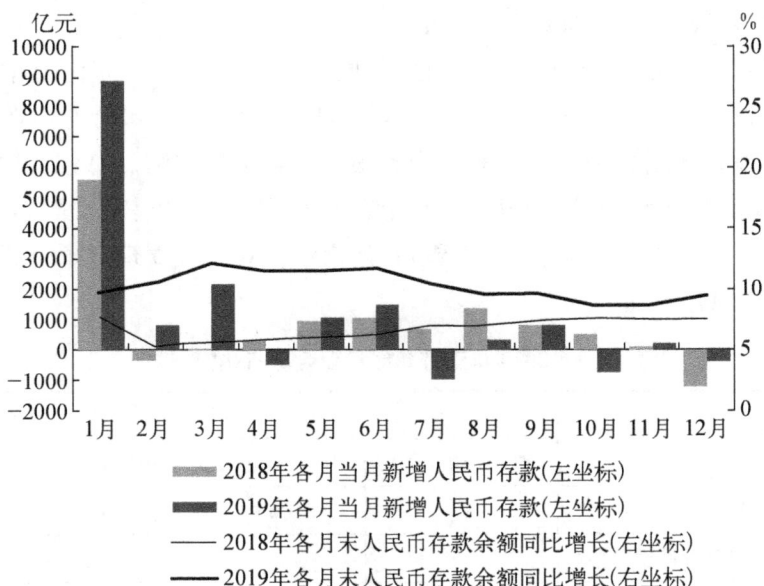

图1　2018—2019 江苏省金融机构人民币存款增长

数据来源：中国人民银行南京分行

3. 各类贷款增速较快,对经济实体支持性提高

2019 年末,江苏本外币各项贷款余额 13.5 万亿元,同比增长 14.7%,增速高于上年同期 1.4 个百分点;比年初新增 1.7 万亿元,同比多增 3388 亿元。

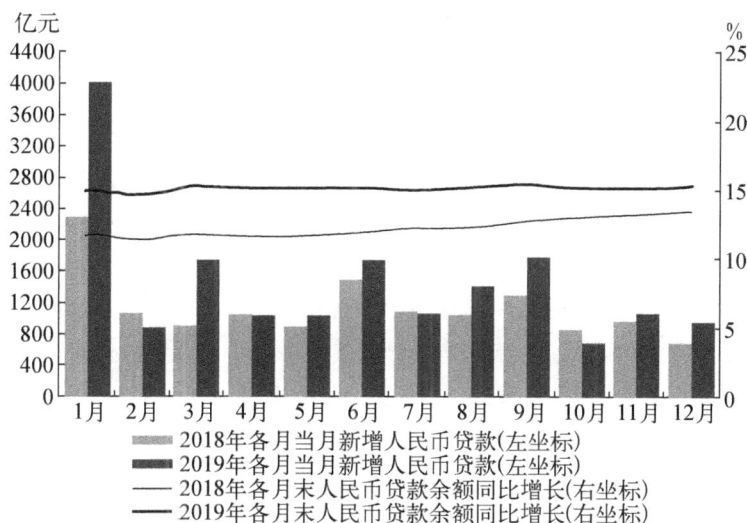

图 2 2018—2019 年江苏省金融机构人民币贷款增长
数据来源:中国人民银行南京分行

从币种看,人民币贷款保持较快增长,余额同比增长 15.2%,增速比上年同期提高 1.9 个百分点;外汇贷款余额同比下降 14.76%,增速比上年同期下降 19.7 个百分点。

从期限看,非金融企业短期经营性贷款需求较多,本外币短期类贷款余额同比增长 18%,增速比上年提高 2.6 个百分点。银行积极满足企业中长期融资需求,加大基础设施领域在建项目和补短板重大项目的金融支持力度,本外币中长期贷款余额同比增长 12.8%,增速比上年同期提高 0.9 个百分点。

从投向看,制造业信贷投放更加注重提质增效,制造业本外币贷款余额同比增长 2.9%,连续 34 个月保持同比正增长,其中,五大产能过剩行业贷款余额同比下降 11.7%。货币政策工具精准

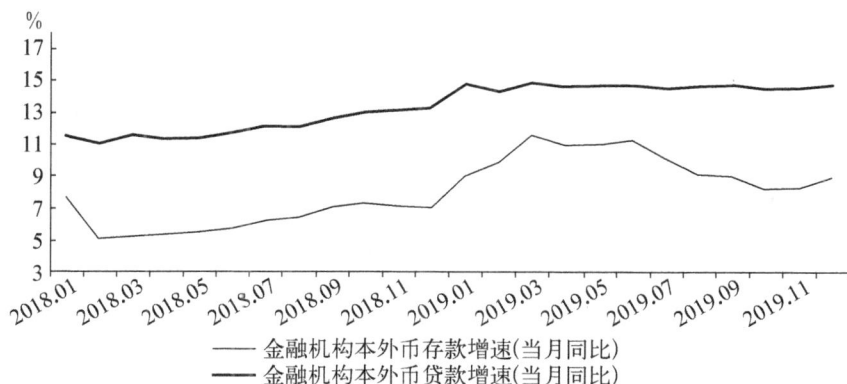

图 3 2018—2019 年江苏省金融机构本外币存、贷款增速变化
数据来源:中国人民银行南京分行

滴灌作用有效发挥,基于再贷款、再贴现的"小微 e 贷""小微 e 贴"等产品进一步推广,全省本外币小微企业贷款余额(不含票据融资)同比增长 6.2%,增速比上年同期提高 3 个百分点,其中普惠口径小微企业贷款同比增长 32.2%,高于各项贷款增速 17.8 个百分点。金融支持乡村振兴力度进一步加大,有效满足了产业扶贫、农田水利基础设施建设、农村土地综合整治、苏北农村住房条件改善等民生项目的融资需求,全省本外币涉农贷款余额同比增长 10.6%,增速比上年同期提高 6.5 个百分点。

专栏 1 小微企业融资服务获得感的提升路径

近年来,中国人民银行南京分行认真执行党中央、国务院和总行关于支持小微企业发展的一系列决策部署,围绕"四性原则"(融资普惠性、可得性、便捷性和价格的合理性)的要求,探索提升小微企业融资服务获得感的有效路径。

一、围绕提升融资普惠性,充分发挥政策引领新优势

发挥货币政策工具引导作用。创新开展再贷款管理品牌化建设,在全省范围内推广以再贷款资金为基础的金融产品"小微 e 贷"和与再贴现政策挂钩的票据贴现产品"小微 e 贴"。全省支农、支小再贷款和再贴现限额使用率位于全国前列。凝聚各部门政策合力。组织全省金融机构开展"民营和小微企业金融服务质量提升年"活动,累计走访企业 17 万家,其中,无贷企业 10 万家,为 5.6 万家企业提供了融资解决方案。全省小微企业有贷户保持快速增长的态势。2019 年末,全省小微企业有贷户 15.3 万户,同比增加 2.7 万户;全省小微企业首贷户 3.0 万户,同比多增 1.6 万户。

二、围绕提升融资可得性,努力打造融资服务新模式

积极推动"江苏省综合金融服务平台"建设,实现"一张网"覆盖全省中小微企业、"一键式"实现融资供需对接、"一站式"提供综合金融服务、"一次性"查询企业征信信息等功能。截至 2020 年 2 月末,金融综合服务平台企业用户注册数近 30 万户,上线各类金融产品 1645 项,累计撮合融资需求 8585.3 亿元。在全省稳妥实施取消企业银行账户许可工作,积极宣传推广"中征应收账款融资服务平台",引导供应链核心企业带动上下游企业加入平台,平台融资笔数和金额连续四年位居全国第一。截至 2019 年末,全省普惠口径小微贷款余额为 1.1 万亿元,比年初新增 2442.8 亿元,小微企业融资获得量显著提升。

三、围绕提升融资便捷性,着力激发金融机构新动能

建立金融服务长效机制。在江苏深入实施"金融惠企大走访""金融服务万户行"活动,引导辖内商业银行深耕小微企业、深挖企业需求、提炼成功经验、形成固定机制。推动有条件的地区进一步完善机制建设探索建立健全金融顾问制度。推动商业银行进行产品和制度创新。引导辖内商业银行针对小微企业反映的堵点和痛点问题,创新金融产品,解决实际问题。如针对部分小微企业缺少抵押品的困难,商业银行开发"税融""金 e 融""小微快贷""企信贷"等信用产品;针对部分小微企业反映融资成本较高的问题,商业银行利用财政贴息资金、风险补偿基金增信,加强与政府性担保机构合作,降低内部资金转移定价等方式予以解决;针对科创型小微企业的特点,商业银行探索提供投贷联动类产品支持从 2019 年分行对辖内 100 家小微企业的调研显示,近七成企业认为融资的便捷性比上年有提升。

四、围绕提升价格合理性,积极探索减负降费新路径

积极采取市场化方法降成本。做好 LPR 应用推广工作,引导金融机构定价行为,维护存款定价秩序。要求各商业银行继续实施内部资金转移价格优惠,加大内部补贴,合理确定贷款利率水平。严格收费管理,进一步梳理规范收费项目和标准,归并删减不合理的收费项目。企业融资利率明显降低。2019年12月,全省企业贷款加权平均利率为5.1216%,同比下降17.43个基点,其中,普惠口径小微企业贷款利率为5.9421%,同比下降32.65个基点。

4. 贷款利率逐步下降,利率市场化进程稳步推进

2019年,江苏省新发放人民币贷款加权平均利率为5.72%,较上年下降14.3个基点。其中,小微企业贷款利率下降趋势更加明显,全年新发放小微企业贷款利率为5.49%,较上年下降25.8个基点。结构性货币政策工具对降低企业融资成本发挥了重要作用。2019年,中国人民银行南京分行有效落实定向降准政策,释放长期资金237.4亿元,引导降准机构发放小微企业贷款696亿元,城商行、农商行在降准后发放贷款的加权平均利率比降准前分别低80个和30个基点。

表2　2019年江苏省金融机构人民币贷款各利率区间占比(改革前)

		1月	2月	3月	4月	5月	6月	7月
合计		100.0	100.0	100.0	100.0	100.0	100.0	100.0
下浮		5.9	7.7	7.4	8.2	8.7	8.1	7.1
基准		16.5	16.6	15.1	15.1	14.7	18.5	17.3
上浮	小计	77.6	75.6	77.5	76.8	76.6	73.4	75.6
	(1.0~1.1]	18.5	17.5	18.7	17.4	16.0	18.3	15.9
	(1.1~1.3]	28.6	26.8	26.4	25.9	27.8	28.3	28.3
	(1.3~1.5]	15.0	14.2	14.6	15.3	14.5	12.7	14.2
	(1.5~2.0]	11.6	11.7	12.9	12.9	12.9	10.3	12.5
	2.0以上	3.9	5.5	5.0	5.2	5.3	3.8	4.7

金融机构使用支小再贷款资金发放的小微企业贷款加权平均利率为5.61%,比法人金融机构全部贷款的加权平均利率低110个基点。利率市场化改革深入推进,贷款市场报价利率(LPR)运用顺利落地。2019年,人民银行南京分行按照总行LPR改革统一部署,加大对地方法人金融机构的培训指导,加快LPR应用,引导金融机构适当让利实体经济。12月末,全省各类法人新发生贷款平均LPR运用占比达到89%。省、市、县三级利率定价自律机制有序运转,市场化产品发行量不断扩大,全省98家地方法人机构通过合格审慎评估,累计发行同业存单1.1万亿元,发行大额存单3785亿元。

表3　2019年江苏省金融机构人民币贷款各利率区间占比(改革后)　单位:%

	8月	9月	10月	11月	12月
合计	100.0	100.0	100.0	100.0	100.0
LPR减点	7.6	8.0	7.8	7.7	7.7
LPR	0.4	0.6	0.5	0.9	1.2

续表

		8 月	9 月	10 月	11 月	12 月
LPR 加点	小计	92.0	91.4	91.7	91.5	91.1
	(LPR,LPR+0.5%)	24.5	24.1	21.7	22.0	22.5
	(LPE+0.5%,LPR+1.5%)	36.1	39.0	37.0	37.7	37.7
	(LPR+1.5%,LPR+3%)	20.6	18.5	20.3	20.3	21.3
	(LPR+3%,LPR+5%)	6.8	6.3	7.7	7.1	5.9
	LPR+5%及以上	3.9	3.6	5.0	4.4	3.7

数据来源:中国人民银行南京分行

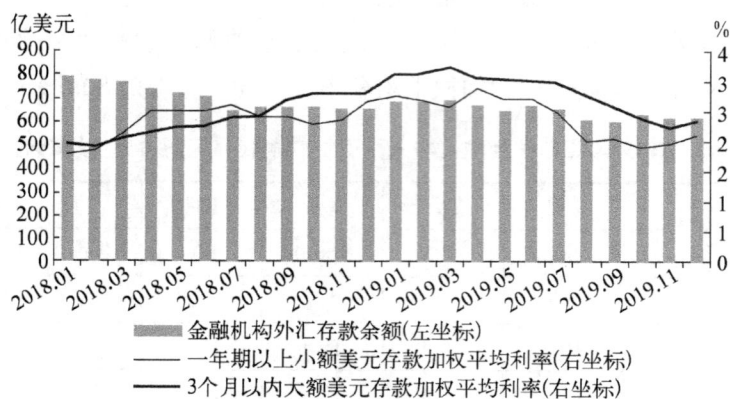

图 4 2018—2019 年江苏省金融机构外币存款余额及外币存款利率
数据来源:中国人民银行南京分行

5. 银行业整体运行平稳,金融风险防控取得成效

2019 年末,江苏金融机构不良贷款余额 1406 亿元,比年初减少 23 亿元;不良贷款率 1.04%,比年初下降 0.17 个百分点,回落至 2013 年以来最低水平;逾期 90 天以上贷款中 99%已计入不良,其与不良贷款比例 75.9%,回落至 2014 年以来最低水平;关注类和逾期贷款余额分别较年初下降 53.5 亿元和 164.9 亿元。

2019 年,中国人民银行南京分行坚持把防控金融风险放在更加重要位置,前移风险把控关口。一方面,深化"大金融"范畴风险监测。开发金融机构风险监测、金融突发事件应急管理等信息系统,扎实开展现场评估和专项整治工作,稳步推进法人银行机构压力测试,及时全面把握风险动态。另一方面,积极做好重点领域金融风险处置工作。紧盯高风险地方法人银行,研究完善风险处置方案,通过约谈、制发提示函等方式压实风险处置。主动开展企业债券违约风险监测,建立定期风险信息报备制度,实时跟踪到期债券还款来源,及时预警和化解风险苗头。

(二)证券业稳健发展,多层次资本市场体系建设更加完善

1. 证券机构体系发展加快,经营水平不断提升

2019 年末,江苏共有法人证券公司 6 家、期货公司 9 家,分别占全国的 4.5%和 6%,证券期货分支机构 1232 家,数量全国第三。6 家法人证券公司实现营业收入 223 亿元,实现净利润 87 亿元,分别占全行业的 6.19%和 7.07%。9 家期货公司合计实现营业收入 20.34 亿元,占全行业的

7.38％。华泰证券跻身行业头部,主要经营指标均位居行业前列,2019 年实现在伦交所上市,是国内首家"A＋H＋G"上市公司。东吴证券、南京证券在 A 股上市,国联证券、弘业期货在港交所上市。江苏股交中心成为证监会公示的第一批备案的全国区域性股权市场运营机构,2019 年末中心挂牌展示企业共 6276 家。

2. 资本市场融资功能持续增强,上市公司总量和存款余额位居全国前列

2019 年末,江苏存续 929 只公司债券,涉及金额 8014 亿元,数量、金额分别位列全国第二、第三。江苏境内上市公司数量为 423 家,数量位居全国第三;总市值 3.9 万亿元,总股本 3835 亿股,分别同比增长 22.6％、5.4％。全年新增境内上市公司 31 家,在科创板上市公司 12 家,数量均位居全国第二。新三板挂牌公司总数 1070 家,位居全国第三,其中,创新层 66 家,占全国的比例为 10％,新三板公司实施定向增发 78 家 88 次,募集资金 54.94 亿元。全年省内企业 IPO 融资 248.7 亿元,同比增长 31.8％,省内公司通过首发、配股、增发、可转债、公司债在沪深证券交易所筹集资金 4066 亿元,同比增长 80.7％。

表4　2019 年江苏省证券业基本情况

项　目	数　量
总部设在辖内的证券公司数(家)	6
总部设在辖内的基金公司数(家)	0
总部设在辖内的期货公司数(家)	9
年末国内上市公司数(家)	428
当年国内股票(A 股)筹资(亿元)	520
当年发行 H 股筹资(亿元)	116
当年国内债券筹资(亿元)	2865

注:当年国内股票(A 股)筹资额指非金融企业境内股票融资。
数据来源:江苏证监局、江苏省地方金融监管局、中国人民银行南京分行

(三)保险业运行平稳,风险保障能力稳步提升

1. 保险总体规模增长较快,机构经营质量不断攀升

2019 年,江苏保险业累计实现保费收入 3750.2 亿元,位居全国第二,同比增长 13.1％,高于全国平均增速 0.9 个百分点。其中,财产险保费收入 940.9 亿元,同比增长 9.6％;人身险保费收入 2809.3 亿元,同比增长 14.3％。江苏财产险公司承保利润率 4.8％,显著高于全国平均水平,经营质量持续向好。

2. 保险业务创新不断丰富,服务经济社会能力不断提升

江苏农险经营模式改革落地,实现由政府与保险机构"联办共保"转为政府指导下的保险机构自主经营,农险经营市场化程度进一步提升。积极推动健康保险深度融合"健康江苏"建设,城乡居民大病保险参保群众实际医疗费用报销比例提高 9 个百分点。落实首台(套)技术装备等科技保险政策,在全国率先提出保费补贴前置的工作模式,减轻投保企业的资金占用。2019 年,江苏保险业累计为首台(套)重大技术装备提供 48.23 亿元风险保障,为新材料首批次应用企业提供 5.88 亿元风险保险。

表5 2019年江苏省保险业基本情况

项　目	数　量
总部设在辖内的保险公司数(家)	5
其中:财产险经营主体(家)	2
寿险经营主体(家)	3
保险公司分支机构(家)	5722
其中:财产险公司分支机构(家)	2350
寿险公司分支机构(家)	3372
保费收入(中外资,亿元)	3750
其中:财产险保费收入(中外资,亿元)	941
人身险保费收入(中外资,亿元)	2809
各类赔款给付(中外资,亿元)	999
保险密度(元/人)	4647
保险深度(%)	4

数据来源:江苏省银保监局

(四)融资总量平稳较快增长,融资渠道日趋多元

1. 社会融资规模同比增长

2019年,江苏社会融资规模增量为2.4万亿元,同比多增5955亿元,位居全国第二位。从融资结构看,本外币各项贷款增量为1.7万亿元,同比多增3531.6亿元,占社会融资规模增量的70.8%,仍是社会融资主要渠道;直接融资增量为3428.1亿元,同比多增527.8亿元,其中,企业债券融资净额同比多增710.9亿元,非金融企业境内股票融资同比少增183.2亿元;金融机构表外融资(委托贷款、信托贷款和银行承兑汇票净额)增量为507.4亿元,比上年多增1788.3亿元,其中,委托贷款同比少降1054.3亿元,未贴现的银行承兑汇票同比少增90.5亿元,信托贷款同比多增824.5亿元。

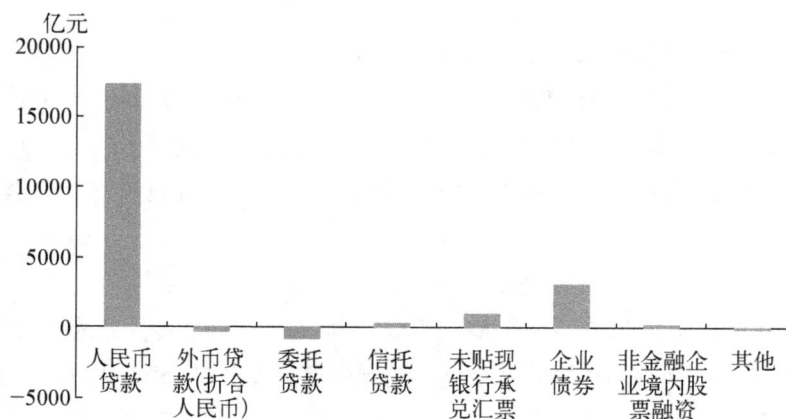

图5 2019年江苏省社会融资规模分布结构
数据来源:中国人民银行南京分行

2. 直接债务融资工具增量扩大

2019 年,江苏企业通过银行间市场发行各类债务融资工具 6332.5 亿元,同比多发 511.5 亿元,剔除央企发行金额连续第八年保持全国第一。民营企业债券融资支持工具发行深入推进,2019 年 1—12 月,全省 6 户民营企业发行 11 只支持工具,累计创设风险缓释凭证 14.2 亿元,支持发行债券 41 亿元,带动江苏 11 户民营企业发行债务融资工具 218.1 亿元。

3. 票据市场需求持续增加

2019 年,江苏金融机构累计签发银行承兑汇票、办理票据贴现金额同比分别增长 14.6%、34.1%,银行承兑汇票、贴现余额同比分别增长 20.6%、29.0%。受降准及加大公于市场操作影响,票据贴现及转贴现利率均呈下降趋势。其中,12 月份票据贴现、转贴现加权平均利率分别为 3.27%、2.83%,比上年同期分别下降 57.6 个、69.76 个基点。

4. 银行交易保持活跃

2019 年,江苏共有 97 家市场成员参与同业拆借交易,同比增加 9 家,累计拆借资金 8.6 万亿元,净拆入资金 4.1 万亿元,同比分别增加 3.2 万亿元和 0.9 万亿元。267 家市场成员参与质押式回购交易,累计成交 58.2 万亿元,同比增加 2.6 万亿元。35 家市场成员参与买断式回购交易,累计成交 2774.4 亿元,同比减少 64.2%。294 家市场成员参加现券交易,累计交易额 26.3 万亿元,同比增加 12.1 万亿元。

表 5　2019 年江苏省金融机构票据业务量统计(单位:亿元)

季　度	银行承兑汇票承兑		贴　现			
			银行承兑汇票		商业承兑汇票	
	余　额	累计发生额	余　额	累计发生额	余　额	累计发生额
1	15965.4	8005.2	5423.1	12165.2	303.2	1855.5
2	15995.1	12612.4	5743.8	20657.3	369.5	2626.6
3	15458.6	18184.7	6366.3	29535.7	404.8	3474.7
4	15587.5	23596.8	6677.9	39334.2	438.8	4539.0

表 7　江苏省金融机构票据贴现利率(单位:%)

季　度	贴　现		转贴现	
	银行承兑汇票	商业承兑汇票	票据买断	票据回购
1	3.58	4.97	3.71	2.60
2	3.51	4.99	3.47	2.37
3	3.11	4.72	3.11	2.58
4	3.07	4.61	3.12	2.38

数据来源:中国人民银行南京分行

(五)涉外管理与服务先行先试,金融改革创新继续深化

1. 大力支持自贸区建设

建立支持自贸区建设工作机制,印发金融自贸区建设指导意见,明确五大类共 33 条政策措施,

联动三个片区一体推进自贸区建设工作。积极上争改革试点政策,推动自贸区建设实施方案首批清单62项任务落地实施,形成了一批典型经验和案例。

2. 扎实推进泰州金融支持产业升级改革创新试验区建设

2019年,泰州市战略新兴产业贷款平均增速较改革前提升了8个百分点。持续完善线上线下一体化的产融对接机制,线上建成全国首创的征信融资E网通平台,注册企业突破2.3万家,在线融资额突破700亿元,直接带动泰州市小微制造企业贷款覆盖面较改革前提升2.5个百分点;线下建成1.5万平方米的产融综合服务中心,为企业提供一站式、全方位的融资扶持服务。探索建立以产业全生命周期金融需求为导向的融资培育机制,先后组建7支、规模50亿元的产业基金,建立大健康股权投融撮合平台,促成医药企业股权融资12亿元。探索"股权+债权"投贷联动模式,累计为科技创新型企业贷款14亿元。

3. 持续提高贸易投资便利化水平

推进服务贸易税务备案电子化先行先试,开展货物贸易收支便利化试点,资本项目收入结汇支付便利化试点自泰州拓展至苏州、南通。在全国率先启动跨境金融区块链服务平台试点,单笔出口贸易融资业务的办理时间缩短至10分钟以内,融资业务量占全国总量的三分之一。在泰州开展银行外汇业务展业信息共享机制试点,破解银行对中小外贸企业"不敢贷、不愿贷"的难题。

专栏2 积极应对外部冲击 为外向型经济提供优质金融服务

江苏是外向型经济大省,涉美贸易规模较大、比重较高。2018年4月以来,中美经贸摩擦持续发酵,对江苏涉外经济运行产生了一定影响,但总体影响有限、可控,全省涉外经济平稳运行、稳中向好的态势没有发生改变。2019年,江苏省金融系统积极贯彻"六稳"要求,全力服务江苏开放型经济平衡健康发展。

一、以政策之"实",提经济之"效"

积极贯彻落实定向降准政策,保持货币信贷合理增长。贯彻落实降准政策,相关金融机构释放长期资金237.4亿元,全省本外币各项贷款增量为1.7万亿元,比上年多3531.6亿元。发挥货币政策工具的引导作用,打破货币政策工具传统管理思路,设立30亿元再贷款再贴现专项限额,编制外贸企业名录库和强化台账管理,引导金融机构加大对外贸企业的信贷投放,有效降低外贸企业的贷款利率和票据贴现利率,累计支持超过1000家外贸企业。深入实施"金融支持制造业提质增效行动计划(2016—2020)",引导金融机构加大对智能制造、绿色制造、服务型制造等重点领域的信贷投入。推广"中征应收账款融资服务平台",打造在线供应链融资模式,全省累计通过平台促成应收账款融资3.28万笔、金额1.74万亿元,融资笔数和融资金额连续四年位居全国第一。

二、以改革之"新",增市场之"活"

深入推进"放管服"改革,持续深化外汇重点领域和关键环节创新,积极支持市场主体贸易自由化、便利化需求,不断增强微观市场主体活力,资本项目收入结汇支付便利化试点自泰州拓展至苏州、南通。推动全省银行跨境人民币和外汇业务自律机制在全国首创进口报关信息核验"白名单"制度,参与试点地区扩大至省内9个地市,率先开辟"优质可信企业跨境人民币结算绿色通道",相关经验推广至18个自贸区。积极推进跨国公司资金集中管理新政,为企业真实合理的业务需求提供政策通道。创新推出银行展业信息共享机制,在全国率先启动跨境金融区块链服务平台试点,着

力解决信息不对称带来的中小外贸企业融资难、融资贵问题,融资业务量占全国的三分之一。大力支持市场采购贸易、跨境电子商务、外贸综合服务企业等新型贸易业态的发展,及时出台配套政策便利企业跨境收支结算。

三、以服务之"优",纾企业之"困"

大力推进"互联网＋政务服务",推动货物贸易外汇收支企业名录登记全流程网上办理。支持银行实行货物贸易外汇收支业务电子单证审核业务,进一步便利企业贸易项下对外付汇。积极推动电子银行渠道建设,方便企业和个人通过网上银行、手机银行和自助终端等非柜台渠道直接结售汇,减轻企业运营成本。加快推进外汇行政许可业务全流程网上办理,推动服务贸易税务备案电子化试点。深入实施优质企业跨境人民币贸易投资便利化政策试点,引导银行对优质可信企业实施更高水平的便利化措施,支持发展"融资＋结算"的综合性人民币跨境金融服务。支持省内企业充分利用全口径跨境融资政策、跨国公司本外币资金集中运营政策,拓宽融资渠道,降低融资成本。

当前,我国发展的外部环境日益复杂严峻,外向型经济发展面临的不确定性难以消除。中国人民银行南京分行将坚定不移推进区域金融供给侧结构性改革,增强逆周期调节,优化金融资源配置,增强贸易投资便利化,全力打造良好营商环境,增强金融风险防控,妥善应对各类风险隐患,全力支持培育区域经济新动能,提高经济发展的韧性,适应当前内外部形势变化。

(六)金融基础设施建设再上台阶,金融生态持续优化

1.征信供给持续优化

全国首家"小微企业数字征信实验区"落地苏州,"政府＋市场"双轮驱动、征信促推小微融资的"苏州模式"持续深化并复制推广,泰州"企业融资 E 网通"、宿迁"宿易贷"融资服务模式、常州"快贷通"服务平台取得初步实效,有效改善小微企业融资环境。2019 年末,江苏省企业综合信息管理系统已为 250.7 万户企业建立信用档案,入库贷款余额 7.9 万亿元。持续强化农村信用体系建设,深入开展"三信"评定及成果应用,全省累计采集 622 万农户信用信息 6044 万条,5931 户农村合作经济组织信用信息 9.4 万条;评定青年信用示范户 8.4 万户,其中,5.3 万信用示范户获得信贷支持 313 亿元。

2.支付管理水平进一步提升

支付系统高效、安全运行,2019 年,全省支付系统共处理人民币业务 3.9 亿笔、198.2 万亿元,分别同比增长 12.3％、4.8％,全年安全生产无事故。

3.金融消费权益有效保障

签署《长三角地区金融消费纠纷非诉解决机制合作备忘录》,初步构建长三角普惠金融分析框架。合作开展打击非法金融活动广告专项整治,全年累计处置涉嫌违法的金融广告线索 349 条,进一步规范金融营销宣传行为。加强金融消费者投诉管理,2019 年,全省人民银行系统共受理投诉 1464 件,未出现重大投诉风险问题。积极推进金融知识纳入国民教育体系工作,全省目前已有 9 个地市成功对接地方教育部门,通过联合发文或签订合作备忘录的方式部署相关工作,共计 760 家学校、141939 名学生参与学习教育活动。

二、江苏金融业的问题分析

（一）问题剖析

1. 区域金融效率提升动力不足

江苏是科技大省、文化大省，创新创业对金融服务的需求旺盛，但科技金融、文化金融发展成效不显著。作为区域金融发展的软实力，长期以来，江苏省金融效率未见显著提升，且远落后于金融规模的扩张速度。具体地，"储蓄存款/GDP"衡量的是地区内源资金的动员效率，江苏整体储蓄存款/GDP呈现出下降趋势；"存贷比"反映银行业间接融资的转化效率，由于监管当局的硬性规定，该比率一直被控制在75％以下，后期存在一定的改革空间；"存款/资本形成额"主要衡量存款转化为资本的效率，数值越高说明转化效率越低，江苏省存款—资本转化效率呈现下降态势。江苏省资本形成率（资本形成额/GDP）长期维持在50％左右，如果金融效率不能显著提升，这种过度依赖投资拉动的经济增长模式同样是不可持续的。

2. 在金融的大力支持下，实体经济依旧发展乏力

金融是实体经济的血脉，实体经济依赖于金融的大力支持，但是实体经济发展的好与坏并不能全都归因于金融，金融仅只是外部因素，关键还是要看实体经济本身是否健康。虽然国家注入实体经济的资金比较可观，并且从整个市场的流动性和银行信贷供给来看，市场并不缺资金，但是实体经济"虚不受补"，充沛的货币资金没有激发实体经济对商品和服务需求的增长，实质上没有形成经济效益的增长。造成这一困境的原因有如下几个方面：一是企业以前过度扩张，盲目投资导致如今摊子过大，资金周转不灵。二是企业没有及时适应时代的发展，没有及时对企业进行升级和转型，产能过剩造成亏损。三是原材料、劳动力等生产成本上升，企业的盈利空间被压缩，也有汇率波动等因素形成的财务风险。四是低端层次企业竞争力弱，容易被社会淘汰。

3. 区域金融中心建设进程缓慢

近年来，不少省份纷纷出台优惠政策，吸引国内外各类机构入驻展业，建设富有特色的新金融集聚区，形成"虹吸效应"和先发优势。相比上海和浙江的创投机构集聚、广东深圳的公募私募机构集聚、天津的融资租赁业集聚、北京的金融科技类公司集聚、重庆的互联网小贷公司集聚等，江苏省尚没有一类机构形成在全国较有影响的集聚区。南京早在20世纪90年代就提出了建设区域金融中心的战略构想，直至2011年8月10日，江苏省金融办和南京市政府才正式签署共同建设南京区域金融中心合作协议，并提出要力争到2020年"打造一个错位上海、辐射中西部的泛长三角重要的区域金融中心"。南京区域金融中心建设有了一定进展，但在经济金融指标以及金融中心指数等方面成效仍不明显，江苏在建设区域金融中心前景上仍然面临金融总部集聚不突出、金融要素市场不健全等方面瓶颈。

4. 金融业高端人才相对短缺

江苏省高端金融科技人才稀缺，与北京、上海、浙江、广东等地相比，江苏"抢夺"人才资源的难度大。江苏缺乏在国际国内有影响力的金融论坛，话语权不大。根据最新《全球金融中心指数》报告公布的全球前20大城市名单，中国共有香港、台北、上海、北京、深圳、广州、青岛、天津、成都、大

连 10 个城市进入榜单,江苏无一城市在列。江苏城镇金融业从业人员分布于各类金融市场、金融机构以及金融监管和服务部门,涵盖银行、证券、保险、基金、信托和资产管理等金融业态,人才总数不足,有大量金融人才缺口。但同时应当清醒地认识到,与上海、北京、深圳等大陆地区金融发达城市相比,江苏省金融人才在规模、结构、素质以及创新力、竞争力等方面还有一定差距。

5. 金融服务与实体经济都缺乏创新力

金融机构制度创新落后,国有大型银行机构的服务理念仍然停留在"总—分—支"的管理链条模式,未能对市场的变化做出及时的反应。同时,其产品和服务模式创新不够,新推出的金融产品品类少,推广力度不大,产品不能及时为人所知,产品供给也不能完全适应客户需求。如果将金融服务的视野仅仅局限于资金支持,就会很容易将金融服务实体经济简单化为无条件满足企业的资金需求,这会束缚金融本身全面的发展,会导致金融机构难以面对复杂的市场变化。

6. 金融的供给层次鲜明,弱化了服务实体经济的功能

首先,金融服务存在巨大的城乡差异,城市和农村在金融机构数量和类别、供给的规模上存在天壤之别。其次,企业取得融资的主要手段是以银行为中介的间接融资,忽略了直接融资的资本市场的功能,并且部分中小企业很难从银行获得融资。金融的供给层次鲜明加上融资手段的缺失,导致企业融资渠道比较狭窄,弱化了金融服务实体经济发展的功能。多层次资本市场体系有待完善。上市扶持政策仍不完善;新三板挂牌企业股权质押融资进展不明显,定向增发融资水平低;区域性股权市场在推动企业规范发展、培训企业走向高层次资本市场方面存在较大差距。保险功能未能充分发挥。江苏省作为全国第二大保费收入省份,与地位不相称的是其保险保障仍不高,责任险规模不大,保险辅助社会治理、服务社会民生的功能没有得到充分发挥;保险资金运用的推动主体、推介机制还不健全,等等。

(二)江苏金融业发展的经济基础

2019 年,江苏上下深入贯彻新发展理念,以供给侧结构性改革为主线,认真落实"六稳"工作要求,经济运行总体平稳、稳中有进,产业发展基础稳固,需求动力基本稳定,结构调整稳步推进,民生

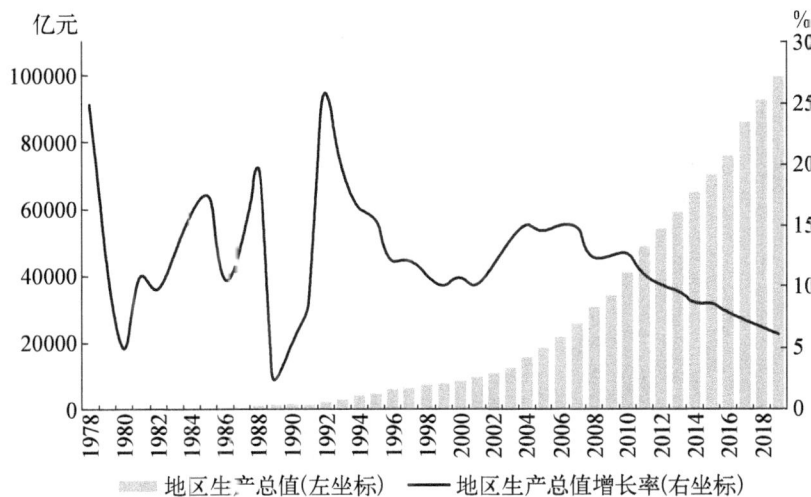

图 6　1978—2019 年江苏省地区生产总值及其增长

数据来源:江苏省统计局

福祉继续改善,新旧动能持续转换,高质量发展取得积极进展,地区生产总值为 99631.5 亿元,增长 6.1%。业务推广方面,"手机号码支付"业务量居全国第二。取消企业开立银行账户许可在全省全面实施。整合省市场监督管理局等五部门信息创新开发"江苏政银易企通"系统,共建共治共享,打破涉企"数据孤岛",实现企业账户穿透式风险监测。

1. 内外需求总体稳定,需求结构不断改善

(1) 投资结构不断优化,推动产业升级提档

2019 年,江苏固定资产投资比上年增长 5.1%,增速比上年回落 0.4 个百分点,但增速回落幅度比上年收窄 1.6 个百分点,投资增速趋于平稳。分产业看,第一产业投资增长 9.5%,第二产业投资增长 3.4%,第三产业投资增长 6.3%。高新技术和新兴产业投资增长较快。高新技术产业投资增长 23.3%,增速比上年加快 8.1 个百分点。电子及通讯设备、计算机及办公设备、医药、仪器仪表制造业投资分别增长 69.0%、23.7%、33.8% 和 79.5%。补短板力度不断加大。全年基础设施投资同比增长 0.8%,增速比上年加快 5.8 百分点。徐宿淮盐铁路、连淮铁路建成通车,苏北五市全部进入"高铁时代",南沿江城际铁路、盐通高铁、连徐高铁一大批重大基础设施工程加快建设。

(2) 消费品市场运行稳定,消费升级持续推进

2019 年江苏社会消费品零售总额比上年增长 6.2%,增速比上年回落 1.7 个百分点,消费对经济增长的贡献率达到 60%。按经营单位所在地分,城镇消费品零售额增长 6.0%,农村消费品零售额增长 7.7%。按行业分,批发和零售业零售额增长 5.9%,住宿和餐饮业零售额增长 8.7%。从消费品类值看,基本生活类商品增势平稳。限上饮料类、烟酒类、日用品类商品零售额同比分别增长 3.4%、4.1%、8.0%。消费升级类商品增长较快。书报杂志类商品零售额增长 19.8%,中西药品类增长 10.6%,化妆品类增长 8.2%,增速比上年分别加快 3.9 个、7.9 个和 5.2 个百分点。网络零售快速发展。全年限上批零业通过公共网络实现零售额 1391.7 亿元,占比达 10.4%,比上年提高 0.8 个百分点;限上住餐业实现网络餐费收入 16.2 亿元,占比为 2.0%,比上年提高 0.1 个百分点。

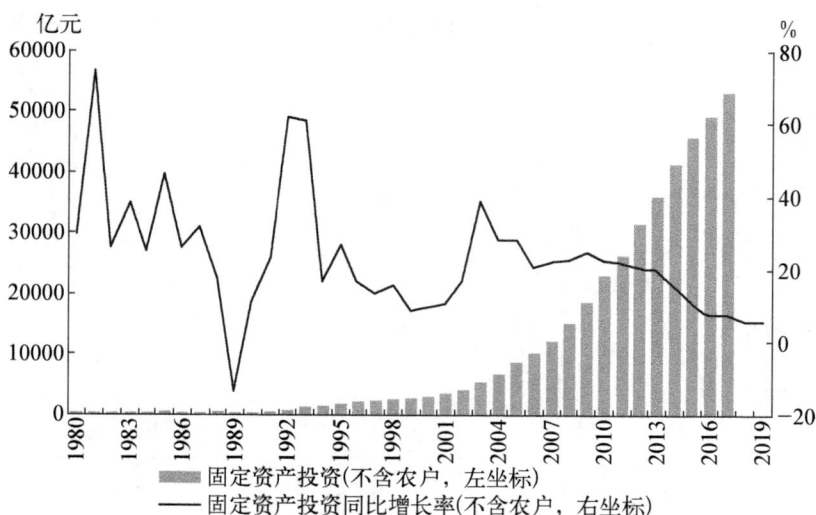

图 7　1978—2019 年江苏省固定资产投资(不含农户)及其增长率

数据来源:江苏省统计局

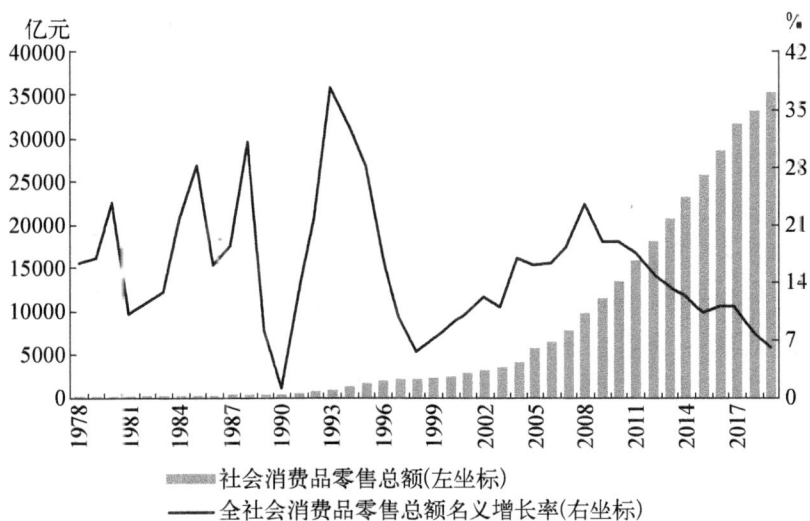

图8 1978—2019 年江苏省社会消费品零售总额及其增长率
数据来源:江苏省统计局

（3）外贸出口持续增长,贸易结构保持优化

2019 年,江苏人民币计价进出口总额达 4.3 万亿元,同比下降 1.0%。其中,人民币计价出口总额达到 2.7 万亿元,增长 2.1%,贸易方式结构优化。一般贸易出口增长 7.9%,占出口总额比重达 53.2%。江苏出台推动开放型经济高质量发展 26 条举措,对重点企业实行"一企一策",大幅放宽外资市场准入,成功获批中国(江苏)自贸试验区,目前,中美经贸摩擦对江苏的影响程度总体可控。坚持以"一带一路"交汇点建设统领向东向西双向开放,启动实施"五大计划"专项行动,对沿线国家和地区贸易增长 9.4%、占比提高 2.3 个百分点。

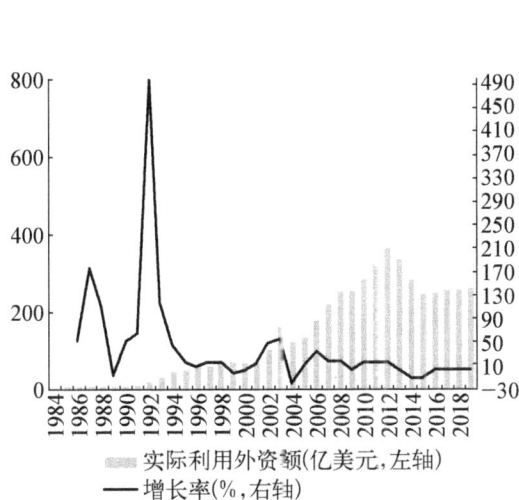

图9 1978—2019 年江苏省外商直接投资额及其增长
数据来源:江苏省统计局

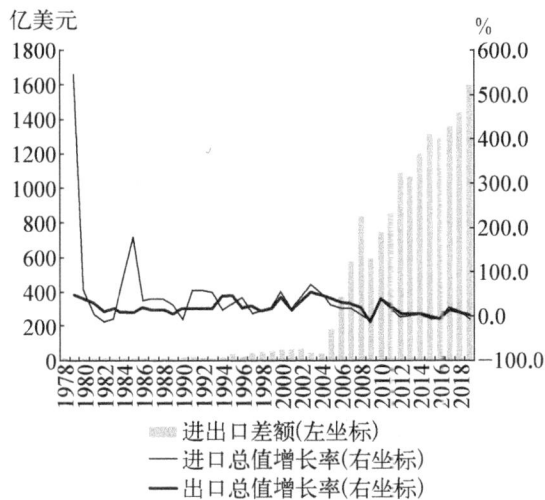

图10 1978—2019 年江苏省外贸进出口变动情况
数据来源:江苏省统计局

（4）对外开放迈出新的步伐

实际使用外资稳中提质。2019 年,全省外商直接投资总量达 261 亿美元,其中,制造业、战略

性新兴产业分别增长 18% 和 32%,占比达 49% 和 61%,同比分别提高 6 个和 12 个百分点。全省各级各类开发园区提档升级步伐进一步加快。高水平举办第二届江苏发展大会暨首届全球苏商大会、世界物联网博览会、世界智能制造大会,组织参加第二届中国国际进口博览会。"一带一路"沿线国家来华直接投资流入总量为 30.7 亿美元,同比增长 11.5%,涨幅比上年扩大 8.13 个百分点。"走出去"步伐有所加快。2019 年,全省对外直接投资新批项目 827 个,中方协议投资 89.45 亿美元,比上年分别增加 5.2% 和减少 6.1%,资本金流出 37.3 亿美元,同比增长 9.3%,增速同比上升 34.9 个百分点。其中,"一带一路"沿线国家项目新批 289 个,中方协议投资 34.3 亿美元,比上年分别增加 23.0% 和 48.2%,资本金流出 12.4 亿美元,同比增长 2.1%。

2. 现代产业架构稳步优化,产业发展逐步迈向中高端

2019 年,江苏省坚持巩固、增强、提升、畅通方针,持续深化供给侧结构性改革,全年三次产业增加值比例为 4.3∶44.4∶51.3。服务业增加值占 GDP 比重比上年提高 0.9 个百分点,"三二一"的现代产业架构稳步优化,产业向全球价值链中高端加快攀升。

(1) 农业生产总体稳定,农业结构持续优化

2019 年,江苏实现农林牧渔业增加值 4610.8 亿元,比上年增长 1.6%。农业综合生产能力持续增强,全年粮食总产量 741.24 亿斤,比上年增长 1.3%,夏粮秋粮双丰收,创历史最高水平;油菜、禽肉、禽蛋等主要农产品产量分别为 50.5 万吨、115.2 万吨、212.3 万吨,分别比上年增长 10.4%、9.0%、19.3%。农业结构持续优化,全省高标准农田占比达 65%,农业综合机械化水平达 86%,农业科技进步贡献率提高到 69.1%。全年绿色优质农产品比重超过 58.7%,农业新产业新业态增幅连续多年保持在 20% 左右。

(2) 工业运行稳中体制,转型升级有序推进

2019 年,江苏省规模以上工业增加值比上年增长 6.2%。分经济类型看,国有企业增加值增长 18.2%,股份制企业增加值增长 8.5%,私营企业增加值增长 10.1%。其中,民营工业和小微企业活力增强,规模以上民营工业增加值增长 9.5%,比规模以上工业快 3.3 个百分点,对规模以上工业增长的贡献率达 69.7%;小微工业企业增加值同比增长 9.2%,增速高于规模以上工业 3 个百分点,高于大中型企业 4.4 个百分点,年内累计增加值增速始终稳定在 9% 以上。分结构看,医药、交通运输设备、电气机械和专用设备等先进制造业增加值分别增长 19.0%、17.3%、16.9%、8.2%。全年高技术制造业增加值增长 6.8%,增速比全部规模以上工业高 0.6 个百分点,占规模以上工业比重达 21.8%,比上年提高 1.3 个百分点。新兴行业快速成长。化学药品制剂制造、显示器件制造、锂离子电池制造、医疗仪器设备及器械制造、生物药品制造等行业增加值分别增长 25.1%、23.2%、45.4%、13.1%、41.5%。实施"百企引航""千企升级"行动计划,企业发展质量效益稳步提升,全年规模以上工业企业产销率达 98.5%,营业收入超百亿元工业企业达 142 家,省级专精特新"小巨人"企业达 973 家。

图 11　1978—2019 年江苏省工业增加值增长率
数据来源:江苏省统计局

（3）服务业增速加快，新兴业态发展蓬勃

2019年，江苏省服务业增加值比上年增长6.6%。全省规模以上服务业企业营业利润1139.5亿元，同比增长7.5%，比上年同期提高2.9个百分点。从结构上看，生产性服务业"双百"工程和互联网平台经济"百千万"工程深入推进，新业态新商业模式蓬勃发展。全省规模以上服务业中，互联网和相关服务业、软件和信息技术服务业、商务服务业营业收入分别同比增长23.4%、18.8%和9.4%，受电商网购经济带动邮政业营业收入增长13.5%，4个行业对全省规模以上服务业增长的贡献率超六成，达60.6%。

（4）发展动能加速转换，经济创新力持续释放

江苏省深入实施创新驱动发展战略，加快突破关键核心技术，推动科技与经济深度融合，市场创新活力增强。2019年，全社会研发投入超过2700亿元，占GDP比重达2.72%，其中，企业研发投入占比超过80%。万人发明专利拥有量达30.2件，同比增加3.7件。大力发展13个先进制造业集群，有6个入围全国制造业集群培育对象，占全国的1/4。未来网络试验设施、高效低碳燃气轮机试验装置、纳米真空互联实验站等重大创新平台建设取得新的进展，创建国家首个车联网先导区，国家级孵化器数量及在孵企业数均保持全国第一，区域创新能力继续位居全国前列。市场主体数量增多，全年新登记市场主体184.1万户、平均每天5044户，其中，全年净增高新技术企业近6000家，高新技术企业总量达2.4万家。

（5）环保力度持续加大，节能减排成效显著

2019年，江苏省依法依规关停各类"散乱污"企业4000余家、处置"僵尸企业"223家，钢铁、水泥等行业完成"十三五"去产能任务，无锡SK海力士二工厂、华虹集成电路一期等重大项目建成投产，连云港盛虹炼化一体化等重大项目顺利推进。污染防治取得积极成效，全省PM2.5平均浓度为43微克/立方米，同比下降6.5%，空气质量优良率达71.4%，均超额完成国家考核目标。深入推进长江经济带生态环境污染治理"4+1"工程，长江、淮河等重点流域水质明显改善，太湖治理连续12年实现"两个确保"，13个设区市及太湖流域县（市）建成区基本消除黑臭水体。新增国家生态园林城市4个，总数和新增数量均为全国第一。主要污染物减排和碳强度下降全面完成国家下达的任务。高耗能行业投资同比下降10.4%，其中，化学原料和化学制品制造、有色金属冶炼和压延加工、火力发电投资分别下降28.3%、23%、32.4%。规模以上工业企业新能源发电量为641.7亿千瓦时，同比增长18.4%。

3. 财政收入增速回落，财政支出稳步增长

（1）财政收入增速放缓

2019年，受经济增长趋缓和减税降费政策实施等影响，全年完成一般公共预算收入8802.4亿元，同比增长2.0%。分结构看，税收收入7339.6亿元，增长1.0%，税收收入占一般公共预算收入比重达83.4%。其中，增值税3143.7亿元，增长1.4%；个人所得税349.3亿元，下降25.4%。

（2）财政支出稳步增长

公共服务和民生领域为支出重点。全年完成一般公共预算支出12573.6亿元，同比增长7.9%。分结构看，压减公共财政一般性支出10%以上，保障民生和重点领域支出。公共服务和民生领域合计支出9798.36亿元，增长8.5%，快于支出整体增速；占全省支出比重为77.9%，同比提高0.5个百分点。其中，交通运输、教育支出分别增长12.2%、7.9%，较上年分别提高10.3、4.0

个百分点。

（3）减税降费为企业发展提供

2019年,江苏省新增减税降费2200亿元,惠及超350万家企业和2700万人,有效激发了各类市场主体创新和发展活力。分税种看,受费率和抵扣政策调整等因素影响,1—12月,江苏国内增值税（含改征增值税）、企业所得税同比分别增长1.1%和0.3%,增速分别比上年同期回落7.6个和14.2个百分点。分行业看,全省制造业和服务业税收增速同比分别回落5.8个和14.5个百分点。

（4）地方政府债务风险总体可控

2019年,财政部核定江苏省政府债务限额16525.13亿元（其中的新增限额2000亿元,全部为政府债券）。年末政府债务余额在核定限额之内,债务率为59.7%,低于警戒线,风险总体可控。

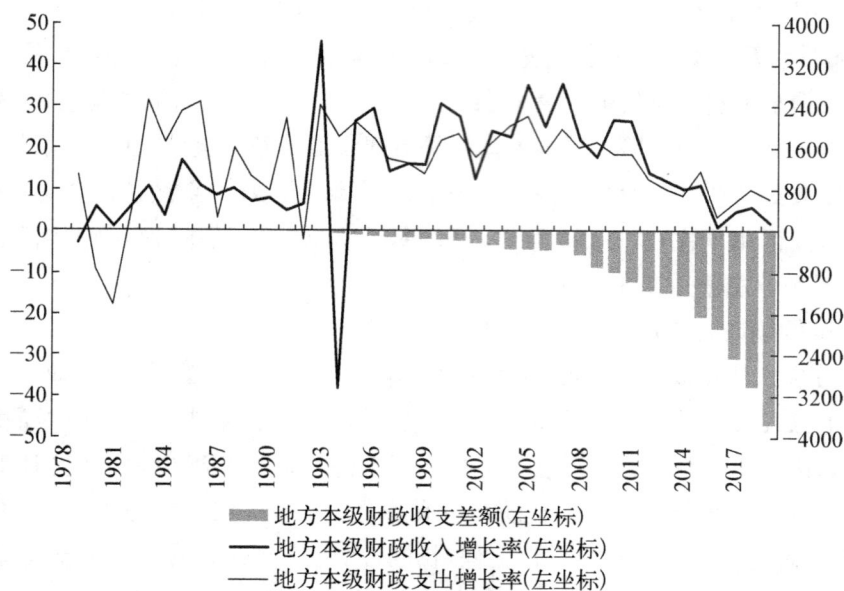

图12 1978—2019年江苏省财政收支状况

数据来源:江苏省统计局

4. 物价水平总体稳定,工业生产者价格有所回落

（1）物价总水平保持稳定,结构性上涨特征明显

2019年,江苏居民消费价格比上年上涨3.1%,涨幅比上年扩大0.8个百分点。分城乡看,城市上涨3.1%,农村上涨3.4%。分类别看,食品烟酒类上涨较快,全年同比上涨7.1%,其中,猪肉上涨39.7%,牛肉上涨14.3%,羊肉上涨9.2%,鲜瓜果上涨12.6%。2019年,江苏全力抓好猪肉等主要农副产品保供稳价,一方面,通过对种质资源和规模猪场购买种猪实施补助,突出扶持生猪养殖重点县和规模猪场完善防疫设施等,提高生猪和能繁母猪保险金额,加大信贷支持,促进生猪生产恢复发展。另一方面,及时启动物价补贴机制,全年发放价格临时补贴8.5亿元,并加大储备冻猪肉市场投放力度。

（2）工业生产者加个指数有所回落

2019年,江苏工业生产者出厂价格同比下跌1.1%,上年为上涨2.8%,工业生产者购进价格下跌2.8%,上年为上涨4.6%。

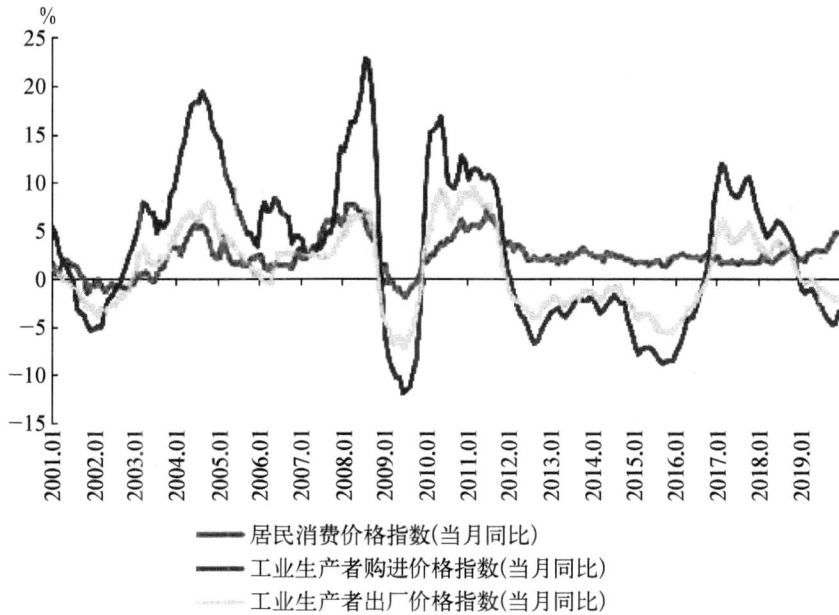

图 13　2001—2019 年江苏省居民消费价格和生产者价格变动趋势
数据来源:江苏省统计局

5.城乡居民收入差距进一步缩小,就业形势平稳向好

(1)居民收入较快增长

2019 年,江苏居民人均可支配收入 41400 元,比上年增长 8.7%。其中,城镇和农村居民人均可支配收入分别同比增长 8.2%和 8.8%,城乡居民收入比由上年的 2.264∶1 缩小为 2.252∶1。

(2)支出增速保持稳定

江苏居民人均生活消费支出 26697 元,比上年增长 6.8%。其中,城镇居民人均生活消费支出 31329 元,增长 6.3%;农村居民人均生活消费支出 17716 元,增长 6.9%。

(3)全省就业形势良好

2019 年,全年城镇新增就业 148.3 万人,超额完成 120 万人的目标任务,城镇登记失业率、调查失业率分别为 3%和 4.4%,均低于全国平均水平。

6.房地产市场总体平稳,房地产贷款增速回落

(1)房地产开发投资和新开工面积保持增长

2019 年,江苏省住房开发投资完成额为 9462.0 亿元,同比增长 13.1%。全省 13 个设区市中,住房开发投资完成额同比增长的城市有 10 个,下降的有 3 个。2019 年,江苏省住房新开工面积 12478.4 万平方米,同比增长 8.1%。全省 13 个设区市中,商品住宅销售面积同比增长的城市有 5 个,下降的有 8 个。

(2)住宅销售面积有所减少,库存规模基本稳定

2019 年,江苏省商品住宅登记销售面积同比下降 3.3%。全省 13 个设区市中,商品住宅销售面积同比增长的城市有 7 个,下降的有 6 个。2019 年末,江苏省商品住宅累计可售面积同比增长 1%。全省 13 个设区市中,库存规模较上年末增加的城市有 5 个,减少的有 8 个。房价过快增长趋势得到初步遏制,12 月,江苏省新建商品住宅成交均价涨幅比年内高点回落 24.6 个百分点。

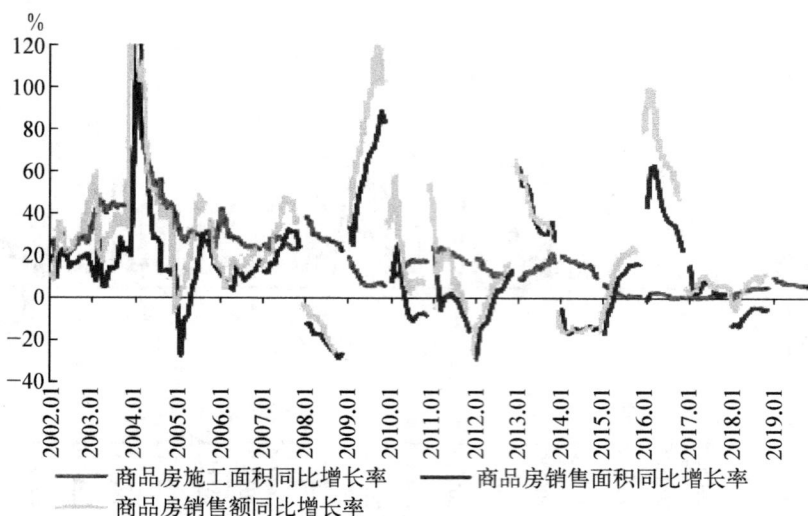

图 14　2002—2019 年江苏省商品房施工和销售变动趋势
数据来源：江苏省统计局

（3）房地产贷款增速回落

2019 年末，全省金融机构本外币房地产贷款余额 4.5 万亿元，同比增长 14.2％，增速同比下降 6.7 个百分点；比年初新增 5604 亿元，同比少增 1186 亿元。其中，普通住房开发贷款和个人购房贷款增速均呈回落态势。2019 年，江苏普通住房开放贷款余额 3716 亿元，同比增长 17.6％，增速同比回落 7.4 个百分点；全省个人购房贷款余额 3.4 万亿元，同比增长 15.3％，增速同比下降 2 个百分点，连续第二年回落。

三、江苏金融业发展的对策与建议

（一）借力上海国际金融中心建设，加强长三角区域金融合作

作为我国经济最为活跃的地区，长三角区域金融业发达，民间资本充裕，金融机构实力雄厚，具有同业合作的良好基础。江苏金融的发展离不开长三角区域整体金融体系的支撑。上海作为中国大陆地区国际金融中心的首位城市，能够通过国际化金融平台对接、要素流动、信息共享等溢出效应，为江苏金融发展带来显著的辐射作用。浙江作为民营经济最为活跃的地区，也是民间金融改革的排头兵。浙江省致力打造中小企业金融服务中心和民间财富管理中心"两个中心"，意欲实现从金融大省向金融强省跨越，温州金融综合改革试验区的确立无疑为其注入了更为强劲的推动力。江苏应当认真分析自身地理特点和产业特点，立足于长三角区域金融协调发展的战略视角，借力上海国际金融中心建设和温州民间金融改革的有利契机，承接上海，策应浙江，坚持差异化和互补化的金融发展道路，求同存异，形成层次分明、分工合理、公平竞争、联动发展的金融业战略布局。

（二）以创新驱动战略为指引，深化推进金融改革和创新

金融业自身同样需要改革创新。需要引导和鼓励银行业金融机构向县域和乡镇地区延伸

服务网点,重点在苏北地区增设分支机构和营业网点,扩大金融覆盖度。强化城市商业银行、农村金融机构服务小型微型企业和"三农"的市场定位;大力发展村镇银行、小额贷款公司等新型金融组织,填补市场缺口,完善金融机构体系,尽快实现村镇银行县域全覆盖,扩大农村小额贷款公司乡镇覆盖面。适当放宽民间资本、外资和国际组织资金参股中小金融机构的条件。稳步推进金融服务创新。各金融机构要围绕服务实体经济,积极进行金融组织、产品和服务模式创新,提高金融产品多样化程度和金融服务个性化水平。要注重开发适合中小企业特点的金融产品和服务,采取商圈融资、供应链融资、应收账款融资等方式,帮助中小企业降低"两项资金"占用。充分运用现代科技成果,促进科技和金融紧密结合,建立健全多层次、多渠道的科技投融资体系。引导金融机构根据经济增长科学设定经营目标,加大对商业银行不规范经营和收费行为的查处力度,缩短企业融资链条,降低不合理融资成本;通过财政贴息、风险准备金等方式,降低小微企业融资成本;加大投资人风险警示教育力度,引导投资人树立"风险自担"意识,降低社会无风险收益水平。

(三)继续推进融资结构优化,大力发展债券等直接融资方式

一是加强对拟上市企业的跟踪服务,促进企业生产经营稳定增长,推动其尽快上市;支持中小企业在中小板、创业板和海外上市;力争全面推动全省境内外上市企业总数增加。支持南京、苏州、无锡三个国家级高新区进入新三板扩容试点,引导省内其他高新区内高新技术企业做好与新三板的对接。二是扩大直接债务工具融资规模。积极争取地方政府债券发行试点。组织重大基础设施、住房保障、生态环境等重点项目通过发行债券筹集建设资金,推动具备条件的企业充分利用企业债、短期融资券和中期票据等直接债务融资工具。三是鼓励创业投资和股权投资发展。积极有序发展私募股权投资和创业投资,促进股权投资和创业投资基金规范健康发展。着力引进海内外创业资本,鼓励民间资本设立创业投资机构,省辖市、省级以上高新区以及有条件的县(市、区)要设立以支持初创期科技企业为主的创业投资机构。探索建立科技产权交易中心,推动场外市场建设,改善企业股权融资环境。

(四)坚定贯彻金融人才战略,打造金融人才集聚高地

一是加快多层次金融人才培养。充分利用江苏在教育资源上的优势,加强金融部门、教育部门和人力资源管理部门的协作,积极引进国内外知名高校、研究生院与河西 CBD 联合办学,实现教学资源共享,设立金融教育与职业培训基地,争取与企业、高校合建金融专业博士后流动站。二是加强中高端金融人才引进。着力引进境内外金融创新领军人才、拔尖人才、紧缺人才和创新团队,制定完善中高端急需金融人才引进、培养、使用的优惠政策;对于海外熟悉资本运作、拥有行业背景、精通现代管理的创业投资人才到江苏省注册设立创投机构或管理机构者,符合相关条件的,可适当给予省对高层次创新创业人才的有关激励政策和各市、县对高级金融人才的优惠政策。三是优化金融人才的管理使用。建立创新型金融人才资源库,畅通金融机构与党政机关的人才双向交流机制,完善引进高层次金融人才的中介服务体系,规范金融人才流动市场,完善金融人才评价体系、考核激励机制和监督约束机制。

（五）建设好中心城市的金融服务区，为服务实体经济打下基础

金融服务区是展示城市形象的重要载体，是城市的核心地带，在金融改革中发挥着重要的作用，因此，江苏省在明确自己的功能定位的同时，还要加大招商力度，吸引更多金融资源来投资。除此之外，更要有超前规划意识，提前规划城市的商业布局、交通路线等，使金融服务区成为更加合理的中央商务区。合理划分地方金融监管职责，在"一行三会"的监管无法覆盖的领域，地方政府要充分发挥作用，提高监管的透明度和公信力；推进区域金融生态建设，打击恶意逃废债行为，完善跨部门跨行业信用信息，鼓励征信公司发展，打造诚信江苏，降低融资中的信息不对称程度；充分发挥担保公司的信用桥梁作用，加紧开展顶层设计工作，借鉴国外银保合作、政策性担保公司、担保资金注入、风险分担方面经验教训，尽快推进政府主导的担保公司建设，为弱势群体融资提供增信服务。

（六）建设好征信体系，提供优质的发展环境

征信体系的建设是金融改革的基础工程，能够为中小型企业打造干净、优质的融资环境，增强金融机构放贷的信心。江苏省要推进征信体系的健全，选用重点人才为体系服务，加快归集和整合数据的速度，让金融机构和中小型企业都放心。金融机构要严格按照监管和宏观审慎管理要求，适当提高风险拨备水平和风险缓释金，同时要密切关注房地产、产能过剩行业、政府融资平台、僵尸企业的偿债风险；金融机构要通过核销、资产证券化、转让、抵押品处置等方式，尽快压降已经形成的不良资产；引导金融机构严格审查企业互保、联保情况，密切跟踪担保圈企业经营状况，及时发现担保圈信贷风险苗头；在加大优质中小企业信贷支持的同时，通过引入风投、债权转让等方式，分散和化解中小企业信贷风险；大力发展股权融资，提高自有资本水平，提高经济体防范风险的能力。

参考文献

[1] 江苏省金融办课题组,查斌仪,聂振平等.江苏新金融发展研究报告[J].群众,2017(20):29-31.

[2] 王林涵.金融服务实体经济发展的困境及应对建议[J].河北金融,2015(12).

[3] 中国人民银行南京分行货币政策分析小组.江苏省金融运行报告(2019)[R].2020.

[4] 袁林,王竹君.江苏省金融业发展的现状、问题及发展对策[J].改革与开放,2013(5):27-29.

第十章　江苏省文化创意业发展报告

文化创意和设计服务产业被省委、省政府作为我省经济社会发展的先导产业,其主要内容包括文化软件服务、建筑设计服务、专业设计服务和广告服务等,对我省转变经济发展方式、增强经济发展动力、实现"江苏制造"向"江苏创造"跨越、加快"两个率先"进程具有十分重要的意义。

根据要求,到 2020 年,文化创意和设计服务增加值占文化产业增加值比重超过 25％,江苏将成为创意设计强省。目前创意设计服务产业在整个文化产业中的比重最大,且年均增速保持在 30％以上,是近年来发展最快的部分,是江苏经济转型发展、绿色发展的一架新引擎。

我省各市在创意设计强省建设中担任的角色各不相同:南京的重点是区域性文化创意设计和建筑设计;苏州的重点是传统工艺与现代创意设计融合;无锡的重点是工业设计;徐州的重点是工程机械设计研发;南通将建成区域性建筑设计服务中心;扬州建成国际文化旅游名城,同时建设沿江创意设计城市群和沿运河创意设计特色产业带。新一轮产业集聚和区域布局已经拉开大幕。

一、江苏文化创意产业的发展现状

文化创意产业具有高附加值、可持续发展性、大容量的就业机会和高于国民经济的增速等特征,受到越来越多国家的重视并提到了战略性高度。

我国自 2011 年正式提出"文化强国"战略以来,文化产业对国民经济贡献率不断增长。十九大以来,随着我国社会主要矛盾的转化,"坚定文化自信、推动社会主义文化繁荣兴盛"成了文化建设的主旋律,我国文化创意产业也迎来了新的发展。根据国家文化部和中国人民大学联合发布的"中国省市文化产业发展指数(2019)"显示,江苏省文化产业的发展实力排名位于强势的第一梯队(如表 1 所示)。江苏省文化产业的发展在全国范围内处于领先地位。

表 1　2019 年中国省市文化产业发展指数聚类分析数据

梯队类别	省市	生产力	影响力	驱动力	综合指数
强势	北京、浙江、江苏、上海、广东、山东	77.20	82.55	81.7	81.14
普通	河北、山西、辽宁、安徽、福建、湖南、重庆、天津、四川、云南、陕西	71.91	75.41	79.04	76.36
弱势	内蒙古、吉林、黑龙江、江西、河南、湖北、广西、海南、贵州、西藏、甘肃、青海、宁夏、新疆	72.3	75.48	78.37	76.00

数据来源:《2019 年中国省市文化产业发展指数报告》

（一）公共文化基础设施日趋完善

江苏省委、省政府着力加快构建现代公共文化服务体系建设，全面推动公共文化服务的标准化、均等化、社会化和数字化。积极落实文化领域改革发展重点任务，建设以江苏大剧院、扬州大运河博物馆等为代表的一批重点文化项目，推进基层公共文化服务标准化建设，实现了公共图书馆、文化馆、博物馆、美术馆、文化站免费向公众开放，江苏公共文化基础设施体系日趋完善。

2019年江苏城乡公共文化服务体系不断完善。全省共有公共图书馆117个，综合档案馆113个，向社会开放档案98.9万件。共有广播电台8座，中短波广播发射台和转播台21座，电视台8座，广播综合人口覆盖率和电视综合人口覆盖率均达100%。全省有线电视用户1543.2万户。全年生产故事电影院片48部；出版报纸20.2亿份，出版杂志1.1亿册，出版图书7.4亿册（如表2、表3所示）。

表2　江苏省文化单位机构数（单位：个）

文化机构	2001年	2005年	2010年	2015年	2018年	2019年
文物保护管理机构	58	64	62	50	50	48
博物馆	87	99	213	312	329	345
公共图书馆	101	103	111	114	116	117
文化馆	120	117	118	113	115	115
文化站	1545	1417	1324	1282	1264	1257
文化市场经营机构	7868	—	15410	18831	21581	21468

数据来源：江苏省统计局

表3　江苏省公共图书馆基本情况

公共图书馆	2001年	2005年	2010年	2015年	2018年	2019年
总藏量（万册）	2707.07	3178.5	4370	6846.9	8597.6	9987
公共房屋建筑面积（万平方米）	31	43.3	65.4	103.1	134.41	157.69
阅览座位数（万个）	2.2	2.5	3.9	5.1	7.33	7.29
电子阅览室终端数（个）	—	3246	4199	5810	6769	
少儿阅览室（个）	4	5	6	8	7	7

数据来源：江苏省统计局

（二）公共文化体育事业居民满意度高

2019年，江苏省基本公共文化体育建设成效百姓满意度位列全省第一。由省统计局、省发展改革委、省政府研究室联合发布《2019年江苏省基本公共服务体系建设成效百姓满意度调查报告》正式出炉，其中基本公共文化体育满意度86.2分，位居受调查的11个基本公共服务体系之首。截至2019年12月31日，全省建成有规模的体育公园905个、健身步道1.3万公里，建成冰场、雪场40多片，人均体育场地面积达到2.9平方米。

（三）公共文化服务财政支持力度大

为进一步支持城乡基本公共文化服务均等化,体现向基层公共文化服务倾斜的原则,2019年省财政统筹中央财政专项资金,累计下达市县各类基本公共文化服务建设专项资金9.5亿元。其中,包括各类公共博物馆、纪念馆、爱国主义教育场馆,公共图书馆、美术馆、文化馆(站)等公益性文化设施免费开放补助资金4.49亿元;全省广播电视覆盖专项经费9400万元;农家书屋建设经费2800万元;"送电影"经费3000万元,免费放映数字电影14.5万场;送戏下乡经费1120万元,免费送戏2800场;村级文化服务中心补助经费2057万元,补助村级文化服务中心2057家;创新示范乡镇文化站、公共图书馆、文化馆等补助经费1457万元。另外,通过因素分配法下达各市县公共文化服务体系建设奖补资金2.2亿元,由各市县财政结合当地文化事业发展情况,专项用于文化事业建设。

专栏1　"创意引擎"成城市发展新动能,南京创意"朋友圈"越来越大

南京高校资源丰富,在宁高校的师生是这座城市最具活力的创意力量,建设"东大·南京设计名城"集聚优质产业资源,海外协同创新中心搭建中外交流合作平台,"创意大学联盟"打造城市创意智库……城市因创新而发展,因创意而美丽。在昨日举行的2019南京创意设计周开幕式上,一批产业落地、校地融合和国际合作的重要成果集中发布,为城市发展注入了创意设计的新动能。

三条主线、四大板块、近百场活动——迈入第5个年头的南京创意设计周,掀起了一场席卷全城的"创意盛宴",创意设计与城市、产业、生活的深度融合,正在成为助力创新名城建设的重要引擎。

集聚资源优势叠加,校地融合共建设计名城

2018年,南京文化产业增加值占GDP比重预计达到6.3%,增幅超过13.5%,继续保持全省第一。在全市文化产业九大门类中,创意设计服务业增加值占全市文化产业增加值预计达到28%,成为文化产业结构优化升级的重要支撑。

作为校地融合的重要成果之一,依托东南大学高水平设计学科与玄武区设计类产业优势共同打造的的"东大·南京设计名城"项目,在开幕式现场率先亮相。该项目于去年9月正式启动,计划分三期统筹推进:一期为2018年—2020年,建设东大设计创新内核功能区;二期2021年—2023年,重点打造环东大设计产业集聚生态圈;三期2024年—2025年,形成设计之城多级辐射带,最终形成产业链、创新链、资本链和人才链"四链融合"的现代城市生态功能。

东南大学高水平设计学科的创新能力,将与玄武区高密度设计资源集聚空间实现深度融合、优势叠加,以现代高端智慧设计产业体系为导向,在近4.5平方公里的范围内集聚优质设计产业资源,打造现代化高品质设计名城。未来,这里既是南京的时尚风向标,更是全市设计产业的聚集地,形成以工程设计为主导、以创意设计和工业设计为拓展的"一体两翼"现代设计产业集群发展体系,推动区域产业经济和城市空间整体转型升级和高质量发展。

作为"东大·南京设计名城"规划的首个落地项目,与江宁织造府隔街相望的南京时尚设计中心,将在本届创意设计周期间正式开业,打造一个集设计产业、时尚展示、休闲体验、文化交流于一体的时尚设计产业生态圈。

交流合作双向融通，拓展南京创意"朋友圈"

作为我市在全球创新最活跃地区设立的对外交流窗口，南京两大海外协同创新中心——佛罗伦萨的时尚设计中心和威尼斯的建筑设计中心昨日正式成立，并为来自全球的"创意伙伴"颁发证书。

依托海外协同创新中心和全球"创意伙伴"计划，南京将搭建起一个繁荣创意产业、分享创新资源、汇聚高端人才的共赢共享平台，链接全球文化创意领域的知名学者、设计师、机构组织、国内文创头部企业家代表，加强国际国内双向融通，服务南京城市更新与产业升级。

从本土高校到国际伙伴，南京的创意"朋友圈"正在越来越大

作为中意文化合作机制"当代艺术和创意设计"板块成员，南京创意设计中心以 2015 年米兰世博会"南京周"为契机，在米兰设立了分中心，同年在南京举办首届南京创意设计周，邀请米兰作为主宾城市，促成了一批中意合作项目和交流成果在宁落地。米兰世博会总规划师、知名建筑设计师博埃里因南京创意设计周走进南京，在江北新区落地亚洲第一座"垂直森林"建筑。即将落成开业的中意设计交流南京基地——南京时尚设计中心，也是由博埃里参与设计的。

中意文化合作机制是中意两国进行文化对话的平台，旨在鼓励两国文化艺术机构间开展多渠道、全方位的合作，充分调动两个文化大国丰富的人文创意资源，增进两国人民之间的相互理解。接下来，南京创意设计中心将充分发挥平台链接作用，积极推动南京设计师和设计群体走进意大利，参与米兰三年展、米兰家具展、威尼斯双年展等国际展会，在世界舞台展示南京的设计力量和文化特色，同时建立"南京意大利创意设计领域人才信息库"，促进产业项目落地。

组建"创意大学联盟"，打造城市创意智库

南京拥有丰厚的高校资源，在宁高校的师生是这座城市最具活力的创意力量。在去年南京创意设计周成立的"南京高校创意产业联盟"基础上，我市进一步整合本土高校创意资源，成立全国第一个"创意大学联盟"。

作为南京第一家文化类新型研发机构，"创意大学联盟"旨在打造城市创意创新智库，输送全球先进的创意理念，通过促进校地融合，加速创意成果转化，同时将高校的创意资源引入城市空间。目前，联盟成员包括东南大学艺术学院、南京大学创新创业与成果转化办公室、南京艺术学院设计学院、南京师范大学跨界融合创意创作学院、南京理工大学艺术设计与传媒学院、南京林业大学艺术设计学院、南京非物质文化遗产专业学院等。

据介绍，"创意大学联盟"将积极推动高校与园区载体和孵化空间的深度合作，为创意设计领域的创新创业提供载体支撑和配套服务；通过鼓励高校、企业、政府间在优势学科群建设、人才培养、信息化共享等方面加强合作，合力打造校企地融通的"创意课堂"，实现资源整合、创新协同，加速文化创意成果转化，服务南京创新名城建设；充分调动高校师生的创意活力，以高校的创意力量、科研能力为城市赋能，通过展览展示、创意设计、主题策划、科研项目等方式，激活城市公共空间，繁荣城市创意氛围。

（四）广播电视发展态势良好

江苏广播电视节目内容创作持续繁荣，优质内容供给能力持续提升。2019 年全省广播电视节目制作时间 74.27 万小时,制作发行电视剧 10 部 451 集、动画片 22 部 9638 分钟、纪录片 6680 小时;实现广播电视全覆盖,有线电视网络高清化、智能化发展态势良好。全省广播、电视综合覆盖率均达到 100%,实现全覆盖;有线电视用户 1545.68 万户,全国占比 7.5%,数字化率超过 97%;IPTV 用户 830.62 万户,同比上升 10.75%;网络视听繁荣发展,用户规模、服务收入取得新突破。全省网络视听注册用户规模达 3212.65 万户,同比增长 8.04%;服务收入 1.84 亿元,同比增长 53.33%。

(五)持续深化文化市场综合执法改革

江苏省在全国率先完成"同城一支队伍"体制改革、文化和旅游综合执法队伍整合等 15 项改革任务,人均办结案件数和获奖数连续 5 年位居全国第一,在全国文化市场综合执法考评中连续两年名列第一,为全国深化文化市场综合执法改革贡献了江苏智慧,提供了江苏经验。2017 年 12 月,文化和旅游部在南京召开文化市场综合执法改革现场会,推广江苏做法。江苏省 5 家基层文化市场综合执法队伍获中宣部"双服务"先进集体,江苏省文化和旅游厅文化市场综合行政执法监督局被司法部评为全国文旅系统唯一的"全国法治政府建设工作先进单位"。

专栏 2　杨志纯:打好艺术精品创作生产"组合拳"

7 月 5 日,省委宣传部召开全省文艺精品创作生产视频会议,省文化厅党组书记、厅长杨志纯在会上发言,鲜明阐述了推动艺术精品创作生产的创新思路、务实举措,含金量满满。现将杨志纯同志发言全文编发,以飨广大网友。

习近平总书记指出:精品之所以"精",就在于其思想精深、艺术精湛、制作精良。精品力作异彩纷呈,名家大师不断涌现,是新时代江苏文艺繁荣发展的重要标志,也是新时代江苏文化高质量发展走在前列的应有之义。从省文化厅职能出发,我们将围绕多出精品、多出人才,打好艺术精品创作生产"组合拳",重点抓好以下三个环节:

1. 抓好创作引领

推动文艺精品创作生产,首先要解决好用什么来引领的问题。党的十八大以来,习近平总书记就繁荣社会主义文艺发表了许多重要讲话,提出了一系列新思想新观点新要求,特别强调要把创作生产优秀作品作为中心环节,解决好有数量缺质量、有"高原"缺"高峰"的问题,创作更多有筋骨、有道德、有温度的文艺作品。党的十九大之后,总书记又两次分别给文艺单位和文艺工作者写信,确立了新时代文艺作品"接地气、传得开、留得下"的标准,确立了文艺工作者"有信仰、有情怀、有担当"的标准。我们将深入学习贯彻习近平总书记关于文艺工作的重要思想,以此为指引更好推动新时代艺术创作生产。

一是牢牢把握以人民为中心这个创作导向,引导艺术工作者自觉为人民抒写、抒情、抒怀,使艺术创作更接地气、作品更有生气、演出更有人气。

二是牢牢把握"四个讴歌"这个时代要求,引导艺术工作者加强现实题材创作,用优秀作品引领时代风气,弘扬中国精神,传播中国价值,凝聚中国力量。

三是牢牢把握创作生产优秀作品这个中心环节,坚持思想精深、艺术精湛、制作精良相统一,坚持把社会效益放在首位、社会效益和经济效益相统一,引导艺术工作者讲品位、讲格调、讲责任,抵制低俗、庸俗、媚俗,用最大真诚抒写新的时代、奉献人民群众。

2. 抓好源头工程

剧本创作是舞台艺术创作的源头工程。没有好的剧本,就谈不上舞台艺术精品创作生产。尽管近年来我省涌现出像罗周、徐新华等一批在全国有一定影响的剧作家,但名家大师数量还不够多,尤其是有影响的中青年剧作家偏少。

针对这种情况,我们将深入实施艺术创作源头工程,一方面,重视加强剧作家队伍建设,引导各地普遍建立剧目创作机构,完善定期培训研讨和"传帮带"机制,不拘一格加大人才引进力度,努力打造一支在全国有影响的戏剧编剧"苏军";另一方面,重视发挥江苏戏剧文学剧本评选的引导和带动作用,每年推出一批优秀剧本,并从中遴选一批重点剧本,推荐给相应剧团,通过组织深度加工打磨,使之更具思想性、艺术性,能够转化为舞台艺术精品。

3. 抓好现实题材创作

艺术是民族精神和时代精神的宣言书,最能代表一个时代的风貌,最能引领一个时代的风气。我们将聚焦现实题材特别是"四个讴歌",围绕重要时间节点和重大事件,组织开展舞台艺术和美术主题创作活动。

一是深入实施现实题材舞台艺术作品创作计划,每年确定一批现实题材作品,提高组织化程度,加强策划、选题、立项、创作、论证、修改等全过程跟踪指导,推出更多的舞台艺术精品。

二是组织实施美术创作发展工程,通过举办傅抱石·中国画作品双年展、林散之·书法作品双年展、江苏优秀美术家系列展等品牌活动,引导艺术工作者秉持"笔墨当随时代"的艺术追求,推出更多具有全国影响的美术作品。

三是健全"深入生活、扎根人民"长效机制,引导艺术工作者走到生活深处、走进人民中间,从人民群众共建共享美好生活的实践中挖掘题材、汲取营养,用生动的笔触、优美的旋律、感人的形象,抒写新时代的壮美画卷,讴歌江苏大地的发展变迁。

4. 抓好项目扶持

实施舞台艺术精品创作扶持工程,每年遴选 10 部优秀剧目给予资金扶持,并从中遴选 3—5 部具有较好基础和提升空间的优秀剧目实行重点投入。充分发挥艺术基金的导向和杠杆作用,从过去注重"面"上铺开转变为更加关注"点"上用力,从过去注重扩大影响转变为更加关注打造精品,不搞平均分配,不撒"胡椒面",把有限的资金用在刀刃上。

在艺术基金项目资助上,我们已经明确,实行重点项目重点资助,不仅在项目资助额度上大幅提升,而且对重大项目实施滚动资助,更好地助力艺术精品创作生产。同时,改革完善项目评审机制,既注重扶优助强,巩固戏曲、中国画等领域的创作优势,又注重补齐短板,加大对话剧、音乐剧、油画、雕塑等艺术门类创作的扶持力度,推动江苏艺术创作生产全面繁荣。

5. 抓好环境营造

推动艺术精品创作生产,必须营造多出精品、多出人才的良好环境。

(1) 做到"三个尊重"

在今年省文化厅召开的全省艺术创作工作会议上,我们明确提出,作为行政主管部门,要把"三个尊重"作为最重要的环境来营造,就是对艺术工作者要充分尊重,对艺术创作规律要充分尊重,对艺术工作者的辛勤劳动要充分尊重。

（2）完善宣传推介机制

充分利用中国艺术节、全国美术作品展、江苏紫金文化艺术节等重大展演展览平台，宣传推介江苏艺术创作生产成果，让更多的精品力作走出江苏、走向全国。创造条件让基层文艺院团和艺术工作者有更多机会在省级平台免费演出办展，每年选调不少于20台基层文艺院团优秀剧目到江苏大剧院演出，每年在省美术馆为每个设区市举办1—2个美术作品展览。

（3）激发基层文艺院团创作活力

舞台艺术精品创作生产，离不开文艺院团这个主体。我们将深入贯彻落实关于支持戏曲传承发展的部署要求，扎实推进戏曲振兴工程，从多方面加大引导和支持力度，进一步激发基层文艺院团创作活力，促进戏曲活起来、传下去、出精品、出名家。

下一步，我们将认真贯彻这次会议特别是王部长的讲话精神，创新工作思路，完善政策举措，扎实抓好艺术精品创作生产，用新担当、新作为助力江苏文化高质量发展走在全国前列。

二、江苏文化创意产业的问题分析

江苏文化创意产业的发展取得了卓越的成绩，但与此同时，我们也应该意识到，在文化产业的发展进程中仍然存在着不少亟须解决的棘手问题，如文化产业内部结构不合理，拥有知名度的江苏知名文化品牌较少，文化企业面临融资难、融资成本高的资金问题，优秀的文化人才相对匮乏，国际科技文化合作与交流不充分，等等，都在一定程度上抑制和影响了江苏文化创意产业的健康发展。江苏文化创意产业的发展虽然目前处于全国前列，但与发达国家的文化创意产业相比，起步较晚，起点较低，在发展中还存在很多问题，这需要我们在实践中不断地进行摸索和前进，才能最终找到一条适合江苏文化创意产业发展的正确道路。

（一）高质量文化供给不足

习近平总书记指出，文化供给已经不是缺不缺、够不够的问题，而是好不好、精不精的问题。目前文化产业生产结构与市场需求结构不适应，低端供给过剩与中高端供给不足并存，文化产品有数量、缺质量，有"高原"缺"高峰"，传播当代中国价值观念、体现中华文化精神、反映中国人审美追求的精品力作还比较少，还不能满足广大人民群众多样化、多层次、多方面的精神文化需求，抑制了文化消费。有文化特色的现代企业制度尚未完全建立，社会效益和经济效益平衡难度较大，有的企业甚至一味迎合市场，制造文化垃圾，亟需从法律法规和政策上为高质量文化供给主体提供坚定支持，不断优化供给结构。

（二）文化企业实力偏弱

江苏文化企业数量增长较快，但绝大多数是从业人员50人以下或营业收入500万元以下的小微企业，甚至是个人工作室、个体工商户，"小"和"散"的局面还没有彻底改观。与一般行业相比，文化企业在追求社会效益、承担社会责任方面要求更高、担子更重。文化企业大多是轻资产企业，高度依赖创新创意,普遍面临盈利模式不稳定、生命周期短、可持续发展难度大等突出问题。

（三）创新驱动能力不足

在内容、技术、业态等方面的自主创新能力不足的问题较为突出,原创能力还不强,内涵深刻、富有创意、形式新颖、技术先进的知名文化品牌较少。随着文化和科技深度融合,部分传统文化业态、服务形态以及文化企业还不能适应科技发展和时代要求,转型比较缓慢,生存面临严峻挑战。

（四）产业地域发展不平衡

根据数据统计,江苏文化创意产业园分布情况如下:南京市 85 个,苏州市 52 个,常州市 26 个,无锡市 17 个,徐州市 18 个,南通市 12 个,扬州市 7 个,连云港市 5 个,淮安市 5 个,宿迁市 4 个,镇江市 3 个,泰州市 2 个,盐城市 1 个。可以很明显看出,苏南地区相对苏北地域的园区发展状况更好,尤其是南京、苏州、常州等城市。《关于 2018 年度江苏省重点文化产业示范园区的公示》,10 个文化产业园集中在苏南等地,南京 2 个、苏州 3 个,无锡、南通、镇江、扬州、宿迁各 1 个。可以分析出,经济腹地对文化创意产业园的发展影响,经济发达城市文化创意产业园的发展空间、发展速度和发展潜力目前都优于经济相对落后的地区。

（五）普遍知名度和美誉度不足

江苏省内文化创意产业园数量虽多,但是相较于北京 798 艺术区、上海田子坊文化产业集聚区、成都"东郊记忆"音乐公园等国内知名文化创意产业园,江苏在全国范围具有知名度和美誉度的文化创意产业园较少。目前公示的五批国家级文化产业示范园区名单中,文化创意产业园拥有量全国第三的江苏却无一入围。

（六）缺乏明确的规划和定位

在文化创意产业的改造规划中,首先基于地方文化有一个总体战略,这个总体战略要能够通过资源配置、政策扶植充分挖掘文化街区本身最为独特、用户黏着性最高的文化特质,围绕该特质生产符号,充分挖掘资源打造异质性文化景观和体验,使其成为对受众的一种独一无二、无可替代的文化符号价值,使文化街区这种独特的文化产品产生品牌形象力量,形成竞争对手难以模仿和超越的竞争优势。从江苏省内的一些创意产业园的命名即可看出经营主体对产业园缺乏清晰的定位,大多是"地方＋文创意产业园"模式的命名,既没有清晰的记忆点,也没有凸显出园区的优势。有些规模较小的产业园却冠名以"国际产业园"的名号,更是对园区认识不清的表现。

三、江苏文化创意产业发展的对策与建议

江苏省拥有雄厚的经济实力和丰富的文化资源,文化创意产业的发展已经初具规模。当前正处于省内文化创意产业发展难得的黄金时期,需要政府相关部门将文化创意产业发展所需要的生产要素整合起来,制定长远且具有可行性的发展规划,加快经济转型,推动文化创意产业的持久健康发展。

任何一个产业的发展都离不开政府的支持,无论是国内还是国外,政府对产业的发展起到了强大的推动作用,既能从宏观上政策引领,也能从微观上执法监管,可以说政府的作为可以直接关系到产业的兴衰。文化创意产业作为新兴朝阳产业,得到了各地政府乃至国家的高度重视,作为经济增长的重点领域。然而,必须认识到在发展过程中会存在旧的文化体制机制的制约,相关政府的智能管理部门的功能和范围需要调整,以前的一些政策法规不适应文化创意产业发展现状,同样需要修正,与时俱进。这就需要政府认识到营造良好产业发展环境,需要进一步深化改革,建立健全相关法律法规。江苏省文化创意产业的发展需要政府和企业的共同努力。政府方面,需要在未来的时间里进一步加大对省内文化创意产业的扶持力度,合理调整扶持方式,完善社会服务体系,使文化创意产业能够健康有序地蓬勃发展。企业方面,要完善企业的经营管理制度,提高研发和创新能力,加强与其他优秀文化创意产业的交流,努力开发和创造出更多为人民大众所喜闻乐见的文化创意产品,使企业自身能在激烈的市场竞争中存活下来并发展壮大,具体建议对策内容如下:

(一)深化产业融合发展

推动文化产业园区(基地)提档升级,支持国家级、省级园区(基地)持续做大做强。以创新、跨界、融合思维谋划文化创意产业发展,发展"文化创意产业+"行动计划,促进"文化创意产业+互联网",推动传统行业加速拥抱互联网,注重基于网络的新产品的创意研发;促进"文化创意产业+资本市场",推广"文创贷""创意贷""鑫动文化"等成熟的文化金融产品,探索建立文化金融合作试验区;促进"文化创意产业+科技创新",近年江苏省扶持高新技术文化产业的资金达3亿元,带动社会投资24.8亿元,接下来将继续加大对重点文化科技企业、重点文化科技产业园的扶持力度;促进"文化创意产业+文化消费",加大政策支持力度,呼唤更多原创精品,拓展新媒体文化消费,打造一批主题鲜明的文化消费活动品牌;加快文化"走出去",鼓励文化企业通过收购、合作等方式开展境外文化领域投资合作,拓展国际业务。

以大运河国家文化公园江苏段重点建设区建设为牵引,开发以运河为主题的文化旅游产品和线路,办好大运河文化旅游博览会,打造"千年运河·水韵江苏"品牌。支持文化遗产地和各类文博场馆优化旅游功能,支持开发非物质文化遗产主题旅游,创设一批可作为非遗体验场所和旅游目的地的江苏省非物质文化遗产创意基地,鼓励非遗大师工作室、非遗体验工坊进入旅游空间,深度开发具有江苏特色的文化旅游商品和纪念品。深入推进南京夫子庙步行街"全国步行街改造提升试点"工作,加快培育省级高品位步行街,把步行街打造成消费集聚地和旅游目的地。支持老字号文化旅游资源开发利用,促进省级老字号集聚区与旅游、休闲产业相结合,推动老字号品牌集聚区"商文旅"融合发展。利用南京入选"世界文学之都",扬州入选"世界美食之都""东亚文化之都"等契机,打造一批国际文旅融合发展品牌。

(二)强化科技应用支撑

文化创意产业是典型的知识经济形态,是技术、人才、知识与智力相融合而形成的产物。正是现代信息技术、3D打印技术、激光技术等高科技的成熟与运用,才使文化创意产业得到了长足的发展。文化创意产业的发展离不开科技创新,科技创新可以为文化的传播提供新的手段,创造更好的表现形式,只有将科技创新与文化创意产业进行融合,才能够推进文化产业的发展。

当下要强化科技与文化产业结合的意识,整合各类资源,搭建技术创新服务平台,为文化创意产业发展提供技术服务平台。与此同时,也应积极引导企业坚持创意创新,实现文化元素与现代设计相结合,探索具有江苏典型地域特色的、能够满足多样化需求的文化创意产业之路。

发展基于超高清、虚拟现实、增强现实、混合现实、5G等技术的新一代沉浸式体验型文化消费内容。打造大运河国家文化公园数字云平台等标志性项目。丰富数字电影、网络音乐、网络动漫、网络表演、网络文学、数字艺术展示等数字内容及可穿戴设备、智能家庭休闲等新型文旅产品。推动新技术在演艺娱乐、工艺美术、文化和旅游会展、广播电视和网络视听等行业中的应用,促进传统产业转型升级和创新发展。积极培育文旅网络消费、定制消费、体验消费等消费新热点,引导基于网络平台的新型消费模式和文旅共享经济快速孕育成长。

(三)发挥市场在文创发展中的导向作用

大力发展文化创意产业,应以市场为导向。在英、美等发达国家,文化创意产业运行的核心就是实行自由企业制度。企业的生产完全自行决策,完全根据供求关系来决定,同时按照市场规则开拓海外市场,占据国际竞争有利地位,美国的影视、图书出版业、音乐唱片已建成全球销售网。英美的自由企业制度还表现在对企业的管理以法律为依据,不存在行政性干预。我们应当吸收发达国家的有益经验,应该认识到文化企业是创意经济的主体,在推动文化创意产业发展的过程中,应该让市场发挥调解作用,而不能让政府来掌舵,应该根据调研来分析市场消费情况,根据不同的项目来错位发展。以市场为主导,鼓励创新、扶植小微企业、引导民间资本的进入、设立创意中心,创新设计领域模式。

(四)提升消费便捷程度

鼓励建设集文创商店、特色书店、文化娱乐场所等多种业态的消费集聚地。鼓励把文化消费嵌入各类消费场所,依托社区综合服务中心、城乡便民消费服务中心等打造群众身边的文化消费网点。鼓励依法依规对传统演出场所和博物馆进行设施改造提升,合理配套餐饮区、观众休息区、文创产品展示售卖区、书店等,营造更优质的消费环境。搭建省级智慧文旅平台,打造在线文旅超市,推动供给与需求精准对接。推动实施移动支付便民示范工程,提高文化和旅游消费场所银行卡使用便捷度,推广移动互联网新兴支付方式,引导演出、文化娱乐、景区景点等场所广泛应用互联网售票、二维码验票。提升文化和旅游消费场所宽带移动通信网络覆盖水平,在具备条件且用户需求较强的地方,优先部署5G网络。优化旅游交通服务,科学规划线路、站点设置,提供智能化出行信息服务。到2022年,实现全省文化和旅游消费场所除现金支付外,都能支持银行卡或移动支付,互联网售票和4G/5G网络力争全覆盖。

(五)文化创意产业园应向智能联动转型

文化创意产业园是文化创意产业的重要组成部分。江苏目前共有多家文化产业园和基地,在新的发展形势下,我们可以将这些产业园可以分成:文化企业聚集型、线上线下的虚实结合型、创新能力较强的智能型。在园区的定性上,政府应该通过第三方评估园区是否有创意成果、其创意成果是否有内涵和质量,根据评估结果,在政策和资金方面应该给予分级支持。

在提升文化创意产业园区的质量上,应该注重创新驱动、培育良好的创新创意生态圈,包括人才的培养和聚集、科技研发和原创作品的跨界融合,此外还要提供较好的物质条件留住人才。

（六）平衡地区发展,整合全省优势

江苏文化创意产业地域发展极不平衡,苏中、苏北文化产业总值明显落后于苏南地区。政府对文化产业重视和支持的程度也相差很大。全省有相当比重的艺术展览机构设立在苏南地区,而苏北无论在从业人员还是文化建筑都明显少于苏南地区。人才短缺、投入较少、技术实力较弱都制约了苏中和苏北地区的文化创意产业发展。苏北地区文化企业应重点考察产业发展较好的企业,吸收成功经验,寻找薄弱环节,克服人才、技术不足的困难,立足于自身的发展优势,做大龙头企业,以强带弱,科学规划,构筑江苏文化创意产业发展的新高地。

（七）健全政策保障体系

顺应居民消费转型升级新趋势,依靠改革创新破除体制机制障碍,制定并实施鼓励和引导居民消费的政策,进一步放宽文化服务消费领域市场准入。充分发挥文化财政专项资金引导作用,促进文化消费升级,通过政府购买服务等方式,将优质文化和服务供给项目纳入专项资金扶持范围。引导各类资金支持文化基础设施建设,通过政府和社会资本合作(PPP)模式、社会领域产业企业专项债券等方式,鼓励支持社会力量参与文化。鼓励利用老旧厂房开设文化消费场所,落实土地支持政策,完善用水、用电、用气等方面的支持政策。健全文物合法流通交易体制机制,深入推进国有文化文物单位文创产品开发,完善开发、营销模式和收入分配激励机制。

（八）发挥试点示范引领

推进国家全域旅游示范区和省级全域旅游示范区建设。推动文化和旅游深度融合,建设一批文化产业和旅游产业融合发展示范区,到2022年,建成10个以上省级文化产业和旅游产业融合发展示范区、2—3个国家文化产业和旅游产业融合发展示范区,打造一批示范性、引领性融合发展项目。推广南京、苏州国家文化消费试点城市经验。以县(市、区)为对象开展省级文化和旅游消费试点、示范单位建设。推动更多设区市进入国家文化和旅游消费试点行列,打造一批区域性文化和旅游消费中心城市。支持南京、苏州等地建设国家文化和旅游消费示范城市,推动建设国际消费中心城市。到2022年,建设30个省级文化和旅游消费试点单位、10个示范单位。

（九）严格综合监管执法

加大文化市场监管力度,建立公正、高效的投诉、处理机制,严厉打击违法违规经营行为。强化对文化娱乐和旅游设施的质量安全监管,进一步提高文化消费场所公共卫生设施标准化、便利化水平,营造安全放心消费环境。加强对旅游交通的监管,督促旅行社使用合法合规的客运车辆。充分发挥文化相关行业协会的作用,引导行业自律规范发展。健全文旅质量标准和信用体系,进一步完善市场主体、从业人员信用记录,并逐步纳入全国信用信息共享平台和国家企业信用信息公示系统,对列入文化市场和旅游市场黑名单的市场主体和从业人员实施联合惩戒。

（十）加强统计监测评价

发挥省完善促进消费体制机制工作联席会议作用，加强对促进文化消费工作的宣传引导、统筹协调和督促落实。将文化消费纳入全面反映服务消费发展水平的统计指标体系。健全考核评价制度，指导各设区市建立文化和旅游消费数据监测体系，加强大数据技术应用，整合共享数据资源，加强趋势分析研判，为促进文化和旅游消费提供决策依据。建立由第三方实施的消费者评价和反馈机制，推动文旅项目与消费者需求有效对接。各设区市要根据通知要求，将促进文化和旅游消费作为重要工作任务，结合本地区实际，开展文化和旅游消费数据监测分析，完善促进文化和旅游消费举措。

参考文献

[1] 江苏省统计局.江苏统计年鉴 2018[EB/OL].江苏省统计局网站,2018.

[2] 江苏省统计局.2018 年江苏省国民经济和社会发展统计公报[EB/OL].江苏省统计局网站,2019.

[3] 江苏省文化厅.江苏省"十三五"时期文化发展情况统计分析[EB/OL].江苏省文化厅网站,2019.

[4] 江苏省文化厅.2018 年度全省文化发展相关统计报表[EB/OL].江苏省文化厅网站,2019.

[5] 国家文化部.2018 年中国省市文化产业发展指数报告[EB/OL].江苏省文化厅网站.2019.

[6] 蒋园园,杨秀云,李敏.中国文化创意产业政策效果及其区域异质性[J].管理学刊,2019(5):9-19.

[7] 姜玲,王丽龄.文化创意产业集聚效益分析——以北京市文化创意产业发展为例[J].中国软科学,2016(4):176-183.

[8] 高秀艳,邵晨曦.区域文化创意产业竞争力评价与对策分析——以辽宁省为例[J].企业经济,2013(1).

集聚区篇

第一章　2019年省级生产性服务业集聚区

一、江阴长江港口综合物流园区（无锡）

1. 园区概况

江阴长江港口综合物流园区由港口物流园和江阴软件园两大园区组成。其中，港口物流园成立于2003年3月，是江苏省首批重点物流基地和江苏省首批现代服务业集聚区，也是江阴临港开发区发展现代港口商贸物流产业的主题园区和主要承载地，已集聚以港口集团、苏龙能源等为首的物流、商贸企业4000余家。

江阴软件园筹建于2007年9月，2008年6月成为江苏省首家县级市省级软件园，2009年7月通过国家火炬计划软件产业基地及骨干企业评审，是国家文化产业示范基地、国家级科技企业孵化器，也是江阴临港开发区发展软件和文化创意产业的主阵地。已建成电子商务创业孵化基地、三牛众创空间、苏南中关村科技成果转化中心、金箍棒工业设计等创新创业平台9个，已集远望神州、金一文化等软件信息、文化创意、电子商务类企业600余家。两园于2014年6月合署办公。2017年，园区成功打造成江阴市首个千亿级科技创新产业园区。2018年，园区完成开票销售1500亿元，实现入库税收10亿元。

2. 园区定位

近年来，园区依托临港开发区的产业优势和独特的沿江港口优势、企业集聚优势、品牌优势，大力发展以港口货运、装卸、仓储、商贸、商务等为重点的现代港口商贸物流业和以软件信息、文化创意、电子商务等为主的新兴产业，园区产业规模、企业集聚和品牌建设都取得了明显成效，走出了一条高效发展的成功之路。

港口物流园先后获得江阴市先进市场、无锡市五星级文明市场、无锡市商贸服务业先进企业、江苏省五星级文明诚信市场、省级示范物流园区、中国物流实验基地、示范基地等荣誉称号。

江阴软件园先后荣获国家软件产业示范基地、国家文化产业示范基地、江苏省留学人员创业园、江苏省中小企业创业基地、江苏省大学生创业见习基地、江苏物联网产业示范基地、无锡市级、省级、国家级众创空间、江苏省创业孵化基地等称号。

3. 园区优势

江阴长江港口综合物流园区位于江阴城区西北部，江阴长江大桥北出口西侧1.5公里处，北依黄金水道长江，东邻锡澄运河，南以贯穿江阴东西向的交通主干道滨江路为界，地理位置十分优越。

园区实行"政府推动，企业化运作"的发展模式，在园区管委会下设立国有独资公司江阴港口物流园区投资有限公司、江苏江阴软件和文化创意产业发展有限公司,负责港口物流园和江阴软件园的开发建设、招商引资、服务管理等工作,为入园企业提供工商注册、项目申报、企业认定、人力资源、产学研、知识产权、企业孵化培育、创业培训、法律咨询、公共平台、优惠政策扶持等全方位服务。入驻企业在园区内自主经营。对获得国家、省、市科研项目、产品认证、平台建设、专利等的园区企业,给予一定奖励,对于有突出贡献的企业给予"一企一策"。

4. 规划与远景

(1) 以加入世界贸易组织为契机,采取多种投资和合作方式,积极引进国际知名物流企业、跨国公司参加港口物流园区的建设,提高物流园区的国际化水平。

(2)以物流信息平台建设为突破,促进信息网络技术的应用,大力发展电子商务物流,推动现代物流的产业化进程,提高江阴现代物流业发展的信息化水平。

(3)以国际先进的物流理念为基础,鼓励以市场运作方式,以产权关系为纽带,整合现有资源,实现市场化配置资源,培育壮大物流市场主体。

二、太仓物流园区（苏州）

1. 园区概况

苏州市太仓物流园位于太仓市璜泾镇新联村电镀厂路 18 号,紧邻 S338 国道,距太仓港 10 分钟车程。项目周边聚集众多世界 500 强企业,包括宝洁华东区总部、观致、路虎捷豹中国生产总基地。

2. 园区定位

太仓物流园共两期,共计占地面积 61903.2 平方米,项目一期建有高标准单层物流仓库,分 5 个区间,总租赁面积共计 30820.51 平方米。该仓库拥有双面卸货平台及广阔的卸货区域,30 米长集装箱货车能顺利进入。项目二期包括已建的双层综合办公楼和拟建的单层高标物流仓库。双层综合楼总面积为 1512 平方米。可为租户提供全面的办公、住宿、餐饮等配套服务。拟建的单层高标物流仓库,面积为 10000 平方米,可满足租客的定建需求。一期高标库及二期综合楼于 2013 年初竣工。太仓物流园按照国际标准建造而成,仓库净层高达 10.5 米,地面承重 4 吨/平方米。管理团队拥有超 10 年的物流园营运经验,能熟练运用英语、日语等多种语言为不同国家的跨国企业提供完善的管理服务。

3. 园区优势

太仓物流园区始终保持良好发展态势,以内河航运为依托,长三角经济带为腹地,太仓港物流基地为核心,充分发挥太仓港的港口优势和综合保税区的功能优势。2019 年上半年,太仓港实现集装箱吞吐量 257.29 万标箱,货物吞吐量 1.1 亿吨。全港航线总数增至 208 条,基本覆盖近洋、沿海及长江主要港口。根据英国《劳氏日报》发布的 2019 年全球 100 大集装箱港口榜单,太仓港跃居全球百强集装箱港口第 30 位。

4. 规划与远景

太仓物流园区今后将以内河航运为依托,以长三角地区为腹地,加速"三思三转三提升",即强化互联网、供应链以及全球化思维,推动传统物流向智慧物流转变、出口导向向进口内销转变、物流周转向价值创造转变,不断促进产业链、物流链以及供应链的提升,建设全国知名、世界上有影响力的物流枢纽。

三、苏州中鲈国际物流科技园

1. 园区概况

中鲈国际智能物流科技园位于江苏吴江平望镇,成立于2013年7月,是苏州市现代服务业集聚区,总体规划面积14.1平方公里,其中,核心区4平方公里。园区融入苏州,接轨上海,以发展物流为手段,通过有针对性招商、选商,吸引了普洛斯等多家行业领先的物流企业入驻,目前已有纳地股份、诚骏科技、格朗富多家新三板公司,拥有红双喜、爱慕、代尔塔等国内外知名品牌,还汇聚了奔驰、雷克萨斯等13个品牌19家汽车4S店。据统计,园区核心区内现有实体企业48家,占地1663亩,2016年实现营收25.43亿元,税收1.13亿元。

2. 园区定位

集中区由同济大学规划设计院设计,规划总面积为14.2平方公里。集中区规划设计起点高,以"加快推进城市化战略,创造生态型的科技工业"为指导思想,以工业企业为主,以水系和绿化空间为轴,将现代的设计理念融入其中。

3. 园区优势

中鲈科技园区位优势明显,位于沪渝高速平望出口处,东距上海95公里,西距湖州55公里,南距嘉兴30公里,北距苏州35公里。318国道、227省道、苏嘉杭高速、沪苏浙高速、盛泽—浙高速、盛泽—盛泽快速干道在镇区汇合贯通,京杭大运河、长湖申线、太浦河在镇郊交叉流过,有效地连结长江三角洲。

4. 规划与远景

中鲈国际物流科技园下阶段将着力发展国际商贸、现代物流、销售中心、采购中心、区域总部、国际中转站等商贸流通经济,加快普洛斯等大型物流项目建设步伐,鼓励企业发挥自身行业优势开展"二次招商",吸引更多的电商、冷链等高端物流、云商企业落户中鲈科技园,提升和完善现代物流板块功能,助推中鲈科技园向更高水平的现代电商物流园区迈进。同时,还将结合胜墩古村落悠久的人文历史,着力打造"园中村"现代商务休闲产业。

四、南通洋口港现代物流产业园

1. 园区概况

洋口港现代物流产业园成立于2006年2月。洋口港现代物流园区依托洋口运河、通洋高速、扬启高速、海洋铁路及临海高等级公路等完善的集疏运体系,形成公、铁、水贯通的综合联运体系,打造以配送、仓储、运输、管理、服务为一体的综合物流基地,为洋口港承接长三角地区资源流动构筑新的发展平台。

2. 园区定位

洋口港现代物流产业园目前主要有两大区块:一是阳光岛LNG接收站和液化品仓储区;二是

港区配套物流区,主要有保税物流中心、建筑新材料仓储区和 LNG 配送中心,总面积达 3000 亩。目前,洋口港现代物流产业园是省重点物流基地和南通市现代服务业集聚示范区。

3. 园区优势

公路运输已经形成,通洋高速(S19)、扬启高速(S28)、临海高等级公路(G328)穿境而过,苏通大桥、崇启大桥以及建设中的沪通铁路长江大桥,使得洋口港融入上海、苏南的一个半小时经济圈中。

铁路运输基础夯实,连接洋口港和新长铁路海安编组站的洋口港专线铁路海洋铁路已建成。其中,北渔货运站位于洋口港经济开发区内,可以满足区内项目使用需求;三洋铁路、沪通铁路加快建设,连接洋口港至吕四港的洋吕铁路于 2020 年开工;北沿江高铁、通如城际铁路等项目前期工作进一步深化,洋口港更加便利地接入全国铁路网。

航空方面,上海浦东国际机场、上海虹桥国际机场、无锡硕放国际机场、南通兴东国际机场以及规划中的南通新机场均位于洋口港 1.5 小时车程内。

水路运输方面,洋口港 15 万吨级航道工程通过质量鉴定和交工验收,实现了全球最大的 LNG 船舶全潮单向通航。按照一级河道、五级航道标准建设的洋口运河已经建成贯通,三级疏港航道已经列入规划,可实现江海联运,水水中转。

4. 规划与远景

该物流产业园被认定为省级生产性服务集聚示范区后,将按照"提升规划引导作用、提升集聚集约示范水平、提升公共服务能力、提升综合管理水平"的要求,进一步打造"科技孵化器、产业加速器、金融助推器、开放转型的连通器、探测器和扬声器",切实发挥生产性服务业集聚示范作用,助力洋口港产业港、LNG 能源岛建设。

五、运河宿迁港产业园现代物流聚集区

1. 园区概况

运河宿迁港产业园于 2013 年 10 月挂牌成立。运河宿迁港产业园北起粮食物流园南侧,西至古黄河,东至京杭运河,南与洋河新区接壤,规划面积 49.1 平方公里。

2. 园区定位

规划核心区面积 21.1 平方公里,重点发展现代物流、绿色建材和临港工业。港口二期于 2016 年底建成运营,公共智能仓储区、传化公路港等一批重点项目于 2018 年建成并投入运营,开通太仓、上海、连云港等多个航线。目前,港口集装箱年吞吐量已突破 5 万标箱,预计年底可达 6 万标箱,货物周转量 1000 万吨。

3. 园区优势

园区立足毗邻运河、铁路的区位优势,致力于打造公路、水路、铁路多式联运枢纽,是市物流业发展规划"一核五区多节点"产业布局中的唯一核心区。经过几年的建设发展,园区配套基础设施越来越完善,服务功能越来越健全,一大批物流企业陆续进驻园区,集聚效应逐渐凸显。截至 2019 年年底,园区已入驻物流企业 50 余家,其中,3A 级物流企业 5 家,规模以上物流企业 9 家。园区先后被评为"省级示范物流园区""中国物流学会产学研基地""省重点物流基地""2019 年度全国优

秀物流园区""省级生产性服务业集聚示范区"等荣誉称号。

4. 规划与远景

产业园按照"中心港区、物流枢纽、产业高地"的发展定位和"中心城市新的增长极、协调发展新的示范区"的发展目标,实现港口、物流、产业、城市四位一体联动发展,努力将产业园打造为内河港、公路港、铁路港、信息港"四港合一"的综合物流枢纽,打造宿迁新的临港产业高地与仓储物流中心。

关于加快运河宿迁港产业园物流业发展的实施办法

为培育壮大运河宿迁港港口物流产业,打造内河航运枢纽,根据省政府《关于加快长江等内河水运发展的实施意见》(苏政发〔2011〕161 号)、市政府《关于加快现代物流业发展的意见》(宿政发〔2012〕67 号)精神,结合我区实际,制定如下实施办法。

一、鼓励企业利用产业园物流资源加快发展

1. 对在运河宿迁港进行装卸的货主企业进行补贴,装卸费每吨补贴 1 元,按季度进行结算;对在港口年货物周转量在 10—20 万吨的企业每年一次性补贴 10 万元,年货物周转量在 20—50 万吨的企业每年一次性补贴 20 万元,年货物周转量 50 万吨以上的企业每年一次性补贴 30 万元;对企业使用港口堆场面积超过 1 万平方米的,堆场租赁费补贴 50%;支持宿迁市港口发展有限公司加快港口运营,以上补贴由该公司执行。

2. 对生产型企业、商贸流通型企业、配送加工企业和物流分拨企业租赁产业园仓储区仓库面积达到 3000 平方米以上的,对前三年租金补贴 50%;对一次性购买仓库面积达到 5000 平方米以上的,按相应购买面积的三年租金总额给予补贴,用于冲抵部分购买费用。

3. 对在运河宿迁港首次开辟的集装箱航线,稳定运行 1 年以上、且平均每周不少于 2 航次的,每年给予 100 万元补贴。

4. 对在产业园注册的货运代理公司,年代理运河宿迁港集装箱业务量超过 1000 标箱的,超出部分每标箱补贴 20 元;超过 3000 标箱的,超出部分每标箱补贴 30 元;超过 5000 标箱的,超出部分每标箱补贴 50 元。

二、鼓励物流企业做大做强

5. 对落户产业园年度新建注册资本 2000 万元以上的现代物流企业,按年度实际完成的固定资产投资额(不含物流设备)给予奖励。当年固定资产投资额在 2000 万元—5000 万元之间的企业,按其投资额 3% 一次性给予奖励;固定资产投资额在 5000 万元—1 亿元之间的企业,按其投资额 4% 一次性给予奖励;固定资产投资额在 1 亿元以上企业,一次性奖励 500 万元。

6. 支持物流企业购置先进物流专用设备,当年设备投资在 500 万元以上的,按其实际设备投资额的 6% 给予补助,单个项目最高补助不超过 200 万元;对新建的物流信息化技术项目(自动识别技术、数据挖掘技术、人工智能技术、gis 技术、rfid 无线射频识别技术等)按其当年实际投资总额的 6% 给予补助,合计最高不超过 200 万元。

7. 对产业园内获得国家、省认定的示范物流园区(基地)、国家 3a 级以上(含 3a)的物流企业,一次性给予 50 万元奖励。

8. 鼓励物流快递企业入驻产业园,对新入驻产业园的市级快递分拨中心稳定运营一年以上的,一次性奖励 50 万元;对新入驻产业园的区域性分拨中心稳定运营一年以上的,一次性奖励 100 万元。

三、鼓励物流企业落户运河宿迁港产业园

9. 根据财税部门确定的产业园内的物流企业年度财税贡献额,年终一次性给予奖励。

10. 对符合我市现代物流业发展规划并落户运河宿迁港产业园的重点物流园区和物流配送中心项目,在确定土地出让价格时,可比照所在地土地相对应的工业用地出让最低价指导标准执行。

11. 产业园内的物流企业符合"宿企贷"条件的将优先安排信贷支持。

12. 支持新建物流企业以融资方式进行设备投资,设备租赁费用在 10 万元以上的,给予融资租赁费用的 20% 补助,年度不超过 50 万元。

四、其他事项

13. 对于投资规模大、具有引领作用的重点物流产业项目,在相关扶持方面采取"一事一议"的方式确定。

14. 本办法中涉及的直接奖励部分,由企业提供相应证明材料,报运河宿迁港产业园进行汇总,按程序评审、公示、兑现;已享受过区级以上的政策奖励,差额部分由产业园补足。

15. 本办法自发布之日起施行,有效期暂定为三年。

16. 本办法由运河宿迁港产业园管委会负责解释。

六、沭阳百盟物流产业园

1. 园区概况

沭阳县(百盟)物流产业园位于全国花木之乡——江苏沭阳,由江苏百盟投资有限公司投资兴建。该公司成立于 2011 年 8 月,隶属于湖北百盟投资集团。

2. 园区定位

沭阳县(百盟)物流产业园总投资 8.6 亿元,总规划占地面积 605 亩。其中,一期规划占地面积 264 亩,一期总建筑面积为 130152 平方米,投资共计 2.6 亿元。沭阳百盟物流园核心区面积 59.66 公顷。园区重点发展智慧公路物流、区域分拨分销、城乡共同配送、电商快递物流,打造智慧物流港和电商物流中心。目前,园区入驻企业超 280 家,其中,物流企业 75 家、快递企业 5 家、公路专线企业数 60 家,已建设公路港、建材商贸物流、快递物流小镇、汽车检测中心等项目。

3. 园区优势

江苏百盟投资有限公司凭借精准的市场定位和前瞻性的战略决策,历经八年的创业成长与稳步发展,在沭阳成功投资运营了沭阳百盟物流产业园、百盟建材城、百盟城东物流园、百盟汽贸城、百盟快递物流小镇一期、百盟车辆检测中心等项目,并先后荣获"国家 AAAAA 级物流企业""苏北绿色物流基地""江苏省重点物流基地""江苏省重点物流企业""江苏省省级货运枢纽站场项目""2017 年中国城市物流示范园区""沭阳县全民创业孵化基地""沭阳县青年创业孵化器",通过国家 ISO9001"物流园区运营管理服务"质量管理体系认证。依托沭阳便利的交通网络,开拓思路,精耕项目,让各个项目互联、互衬、互依、互托,形成一个产业健全的大型商贸物流产业链,把沭阳 10.47

平方公里物流产业园打造成为苏北乃至华东区域最大的商贸物流产业基地,辐射全国物流产业经济圈。

4. 规划与远景

该物流园秉承公路港物流平台模式,是一个以物流信息交换为中心,公路运输为主,公、铁、水等多式联运的现代化物流枢纽,未来将形成一座集仓储物流、运输配送、装卸搬运、分拣加工、信息交换、物流设计、商品销售、车辆维修、加油加气和餐饮住宿等服务功能为一体的现代化物流基地。

七、扬州环保科技产业园

1. 园区概况

扬州环保科技产业园区是国家循环经济标准化试点示范项目、国家循环经济标准化试点园区,位于扬州市邗江区杨庙镇,地处扬州西郊,区域面积30.9平方公里,属于蜀岗古陆支脉的丘陵地带。园区总规划范围包含杨庙镇北部赵庄、双庙、花瓶三个行政村。园内"五纵四横"的道路框架已经形成,现有22万伏变电所一座,污水管网配套到位,给排水均由扬州市区统一供水和集中处理。

2. 园区定位

坚持环保科技产业园绿色化、高质量发展转向,牢固树立生态文明理念,立足当前、着眼长远,以服务扬州市为宗旨,探索建立环保科技产业园与扬州高新区、周边各类开发园区或二业集中区现有产业与静脉产业的互动、互补机制,形成区域产业共生体系,提升全扬州市的资源、能源再生利用水平;进一步推进静脉产业、节能环保产业以及循环经济型产业纵向延伸与横向耦合,推动产业升级、优化产业结构、扩大产业规模、提高产业技术水平和竞争力,提高产业园区产业资源能源利用水平和高新技术产业的占比;集约与节约用地资源、科学配置生产空间、生态空间和生活空间;以企业为主体、以市场为导向、以工程为依托,完善开发与招商政策机制,培育规范市场,加快形成与园区适应性管理机制。

3. 园区优势

园区引进全国生态环保领域龙头企业天津泰达股份有限公司,中国领先的综合废物处理方案和环保基础建设服务供应商首创环境控股有限公司等投资的垃圾处理处置项目,采用国际先进、国内领先的工艺技术,形成了年可回收生活垃圾60万吨、餐厨废弃物3.65万吨的处理观模,并通过垃圾焚烧发电、沼气发电实现二次能源的清洁生产,与扬州市绿色发展、循环发展、低碳发展的环境诉求紧密对接。此外,园区在建的废钢铁、废有色金属、废塑料、废橡胶等再生资源分拣中心,将大大减少扬州市在用废领域的一次能源(水、煤)和二次能源(电)消耗,提升"城市矿产"示范基地的节能减排成效。

打造扬州乃至华东地区资源循环利用基地。目前,园区以扬州市城市废弃物无害化、资源化、循环化为主线,通过发挥项目间的协同效应,加强园区环保产业体系功能。

形成全方位的绿色化基础设施。园区的路网架构形成了"五纵四横"的交通格局,环科园向东和向南均直接高速出入口,企业对外联系的便捷性得到增强,园区的给排水、供配电、燃气、通讯等基础设施建设也较为完善,园区内的环保设施配备齐全。污水集中处理率达100%,园区已建成标准化厂房、宿舍楼、绿化、亮化、道路等配套设施,成立了综合管理、餐饮、物业、超市、住宿等一体化的创业服务公司,优化园区软环境配套能力,基本成为扬州市环境友好、生态安全的新型城市功能区。

系统布局发展资源循环利用产业。截至 2017 年底,园区已经集聚了 76 家企业,初步构建了"生活垃圾处理与综合利用""餐厨垃圾处理与综合利用"等循环经济产业链条。园区立足环保科技产业园的特点与优势,坚持绿色招商,以产业分工明确和资源集约节约为原则,统筹考虑与市级县级总体规划的衔接性,以及与周边地区的配套协作性,设定产业发展方向和布局。

初步打造形成优美宜居的生态环境。园区充分考虑对重要生态要素和生态敏感地区的保护,建设了以水系、道路等要素为依托的产业功能区间绿化隔离带,完善构建生态网络,整体提升园区的生态环境和生态承载能力。

4. 规划与远景

规划用地 3.51 平方公里,远景规划 11.82 平方公里,园区逐步形成"一三五七"发展格局。"一个中心",建立扬州环保科技产业园技术研发中心;"三大基地",拓展环保新技术成果转化基地、静脉产业长三角流通交易基地与环保产业高新技术孵化与加速基地;"五大片区",以团结水库为中心,建立起产业功能区、市场交易区、物流仓储区、无害化处理区、生态示范区及科研服务区;"七大产业链系统",打造固体废弃物处理、处置产业链体系,液体废弃物处理、处置产业链体系,报废汽车拆解加工产业链体系,电子废弃物拆解加工与稀有金属回收利用产业链体系,废旧机电产品拆解加工产业链体系,高分子材料再生利用产业链体系,环保设备制造等产业链体系,努力把扬州环保科技产业园建设成为国际先进、国内领先的高环保标准、高技术水准的环保产业基地。

八、如皋花木大世界

1. 园区概况

如皋花木大世界创建于 2002 年 9 月,设有商贸、盆景、苗木、大树、综合五大功能区,是一个集花木种植交易、科研培训、园林设计施工、旅游观光、电子信息服务于一体的大型综合花木交易市场。开业以来,先后获得全国农业旅游示范点,江苏省农业产业化优秀龙头企业、江苏省重点农产品批发市场、江苏省农业科技型企业、江苏省文明市场等荣誉称号。

2. 园区定位

项目一期投资 8 亿元,占地 700 亩,以国家 4A 风景区为规划标准,风格典雅、规划合理,设有花木交易区、园艺资材区、商业服务区三大核心区域。其中,花木交易区 430 亩,划分为盆景区、苗木区、大树区、景石花盆区、南方植物批发区五大区域 900 多个摊位,每个摊位备有一处 30 平方米办公休息场所,方便业主生产、经营;园艺资材区 160 亩,共 200 多套风格不一的店铺,每个店铺约 300 平方米,主要经营园艺资材类产品;商业服务区 100 亩,以综合大厦为主要建筑群,为业主提供检疫、开票、融资、培训、供求信息发布等服务。

项目二期投资 15 亿元,占地 300 亩,初步规划为会展中心和总部经济。其中,会展中心约 180 亩,将以园艺类的展览为主,成为全国第一个园艺类的专业会展中心;总部经济约 120 亩,为全国花木专家、研究所及园林工程公司集中办公提供优美、舒适的环境。

3.园区优势

花木大世界网为如皋花木大世界官方网站,花木大世界网致力于打造国内一流花卉苗木供应购销与资讯服务平台。平台依托如皋成熟的花木产业市场,为国内外园林绿化企业提供专业的资讯和商业服务,优化园林绿化行业原有的商业模式,至2015年12月,花木大世界网已成长为业界最具影响力的园林绿化电子商务平台。花木大世界网先后获得"江苏省农业电子商务示范单位""全国知名电商"等荣誉称号。

4.规划与远景

"创建一流交易平台,展示国际高端产品"是中国·如皋国际园艺城的奋斗目标,新建市场不仅增加了物流运输、科研培训、电子商务、生态旅游等功能,而且力邀国际国内知名花木生产企业和园林工程公司入驻,提升市场产品档次,强化市场引领作用,为生态建设、城乡一体化发展、美丽新农村建设提供优质、便捷的服务。带动如皋全市的花木交易额在十年内超千亿元,辐射全国所有省市,带动农户25万户,提供10万个就业岗位,奠定如皋全国花木之乡的龙头地位,力争两年内成为国家级农业龙头企业、三至五年上市。

九、大禹山创意新社区

1.园区定位

大禹山创意新社区环抱绿色生态的大禹山,西起规划中的凌家湾路,东至谷阳北路,镇江新闻,北起禹山北路,南至宗泽路,面积约2.3平方公里。创意新社区毗邻江苏大学、江苏科技大学和镇江高专,科研资源十分丰富;新社区距市中心仅有五六分钟车程,再加上区内交通四通八达,地理位置十分优越。

2010年2月,京口区邀请苏州大学专家团队,对大禹山创意新社区进行详细的规划设计。当年10月,设计工作完成后,京口即全力启动由象山街道具体负责实施的新社区建设。截至目前,项目投入已达3000余万元。新社区既是京口区全力打造的高新技术产业研发园区,也是镇江市重点规划建设的特色文化产业园区。

2.园区定位

大禹山深耕电子商务产业,始终以服务现代市场体系建设为出发点,以促进电子商务健康快速发展为核心,建成了具有较强集聚效应、规模效应的电子商务示范基地,形成了完善的电子商务交易服务、支撑服务和衍生服务体系,打造了良好的电子商务产业生态和政策环境,有效促进了园区产业转型升级。

3.园区优势

具有战略意义的龙头项目——江苏(京口)航空信息产业园在大禹山创意新社区正式运营。首家落户产业园的江苏锐天信息科技有限公司,主要产品是航空软件。随后,上海航空测控技术研究所等一批单位也将陆续落户航空信息产业园。江苏锐天也承诺,镇江新闻,在自身企业做大做强的基础上,每年招引5至8家关联企业入驻园区。力争通过三至五年努力,集聚50家国内外航空信息化专业企业、两至三家院士工作站、1.5万名航空信息产业研发人才,使产业园发展成为全国一流的航空信息产业园。

除了全力打造江苏（京口）航空信息产业园外，大禹山创意新社区还以科技为先导，通过加大资金投入、加快技术改造、加速产品更新等措施，着力开展园区内现有企业的转型升级工作。园区内现有企业 37 家，目前已有四家企业的转型升级接近尾声，10 多家企业的转型升级正在进行之中。

4. 远景与规划

京口区计划用三年时间，将大禹山创意新社区建设成为使用面积约 1100 亩，以高新技术产业研发为主导，集产业孵化、软件开发、文化创意、商务办公、总部经济为一体的现代化科技型新园区。

园区计划用两年时间完成企业的转型升级。大禹山创意新社区建设一年成势、三年成形、五年成心，重点引进服务外包、创意设计、信息软件等项目，成为全区科技创新、大学生创业和财税增长的密集区域。

十、南京江北新区智能制造产业园

1. 园区概况

南京智能制造产业园成立于 2016 年 7 月，规划面积 14.16 平方公里，园区位于南京江北新区核心区。内外交通发达，长江黄金水道和京沪铁路大动脉在此交汇，连南接北，通江达海，水路、铁路、公路、地下综合管廊等综合交通运输体系完善。现有企业 1300 余家，高新技术企业 106 家，规上企业 98 家，2018 年税收、产值、投资三大主要经济指标均达到了 20% 的增长，其中，纳税总额达到 26.13 亿元，同比增长 22%；一般预算收入达 13.8 亿元，同比增长 20.4%；规模以上工业总产值 531.3 亿元，同比增长 23.8%；固定资产投资 57.6 亿元，同比增长 19.6%。2018 年园区智能制造和高端装备制造业产业收入增速达 28%。园区以不到新区直管区 2% 的面积实现了 16% 的产出。

2. 园区定位

南京江北新区智能制造产业园牢牢把握江北新区"三区一平台"战略定位，全面对接"两城一中心"建设目标，以既有战略性新兴产业为基础，着力构建"1＋1＋X"的产业发展体系，即以智能装备制造和智能创新服务为主导产业方向。围绕具有重大产业变革前景的颠覆性技术及其新产品、新业态，布局人工智能行业应用解决方案及相关产品、未来网络、工业 4.0、无人驾驶等一批未来产业。其中，智能装备制造重点打造"先进交通装备""智能制造装备""集成电路及专用装备"三大集群；智能创新服务业以发展智能制造解决方案、人工智能芯片设计和卫星应用服务以及科技创新服务业为主。

3. 园区优势

南京江北新区智能制造产业园与周边的生物医药谷、产业技术研创园、软件园、卫星应用产业园、集成电路产业基地（台积电、清华紫光）、新材料产业基地（南京化学工业园区）等互为依托，良性融合互动，已经形成了以智能制造、智能设计、智能物流为主的成熟的大智能制造产业集群。

南京江北新区智能制造产业园"十三五"期间，积极筹划构建轨道交通装备科研公共服务平台、新能源汽车公共服务平台、智能制造公共服务平台、工业设计公共服务平台和中德智能制造直通车五大服务园区并辐射华东地区的科技创新平台。与此同时，江北新区中德智能制造研究所（德国弗劳恩霍夫 IPK 研究所）、"生命可持续研发中心"（联合美国劳伦斯伯克利实验室组建）、剑桥大学中国（南京)科创中心(与英国剑桥大学筹建)、欧洲(南京)创意设计中心、省产业技术研究院、南大高性能计算中心、东大集成电路产业服务中心、南京信息工程大学气象产业园等高端创新平台的落户,联合江北11所高校联盟的成立,使得园区的协同创新能力得到极大提升、科创支撑优势得到显著提升。

4. 规划与远景

南京江北新区智能制造产业园将积极探索江北新区国家产业科技创新中心和国家智能制造新区建设的新思路和新路线,努力成为全市高端装备制造业和智能制造发展的先导区。

南京江北新区智能制造产业园产业定位与优势

一、产业定位

1. 先进轨道交通装备

以动车组、城轨列车、地铁列车、低地板有轨电车等产品为主要发展方向,重点发展列车系统总成、车体、转向架、牵引传动系统、列控系统、门系统、制动系统等细分产业,及其零部件和实验装置的研发、设计、制造、销售、修理、租赁及技术咨询、试验检测和技术服务。依托中车集团浦镇车辆有限公司,加速园区先进轨道交通产业集聚和智能制造水平提升,积极构建国家乃至全球先进轨道交通装备产业基地。

2. 节能与新能源汽车

重点发展纯电动和混合动力新能源乘用车;重点突破动力电池、驱动电机、电控系统、电动转向、电动制动等电动附件等关键零部件核心技术;设立新能源汽车区域性公共科技服务平台。依托南汽集团及其母公司上汽集团,进一步完善园区节能和新能源汽车产业布局,强化技术创新,完善产业链,积极构建全省乃至全国领先的节能和新能源汽车产业聚集区。

3. 智能制造和人工智能

机器人:聚焦弧焊机器人、全自主编程智能工业机器人、人机协作机器人、双臂机器人、重载AGV、智能型公共服务机器人等机器人应用领域产品和及关键零部件产品。

智能物流与仓储装备:高速智能分拣机;智能多层穿梭车;高速托盘输送机;高参数自动化立体仓库;高速大容量输送与分拣成套装备、车间物流智能化成套装备。

集成电路制造装备:重点开发焊接、固化、封装、测试等成套设备。依托台积电、清华紫光以及江北新区集成电路产业基地,完善产业布局,强化技术创新,积极构建集成电路产业发展的高地。

人工智能(AI)芯片设计和产品开发:重点引入人工智能领域基础芯片、语音和语义识别、计算机视觉等产品的设计和生产制造企业。

人工智能(AI)行业解决方案:重点引入人工智能行业解决方案和相应产品的提供者,包括AI+工业、AI+仓储物流、AI+安防、智慧城市等不同应用的产品或解决该方案。

4. 智能制造解决方案

大力发展三类智能制造解决方案服务企业、机构,一是既自有智能制造核心硬件、软件等产业支撑,又具备建设智能制造工厂、数字化车间、智能化物流等规划能力、设计能力和建设能力的综合性系统方案解决者;二是具备建设智能制造工厂、数字化车间、智能化物流的规划能力、设计能力和建设能力的系统方案解决者;三是具备建设智能制造工厂、数字化车间、智能化物流的规划能力和设计能力的系统方案解决者。

二、产业优势

1. 智能制造产业集群优势明显

南京江北新区智能制造产业园与周边的生物医药谷、产业技术研创园、软件园、卫星应用产业园、集成电路产业基地(台积电、清华紫光)、新材料产业基地(南京化学工业园区)等互为依托,良性融合互动,已经形成了以智能制造、智能设计、智能物流为主的成熟的大智能制造产业集群。

2. 智能制造协同创新优势明显

南京江北新区智能制造产业园"十三五"期间,积极筹划构建轨道交通装备科研公共服务平台、新能源汽车公共服务平台、智能制造公共服务平台、工业设计公共服务平台和中德智能制造直通车五大服务园区并辐射华东地区的科技创新平台。与此同时,江北新区中德智能制造研究所(德国弗劳恩霍夫 IPK 研究所)、"生命可持续研发中心"(联合美国劳伦斯伯克利实验室组建)、剑桥大学中国(南京)科创中心(与英国剑桥大学筹建)、欧洲(南京)创意设计中心、省产业技术研究院、南大高性能计算中心、东大集成电路产业服务中心、南京信息工程大学气象产业园等高端创新平台的落户,联合江北 11 所高校联盟的成立,使得园区的协同创新能力得到极大提升、科创支撑优势得到显著提升。

3. 创新创业生态发展优势明显

南京江北新区不断优化创新创业环境,制定自主创新先导区建设实施方案,出台含金量高、针对性强的创新创业"十条政策",不断加大体制机制创新力度,积极拓展对外开放领域,全力激发新区发展活力;与省政府投资基金共同出资 20 亿元,成立省市共建江北新区发展基金;设立新区星景健康产业基金 18 亿元;设立智能制造产业基金 10 亿元;南京江北新区知识产权法庭,新区仲裁院完成挂牌。江北新区一系列的优化创新创业生态的举措,为园区的创新创业发展提供了强有力的支撑。

十一、江苏中关村科技产业园

1. 园区概况

江苏中关村科技产业园,成立于 2012 年 3 月,是常州市政府与北京中关村开展体制创新与区域合作的成果,也是中关村在北京市外设立的第一个科技产业园区。园区已被江苏省政府明确为省级高新技术开发区,并将优先申报国家级高新区。产业园地处苏、浙、皖三省交界,长三角几何中心,位于溧阳市天目湖畔,规划面积约 40.6 平方公里,远期规划面积 80.9 平方公里。

2. 园区定位

结合区域特色和产业基础,形成了输变电、高端装备制造、机械冶金等支柱产业,培育了新能源、新能源汽车、生物医药等新兴产业,倾力打造"五园一区",即高端装备及通用航空产业园、健康产业园、电子信息产业园、绿色能源产业园、软件产业园以及研发机构集聚区。保税仓库、加速器、孵化器以及科创基地等陆续投入运营,设立了上海交大节能减排研究院、时创新能源研究院等产学研平台,临近南京、常州大学城,有多家高级技术学校。

3. 园区优势

多年来,开发区依托丰厚的文化底蕴、强劲的工业基础、繁荣的商业环境、优质的企业服务吸引着国际、国内众多知名企业和创业者在此投资兴业,国民经济和社会各项事业蓬勃发展,综合实力连年跨上新台阶。现有各类企业 2300 余家,工业企业 1000 多家。开发区产业特色明显,设有机械装备产业园、新能源新材料产业园、生物医药产业园等专业园区。江苏中关村科技产业园利用邻近的南京、常州多所高校的优势,充分建立了合作关系,采用订单式人才培养模式,保障企业较高层次人才需求。大力实施常州"龙城英才计划",着力引进和培育领军型创新、创业团队。

4. 规划与远景

在区域规划方面,整个园区位于溧阳主城区西部及南部,依托溧阳南部天目湖优质资源打造一个特色中心,南区 RBD,为产业区提供生产型服务功能;利用西郊森林公园打造绿色中心,成为园区"绿肺";并在电子信息产业园东侧,发展濑江片区中心,在南部产业区发展产业片区服务中心,打造了两个片区中心。园区总面积约为 40.6 平方公里。按功能区域划分,将产业园划分为"五园、一区"。

(1) 健康产业园

规划面积 4.8 平方公里。集"两个基地"——成品药生产基地、医疗器械生产基地,"两个中心"——医药研创中心、医药物流中心为一体的现代化综合性健康产业园。

(2) 绿色能源产业园

规划面积 4.3 平方公里。重点发展高效电池及组件、并网系统集成、生产和检测设备及动力电池、储能电池、新能源汽车、LED 等相关项目,构建国内一流的储能材料及动力电池矿发及产业化基地。

(3) 高端装备及通用航空产业园

规划面积 6.6 平方公里。重点打造数字化、柔性化、智能化高端装备制造业集聚区和通用航空装备集聚区,建成全国有影响的工程机械、农业机械、粮食机械及其核心零配件的重要生产基地。

(4) 电子信息产业园

规划面积 6.5 平方公里。打造数字视听、遥感与空间信息技术、汽车电子、移动互联等产业化示范基地,形成华东一流的集生产、研发、交易为一体的电子信息产业集聚区。

(5) 软件产业园

规划面积 8.4 平方公里。利用北京中关村产业园的科技和人才优势,构建以"软件和服务外包"为主,商业配套齐全的软件产业基地。

(6) 研发机构集聚区

规划面积 10 平方公里。建设研发创新服务平台,鼓励加大研发投入,引进培育一批独立的科技研发机构,打造一批为主导产业、特色产业服务且科技实力强的科研机构、研发中心。

十二、常熟科创园

1. 园区概况

常熟科创园是由常熟市人民政府于 2009 年 5 月批准设立,常熟经济技术开发区投资建设,为高科技企业和高层次人才创新创业提供优质服务和优良环境的科技园区。园区位于常熟市正在建设中的滨江新城核心区内,紧邻长江,总占地面积 1 平方公里,首期规划建筑面积 40 万平方米,分设创业、创新、创意、公共服务等多个功能板块,是常熟加速科技创新、培育自主知识产权的主要载体。目前,园区已拥有留学人员创业园、高新技术创业服务中心以及区域性博士后科研工作站等三个江苏省创业创新平台。

2. 园区定位

园区充分利用国家、省、市有关优惠政策,依托开发区坚实的产业基础,提供优越的扶持条件,重点引进装备制造、医疗器械、光电信息、节能环保、汽车等领域的研发机构、中试基地、人才创业项目以及公共技术服务平台,使之成为吸收国内外先进科技、吸引海内外高层次人才的创业创新载体,最终打造成为江苏沿江地区又一国家级科技园区。

3. 园区优势

该园区所在城市常熟位于江苏省东南部,地处长三角经济中心带,紧邻上海、苏州、无锡等大中城市。常熟是一座3000多年历史的国家历史文化名城,自古崇文尚教,名人辈出;境内地势力平缓,气候温和,素有"江南福地"美称;是一座具有山水城相映、传统文化和现代文明兼具、极宜人居的环境优美城市。

科创园位于国家级常熟经济技术开发区滨江新城核心区,紧靠长江南岸景观带,内设科技生态园,滨江体育公园、大桥公园近在咫尺,常熟港和世界第一桥——苏通长江大桥交相辉映,得天独厚的生态环境,为创业、创新和创意提供了无尽遐思和不竭动力。

4. 规划与远景

下一阶段,常熟经济技术开发区将依托濒江临港的交通区位优势,充分吸引了外商投资,形成了特殊钢铁、高档造纸、精细化工、电力能源、生物医药等产业群体,以先进装备制造、汽车及汽车零部件、新能源、现代物流以及创新创意为代表的一批重点扶持新兴产业得到了迅速提升,为入驻园区的高科技项目研究、开发和产业化生产提供了坚实的产业基础。

十三、崇川科技园

1. 园区概况

诞生于2006年9月的南通市崇川科技创业服务中心,与崇川科技园为两块牌子、一套班子,是崇川区人民政府直属的、非营利性的社会公益性科技事业服务机构,也是国家科技部批准的国家级高新技术创业服务中心。公司位于南通市主城区的南端,处于"五区"即南通新城、狼山风景区、狼山港区、经济开发区和南通大学新校区之间,坐落于风景旖旎、历史悠久的"佛教八小名山之首"——狼山的脚下。园区规划面积422.8公顷,目前已启动和即将启动面积50公顷,如今已拥有清之华园、数字大厦、智慧谷、聚智谷、战略性新兴产业园和服务配套载体20万平方米,以及聚贤公寓、服务外包大厦、总部经济产业园等在建、在手项目30万平方米。这些载体,已成为崇川发展科技型中小企业的最佳平台,正成为创业、创新企业快速成长的理想天地。

2. 园区定位

始终秉承"科技先导、产业跨越、人才集聚、贡献社会"之理念,坚持以转型升级为目标,以培养高新技术企业为宗旨,以催生新兴产业为己任,全力打造新兴产业先行区、科技创新示范区、现代服务业集聚区。

3. 园区优势

南通市崇川区是南通市的政治、文化、经济中心,集中拥有南通市最繁华的商务区域及最重要的金融、商贸、娱乐等服务业中枢。发展服务外包产业的各项要素最为齐全,是苏中、苏北地区首批省级国际外包示范区。全区现有服务外包企业100多家,涵盖数据处理、软件开发、动漫设计、船舶配套等高科技行业。2009年,全球服务外包巨头企业安客诚公司成功落户崇川科技园并开始试运营,谷歌正式启动江北呼叫中心项目正式启动,这些知名企业的加盟充分显示了崇川发展服务外包产业的优势。

4. 规划与远景

崇川科技园将建立电子信息、机电一体、精密仪器、绿色产业和南通大学创业楼等五大创业主题。充分利用商务中心、信息查询、科技超市及后勤保障等共享服务体系,提供风险投资、创业担保、法律、财会、政策咨询、专业培训等服务。抓住国际服务外包转移的发展机遇,从经费投入、自主创新、载体建设、科技成长转化、人才引进、营造环境等六大方面提供相关的支持和奖励政策,为服务外包企业的发展提供"低成本、零负担"的政策环境,把崇川建设成为长三角重要的服务外包基地。

十四、连云港现代科技服务产业园

1. 园区概况

连云港现代科技服务业产业园是全市第一家以科技服务业为产业的省级现代生产性服务业集聚区。位于连云港市国家级高新技术产业开发区核心地带,G25长深高速苍梧出口南北两侧,在风景秀美的花果山脚下,紧邻市行政中心,周边9所高校、1个科研院所和3个高校研究院,区位优越,交通便捷,配套完善。总占地面积3.01平方公里,四周边界清晰。东至郁林南路,南至苍梧路,北至景湖路—屏竹路—金辉路,西至科苑路。规划建筑面积68万平方米,总投资55亿元,建设5栋研发办公楼、公共服务中心、云计算中心、科技馆、3栋商务办公楼和10栋人才公寓住宅。

2. 园区定位

连云港现代科技服务产业园重点发展研发外包、软件开发、电子商务、文化创意、工业设计、物联网、科技服务等产业,以集聚区的科技服务,实现对连云港高新区制造业的科技融合,形成智能制造与生产服务之间的良性发展。

3. 园区优势

东海水晶集聚区以水晶特色产业集群为引领,深化"一城一区一中心一基地"(水晶城、B型保税物流区、跨境电商孵化中心、直播电商基地)建设,促进产城融合,不断优化特色产业供应链、产业链和价值链。"一带一路"国际商务中心产业集聚效应不断显现,主导产业蓬勃发展,形成了以港口集团、中国外运、中远海运、中源船务等为代表的一批知名物流企业;商贸流通行业发展迅猛,形成了以秦江集团、福瑞鑫实业、立恒匡际等为代表的商贸流通企业,有力提升了集聚区产业集聚水平。杰瑞科技创意产业园打造了全市首家以科技创新、文化创意为主要特色的服务业集聚区,重点发展以电子商务、科技研发、创意设计、艺术培训、文化休闲为主要方向的创新创意产业,汇聚了两业融合龙头企业江苏天马网络集团、杰瑞深软等现代服务业企业近百家,不断向园区聚集的优越氛围。连云港汽车产业服务集聚区以汽车文化、服务、线上线下汽车交易为主,加快构建现代产业发展体系,建设完善汽车产业集群的生产供应链等设施。

4. 规划与远景

连云港现代科技服务产业园将加快建设,主动适应经济发展新常态,紧抓"一带一路"交汇点核心区优势,强力推进"产业强市"战略,利用建设现代服务业先进理念和经验,提档、提级现代服务业集聚区水平,实现先进制造业和现代服务业"双轮并转",促进经济社会双转型,提高城市综合竞争力。

十五、扬州智谷科技综合体

1. 园区概况

扬州智谷科技综合体位于城市南北主干道扬子江路西侧,毗邻蝶湖商圈、杉湾湿地公园,交通便利,环境优美,是扬州经济技术开发区临港新城中心区域,占地 29.25 公顷。扬州智谷科技综合体工程位于扬子江中路 186 号,造型寓意"智慧之门",是南区标志性建筑。通过高耸的建筑外立面和带有强烈金属质感的材料配以明亮的玻璃幕墙,彰显都市感和现代感。扬州智谷项目由同济大学规划设计院全面规划设计,规划总占地面积 246 亩,总建筑面积 60 万平方米。项目围绕科技综合体的实际需求和特征,科学合理地规划了总体布局和功能分区。一期项目总建筑面积 13 万平方米,由 4 层裙楼和两幢 24 层塔楼,根据产业定位、企业需求,合理安排布局,以服务功能的满足为中心,规划设置了商务中心、会议中心、展示中心、餐饮中心等商务服务配套设施,以及健身、读书、休闲等生活配套设施,这些设施极大地满足了入驻企业和人员的需求。

2. 园区定位

智谷科技综合体重点发展以移动互联网、电子商务、检测设计、金融为主导的现代服务产业,打造国内领先的互联网技术创新创业基地。这一工程共推广应用了建设部 10 项新技术中的 9 大项16 子项,创新技术 6 项,整体水平达到国内领先。该工程于 2013 年 10 月 10 日开工,2016 年 7 月26 日竣工,2016 年 11 月 4 日投入使用,现已满额入驻企业 110 家,入驻企业年业务总收入超过 30亿元。

3. 园区优势

在项目引进方面,扬州智谷一期项目在建设初期即明确以电子商务和创意设计产业为核心,并围绕这类产业开展软硬件设施建设和招商。明确的产业定位和相对完备的配套设施为招商提供了极大的便利,招商工作获得了开发区各部门的全力合作,成效显著。智谷一期的项目招商以研发孵化、软件信息、电子商务、总部经济、平台服务等五个领域为重点方向,目前入驻的企业和服务机构中,有研发孵化类企业 20 家、软件信息类企业 25 家、电子商务类企业 13 家、总部经济类企业 7 家、平台服务类企业 15 家。

在入驻优惠政策的制定方面,智谷围绕研发孵化、软件信息、电子商务、总部经济、平台服务五类项目和企业的不同特点制定考评标准、兑现优惠政策。对不同类型的企业,其考核的核心指标和附加指标、分值都有所区别,如对于研发类企业,主要考核其研发投入、人才团队、科技成果等指标,而对于电子商务类企业则重点考核其业务收入、平台注册用户数、平台交易额等指标。通过区别分类,做到一种企业一类指标,便于企业"对号入座",自行打分即可知道自己能享受的优惠政策幅度,公开透明。智谷众创空间—创业苗圃则完全免费入驻,并提供路演厅、休息吧等设施,为创业者提供零成本的创业环境。

智谷以服务为中心,围绕企业服务和人才服务,建设服务平台,引进服务机构。在企业服务方面,智谷重点打造科技、金融、商务、信息和国际交流五大服务平台,为企业提供一站式高效便捷的服务,并落实税收、人才、产业引导、租金减免等优惠政策。在人才服务方面,则重点打造宜居服务、通达服务、教育培训、健康医疗、社会保障五大服务平台,构建五分钟生活圈,为入驻人员提供便捷、贴心的生活服务,并在住房、教育、医疗等方面根据省、市政策给予补贴。

4. 规划与远景

扬州智谷科技综合体是集信息服务、科技服务、咨询服务、金融服务、商务服务等多功能于一体的现代服务业高端集聚区。智谷将根据省发改委推进先进制造业和现代服务业深度融合工作的文件要求,进一步加速研发、信息等生产性服务业的集聚,不断强化内部管理,优化创新创业环境,提高服务水平,充分发挥"成果集聚、人才集聚、企业集聚"的双创示范效应,使得综合体更上新台阶,努力将扬州智谷打造成全市、全省"两业"融合发展的集聚区、示范区。

十六、沭阳软件产业园

1. 园区概况

沭阳软件产业园源自沭阳县科技创业服务中心,于 2008 年 8 月揭牌成立,位于京沪高速公路沭阳出口处,是苏北首家省级软件产业园。它是被江苏省信息产业厅正式认定为省软件和信息服务产业基地,冠名"江苏省软件产业园",这在苏北尚属首家。它也是苏北最大的软件产业园区。

沭阳软件产业园规划建筑面积 28 万平方米,计划总投资 10 亿元,目前已建成软件产业大厦 A 座、B 座、C 座三栋大厦,建筑面积 8 万平方米,总投资 2.4 亿元,于 2008 年 7 月正式投入使用。沭阳软件产业园——动漫基地共 36 层,由上海科祥纺织品检验有限公司投资建设,2012 年 6 月交付使用。产业园管委会下设"四个部"(行政事业部、企业发展部、招商部、财税部)、"两个中心"(网络服务中心、物业管理中心)。

2. 园区定位

既能为创业者提供信息技术、投融资以及物业管理等"一站式"服务,还能为企业和创业人员提供产品展示、办公、会议、培训、公寓酒店、文化娱乐等共享设施。

3. 园区优势

已投入使用的软件大厦,强弱电接口齐全,配套设施完善,基本满足各类入驻企业的需求。目前,沭阳软件产业园已吸纳华军软件园、广州小聪软件(集团)、广州用易软件(集团)、CSDN 软件社区、派普科技、冠芝霖通讯、江苏金豆科技有限公司、江苏福兰特软件科技有限公司、江苏光影互动网络科技发展有限公司、江苏瑞洋动漫制作有限公司、厚丘网等 93 家企业入驻,其中,软件企业 46 家,服务外包企业 10 家,各类创业生人才 1300 多人,注册资本 6.4 亿元,预计可实现年销售收入 30

亿元、税收 1 亿元。华军软件园是全国著名的软件下载网站,是中国最具影响力软件发布网站和软件资讯媒体,是国内软件厂商重点产品信息的发布平台,在用户中已经形成"找软件、用软件到华军软件园"的共识;小聪软件(集团)是广东省著名企业、国家双软认定企业,是一家专业从事软件研发的高新技术企业,目前已成功开发出 3W 系列 18 个行业 30 多个产品,在全国有 300 多家分支机构,拥有 10 万多用户,是目前全国商品化软件开发领先企业。

3-A 共享资源平台:内网架设文件共享服务器,内有丰富的软件编程源代码、构件、工具软件、学习教程、参考手册、图片等文件资源,从正面促进软件的复用,帮助企业提高开发效率、降低开发成本、缩短项目的开发周期。

3-B 内网协同办公平台:把软件园的管理服务工作透明化,在企业与软件园、企业与企业之间建立一条便捷高效的交流通道,平台功能健全,包含了交流中心、企业的缴费管理、项目申报管理、软件人才管理等 20 个栏目。并且与园区其他系统高度集成,实现数据同步,为企业节省大量的宝贵时间。

3-C 企业内容发布平台:企业通过此平台发布的新闻、产品、项目招商、合作、招聘等信息,将同时发往多个软件行业知名网站。为园区的企业及其产品宣传提供了强有力的辅助措施。企业发出的人才招聘需求将首先在本地软件人才库中进行匹配,并根据需要为企业提供猎头服务。

3-D 园区视频点播平台:平台点播资源包含视频教程、专家讲座、人物访谈等专业视频资料,丰富多彩的影视、综艺等娱乐节目,园内企业可免费在线点播。

4. 规划与远景

沭阳软件园通过科技公共服务平台的建设,有效集聚了软件产业的优势资源,对拉动苏北经济增长、调整产业机构、转变发展方式、建设两型社会具有良好的社会和经济效益。沭阳软件产业园将依托政府重视,把沭阳软件产业发展和软件产业园建设成为县级城市、欠发达地区发展软件产业的典范和榜样。

十七、苏州高铁新城大数据产业园

1. 园区概况

2017 年成立的苏州高铁新城大数据产业园(以下简称大数据产业园)尽管年轻,但在挖掘当地产业优势、吸引标杆性与总部型企业方面,走在了全市前列。2018 年,大数据产业园的发展尤为迅猛,带动相城区大数据相关产业产值超 330 亿元,税收 5.97 亿元。园内先后引进智加科技、Momenta(魔门塔)、奇点汽车等智慧出行标杆性企业,公司累计注册资本超 16 亿元;用于支持大数据产业发展的财政支出超 3 亿元;营业收入达到 1 亿元以上的大数据企业 17 家;企业研发费用7500 万元以上,新增软件著作权超 85 件。稳步推进企业招商,当年达成意向企业 171 家,其中,120 家企业完成工商注册。苏州市发改委发布 2018 年度苏州市人工智能和大数据特色产业园考评结果,苏州高铁新城大数据产业园再获 2018 年度苏州市先进大数据特色产业园,综合排名从去年第四上升到第二。

2. 园区定位

大数据产业园内已吸引算法集成、整车配件、车联网、高精地图等智能驾驶细分领域的 20 家左右相关企业落户。同时,产业链的集聚效应为苏州高铁新城及其智能驾驶企业带来了更多"新朋友",相城正靠着一股"拼劲",逐步打造一个国际一流、国内顶尖的智能驾驶"朋友圈"。

大数据产业园还利用大数据、云计算、科技金融、人工智能、智能制造等既有资源,放大平台优势,积极抢抓 AI+工业、AI+医疗、AI+教育等方向。成立一年多来,大数据产业园积极"走出去",在全球范围内寻求高科技含量的创业企业入驻。

3. 园区优势

2017 年,产业园获评年度优秀特色产业园,人工智能和大数据企业入库 40 家,苏州市第二;2018 年,大数据产业园获评江苏省第二批创新创业示范基地、苏州市第九批现代服务业集聚区、2018 年度优秀特色产业园和全国创新加速十强;获评大数据示范企业 6 家,苏州市第一;2019 年,人工智能和大数据企业入库 50 家,苏州市第一。据介绍,相城区深入贯彻国家大数据战略,深入推动大数据与实体经济深度融合,以苏州高铁新城为核心载体,致力打造全国领先的大数据产业创新高地。全区已聚集 358 家大数据相关企业。近期,区发改委正积极排摸全区大数据要素资源库,拟出台大数据专项扶持政策,为区域高质量发展再添新动能。

由国内知名新商业媒体"品途商业评论"携手中国电子商会、中国电商委主办的 2018NBI Awards 年度影响力评选颁奖盛典在北京举行,苏州高铁新城大数据产业园从众多候选者中脱颖而出,入选"2018NBI Awards 产业影响力·年度创新加速十强"榜单,成为最年轻的上榜者。同时获评的还有微软加速器(上海)、中关村壹号产业园等背景雄厚、享誉业内的载体。这一奖项是新经济产业领域对苏州相城今年来数字经济高速发展取得成绩的肯定。

4. 规划与远景

创办至今,苏州高铁新城大数据产业园牵手一众行业龙头与产业基金"大佬",吸引一大波大数据及人工智能龙头企业入场,特别是在抢滩区块链、自动驾驶等数字经济最前沿领域,成效卓著;与同济大学成立国内首个校地合作区块链研究院,诞生首个十亿美元估值的创业公司 Momenta(初速度)。大数据产业园下一步将加大建设力度,借以紫光云引擎、智加科技、Momenta(初速度)、华砺智行等知名企业的引领,形成"灯塔"效应,吸引并留住大量高层次科创人才。

十八、南京江北新区人力资源服务产业园

1. 园区概况

南京江北新区人力资源服务产业园于 2013 年 12 月 5 日经江苏省人力资源和社会保障厅函复同意浦口区人民政府建设"江苏南京浦口人力资源服务产业园"。这是江苏省首批、南京市唯一获准筹建的江苏省级人力资源服务产业园区。园区位于江北新区直管区——顶山街道,处在江北新区核心位置,占据了南京江北最优越的自然环境,东麓是素有"南京绿肺,江北明珠"美誉的百里老山,毗邻"白云映苍翠,珍珠泉中涌"的省级旅游度假区珍珠泉以及波光粼粼、山林倒映的佛手湖。

2. 园区定位

南京浦口人力资源服务产业园的产业发展以高端咨询培训和外包型智力服务为主要特色,重点打造人才项目孵化平台及高校科技成果孵化基地,建成从人才供给、资本—项目对接、产品孵化、技术转移到市场开发一体化的新型人力资源服务产业园区。

3. 园区优势

园区主要划分为六个功能区：人力资源服务机构总部办公区、培训广场、人才招聘及行政服务中心、园区生活及商务服务中心、人力资源企业办公楼及人才创业孵化中心、人才公寓。齐全的功能板块使得园区能为入园企业提供便捷的商务、生活服务保障和高效的"一站式"服务。

园区区位优势明显，位于万寿路与浦珠南路交界处，距市中心直线距离仅 10 公里，通过邻近的地铁 10 号线、纬三路过江隧道、纬七路过江隧道、长江大桥、长江三桥可直通主城，20 分钟车程进入高速路网，半小时车程到达南京火车站、南京南站，一小时车程到达禄口机场。园区同时占据了江北最优越的自然环境。园区东麓紧靠素有"金陵绿肺""江北明珠"称号的百里老山、毗邻"白云映苍翠，珍珠泉中涌"的珍珠泉及波光粼粼、山林倒映的佛手湖，此外还有十里温泉、千年禅寺等不可多得的生态、旅游资源。浦口还是南京三个重点大学城之一，拥有南京工业大学、南京信息工程大学、南京审计学院等 10 多所高校，教育资源和人才总量十分丰富。浦口更拥有国家级高新技术产业开发区、浦口经济开发区、南京软件园（西区）、紫金（浦口）科技创业特别社区、南京海峡两岸科工园等一批重点产业载体，到 2015 年产业规模将超过 2000 亿元，各园区从业人员将超过 10 万人。

4. 规划与远景

下一步园区将打造多元化的人力资源服务产业基地、多渠道的人力资源解决方案产品创新基地，重点引入人力资源服务、人才猎头服务、人才培训及相关配套企业，建成具有战略意义的人力资源服务业产业链雏形，成为长三角范围内人力资源服务业的一极，形成立足南京、联动江苏、服务长三角、面向全国的人力资源服务业高地。

十九、宿迁市软件与服务外包产业园

1. 园区概况

宿迁市软件与服务外包产业园是 2010 年 8 月经宿迁市人民政府批准设立的高新技术园区，是宿迁打造软件和服务外包产业的新高地，先后被认定为江苏省国际服务外包示范区、江苏省软件和信息服务产业园、江苏省科技园区、江苏省两化融合服务示范园区、江苏省服务外包人才培训基地。园区东枕省级风景名胜区——嶂山森林公园，西傍美丽的江苏省骆马湖旅游度假区，南连宿迁高等职业教育园区，北临温泉名镇，规划面积 5 平方公里。园区配套有江苏运河文化城、27 洞标准高尔夫球场、江苏省第七届园艺博览会会场、蓝波湾商业街、威尼斯度假酒店、星辰国际会议中心、高档别墅区等休闲娱乐度假场所。园区依山傍湖，森林覆盖率达 54.1%，是江苏的一座天然氧吧。设施完善、综合投资成本低廉。电力、通信、城市道路交通等各项基础设施能够满足企业的需求。地价和房价仅为全省的 30% 和 40%；办公成本只有发达城市的 1/5；生活消费成本相当于发达城市的 1/3；同等劳动力成本投入为中心城市的 1/2。体系完备、人才培养条件优越。

2. 园区定位

园区建有江苏虚拟软件园宿迁分中心，并成立通讯枢纽局，为入园企业提供通讯、网络服务，提供"一站式"通讯解决方案。市区各类大、中专学校在校生超 10 万人，与产业园配套的高等职业教育园区在校生超 4 万人，园区还拥众多培训机构，每年可为企业培养各种专业人才 5000 余人，保障企业人才需求。

3. 园区优势

园区在区位、环境、人才、产业、信息通讯等方面具备优越的服务外包产业发展优势。

（1）区位独特，交通便捷

园区地处宿迁中心城市北部，距中心城区仅数分钟车程。北距陇海铁路新沂站 35 公里，东距连云港机场 100 公里、距连云港海港 120 公里，西距徐州观音机场 65 公里，东距盐城南洋国际机场 150 公里，京沪、宁宿徐、徐宿淮盐等高速公路穿境而过，大运河、古黄河构成黄金水道，交通十分便捷，全方位架起了园区通向海内外的桥梁。

（2）风光秀美、生态优越

园区环山傍湖，森林覆盖率达 54.1%，被誉为"华东的一片净土、江苏的一座氧吧"。坐落于马陵山脉的嶂山森林公园，是国家 AA 级旅游风景点。毗邻的骆马湖是国家南水北调工程重要的调蓄水库，面积 400 余平方公里，烟波浩渺、珍禽聚栖、渔舟泛影、水质清纯，是我国为数不多的二类水质湖，部分水域水质达到一类标准，被誉为"淮海经济区一盆清水"。这种生态环境尤其适宜高端人才居住及服务外包企业进驻。

（3）人才资源丰富，培训体系完备

与产业园配套相邻的宿迁高等职业教育园区，主要发展高等职业教育，实现教育资源的优化配置，为全区乃至全市经济社会快速发展提供人才支撑。

高教园区面积：约 10 平方公里。

入驻院校：江苏泽达职业技术学院、江苏外事学院、宿迁应用职业技术学院、宿迁市高等师范学校、宿迁卫生学校、宿迁体育运动学校等院校建成并投入使用。晟峰培训学校、阿里学院、微软培训学校等一些软件和服务外包培训机构也相继入园。

在校生：约 4 万人。

教育园区拥有千兆宽带校园网、卫星数据接收系统、电子阅览室、网络机房、语音室等现代化的教学实训设施，配备计算机专业教师 350 余名。每年可通过学校和社会机构为服务外包企业培养专业人才 5000 余人，保障服务外包企业人才需求。

4. 规划与远景

园区将构建以"软件和服务外包"产业为主体、以"文化创意产业"和"新兴信息产业"为两翼的"一体两翼"发展格局，重点发展电子商务、呼叫中心、文化创意、行业软件、动漫游戏、数据服务六大行业，努力将园区建设为"江苏知名、苏北领先"的"科技园区、创意园区、智慧园区"，创建具有鲜明产业特色的国家服务外包示范区。

第二章 2019年度省级现代服务业发展专项资金集聚区

一、中国（南京）软件谷

1. 园区概况

中国（南京）软件谷位于南京市雨花台区，是中国第一软件产业基地、中国最大的通讯软件产业研发基地、国家重要的软件产业和信息产业中心，综合实力列全国园区前三强，是中国首个千亿级软件产业基地，仅次于中关村的城市区域性软件中心，全国首批、江苏唯一的国家新型工业化（软件和信息服务业）示范基地。中国软件谷紧邻河西新城与南部新城，总面积73平方公里，已建成中国首条软件大道，汇聚了IBM中国软件授权培训中心、戴尔、润和软件、三胞集团、中兴通讯、华为科技、东软研发、软通动力、文思创新、泰晟科技、水利部南京水利水文自动化研究所等国内外知名软件企业。2016年，中国（南京）软件谷软件和信息服务业收入达1900亿元，年均增长近30%，约占南京市的40.1%、江苏省的22.8%。2020年4月，中国（南京）软件谷入选国家数字服务出口基地。

2. 园区定位

突出平台软件、应用软件和互联网服务为核心，强化BPO专业服务，培育软件支持服务、硬件支持服务，重点引进国内外领导型、骨干型软件企业，积极孵化创新型、成长型本土软件企业，推动产业链向高端延伸，形成"大软件"产业规模发展的战略布局。

3. 园区优势

南京市委、市政府制定了八项重点计划，包括科技创业特别社区（创新创业人才特别集聚区）建设计划，领军型科技创业人才引进计划，科技创业家培养计划，科技创业企业上市辅导计划，科技创新创业平台共建计划，科技创业投融资体系建设计划，高端研发机构集聚（世界500强和中国500强企业研发机构引进）计划，自主知识产权开发计划。南京软件谷是南京市八项重点计划的重要承载地，雨花台区是重中之重。

南京市丰富的科教资源为软件谷提供了强有力的人才支撑。辖区内南京玻纤院是国家无机非金属新材料领域的重点企业，建有企业博士后科研工作站和国家重点实验室。江苏信息研究院、江苏软件人才交流中心和软件人才培训联盟也都挂牌落户。

生态优势是软件谷特色资源与禀赋。区内山请水秀，人文荟萃，风景优美，名胜古迹众多，有国家4A级旅游景区——雨花台风景区，国家3A级旅游景区——将军山风景区，以及渤泥国王墓、菊花台、花神庙、龙泉寺、牛首山等。软件谷绿树成林，山水湖泊资源丰富，毗邻长江和秦淮新河，区域绿化覆盖率达50%以上。

软件谷区域内拥有金融理财、管理咨询、法律事务、人才服务等高端生产配套;集休闲、娱乐、餐饮、办公、超市于一体的成熟商业街区;体育公园、医院、科技活动中心,国家级重点高中,外国语小学、人才公寓等生活配套设施健全。软件谷正在按国际标准构 建各类公共服务平台,企业孵化平台、投融资平台、人才服务平台、公共技术服务平台、合作交流平台、基础和服务设施平台、创业创软件谷分产业区、配套建设区以及服务平台区。

4. 规划与远景

规则中软件谷的产业区分三大块北部板块"产业强化区"、南部板块"产业拓展区"和经济开发区板块"产业提升区"。

"产业强化区"重点打造以软件大道为中心的产业带,继续吸引通信应用领域软件企业;"产业拓展区"重点发展核心产业的平台软件、应用软件、互联网,以及次核心产业专业服务和 BPO;"产业提升区"重点打造 BPO、专业服务以及互联网和数字服务产业。

配套建设布局,重点打造"秦淮新河左岸商业区"(即秦淮新河商业区)集中配套,并在产业区内部建设分散配套。

平台建设布局,在秦淮新河左岸建设中国(南京)软件谷的地标性建筑云峰双塔(管委会大楼)——双子座,云峰双塔(管委会大楼)设置管委会及招商平台、基础服务平台、投融资平台等相关服务平台,同时用于发展总部经济。

二、无锡软件产业发展有限公司

1. 园区概况

无锡软件产业发展有限公司成立于 2007 年 3 月,注册资金 7.466 亿元人民币,为无锡新区国有独资企业,是无锡(国家)软件园(iPark)的建设运营主体,以"政府主导、政策支撑、市场运作、跨越发展"为宗旨,以打造国内一流的科技地产综合运营商与系统解决方案提供商为定位,积极致力于科技地产开发建设,软件、电子商务、移动互联及多媒体广告等产业发展环境营造,招商引资和客户服务,公司位于无锡新区金融核心区,毗邻新区管委会。

无锡(国家)软件园是无锡及新区推进经济社会转型升级的最前沿阵地,2004 年获批科技部国家火炬计划软件产业基地。园区占地约 1 平方公里,一至三期现已建成三创载体 55 万平方米,四期在建 30 万平方米,其中,70%为科研办公用房,约 30%为商务生活配套。

2. 园区定位

园区以打造"国内影响力、国际有知名度"的 IT 专业园区为目标,以科技地产综合运营商和系统解决方案供应商为定位,现已聚集包括微软、索尼、联想、NTT DATA、EMC、富士通、三洋、文思海辉、中软国际、NIIT、腾讯·买卖宝等知名企业在内的创新企业近 500 家,其中,世界 500 强、全球服务外包 100 强投资企业 25 家(约占全市 70%以上),各类人才近 3 万名,软件及服务外包、物联网与云计算及创意产业等 IT 信息服务相关产业集聚发展。产业规模连续多年高速增长,综合实力持续攀升,位列全国火炬计划软件产业基地第七名(全国唯一二线城市,江苏唯一),位居中国服务外包 TOP10 园区第四名(鼎韬—中国服务外包网),持续位列无锡市"Park"园区排名榜首,并以"新兴产业领军园区,引航无锡 Park 经济"为主题,荣膺 2012 年无锡市最高综合奖项腾飞奖。

3. 园区优势

江南特色自然生态、吴文化人文背景与软件产业生态环境相融合的特色环境。一流的 IT 设施：建有华东地区首个钻石级国际数据中心、软件外包国际通信专用通道、无锡城市云计算中心，中国移动、中国联通 IDC 在建中，形成集办公、商务、休闲于一体的"四园"（花园、校园、家园、乐园）精品社区。

产业配套较为完备。无锡高新区以无锡（国家）软件园为前沿阵地推进转型发展，形成了新一代信息技术产业、高端装备制造业、生命科技产业、新能源及新能源汽车产业、人工智能产业和现代服务业六大支柱产业，集成电路、精密机械、太阳能光伏产业等技术处于国际领先水平，先后获得国家传感网创新示范区、国家创新型园区、国家生态工业示范园区、国家知识产权试点园区等各类国家级品牌或基地称号。

服务团队资深专业。园区服务团队平均服务五年以上，"一切以客户为中心"，对产业理解深厚，资源整合能力突出，在企业资质认证、项目申报、税务筹划、企业融资、人才招引与培训、政策兑现等方面服务经验丰富，多位企业老总表示"园区团队与企业有相同 DNA"。

4. 规划与远景

该园区今后以打造中国数字经济领军园区为目标，以公共技术、投资融资、人力资源、综合服务等公共服务平台为支撑，提供 360 度企业全生命周期服务，致力于推进物联网、云计算、信息技术服务、文化创意、新媒体、电子商务、互联网广告、智能硬件等新兴产业集聚发展。

三、淮海文博园

1. 园区概况

淮海文博园位于徐州市云龙区，地处徐州新老城区之间，东至经五路，西至昆仑大道，北至黄河故道，南至世纪大道，占地面积约 376 亩，建筑面积共约 13 万平方米，主要有标志性建筑彭祖楼、彭祖纪念馆、淮海美术馆、32 尊翡翠观音造像馆、20 栋仿古建筑群、明堂艺术中心、角亭、牌坊、汉阙观景台、涌福广场、翡翠艺术品展示长廊、和田玉艺术馆、地方工艺美术馆及华夏学宫等景点，是淮海经济区规模最大的仿古建筑群落，充分展现徐州彭祖文化、两汉文化、传统国学文化及工艺美术文化。经过重新规划改造，加建 9115 平方米交易大厅，并对原有基础配套、景观绿化、建筑立面进行提升，项目改造总投资约 1.5 亿元。

2. 园区定位

集聚全国各地的文化艺术精品佳作，引进知名文化艺术品专营店，以及文化艺术品相配套的鉴定、拍卖等功能性项目和培训、体验、休闲等服务性项目，全力打造集多功能于一身的淮海经济区最高端文化艺术品展示交易中心。

3. 园区优势（特色）

淮海文博园依托园区重要景点资源，主要打造园林建筑游览、玉文化品鉴、传统国学文化体验及工艺美术文化鉴赏四条文化线路。一是淮海经济区规模最大的仿汉建筑群落；二是翡翠艺术品展示长廊中陈列的 38 件巧夺天工的翡翠雕刻作品带您领略翡翠的雍容魅力，中华宝鉴、32 尊翡翠观音让人感叹大自然的恩赐及国家级大师的绝妙雕工，一件件作品让人叹为观止；三是华夏学宫浓郁的传统文化氛围,在这里感受琴棋书画、太极、武术及诗经典籍的魅力,让人从繁华的现实生活走近安静祥和的世界,梆子、柳琴地方曲艺让游客感受传统曲艺之美;四是地方工艺美术馆中馆藏全国各地的地方工艺美术精品,让游客在文博园感受工艺美术之美。

4. 规划与远景

淮海文博园的发展将依托徐州区位交通优势、区域文化中心定位以及淮海经济区巨大的文化消费潜力,深入挖掘徐州文化特别是两汉文化和彭祖文化,以文化艺术品业为核心,以艺术培训、文化旅游、文化休闲业等为重点,努力打造主题突出、产业集聚、功能完善、环境优美的 3A 级景区,打造文化艺术品交易集散地、时尚休闲的中心地和文化旅游的目的地等功能建设,配套完善相关设施。

四、常州创意产业基地

1. 园区概况

常州国家高新区(新北区)创意产业园区成立于 2008 年,是全市、全区创意产业发展集聚区和引领示范区,拥有国家级文化和科技融合示范基地、国家电子商务示范基地、国家版权示范基地、国家现代服务业文化创意产业化基地、国家火炬计划软件产业基地、国家数字娱乐产业示范基地、国家广告产业园区、国家动画产业基地等"国字号"品牌;"国家二维无纸动漫技术公共服务平台""CNITO 国际服务外包承接中心"、人工智能公共技术服务平台、星空无人机研究院等一批国家级、省级重点平台。

2. 园区定位

经过十多年培育积淀,形成了以常州创意园为核心的"楼宇经济"产业生态圈,800 多家创新企业构筑起融合发展的"创业共同体",涵盖了软件与信息服务、"互联网+"、数字创意、人工智能等新兴产业门类,形成了"数字经济+实体经济"互融共促,高端现代服务业蓬勃发展,新产业、新业态、新模式不断涌现的发展格局。

3. 园区优势(特色)

培育发展出省级以上众创空间 3 家,市级以上研发机构 20 家,"新三板"挂牌企业 9 家,创业板资产重组 1 家,40 多家企业在区域市场挂牌;经认定的高新技术企业 40 家,省高新技术产品 94只;创作出麦拉风、炮炮兵、东方七色花、云彩面包等一批原创动漫精品;创造出智能平衡车、智能超感飞翔车、AR/VR 沉浸式展陈体验整体解决方案、智慧医疗整体解决方案、赞奇渲云平台、红眼兔电商平台、智恒达型云电商平台、四海商舟跨境电商平台、化龙巷等一批行业著名品牌和拳头产品;园区在 2019 年度省级生产性服务业集聚示范区综合评价中位列全市第一;一批企业获得国家规划布局内重点软件企业、中国软件出口 20 强企业、国家电子商务示范企业、国家技术发明奖、国家文化和旅游部"文化和旅游装备技术提升优秀案例"、全国创新创业大赛一等奖、江苏省特种尖端机器人工程技术研究中心、江苏省工业设计中心、江苏省优秀版权示范单位、省级电子商务众创空间、江苏省互联网 50 强企业、常州市重大贡献企业等国家、省、市荣誉,其中多项为常州唯一。拥有各类创新创业人才 140 多名,高级专业人才 3000 多名,省"双创团队"1 个、"双创人才"12 人。园区大专及以上学历人数占比 87%,硕士、博士占比位全市前列,是每年全市、全区海内外人才入驻就业、创业的最大园区。

4. 规划与远景

园区坚持新发展理念，积极抢抓长三角区域一体化机遇，以"盘活区域资源，引领转型升级"为总方针，深化推进"园镇融合"发展战略，实施载体空间优化配置、创业环境靓化提质、重大项目合力引育、管理团队锤炼提升等融合发展工程，打造"三新经济"发展高地，释放高质量发展新动能。

五、昆山花桥国际商务城

1. 园区概况

花桥国际商务城地处苏沪交界处——花桥经济开发区，是上海卫星商务城、上海的后花园，生于江苏，长在上海，上海地铁 11 号线花桥段，距离上海市中心不到 25 公里，西上海 CBD，西邻昆山国家级开发区，东依上海国际汽车城。2005 年 8 月，江苏省委、省政府提出把商务城建成江苏省发展现代服务业的示范区，并列入省"十一五"规划重点服务业发展项目，是江苏省三大商务集聚区之一，2006 年 8 月被批准为省级开发区。2007 年 6 月又被列为江苏省国际服务外包示范基地。距离虹桥交通枢纽不到 20 公里，浦东机场不到 80 公里，312 国道、沪宁高速、同三高速、轨道交通 11 号线、京沪高铁、城际铁路构筑了立体便捷的交通体系，凸显商务城与上海的"同城效应"。辖区面积 50 平方公里，现有人口 13.19 万人，其中，户籍人口 3.5 万人。

昆山花桥经济开发区，地域面积 50 平方公里，距离上海市中心不到 25 公里，生于江苏，长在上海，西邻昆山国家级开发区，东依上海国际汽车城。2005 年 8 月，江苏省委、省政府提出把商务城建成江苏省发展现代服务业的示范区，并列入省"十一五"规划重点服务业发展项目，是江苏省三大商务集聚区之一，2006 年 8 月被批准为省级开发区。2007 年 6 月又被列为江苏省国际服务外包示范基地。花桥国际商务城于 2006 年 8 月被批准为江苏省唯一以现代服务业为主导产业的省级开发区，并被列为省"十一五"重点发展的现代服务业项目。2007 年 6 月被首批列为江苏省服务外包示范区。按照"融入上海、面向世界、服务江苏"的总定位，商务城全力打造以金融外包为特色，以现代商贸为支撑，总部办公、研发设计、物流供应链管理协同发展的现代服务业集聚区，累计引进较具规模的现代服务业项目 100 多个，总投资超过 500 亿元，初步形成服务外包、总部经济、物流展示、商贸服务四大产业集群。2010 年实现服务业增加值 52 亿元，占 GDP 比重达到 57.7%。园区先后被授予"中国最佳金融服务外包基地奖""中国十大最佳服务外包园区"等称号。围绕打造"新城市、新产业、新人才"的要求，商务城正全力推进服务外包园区、企业总部园区和海峡两岸（昆山）商贸合作区建设。

2. 园区定位

花桥国际商务城将充分发挥靠近上海的区位优势，主动融入上海，接受上海辐射，承接上海商务外溢，着力打造服务外包基地和国家级金融服务外包示范区，大力发展四大产业：一是服务外包，包括跨国公司、国内大型企业集团的 IT 服务、客户服务等外移外包。二是金融机构后台处理中心，包括银行、证券、保险等大型金融机构的财务结算中心、信用卡服务和客户呼叫中心等。三是制造业企业的区域性总部，包括运营中心、研发中心、采购中心、营销中心、管理服务中心等。四是物流采购中心，以及与之相配套的酒店、商业、文化和居住等项目，力争通过 5—10 年的努力，基本形成拥有 30 万商务和服务人口、1000 万平方米建筑面积的城市构架，努力打造"昆山服务""昆山办公"品牌，建设成为上海国际大都市的卫星商务城。

3. 园区优势

作为江苏省唯一以现代服务业为主导产业的省级开发区，花桥国际商务城在承接上海商务外溢、发展现代服务业方面具有得天独厚的优势：

一是区位交通优势。花桥国际商务城东依上海国际汽车城，西邻苏州工业园区，西距昆山市中心 16 公里，东离上海市中心人民广场 20 公里，距上海虹桥国际机场、高速铁路虹桥枢纽 25 公里，浦东国际机场 80 公里。交通和区位优势十分明显。公路方面，312 国道东西向穿越全境，沪宁高速公路、同三高速公路在此交汇，并有互通出入。沪宁高速公路花桥、陆家互通，苏沪高速公路机场路互通可从东、南、北三个方向为商务城提供便捷的交通服务。铁路方面，昆山与上海之间对开的城际快速列车，仅需 18 分钟就可以互达。沪宁城际线、京沪高速铁路也将在昆山设立站点。轨道交通方面，上海轨道交通 11 号线终点站墨玉路站距商务城不到 400 米，目前，商务城正在与上海有关部门沟通衔接，积极推进轻轨向商务城延伸。公交网络方面，商务城正着手建立方便出行上海的公交体系和出租车体系。9 月 28 日开通花桥到上海虹桥机场和人民广场的两条公交线路，商务城与上海的"同城效应"正逐步显现。

二是产业支撑优势。昆山是重要的加工制造业基地，目前，来自世界 55 个国家和地区的投资者兴办了 5000 多个外资项目。世界 500 强企业中有 28 家在昆山投资了 53 个项目，昆山民营企业总数达到 18000 多家。雄厚的制造业基础，为花桥国际商务城发展创造了广阔的空间。同时，长三角地区制造业的强势发展，对现代服务业的需求也不断增强，必将促进生产性服务业超常规发展，也为商务城提供了前所未有的发展机遇。

三是政策成本优势。花桥国际商务城是省级开发区和国际服务外包基地，并被列为江苏省发展现代服务业的重点项目，除享受省级开发区和江苏省发展现代服务业的优惠政策外，江苏省政府已同意在资金、土地、税收等方面给予商务城最大的支持。昆山出口加工区物流保税叠加功能也将向商务城延伸。商务城对具有龙头带动作用的服务业项目，将采取"一事一议""一企一策"等方法，最大限度地给予政策扶持。随着上海商务成本的攀升，花桥国际商务城在地价、房价、劳动力等要素成本，基础设施、项目建设等硬成本，以及政府服务的软成本等方面的综合优势将更加凸显。

四是综合服务优势。秉承"亲商、安商、富商"的理念，花桥国际商务城着力建立与国际惯例接轨的管理网络和办事程序，全力打造三大服务平台，为入驻企业提供高效、便捷、全过程的服务。一是专业化服务平台，商务城将大力引进国内外有影响的会计师事务所、审计师事务所、律师事务所、咨询公司等各类中介服务机构，为企业提供高水平的中介咨询服务。二是公共技术服务和信息服务平台，为企业提供技术研发、质量保证、测试、演示、知识产权保护等公共服务，以及政策、法规、产业等各类信息服务。目前，昆山法院已设立了全国县级市第一个知识产权审判庭，为保护企业自主知识产权提供了法律保障。三是人力资源平台，目前，昆山拥有各类人才 18 万，硅湖大学、解放军外国语学院昆山分院、苏州大学职教学院等七所大专院校可以有针对性地为企业培养各类专业性人才。昆山人才市场与北京、上海、南京等地的 120 多所高校签有专门人才定点输送协议。商务城已引进了安博实训基地等项目，为企业提供专业化的人才培训服务。

按照"融入上海、面向世界、服务江苏"的总定位，花桥国际商务城借鉴国际先进的规划理念，先后聘请美国麦肯锡公司、上海城市规划设计院、新加坡邦城公司等国内外一流规划设计机构进行功能策划、总体规划和城市设计。今后,商务城将形成以中央公园为核心、周边布局商务园的城市框架,呈现"城在景中、人在林中"的生态景观,成为商务集中、商贸配套、商住齐全、环境优美的生态型商务功能区。

4. 远景与规划

当前,花桥国际商务城正在加大投入力度,加快开发建设步伐,高水平地实施开发建设。一是形成区域内比较完善的交通框架(重点完成绿地大道东延伸段、商务大道、312 国道曹安段改造,沪宁高速花桥互通改造等工程)。二是形成高标准的基础设施体系。用电方面,实现双回路一级环网供电;用水方面,逐步在全区接入可直接饮用的直供水;用气方面,使用"西气东输"管网提供的优质天然气;通信网络方面,商务城拥有先进的光缆、宽带通信网络,上海电信区号"021"已经接入花桥。目前正规划建设国内领先的"四位一体"新型数字化生态环境,实现"花桥 E 桥通"。三是形成功能完备的配套设施和生态环境系统。商务城将完成中央公园、生态园等生态景观建设;由香港东方海外公司投资,希尔顿国际酒店集团管理的五星级酒店业将投入运营;绿地同济医院、中福会幼儿园、韩国易买得超市、麦当劳、娱乐休闲中心、运动健身中心等一批生活配套设施也将建设完成并投入使用。商务城周边还拥有大上海高尔夫球场、旭宝高尔夫球场、光明高尔夫球场、太阳岛高尔夫球场等休闲运动场所,可以满足商务人员对高品质文化娱乐生活的需求。通过今明两年的努力,商务城将高水准完成基础设施、功能配套和生态环境建设,构筑最适宜现代服务业发展和商务人士工作生活的环境。花桥国际商务城的开发建设已引起国内外客商的广泛关注。目前已引进 60 多个较具规模的现代服务业项目,总投资达 200 多亿元。绿地国际家园、亚太广场等一批项目已陆续交付使用;港汇国际广场、天天国际展览中心、中寰国际广场、深圳宝湾物流等一批项目已签约并开工建设,一些国内外著名公司也看好商务城的发展前景,正在洽谈合作事宜。

六、如皋港现代综合物流园

1. 园区概况

如皋港现代物流园区规划面积 5.89 平方公里,其中,核心区面积 1.74 平方公里,按功能划分为港口作业区、集装箱物流园区、保税物流区、仓储加工配送区、再生物流区和总部经济区。保税物流中心(B 型)已通过国家海关总署等部门的联合验收正式开关运行。同时,该园区引进中储棉、中储粮等大型港口贸易和物流仓储企业,一批物流及与之配套的上下游企业在园区集聚发展。完成港口服务业应税销售 440 亿元,实现港口吞吐量 5000 万吨,集装箱吞吐量达 6 万标箱。如皋港现代物流园 2009 年 10 月获江苏省批准成为"江苏省重点物流基地",2010 年获得中国"十佳物流园区"荣誉称号,2013 年荣获"江苏省现代服务业集聚区"称号。园区规划面积 16.87 平方公里,规划岸线长 28 公里,目前已有近 180 家企业进驻园区。

2. 园区定位

如皋高度重视港口物流发展,创新成立了如皋港深度开发指挥部,以打造长三角北翼港口群主力港、重要节点港、上海港组合港为目标,依托国家一类口岸,完善港口规划、强化平台建设、优化功能布局,支撑能级和港口集聚度不断提升,建成了港口供应链金融贸易物流服务平台,形成了具有鲜明特色的现代港口物流发展"生态链"。

3. 园区优势

园区内苏中国际集装箱码头相继开通广州直航和"皋申快航"两条主航线,还将计划开通如皋港至南京港、武汉港航线,可实现港口吞吐量7000万吨,集装箱吞吐10万标箱,进一步推动如皋港打造长三角北翼区域性物流中心。

载体功能不断优化。2017年,如皋港现代物流园获评省级示范物流园区。这是如皋港现代物流园继"中国十佳物流园区""最有投资价值——中国物流园区50强""江苏省重点物流基地""江苏省现代服务业集聚区""首批省级生产性服务业集聚示范区"等荣誉称号后再次得到肯定,这些荣誉的获得都与园区加快推进配套设施建设,不断夯实产业发展基础密切相关。

随着园区硬件设施快速发展,服务能力也不断优化。如皋港现代物流园区目前拥有的服务平台涉及海关、交易、政务、人力资源及配套服务等,为港口物流的持续发展提供了有力的保障。

产业集聚发展加快。立足为制造业企业降低物流成本,苏中国际集装箱码头以开辟"直达航线"为突破口,打通至关键地区的物流通道,木材、咖啡、红酒、奶粉、橄榄油、船用润滑油、粮食、石材、石英砂、石膏、钢材、机械设备等一大批进出口货源不断集聚,充分显现了港口物流的强大的吸引力和生命力,初步树立在长江下游及苏中地区的"小枢纽港"地位。

4. 规划与远景

充分发挥示范物流园区的示范带动作用,全力做到"四个进一步",即:进一步提升规划引领作用、进一步提升集聚发展水平、进一步提升公共服务能力、进一步提升综合管理水平,不断推动如皋港现代综合物流园做大做强,着力打造新的经济增长极。

七、江苏淮安软件园

1. 园区概况

淮安软件园于2008年2月经淮安市委、市政府批准成立,总体规划2000亩。软件园坐落于淮安高教园区内。一期建设有一幢研发综合楼、一幢培训楼和一幢公寓楼,总建筑面积3.2万平方米,设有企业产品展示厅、产品影像播放厅、多功能会议室、会客室、培训教室等公共服务平台;设有餐厅、咖啡厅、健身房、酒店式公寓等休闲娱乐配套设施。2010年4月启动软件园二期建设,投资1.2亿元,建有二栋研发办公楼一栋会所,于2011年7月底竣工。软件园三期即沂大网新(淮安)科技园,总建筑面积为13.5万平方米,建成后园区各项服务功能、配套能力将进一步提升。

2. 园区定位

园区致力于发展软件与服务外包、互联网电子商务、文化创意及物联网产业,目前已吸引140余家企业入驻,包括中国移动、浙大网新、易才集团、微软、搜狐、阿里巴巴等国内外知名企业,先后获得"省级软件园""省级软件和信息服务产业园""省级国际服务外包示范区"等品牌称号,并纳入江苏省科技产业园管理序列。2012年初,园区获得国家级科技企业孵化器称号,跻身于国家级软件园行列。

3. 园区优势

培塑版权意识。意识是行动的先导。在版权示范园区创建工作中,淮安软件园依托淮安市制定的相关优惠政策以及补贴,先后出台了多个细化措施加以实施,内容涵盖政策引导、资金奖励及版权环境建设,全面而直接地强化了企业版权意识,推进了企业版权创新与产业化。

平台是"撑杆"的支点。自2008年建园以来,截至目前,淮安软件园已相继建设软件产业公共服务平台、人才培训平台、企业服务中心、融资平台及人力资源平台等多个平台,为园区企业提供包括版权工作在内的全方位服务。

机制是工作规范、高效的"内燃机"。据此,淮安软件园专门出台了版权保护制度,成立了版权保护推进工作小组,并依据版权工作链条,形成了一整套完备的工作机制。

4. 规划与远景

园区始终注重提升服务和园区品质,立足淮安、辐射苏北,全力打造江苏一流的高科技产业园暨生态型办公(总部)基地乃至中国一流的绿色"慧谷"。淮安软件园的目标是成为淮安市软件与服务外包特色园区和重要经济板块,三年实现"苏北争、省内有影响"目标,五年实现"江北争、省内创一流"目标。

八、盐城聚龙湖商务集聚区

1. 园区概况

聚龙湖商务集聚区规划面积3.12平方公里。近年来,集聚区紧扣高质量发展主题主线,发挥中心城区服务功能,坚持高起点规划、高标准建设、高层次运营,重点打造"三个高地一个中心",已成为盐城市新的经济社会发展增长极、城市对外展示的新窗口,先后创成省级现代服务业集聚区、首批省级生产性服务业集聚区示范区、省级文化科技产业园等品牌。作为盐南高新区的一张现代服务业名片,聚龙湖商务集聚区2019年交出了一份亮丽的成绩单:1—6月营业收入达72.14亿元,同比增长16.2%,亩均税收超50万元/亩,培育服务业规上企业46家,在盐城市21个市级以上服务业集聚区等级创建中排名第一。

2. 园区定位

盐南高新区聚龙湖商务集聚区规划面积3.12平方公里,重点打造"三个高地一个中心",先后创成省级现代服务业集聚区、首批省级生产性服务业集聚区示范区、省级文化科技产业园等品牌,已成为盐城市新的经济社会发展增长极、城市对外展示的新窗口。

3. 园区优势

金融城作为集聚区重点打造的江苏沿海地区特色鲜明的金融机构集聚区、金融服务集成区、区域性金融要素汇集区,是盐城市建筑面积达百万平方米、建设投入逾百亿元、入驻金融企业超百家的"三百"示范工程项目。该项目分二期实施,一期工程建筑面积约62万平方米,总投资约60亿元,目前已建成并投入运营,累计入驻工商、邮政、浦发、南京等7家银行。二期"金融智慧谷"规划建设约30万平方米的智慧金融载体,融合"互联网+"理念,重点发展基金、证券、风投、创投等金融产业及五星级酒店等配套服务业,项目建成后,计划入驻金融企业50家,集聚高端金融人才2000人以上。

盐城国际创投中心是集聚区重点打造的总部经济示范点。其中,南楼定位为总部经济基地,北楼定位为创投中心,是省中小企业二星级公共服务平台、市小型微型企业创业创新示范基地,目前已招引 300 多家实力较强、成长性较好的企业在创投中心安家入户、投资兴业。

欧风花街作为集聚区文旅文化最闪亮的"芯",是苏北首个欧洲风情特色景区。按照"一街一世界、一店一风情"总体思路,欧风花街用"鲜花"和"绿色"来营造空间氛围,以"品牌"和"创意"来构塑商业形态,已集聚品牌餐饮、特色文创、精品民宿、主题酒吧、娱乐休闲等近百家商户。开街还不到两年时间,已累计接待游客超 200 万名,举办活动近百场,成为盐城"文旅商"新地标和"微旅游"新名片。

金鹰天地是集聚区高端商贸中心代表之一,于 2014 年 9 月正式投入运营,主要建设购物中心和五星级尚美酒店,已落户金鹰海洋馆、卢米埃影城、萨福来顶级名品汇等国内外知名品牌 400 多个,是盐城规模最大的时尚新锐"全生活中心",2018 年实现销售额超十亿元,日均客流量超 2 万人。

4. 规划与远景

一是建设苏北区域性总部经济发展高地。随着国际创投中心、华邦国际、紫薇国际广场等一批优质载体先后建成,聚集了北京红牛、上海银行等 26 家年营业收入超亿元的区域总部企业,将逐步打造总部经济发展高地。二是建设盐城市文创旅游创新高地。集聚区整合文化艺术中心、海洋馆等文旅资源,实施聚龙湖提档升级工程。三是建设盐城市都市时尚生活中心。围绕打造盐城高端商贸中心的目标,集聚区推动金鹰天地、凤凰汇聚龙中心向高端化、智慧化、品牌化发展,成为盐城高端品质生活"首选地"。

九、扬州"双东"文化创意产业集聚区

1. 园区概况

扬州双东历史街区东关街全长 1122 米,宽约 5 米,位于古城扬州的东北角,因为街道由西向东直抵东关城门,或者说直抵东关古渡,故名东关街。原街道路面为长条板石铺设,这条街以前不仅是历史上古城扬州水陆交通要冲,而且是扬州商业、手工业和宗教文化中心。清代扬州曾有"园林甲天下"之誉,至今还保留着许多优秀的古典园林,东关街上也不乏扬州园林的身影。其中,个园作为扬州历史最悠久、保存最完整、最具艺术价值的园林,早已名声在外。而在东关街上,还有例如壶园、逸圃等,这些也都可算是园林中的上品。

过去的东关街街面上市井繁华、商家林立,行当俱全,生意兴隆。陆陈行、油米坊、鲜鱼行、八鲜行、瓜果行、竹木行近百家之多。这条街上"老字号"商家就有开业于 1817 年的四美酱园、1830 年的谢馥春香粉店、1862 年的潘广和五金店、1901 年的夏广盛豆腐店、1909 年的陈同兴鞋子店、1912 年的乾大昌纸店、1923 年的震泰昌香粉店、1936 年的张洪兴当铺、1938 年的庆丰茶食店、1940 年的四流春茶社、1941 年的协丰南货店、1945 年的凌大兴茶食店、1946 年的富记当铺;此外还有周广兴帽子店、恒茂油麻店、顺泰南货店、恒泰祥颜色店、朱德记面粉店等。这里也是古城扬州手工业的集中地,前店后坊的连家店遍及全街,如樊顺兴伞店、曹顺兴箩匾老铺、孙铸臣漆器作坊、源泰祥糖坊、孙记玉器作坊、董厚和袜厂等。

2. 园区定位

目前,由李长乐故居、逸圃、华氏园等名园组成改建的长乐客栈已经初具规模。整个客栈为具有扬州特色的民居式精品文化主题酒店，占地约 1.67 公顷，拥有近百间客房，会议中心、餐饮、咖啡室等配套功能齐全，将成为东关街乃至全扬州极具代表性的超五星级园林式酒店。

3. 园区优势

(1) 文化创意旅游

随着人们生活水平的不断提高和旅游业的快速发展，以自然和人文景观观光为主的传统旅游模式已远远不能满足游客的消费需求，具有体验性、文化性、创意性和娱乐性的旅游产品日益受到人们的推崇与欢迎。为此，双东历史街区充分利用丰富的历史文化、生态文化和旅游资源，积极开发都市休闲、历史文化旅游、生态旅游休闲等特色产品。其中包括：进一步挖掘和整合区域自然、人文景观资源，依托个园、胡氏住宅、汪氏小苑等打造东关街商品化开放式旅游景区；对辖区内的公园、景区集中管理，推出丰富多彩的旅游节庆活动；鼓励开发具有双东特色的"扬州礼物"，建立旅游商品研发、设计、生产和营销链条，促进旅游与相关产业联动发展。

(2) 开发剪纸、曲艺等非物质文化遗产

与旅游业紧密结合，充分利用非物质文化遗产开发相关文化产品和服务，对有市场前景的非物质文化遗产项目实施产业化。按照"保护为主、抢救第一、合理利用、传承发展"的方针，切实做好剪纸、曲艺等传统技艺的保护和传承工作，创新传承方式，拓展服务项目，开拓旅游市场，推动优秀文化遗产走近群众、走向市场，在与产业和市场的结合中实现传承和可持续发展。积极运用数字技术、网络技术以及声光电等现代科技手段研究、发掘、展示剪纸等传统技艺，再现传统生产技术和工艺流程，不断提高"非遗"的保护和开发利用水平。

(3) 工艺品会展业

加强博物馆的展示、交易功能，完善博物馆产业化、社会化运作机制。办好中国漆器、玉器、剪纸等有影响的"国字号"专业工艺品展会，形成全国性会展品牌。重视展览硬件设施建设和第三产业的综合配套服务，以展会为活动载体，组织工艺美术企业赴全国各地参加展览，宣传双东街区的特色工艺美术品。创造良好环境，利用人才优惠政策引进和留住工艺美术大师，借助大师和大品牌的双重品牌效应，为工艺美术行业鸣锣开道、招贤纳士。打造书画艺术、文物古玩、工艺精品展销、评审、拍卖、创作交流的拍卖市场，将深厚的文化资源优势转化为有形的产业优势，做大做强历史街区的艺术品市场。

(4) 演艺娱乐业

采取"调整、优化、创新、提高"的发展方针，积极发展内容健康、格调高雅的演艺娱乐项目，进一步扩大传统文化娱乐品牌效应。结合历史街区现有的名胜古迹，在原有"千秋粉黛"等文艺演出的基础上打造类似"印象刘三姐"的大型实景演出，使之成为一台基于自然和文化遗产，用创意的方式整合旅游资源，具有全国影响力的经典剧目，更好地宣传和扩大历史街区的影响力和知名度。同时鼓励和支持投资兴办演出团体、演出场所、演出经纪机构和举办演出活动，按照整合资源、调整布局、优化结构、提高效益的要求，积极培育具有市场竞争力的新型演艺市场主体，大力推进资源重组，提高演艺娱乐业的市场化程度。

4. 规划与远景

在工艺美术类方面，东关街将引入有文化品位的现代型商户，从而提升项目的内涵与活力。例如漆器、玉器、剪纸、雕刻品、古琴、古筝等扬州传统文化商品的商铺。大量的特色商品的集合区，力

图让游客领略到扬州工匠独具良心的独特魅力。

在古玩类方面,目前已有一部分古玩商铺扎营东关街,包括字画、玉器、漆器等共有10多家,如古艺馆等。另外,还有20多家古玩商铺已在装修之中。东关街未来将打造成在江浙地区有影响力的古玩交易市场。

在特色餐饮类方面,以扬州美食为主打,主推淮扬菜,东关片区的餐饮已成扬州餐饮新形象。淮扬菜本身就是扬州历史文化的代表,游客们在吃饭休闲方面也能感受到古城扬州特有的传统文化。未来将在此基础上搭配引入休闲型的非传统餐饮,更加符合年轻一代的口味。

十、宿迁市电子商务产业园

1. 园区规划

宿迁市电子商务产业园区,总体规划建设面积6.4平方公里,已建成区域1.2平方公里,主要有京东客服中心、电子商务第一街、文化公园、通联物流等项目,已集聚了20多家电子商务相关企业入驻;正在推进建设区1.6平方公里,主要有京东物流园、物流配送中心及展示、培训中心等项目;待建区3.6平方公里,主要规划有电商集聚中心以及居住、金融配套服务设施等项目。

2. 园区定位

坚持"以企业为主体,以人的需求为导向,以电子商务为特色",倾力打造集电商运营、网络交易、物流配送、定制加工、软件研发、文化创意等多功能、多业态融合的电子商务园区。

3. 园区优势

宿豫区紧紧抓住省市大力扶持电子商务产业发展的难得机遇,把规划建设中国宿迁电子商务产业园,作为优化结构调整、产业转型升级、彰显城市特色的重要抓手,依托现有电子商务优势,建立"电子商务集聚中心、区域快递配送中心、现代服务业发展中心、定制经济示范中心"的目标定位,秉承"创新、创业、梦想",打造多功能智慧电子商务园区。为此,该区专门成立中国宿迁电子商务产业园工作指挥部,由区委书记任政委,区长任总指挥,园区成立了党工委、管委会,下设"一办四局",牵头负责园区的规划、建设、招商与服务工作,在全区范围内择优选调规划、建设、金融等方面人才,实行扁平化垂直到底管理,并以"PPP"模式成立了中国宿迁电子商务发展有限公司,作为园区的投资与开发建设主体。

4. 规划与愿景

中国宿迁电子商务产业园是市委、市政府为适应经济发展新常态、加快推动经济转型升级,依托宿豫电子商务产业发展基础而规划建设的集电商运营、网络交易、物流配送、定制加工、软件研发、文化创意于一体的多功能、多业态融合的电子商务园区,着力打造电子商务产业集聚中心、区域性物流快递配送中心、现代服务业发展中心、定制经济创新示范中心"四大中心"。力争通过五年左右时间,建成具有宿迁特色、全国一流、世界知名的电子商务产业园,成为带动宿迁经济转型升级的重要引擎。

举措篇

一、加快沿海地区服务业高质量发展

近年来,伴随沿海开发国家战略的持续推进,江苏省发改委不断加大对沿海地区服务业高质量发展的支持力度,沿海产业结构不断优化,服务业转型升级步伐加快,总体呈现调优、调高的趋势。2019年,沿海三市完成服务业增加值8475亿元,占GDP比重为46.5%。其中,盐城市服务业增加值占GDP的比重最高,达到47.5%,同时,服务业同比增速也在三市中居首位,达到7.5%。在推动生产性服务业向价值链高端攀升,推动生活性服务业精细化、高品质发展方面,沿海三市成绩单斐然。江苏天马网络科技集团有限公司、罗莱生活科技股份有限公司等24家单位入选首批江苏省先进制造业与现代服务业深度融合试点,南通市海安商贸物流产业园、盐城市城西南现代物流园等积极开展省级现代服务业综合改革试点。截至目前,南通、盐城、连云港在电子商务、现代物流等重点服务业领域已经培育认定集聚示范区20家、领军企业9家,以及地道东台电商服务有限公司、连云港电子口岸信息发展有限公司、江苏盐城国投商务有限公司等具有一定影响力的互联网平台经济重点企业13家,还认定了省级养老服务业综合发展示范基地2家。

2020年,江苏省发改委继续加强对江苏沿海地区服务业发展的规划引导和政策支持,进一步优化服务业空间布局,推进区域产业协同发展,加快建设沿海服务业产业带,着力发展以海洋经济为特色的科技服务、滨海旅游、多式联运等现代服务业,深化沿海地区先进制造业和现代服务业深度融合发展,切实提升沿海地区现代服务业发展水平和特色优势。

二、江苏省第3期养老服务业企业高级管理人员培训班圆满结业

为贯彻江苏省委、省政府关于加快发展现代服务业的战略部署,全力推进"十三五"养老服务业发展规划实施,提高养老服务业企业家经营管理和创新创业能力,江苏省发改委于11月4—7日在南京财经大学举办江苏省第3期养老服务业企业家培训班。培训对象为全省养老服务业企业家的高级管理人员,约70人。

培训主要内容有养老服务业人力资源管理、用户思维——如何办好养老企业、中国特色养老服务体系宏观政策解读、养老企业信息化构建、养老企业发展和文化建设和养老企业标准化品牌化建设等课程,并现场参观了南京朗诗常青藤养老服务有限公司、江苏悦华养老产业有限公司等代表性企业。此次培训内容丰富,形式多样,达到了增长知识、开阔眼界、加强交流、广受启发的良好效果。培训结束时,学员纷纷表示,此次培训组织精心,课程内容丰富实用,加强了企业间互动交流合作,为企业下一步建设发展奠定了良好基础。

三、江苏省发展改革委举办江苏省服务业高质量发展企业家座谈会

2019年9月20日,江苏省服务业高质量发展企业家座谈会在北京邮电会议中心举行,会议由

江苏省发展改革委服务业处组织召开,江苏省第 15 期现代服务业企业家培训班的 50 余名企业高管共同参加了本次座谈。

(一)加强顶层设计,做好企业"指南针"

会议开始,江苏省发改委服务业处负责同志首先对江苏省发改委在"十三五"期间服务企业、促进现代服务业高质量发展方面的重点工作做了简要介绍,包括服务业重点项目建设、重点企业培育、政策引导、资金扶持、人才培训、媒体宣传、线下企业家交流活动等方面做出的探索实践。

随后,负责同志对江苏省"十四五"期间促进先进制造业和现代服务业深度融合、构建现代产业体系的相关发展政策措施,包括与之对应的"两业融合百企试点方案"进行了深入介绍。他表示,希望通过分享,能够为企业高管们在企业发展、战略规划、转型升级和政策资金争取等方面给予一定帮助,共同促进江苏省服务业高质量发展。

(二)积极建言献策,聚焦现代服务业高质量发展

约 50 位来自江苏省生产性服务业百企升级引领工程、互联网平台经济"百千万"工程及江苏省现代服务业重点培育企业的企业高管,在随后的自我介绍环节畅所欲言,与在座的领导、同学分享培训以来的所思所想,将现场氛围推向高潮。

来自众能联合数字技术有限公司的李勇提出,除了对于服务业企业普惠性的政策支持外,对于符合行业趋势、符合国家发展规划的头部企业,希望政府能够予以重点关注和支持,帮助企业从省级层面推向国家层面。南京万德斯环保科技股份有限公司副总经理常邦华希望在江苏省现代服务业研究院下设专业技术委员会或成立企业联盟,由各专业领域龙头企业牵头建立,通过此种形式对细分领域的行业问题、行业规划做出更专业的交流指导,也便于省内出台细分行业的相关政策,促进行业发展。

(三)练内功强本领,共融中实现共赢

江苏省发展改革委组织本次江苏省服务业高质量发展座谈会,旨在引导和促进广大服务业企业练好"内功",不断强化自身,增加产业融合、互助共赢的可能性;鼓励在座企业家争做"有心人",以本次清华大学培训为契机,化"被动交流"为"主动交流",树立合作意识。未来,江苏省发改委将依托江苏现代服务业研究院等平台,面向广大服务业企业强化政策支持、行业研究和资源对接,一如既往为广大服务业企业做好服务工作,助力江苏省现代服务业高质量发展。

四、江苏省率先推行先进制造业和现代服务业深度融合试点工作

为贯彻落实中央全面深化改革委员会第十次会议精神和江苏省委、省政府关于构建现代产业体系、推动经济高质量发展的相关决策部署,近期,江苏省发展改革委启动开展江苏省先进制造业和现代服务业深度融合试点工作,支持跨业联动,鼓励先行先试,探索推进"两业"深度融合发展的创新路径和有效机制。

根据国家发展改革委等 15 部门联合印发的《关于推动先进制造业和现代服务业深度融合发展的实施意见》,省发展改革委在广泛调研、积极酝酿的基础上,有序组织实施《江苏省先进制造业与现代服务业深度融合试点工作方案》,引导骨干企业、产业园区和有条件的地方确立"两业"深度融合发展理念,制定以融合促转型、以融合提质效的务实举措。经由试点单位自主编制试点方案,各地精心遴选和推荐申报,目前,全省研究确定 123 家龙头骨干企业、21 家产业集群和 15 家集聚区域作为首批"两业"深度融合试点单位。

江苏省"两业"深度融合试点将重点围绕和依托新型电力(新能源)装备、工程机械、物联网、高端纺织、前沿新材料、生物医药和新型医疗器械、集成电路、海工装备和高技术船舶、高端装备、节能环保、核心信息技术、汽车及零部件(含新能源汽车)、新型显示等 13 个先进制造业集群以及部分服务业制造化领域,以生产性服务业发展为主攻方向,以百企示范为引领,支持试点单位积极发展高端科技服务、个性化定制服务、工业设计、现代供应链、智能制造与运营管理、工业互联网、大数据服务、融资租赁服务、整体解决方案服务、总集成总承包服务、产品全生命周期管理等新业态新模式。着力构建产业链双向互动耦合机制,增强生产性服务业对先进制造业的引领和支撑作用,打造一批"两业"深度融合的优势产业链条、新型产业集群、融合示范载体和产业生态圈。在"扬先进制造之长、显现代服务之优、创江苏经济之特"的实践中,形成一批重要成果,积累"两业"深度融合试点宝贵经验,推动先进制造业和现代服务业相融相长、耦合共生。

五、发改委举办江苏省第 10 期现代服务业管理人员研修班

为贯彻江苏省委、省政府关于加快发展现代服务业的战略部署,推进省生产性服务业"双百"工程,提高各级服务业管理人员综合素质,江苏省发改委于 4 月 15—18 日在北京大学举办江苏省第 10 期现代服务业管理人员研修班。培训对象为:省服务业发展领导小组成员单位联络员和各地发展改革委服务业处负责同志等约 50 人。

培训安排了区域经济与现代服务业创新发展、宏观经济形势与金融形势、服务业高质量发展指标体系与实施路径、中国经济的"三新"(新经济、新贸易、新消费)发展趋势、新旧动能的背景与战略布局、创新思维与领导艺术等课程,并组织学员赴中关村参观学习。培训采取课堂讲授、分组讨论、案例研讨、现场教学相结合的形式进行,有效促进各级服务业管理人员深入理解现代服务业发展特点、未来趋势和机遇挑战,达到了增长知识、开阔思路、加强交流、广受启发的良好效果。结束时,学员纷纷表示,培训组织周密、课程丰富实用、导师德才兼备,对拓宽工作思路、创新工作方法、加强部门合作起到强大作用,为加快推动全省服务业高质量发展夯实了基础。

六、契合发展方向,创新扶持方式,省级服务业专项资金更好助力高质量发展

近年来,江苏省积极发挥省级现代服务业发展专项资金对全省服务业发展的导向、示范和引领作用,按照《江苏省省级现代服务业(其他服务业)发展专项资金管理办法》确定的"突出重点、政府引导、方式多样、注重绩效"原则,重点突出,导向明确,方式创新,促进产业升级,更好助力现代服务

业高质量发展。今年安排省级现代服务业发展专项资金 4.2 亿元,扶持服务业项目 218 个,带动社会投资 125.7 亿元,显著拉动了全省服务业投资。

省级现代服务业发展专项资金紧紧围绕江苏省现代服务业发展规划和相关政策文件明确的产业导向,对重点领域给予重点扶持。今年专项资金中安排财政奖励类资金 1.04 亿元,用于生产性服务业"双百"工程、互联网平台经济"百千万"工程等六类企业或园区的认定奖励。其中,安排 2000 万元,按照《江苏省政府关于加快发展生产性服务业促进产业结构调整升级的实施意见》及实施方案等文件,对江北新区智能制造产业园、苏州高铁新城大数据产业园等 20 家生产性服务业集聚示范区给予奖励;安排 3200 万元,对江苏亨通光电股份有限公司、江苏仅一联合智造有限公司等 32 家省级生产性服务业领军企业给予奖励;安排 300 万元,对淮安电子商务现代物流园等 3 家省级物流示范园区给予奖励;安排 3500 万元,按照《江苏省政府关于加快互联网平台经济发展的指导意见》及实施方案,对江苏跨境电子商务服务有限公司、江苏徐工电子商务股份有限公司等 35 家互联网平台经济重点企业给予奖励;安排 1100 万元,按照江苏省政府办公厅《关于加快发展生活性服务业促进消费结构升级的实施意见》及促进养老服务业发展的相关文件,对江苏悦心养老产业有限公司等 11 家省级养老服务业综合示范基地和创新示范企业给予奖励;安排 300 万元,按照促进服务业品牌建设和标准化建设的相关政策,对南通顺丰速递有限公司等 15 个服务业标准化建设试点单位给予奖励。

为了缓解中小型服务业企业融资难、融资贵的问题,专项资金创新使用方式,累计已安排 3 亿元融资增信资金,政府委托江苏银行、工商银行、招商银行、民生银行对中小型服务业企业开展融资增信服务,银行承诺贷款规模放大到 60 亿元。截至目前,四家合作银行累计已发放贷款近 100 亿元,累计支持企业 1800 余户。

江苏省省级现代服务业发展专项资金采取贷款贴息、投资补助、切块扶持等多种方式,用于支持生产性服务业发展、消费提质升级和服务业集聚区建设。今年专项资金中安排 2622 万元,对无锡北邮国昊物联生态园、中国常州检验检测认证产业园等 10 个服务业重大项目固定资产投资给予贷款贴息;安排 1 亿多元,对南京福佑在线电子商务有限公司"福佑卡车科技整车运力平台"、南京途牛科技有限公司"线上线下融合的旅游服务平台研发及产业化"等 59 个服务业公共服务平台建设给予投资补助。省级服务业重点项目也是专项资金支持的重点,今年专项资金中安排 7361 万元,对中阿(联酋)产能合作示范园科技创新公共服务平台项目、车灯智能驾驶系统等 23 个服务业重点项目建设给予支持。

为了加快推进现代服务业集聚区提档升级,进一步完善服务功能,提升集聚集约发展水平,今年,首次组织对全省省级现代服务业集聚区和生产性服务业集聚示范区开展了综合评价。专项资金安排 1 亿元,对在综合评价中排名前列的中国(南京)软件谷、昆山花桥国际商务城等 10 家省级生产性服务业集聚示范区和现代服务业集聚区给予切块扶持,用于集聚区(示范区)载体建设、公共服务平台搭建、重点项目补助、人员培训等。

2015 年,江苏省财政厅、省发改委改革省级现代服务业专项资金支持方式,会同江苏高投共同发起设立了江苏省现代服务业发展基金(有限合伙),经过四年的投资运作,基金总规模已达 15.85 亿元,其中,省级专项资金累计安排出资 5 亿元。

基金充分发挥财政资金"四两拨千斤"的撬动效应,以股权投资方式破解创新型、科技型中小企业融资难等成长难题,促进江苏省现代服务业高质量发展。基金投资的 20 个项目,已带动就业超过 2 万人,带动其他社会资本投资超过 100 亿元。尽管被投企业大多为中小企业或早期项目,去年已贡献税收超过 5 亿元。

基金投资布局了电子商务、计算机软件和信息服务、AI 人工智能、网络安全、物联网、现代物流等新兴服务业,如在电子商务行业投资了汇通达(农村电商)、随易信息(社区生鲜电商)、车置宝(二手车电商)等项目;在信息服务、AI 行业投资了易视腾(互联网电视)、睿悦(VR/AR)、清睿(AI)、博联(物联网智能家居)、软通智慧(智慧城市)等项目;在网络安全领域投资了天地和兴等项目;在现代物流行业投资了盛航海运、燕文物流等知名项目;在生产性服务业行业投资了南京贝迪、苏试试验。目前,汇通达已成长为全国农村电商行业领导者,互联网巨头阿里巴巴于去年 4 月投资汇通达,成为其第二大股东;易视腾是无锡市政府重点引进的互联网电视业务运营服务的高新技术企业,专注于互联网电视核心技术研发、智能终端开发及销售,已成为中国互联网电视领航者,业绩快速增长;南京睿悦信息成长为全球知名的 VR/AR/MR 行业的整合方案提供商,去年睿悦 Nibiru 移动 AR/VR 设备操作系统获得"世界 VR 产业大会 VR/AR 创新金奖",是全球 VR/AR/MR 领域针对 B 端行业客户提供完整解决方案的领导者,睿悦和南京市政府合作连续四年举办 VR/AR 技术国际高峰论坛,帮助拥有核心技术的中国企业走向海外市场。这些技术门槛高、模式创新的新兴产业,较好地支持了江苏服务业的转型升级。下一步,基金还将根据市场变化,不断优化投资方向,促进先进制造业和现代服务业深度融合。

七、江苏省成功发行全国首单农村产业融合发展专项债券

4 月 24 日,2019 年无锡市锡西新城产业发展集团有限公司农村产业融合发展专项债券("19 锡西专项债")成功发行,发行规模为 9.5 亿元,期限 7 年期,发行利率 5.23%,全场认购倍数 2.52 倍,获得了市场投资者的踊跃认购,本支债券是全国范围内首支获核准、首支成功发行的农村产业融合发展专项债券。

"19 锡西专项债"于 2019 年 3 月 20 日获国家发展改革委核准,募集资金将主要用于有机生态高新农业产业项目和有机生态(茶)产业提升项目建设,由天风证券股份有限公司任主承销商,江苏省信用再担保集团提供保证担保,主体评级 AA,债项评级 AAA。

"19 锡西专项债"是国务院办公厅印发《关于推进农村一二三产业融合发展的指导意见》以来发行的首支农村产业融合发展专项债券,项目通过对区域内现有耕地的有效整合,将资本、技术和资源要素进行跨界集约化配置,促进农业生产和销售,并将农业种植与休闲以及其他类型服务业有机整合,实现区域内一二三产业的紧密相连和协同发展,是对构建农村现代产业体系的重要尝试,将为江苏省积极利用创新金融工具服务乡村振兴积累重要经验。

政　策　篇

省政府办公厅关于促进家政服务业提质扩容的实施意见

（苏政办发〔2020〕9 号）

各市、县（市、区）人民政府，省各委办厅局，省各直属单位：

家政服务业是现代生活服务业的重要组成部分。加快发展家政服务业，是顺应市场需求、实现人民生活高质量的必然要求，是稳定和扩大就业、推动社会合理分工的有益举措，是推动形成强大国内市场、促进经济社会转型的重要支撑。为贯彻党中央、国务院部署，落实《国务院办公厅关于促进家政服务业提质扩容的意见》（国办发〔2019〕30 号），促进全省家政服务业提质扩容，更好满足人民群众日益增长的多层次多样化家政服务需求，推动经济社会高质量发展，经省人民政府同意，现提出如下实施意见。

一、加强教育培训，提高家政从业人员素质

（一）加强家政从业人员职业道德和职业能力建设

探索新形势下家政从业人员职业道德和职业能力教育培训体系，完善职业道德和职业技能相关标准。将职业道德教育贯彻家政培训始终，加强文化修养、法律常识、服务礼仪、公共卫生等教育培训。开展家政企业职业经理人培训。加强长三角地区家政服务合作，推动培训体系、培训标准、技能证书等互通互认。〔省人力资源社会保障厅、省商务厅、省发展改革委、省教育厅、省总工会、省妇联按职责分工负责。以下均需各市、县（市、区）人民政府落实，不再列出〕

（二）加强家政服务相关学科专业建设

加大对开设家政服务相关专业本科高校和职业院校（含技工院校，下同）的支持力度，支持有条件的院校增设家政学和家政服务相关专业。优化家政服务学科专业结构，提升人才培养水平，扩大人才培养规模。支持符合条件的家政企业举办家政服务类职业院校。积极参加家政服务相关专业1＋X证书制度试点。（省教育厅会同省人力资源社会保障厅、省商务厅等负责）

（三）深化家政服务领域产教融合

将家政服务列为职业教育产教融合、校企合作优先领域。推动组建一批家政服务职业教育集团，试点建设家政服务业产教联盟。支持相关院校联合家政服务企业开展校企合作，开展订单式人才培养和技能培训。支持家政企业与院校共建实训基地，参与人才培养体系建设。原则上每个设区市至少建成 1 个家政服务实训基地或可开展家政服务实训的公共实训基地，实现家政服务实训能力全覆盖。全省建设培育 20 家以上产教融合型家政企业。（省发展改革委、省教育厅、省人力资

源社会保障厅、省商务厅负责）

（四）加强家政服务培训

推动形成政府支持为基础、企业和实训基地为主体、院校为支撑的家政服务培训体系。将家政服务纳入职业技能提升行动工作范畴，所需经费按规定从失业保险基金支持职业技能提升行动专项资金中列支。把家政服务相关职业（工种）纳入紧缺职业（工种）范围。开展家政培训提升专项行动，实施工会技能培训促就业行动、巾帼家政服务专项培训工程，各地各部门要统筹相关经费，支持职业院校、行业协会、企业等开展家政培训。加强岗前培训和"回炉"培训工作力度，对新上岗家政服务人员开展规范化岗前培训，推动在岗家政服务人员每两年至少得到1次集中"回炉"培训。开展全省家政服务业职业技能大赛，并纳入全省百万技能人才技能竞赛岗位练兵活动竞赛目录。支持社会培训和评价机构开展家政服务员等职业技能培训和评价工作。（省商务厅、省人力资源社会保障厅、省财政厅、省教育厅、省总工会、省妇联等按职责分工负责）

二、加强扶持培育，促进员工制家政企业发展和家政进社区

（五）发展一批员工制家政企业

通过推动家政中介机构转型，引导灵活就业人员逐步实现稳定就业，发展一批员工制家政企业。研究制定员工制家政企业规范，逐步推开分等定级管理。（省商务厅、省发展改革委、省人力资源社会保障厅、省税务局负责）

（六）规范员工制家政企业员工参加社会保险

员工制家政企业应依法与招用的家政服务人员签订劳动合同，按月足额缴纳城镇职工社会保险费；家政服务人员不符合签订劳动合同情形的，员工制家政企业应与其签订服务协议。家政服务人员可作为灵活就业人员按规定自愿参加城镇职工社会保险或城乡居民社会保险。探索适应灵活就业人员身份的家政服务人员工伤保险保障方式。（省人力资源社会保障厅、省医保局、省商务厅负责）

（七）支持员工制家政企业发展

按规定给予符合条件的员工制家政企业提供家政服务取得的收入免征增值税。对符合条件不裁员或少裁员的员工制家政企业按规定返还失业保险费，为符合条件的员工制家政企业员工提供免费岗前培训和"回炉"培训。有条件的地方可利用城市现有设施改造作为员工制家政服务人员集体宿舍，园区配建职工宿舍优先面向员工制家政服务人员。支持有条件的员工制家政企业提供职工集体宿舍。（省财政厅、省税务局、省人力资源社会保障厅、省商务厅、省住房城乡建设厅分工负责）

（八）推动家政进社区

结合基层公共服务标准体系和城乡社区服务体系建设，统筹推进社区家政服务发展。家政企

业在社区设立服务网点,其租赁场地不受用房性质限制,水电等费用实行居民价格。支持各地依托社区居家养老服务中心、街坊(邻里)中心、物业(商业)中心等社区综合服务设施建设嵌入式家政服务网点,政府投资建设的,经资产管理部门审批后可通过减免租金等方式给予支持。推动"互联网＋"与社区家政服务深度融合,打造线上线下相结合的社区家政服务。(省发展改革委、省商务厅、省住房城乡建设厅、省财政厅、省税务局、省民政厅分工负责)

三、完善公共服务,改善家政服务人员从业环境

(九)保障家政从业人员合法权益

灵活确定员工制家政服务人员工时,促进家政企业切实保障家政服务人员的工时待遇、休息权利等。创新工会组建形式,畅通入会方式,最大限度把家政从业人员组织到工会中来,同步组建工会女职工委员会,加强从业人员关爱保护。在家政服务行业完善劳动关系协调协商机制,探索建立协调劳动关系三方组织,开展行业性集体协商,推行集体合同制度。鼓励家政企业建立党(团)组织。(省总工会、省人力资源社会保障厅、团省委、省妇联分工负责)

(十)积极改善家政从业人员居住条件

各地应将符合条件的家政从业人员纳入公租房保障范围,灵活采取集中实物配租或发放租赁补贴等方式,加强家政从业人员住房保障。(省住房城乡建设厅负责)

(十一)加强家政服务人员体检服务

家政企业应组织服务人员开展岗前和定期健康检查。从事体检的医疗机构要明示收费标准,建立体检档案,加强体检服务。(省商务厅、省卫生健康委负责)

(十二)加强家政服务业供需对接

家政用工需求较大的地区和企业,要与劳动力输出地区建立稳定对接机制,每年组织家政企业举办现场招聘会、供需见面会和宣讲会,促进劳动力转移合作。建立健全特殊人群家政培养培训机制,为困难学生、失业人员、贫困劳动力等人群从事家政服务提供支持。为去产能失业人员、建档立卡贫困劳动力免费提供家政服务培训。(省人力资源社会保障厅、省商务厅、省总工会、省妇联等分工负责)

(十三)畅通家政从业人员职业发展路径

引导家政企业将员工学历、技能等级与工资收入、福利待遇、岗位晋升等挂钩。支持家政从业人员多种渠道接受继续教育,提升学历层次。(省人力资源社会保障厅、省总工会、省教育厅分工负责)

(十四)表彰激励优秀家政从业人员

省级劳动模范、五一劳动奖章、三八红旗手等评选表彰向家政从业人员倾斜,将国家级一类、二

类职业技能大赛和省百万技能人才技能竞赛岗位练兵活动获奖的家政从业人员,纳入省级高技能人才评定范围,并在积分落户等方面给予照顾。符合条件的家政企业经营管理人才,可参加经济类职称评审。在家政服务行业开展城乡妇女岗位建功和寻访青年岗位能手、"最美家政师"等活动,加强学习宣传。(省商务厅、省人力资源社会保障厅、省总工会、团省委、省妇联分工负责)

四、加强信用建设,健全家政服务领域信用体系

(十五)加强平台建设

开展家政服务领域信用建设专项行动,构建以信用监管为基础的家政服务市场新型监管机制。建设完善省家政服务诚信平台、省巾帼家政联盟信用平台,开展全省家政信用记录采集、归集及后期管理工作,并与省商务诚信公众服务平台、省公共信用信息平台、省市场监管信息平台等共享信息。省有关部门要根据全省信用信息共享平台推送的家政企业、从业人员和消费者名单,对各自职权范围内的相关违法违规、表彰等信息进行记录和动态反馈。(省商务厅、省发展改革委会同省公安厅、人民银行南京分行、省税务局、省市场监管局、江苏银保监局、省妇联等负责)

(十六)优化家政服务信用信息服务

打通家政从业人员职业背景信息验证核查渠道,按规定向社会公众提供家政企业、从业人员等的身份认证、信誉核查、健康信息、信用报告等服务。(省商务厅、省发展改革委、省公安厅分工负责)

(十七)加大守信联合激励和失信联合惩戒力度

探索建立"红黑名单"和家政服务市场主体信用等级管理制度。按照公共信用综合评价机制,重点对以保洁、母婴和养老护理类为主营业务的家政企业开展信用评价,并逐步向社会公布。对信用等级较高的企业减少监管频次,提供融资、租赁、税收等便利服务;对在家政服务过程中存在违法违规和严重失信行为的家政企业及从业人员依法依规开展失信联合惩戒,实施限制经营、公开曝光等惩戒措施。(省商务厅、省发展改革委分工负责)

五、加强标准建设,提高家政服务行业规范化水平

(十八)加强家政服务标准体系建设

推进家政服务标准化试点示范建设。成立省级家政服务标准化技术委员会,研究制定家政电商、教育培训和考核鉴定等标准,分类制定和完善服务、质量、管理等地方标准体系。支持各级家政行业组织开展团体标准化工作。鼓励行业组织和龙头企业参与制定家政服务国家标准、地方标准,健全企业标准。对列入省服务业标准化试点的项目,给予一定奖励。(省市场监管局、省发展改革委、省商务厅、省人力资源社会保障厅分工负责)

（十九）全面推行使用家政服务合同示范文本

推广使用合同示范文本,规范家政服务三方权利义务关系。家政企业应与消费者签订家政服务协议,公开服务项目和收费标准,明确服务内容清单和服务要求。（省商务厅会同省人力资源社会保障厅、省市场监管局负责）

（二十）建立完善家政服务制度规范

开展家政服务业立法研究,制定完善行业规范。按照试点先行、稳步推进的原则,全国家政服务业提质扩容"领跑者"行动中,重点推进城市（区）和具备条件的地方开展试点,逐步建立覆盖全省的家政服务人员持证上门制度。（省商务厅、省发展改革委负责）

（二十一）建立家政服务消费纠纷调解机制

畅通"12315"互联网平台等消费者诉求渠道,发挥各级行业协会、消费者权益保护机构和行业管理职能部门作用,建立完善家政服务纠纷常态化多元化调解机制。建立家政服务质量第三方认证制度。对家政企业开展考核评价并进行动态监管。（省商务厅、省市场监管局、省总工会分工负责）

六、开展试点示范,促进家政服务业创新发展

（二十二）开展试点示范

开展全国家政服务业提质扩容"领跑者"试点行动,支持徐州、扬州市建设全国"领跑者"城市,在培育员工制企业、开展培训提升、推动家政进社区等方面取得一批试点经验,培育一批全国示范企业、示范社区和示范学校（专业）。鼓励有条件的地方创建全国重点推进城市（区）。加大品牌培育力度,对获得驰名商标的家政企业给予奖励。评选一批省级家政服务业创新示范企业,建设一批省级家政服务标准化社区。建立家政服务业重点联系企业制度。（省发展改革委、省商务厅、省教育厅、省人力资源社会保障厅、省财政厅、省妇联分工负责）

（二十三）支持家政服务业创新发展

支持家政服务商业模式创新。根据市场需求发展家庭理财、园艺、收纳、保健、寻购、心理服务等新业态。推动家政与养老、育幼、物业、快递、健康、零售等服务业融合发展。鼓励有条件的家政服务企业依托品牌优势,拓展服务网络,实现跨区域连锁化发展。大力发展智慧家政、家政电商等新业态。积极培育以专业设备、专用工具、智能产品研发制造为支撑的家政服务产业集群。支持家政服务平台企业发展,利用"互联网＋"帮助传统家政企业实现转型升级。（省商务厅、省发展改革委、省民政厅负责）

（二十四）加强行业组织建设

支持家政行业协会在行业规范、培训竞赛、职业技能等级认定、标准化建设、协调劳动关系等方

面积极发挥作用,对符合条件的项目可列入政府购买服务给予支持。(省商务厅、省人力资源社会保障厅、省市场监管局分工负责)

七、加强政策支持,推动家政服务业高质量发展

(二十五)加大财政税收支持力度

省统筹安排现代服务业、商务发展等专项资金,加大对家政服务业的支持力度。各地要统筹相关财政专项资金,加大地方支持力度。落实生活性服务业增值税加计抵减,以及支持养老、托幼、家政等社区家庭服务业发展的税费优惠政策。(省财政厅、省发展改革委、省商务厅、省税务局、省自然资源厅、省住房城乡建设厅、省人防办负责)

(二十六)加强金融政策支持

开展家政服务"信易贷"试点,加大对家政企业的信贷支持。对符合条件的家政企业可提供富民创业担保贷款,并按规定给予财政贴息。支持符合条件的家政企业发行社会领域产业专项债券和非金融企业债务融资工具。综合运用投资、基金等组合工具,支持家政企业连锁发展和行业兼并重组。(人民银行南京分行、江苏银保监局、省发展改革委、省财政厅、省人力资源社会保障厅分工负责)

(二十七)加快发展家政商业保险

鼓励保险公司开发专门的雇主责任保险、职业责任保险、意外伤害保险等产品。鼓励各地组织家政企业和从业人员统一投保并进行补贴。(江苏银保监局、省商务厅负责)

(二十八)加强社保补贴等社会保障支持

对家政企业招用就业困难人员、毕业年度高校毕业生或离校 2 年内未就业高校毕业生并缴纳社会保险费的,按规定予以社保补贴。在校大学生、毕业 2 年内的高校毕业生、复员转业退役军人、登记失业人员和就业困难人员,初次创办家政企业并带动就业的,按规定予以一次性创业补贴、场地租金补贴和带动就业补贴。允许未享受职工基本养老保险待遇的超龄家政从业人员(男性不超过 65 周岁、女性不超过 60 周岁)单险种试行参加工伤保险。(省人力资源社会保障厅负责)

在省人民政府领导下,建立由省发展改革委、省商务厅牵头的促进家政服务业提质扩容部门联席会议制度。各地各有关部门要提高思想认识,把推动家政服务业提质扩容列入重要工作议程。各设区市人民政府要强化主体责任,制定重点任务清单,确保各项政策措施落实到位。省有关部门要严格责任落实,细化工作举措,形成工作合力。各地各有关部门要用足用好相关政策措施,对受新冠肺炎疫情影响的家政企业和从业人员加大帮扶和支持力度。

附件:江苏省促进家政服务业提质扩容部门联席会议制度

江苏省人民政府办公厅

2020 年 3 月 4 日

附件

江苏省促进家政服务业提质
扩容部门联席会议制度

为贯彻落实《国务院办公厅关于促进家政服务业提质扩容的意见》(国办发〔2019〕30 号)精神和省实施意见有关要求,进一步促进家政服务业发展,加强部门间的协调配合,经省人民政府同意,建立促进省家政服务业提质扩容部门联席会议(以下简称联席会议)制度。

一、主要职责

在省委、省政府领导下,统筹推进家政服务业提质扩容工作,做好规划协调、政策保障、监测评估和技术指导,研究解决家政服务业提质扩容过程中的重大问题,推动制定家政服务领域中长期发展规划和重大产业政策,促进家政服务专业化、规模化、网络化、规范化发展。完成省委、省政府交办的其他事项。

二、成员单位

联席会议由省发展改革委、省教育厅、省公安厅、省民政厅、省财政厅、省人力资源社会保障厅、省住房城乡建设厅、省商务厅、省卫生健康委、省市场监管局、省统计局、省医保局、人民银行南京分行、省税务局、江苏银保监局、省总工会、团省委、省妇联等部门和单位组成,省发展改革委、省商务厅为牵头单位。

联席会议由省发展改革委、省商务厅主要负责同志担任召集人,省发展改革委、省商务厅分管负责同志担任副召集人,其他成员单位有关负责同志为联席会议成员。联席会议成员因工作变动需要调整的,由所在单位提出,报经联席会议确定。联席会议可根据工作需要增加成员单位。

联席会议办公室设在省发展改革委、省商务厅,承担联席会议的日常工作,完成召集人交办的其他工作,办公室主任由省发展改革委、省商务厅有关处室主要负责同志担任。联席会议设联络员,由各成员单位有关处室负责同志担任。

三、工 作 规 则

联席会议根据需要定期或不定期召开会议,由召集人或召集人委托副召集人主持。成员单位根据工作需要可以提出召开会议的建议。研究具体工作事项时,可视情召集部分成员单位参加会议,也可以邀请其他单位、有关地方和专家参加。联席会议以纪要形式明确议定事项并印发有关方面。重大事项按程序报告省委、省政府。

四、工作要求

省发展改革委、省商务厅要会同各成员单位切实做好联席会议各项工作。各成员单位要密切配合,认真落实联席会议议定事项,将省委、省政府决策部署落到实处。联席会议办公室要加强对议定事项的跟踪督促落实,及时向各成员单位通报情况。

省政府关于进一步推进养老服务
高质量发展的实施意见

（苏政发〔2019〕85号）

各市、县（市、区）人民政府，省各委办厅局，省各直属单位：

为深入贯彻党的十九届四中全会精神，落实《国务院办公厅关于推进养老服务发展的意见》（国办发〔2019〕5号）要求，现就进一步推进全省养老服务高质量发展提出如下实施意见。

一、加大养老服务多元投入

（一）提升政府财政资金投入精准度

梳理由财政资金保障的各类养老服务发展支出事项，结合养老服务实际需求予以重点保障，制定并严格执行中长期养老服务财政资金支持计划。到2022年，省本级和地方各级政府用于社会福利事业的彩票公益金，55%以上必须用于支持发展养老服务。制定省、市级政府购买养老服务目录和标准，建立与本地经济社会发展水平相适应的动态调整机制。〔省财政厅、省民政厅分工负责，各市、县（市、区）人民政府负责。以下均需各市、县（市、区）人民政府落实，不再列出〕

（二）引导养老服务多元化投入

鼓励社会资本通过PPP模式，参与养老服务机构、社区养老服务骨干网的建设运营。支持商业保险机构兴办养老服务机构及各类养老服务设施。鼓励通过慈善捐赠等方式投入养老服务。促进省养老产业投资基金规范发展。引导境外资本在省内通过直接投资、公建民营、合作经营等方式参与发展养老服务，享受同等政策待遇。（省财政厅、省民政厅、省发展改革委、省商务厅、省外办、江苏银保监局分工负责）

（三）拓展养老服务融资渠道

对符合授信条件但暂时遇到经营困难的民办养老机构，可采取续贷等方式予以支持。养老服务机构融资过程中，金融机构不得违规收取手续费、评估费、承诺费、资金管理费等。鼓励融资担保机构为养老机构提供担保服务，缓解"融资难、融资贵"现象。扩大养老服务产业企业债券发行规模，鼓励企业发行可续期债券，用于投资回收期较长的养老设施项目建设。（省发展改革委、省财政厅、省地方金融监管局、人民银行南京分行、江苏银保监局分工负责）

二、完善养老服务基本保障

（四）建立基本养老服务指导性目录

科学界定基本养老服务对象和内容，优先将经济困难的高龄、空巢独居、失能（失智）、计划生育特殊家庭等老年人纳入基本养老服务保障重点。省级制定基本养老服务指导性目录，各地应于2020年上半年发布本地区基本养老服务指导性目录。（省民政厅、省卫生健康委、省财政厅分工负责）

（五）健全长期照护服务体系

扩大老年人能力综合评估范围，到2022年全省80周岁以上老年人能力综合评估实现全覆盖。将失能（失智）老年人家庭成员照护培训纳入基本养老服务指导性目录。探索由养老服务人员为长期失能老年人提供短期的专业化照护服务，纾解家庭照护压力。探索建立子女带薪陪护假制度。全面落实养老服务补贴和护理补贴制度，有条件的地区可适度提高补贴标准，扩大补贴范围。按照国家统一部署，推进长期护理保险试点，支持发展长期照护商业保险。建立健全长期照护项目清单、服务标准以及质量评价等行业规范。（省民政厅、省财政厅、省卫生健康委、省医保局、江苏银保监局、省残联分工负责）

（六）提升特困供养保障水平

实施特困人员供养服务设施（敬老院）改造提升工程，改造升级照护型床位，开辟失能（失智）老年人照护单元。到2022年底，全省特困人员供养服务机构护理型床位占比达到50%以上；每个县（市、区）至少建有1所以失能（失智）、部分失能特困人员专业照护为主的县级特困人员供养服务机构；全省所有特困人员供养服务机构符合二级以上养老机构等级标准。（省民政厅、省发展改革委、省财政厅分工负责）

（七）完善老年人关爱服务体系

在全省建立养老服务顾问制度，发挥供需对接、服务引导等作用。全面建立居家探访制度，通过政府购买服务等方式，支持基层组织、社会组织等面向居家的独居、空巢、留守、失能（失智）、计划生育特殊家庭等特殊困难老年人开展探访与帮扶服务。到2022年，特殊困难老年人月探访率达到100%。（省民政厅、省财政厅、省卫生健康委分工负责）

（八）推进居家和社区适老化改造

2020年底前，采取政府补贴等方式，对所有纳入特困供养、建档立卡范围的高龄、失能、残疾老年人家庭实施适老化改造。2020—2022年，全省每年安排不少于3万户经济困难的高龄、失能、重度残疾老年人家庭进行适老化改造，由各级财政按照一定标准给予补贴。开展老年友好型社区建设，通过开展住区无障碍改造、增设为老服务设施、有条件的加装电梯等措施，为老年人提供安全、

舒适、便利的社区养老环境。(省住房城乡建设厅、省民政厅、省财政厅、省卫生健康委、省残联分工负责)

三、加强养老服务能力建设

(九)促进机构养老服务提质增效

持续开展养老院服务质量建设专项行动,2020 年底前,全省所有养老机构质量隐患整治到位。落实国家养老服务等级评定与认证制度,评定结果作为养老机构补贴等政策的重要依据。支持建设失能(失智)老年人照护机构和床位,到 2022 年,各设区市养老机构护理型床位占比不低于 60%。(省民政厅、省应急厅、省卫生健康委、省财政厅、省市场监管局分工负责)

(十)加强养老服务队伍建设

鼓励养老服务行业协会、培训机构和第三方评价机构在人力资源社会保障部门备案后,开展养老护理员职业技能等级认定,认定结果作为养老护理员享受相关补贴政策的重要依据。将养老护理员培训纳入职业技能提升行动,所需资金按规定从失业保险基金支持职业技能提升行动资金中列支。开展养老服务人才培训提升工程,到 2022 年底,全省培养培训养老护理员 13 万名、专兼职老年社会工作者 1 万名,所有养老机构负责人轮训一遍。推进养老服务实训基地建设,2020 年底前,各设区市均建有 2 个以上养老服务实训基地。建立依据职业技能等级、工作年限与入职补贴和服务价格挂钩制度,增强养老护理员职业吸引力。(省人力资源社会保障厅、省教育厅、省财政厅、省民政厅、省卫生健康委分工负责)

(十一)建立养老服务褒扬机制

将养老护理员技能大赛纳入全省职业技能大赛,对获奖选手按规定授予"江苏省技术能手"称号,并晋升相应职业技能等级。加强养老护理员关爱,广泛宣传养老护理员先进事迹和奉献精神,让其劳动创造和社会价值在全社会得到尊重。(省人力资源社会保障厅、省民政厅、省卫生健康委、省广电局分工负责)

(十二)推进养老服务标准化建设

健全养老服务地方标准体系,推出一批养老服务地方标准。开展养老服务标准化试点示范建设工作,省财政在养老服务体系建设专项资金分配中,对试点地区予以倾斜。(省民政厅、省卫生健康委、省财政厅、省市场监管局分工负责)

(十三)提升医养结合服务能力

全面开展以老年人为重点人群的家庭医生签约服务,到 2022 年,家庭医生签约服务覆盖 80% 以上失能(失智)老年人。鼓励以城市二级医院转型、新建等多种方式,积极发展老年医院、康复医院、护理院等老年健康服务机构,对社会举办康复医院、护理院等医疗机构区域总量和空间布局不作限制。到 2022 年,所有医疗机构开设为老年人提供挂号、就医等便利服务的绿色通道;养老机构与协议合作的医疗卫生机构普遍开通转诊绿色服务,所有养老机构能够以不同形式为入住老年人提供医疗卫生服务。(省卫生健康委、省民政厅、省医保局按职责分工负责)

(十四)推动居家、社区和机构养老融合发展

2021 年底前,所有城市街道建有 1 所以上具备全托、日托、上门服务等功能的综合性养老服务设施(机构);城市社区嵌入式养老服务机构或日间照料中心覆盖率达到 90% 以上。加大对专业化、连锁化、品牌化养老服务机构的扶持力度,鼓励支持养老机构运营居家社区养老服务设施。落实财政部、税务总局等 6 部门《关于养老、托育、家政等社区家庭服务业税费优惠的公告》,切实降低养老服务税费。各地应探索设置"家庭养老床位",完善相关服务、管理、技术等规范以及建设和运营政策。鼓励各地探索建立养老服务"时间银行",引导更多志愿者参与为老服务。探索推广农村老年人睦邻点建设,推进农村互助式养老发展。(省民政厅、省发展改革委、省财政厅、省自然资源厅、省住房城乡建设厅、省税务局分工负责)

四、强化养老服务综合监管

(十五)加快养老服务信用体系建设

建立覆盖养老服务企业(机构)法人、从业人员和服务对象的行业信用体系,加强信用监管和信息公开。建立养老服务失信联合惩戒机制,对被纳入养老服务市场失信联合惩戒对象名单的养老机构及服务企业实行重点监管,并按照有关规定依法予以惩戒。(省发展改革委、省市场监管局、省民政厅分工负责)

(十六)健全养老服务联合监管机制

建立健全养老服务领域"双随机、一公开"和联合执法工作机制,加大对违规养老服务行为的查处惩戒力度。建立养老服务投诉举报受理平台,拓宽公众参与社会监督的渠道和方式。建立完善养老服务安全监管约谈制度。加大"互联网+监管"在养老服务领域的应用。(省养老服务联席会议成员单位按各自分工负责)

五、打通养老服务发展制约瓶颈

(十七)破解养老服务设施消防审验瓶颈

对因未办理不动产登记、土地规划等手续问题未能通过消防审验的农村敬老院及利用闲置设施举办的符合消防安全要求的养老机构进行摸底排查,2019 年 12 月底前由省民政厅汇总后提请省政府集中研究处置。具备消防安全技术条件的养老机构,由相关主管部门出具意见,享受相应扶持政策。实施民办养老机构消防安全达标工程,采取以奖代补等方式,引导和帮助存量民办养老机

构按照国家工程建设消防技术标准配置消防设施、器材,整改重大火灾隐患。2021年底,所有存量民办养老机构消防设施、器材按照标准要求配置到位。(省应急厅、省住房城乡建设厅、省自然资源厅、省民政厅、省消防救援总队分工负责)

(十八)加强养老服务设施供地保障

将各类养老服务设施建设用地纳入国土空间规划和年度用地计划,确保用地计划落实。养老服务设施用地涉及新增建设用地的,在土地利用年度计划指标中优先予以安排。举办非营利性养老服务机构,可凭社会服务机构登记证书和其他法定材料申请划拨供地。营利性养老服务机构利用存量建设用地建设养老服务设施,涉及划拨建设用地使用权出让(租赁)或转让的,在原土地用途符合规划的前提下,允许补缴土地出让金(租金),办理协议出让或租赁手续。(省自然资源厅、省住房城乡建设厅、省民政厅分工负责)

(十九)落实养老服务设施规划建设要求

加强养老服务配套设施落实情况督导,确保新建小区按每百户20—30平方米配建居家社区养老服务用房;已建成的住宅区可采取政府回购、租赁等形式,按每百户15—20平方米的标准调剂解决到位。公共配建的养老服务设施符合划拨用地目录的,可以划拨方式供地;设施竣工验收后,应及时办理不动产权证,同步移交给属地的县(市、区)人民政府,由民政部门履行监管职责,确保养老服务用途。乡镇(街道)规划的养老服务设施用房以及政府闲置房产资源用于养老服务的,可交由承担本辖区养老服务的企业或社会组织低偿或无偿使用。对养老服务设施总量不足或规划滞后的,应在编制或修改国土空间利用总体规划时予以完善。2022年底前,有条件的县(市、区)完成养老服务设施专项规划编制工作。(省自然资源厅、省住房城乡建设厅、省民政厅、省卫生健康委分工负责)

六、提升养老服务消费能力

(二十)扩大优质老年用品产品供给

加快发展老年功能代偿产品,鼓励依法开发助行、助浴、助餐等特制辅具产品。出台老年人康复辅助器具配置、租赁、回收和融资租赁办法,推进在养老机构、城乡社区设立康复辅助器具配置服务(租赁)站点。鼓励支持企业研发生产智能养老设备以及适合老年人的优质产品。做优做强江苏国际养老服务博览会。(省发展改革委、省民政厅、省商务厅、省工业和信息化厅、省市场监管局、省残联、省贸促会分工负责)

(二十一)推动智慧养老服务发展

推动智慧养老服务产业化发展,力争通过3年时间认定30家省级智慧养老领域重点企业。推动《江苏省智慧养老建设规范》贯标工作,试点建设一批示范性"智慧养老服务机构"和"智慧养老服务社区"。鼓励企业运用物联网、云计算、大数据、移动互联网、人工智能等技术,建立远程智能安防监控系统,降低老年人意外风险;开发形式多样的智慧养老服务应用,培育养老服务新业态、新模式。(省工业和信息化厅、省民政厅、省卫生健康委分工负责)

(二十二)优化养老服务消费环境

强化养老服务消费市场监管,开展养老服务质量监测,加大联合执法力度,严厉查处侵害老年人权益的非法集资、传销、欺诈销售,以及打着养生名义进行欺诈等违法行为。建立健全养老产品和服务消费后评价体系,畅通消费者反馈渠道,营造安全放心的养老服务消费环境。(省市场监管局、省公安厅、省地方金融监管局、省民政厅、省卫生健康委分工负责)

各地各部门要健全党委领导、政府主导、部门负责、社会参与的养老服务工作机制。要将养老服务政策落实情况纳入政府年度绩效考核范围,省政府将对养老服务体系建设成效明显的,给予相关政策倾斜和表彰奖励。要切实完善政策制度,创新体制机制,统筹各方资源,加强能力建设,推动养老服务高质量发展,提升广大老年人的获得感、幸福感、满意度。

江苏省人民政府

2019 年 12 月 23 日

(此件公开发布)

省政府办公厅关于促进 3 岁以下婴幼儿
照护服务发展的实施意见

（苏政办发〔2020〕1 号）

各市、县（市、区）人民政府，省各委办厅局，省各直属单位：

为贯彻落实《国务院办公厅关于促进 3 岁以下婴幼儿照护服务发展的指导意见》（国办发〔2019〕15 号），推动婴幼儿照护服务健康规范发展，结合我省实际，现提出如下实施意见。

一、总体要求

以习近平新时代中国特色社会主义思想为指导，全面贯彻落实党的十九大精神，坚持以人民为中心的发展思想，以需求和问题为导向，按照政府引导、部门协同、家庭为主、多方参与的总体思路，坚持普惠优先，注重安全规范，落实属地管理，坚持保育为主、保教结合，建立完善促进婴幼儿照护服务发展的政策法规体系、标准规范体系、服务供给体系、监督管理体系和支持保障体系，切实解决婴幼儿照护难题，促进婴幼儿健康成长，增进家庭和谐幸福。

二、工作目标

大力发展多种形式婴幼儿照护服务，2020 年，婴幼儿照护服务的标准规范体系和监督管理体系初步建立，建成一批示范性、普惠性婴幼儿照护服务机构，增加城乡婴幼儿照护服务有效供给。到 2025 年，婴幼儿照护服务的政策法规体系、标准规范体系、监督管理体系和支持保障体系基本健全，家庭为主、社区为依托、机构为补充、人才为支撑的服务网络基本建立，公益化指导、普惠性服务、社会化运营相结合的服务模式基本普及，多元化、多样化、覆盖城乡的婴幼儿照护服务体系基本形成，婴幼儿照护服务水平整体提升，人民群众的婴幼儿照护服务需求得到进一步满足。

三、主要任务

（一）建立完善婴幼儿照护服务体系

1. 指导促进家庭照护服务

倡导以家庭为主的育儿模式，重视和加强家庭科学育儿指导。遵循婴幼儿成长特点和规律，研究制定科学育儿指导课程和方案，通过入户指导、亲子活动、家长课堂、专家咨询指导等方式，利用各种媒体资源及互联网等手段，为家庭提供公益性科学育儿指导服务，增强家庭的科学育儿能力。〔省卫生健康委、省教育厅、省妇联、省广电局负责，各市、县（市、区）人民政府负责落实。以下均需

各市、县(市、区)人民政府落实,不再列出]

切实做好婴幼儿基本公共卫生服务,将婴幼儿纳入家庭医生签约服务重点人群,鼓励开展个性化签约,拓展针对性服务内容。规范开展健康管理和健康教育,为婴幼儿家庭开展新生儿访视、疾病防控等服务和膳食营养、生长发育、安全防护等指导。(省卫生健康委负责)

2. 大力支持社区照护服务

将婴幼儿照护服务纳入社区服务体系。在新建居住区规划建设与常住人口规模相适应的婴幼儿照护服务设施及配套安全设施。原则上可与居住区相关配套设施联合建设。老城区和已建成居住区,采取购置、置换、租赁等方式建设完善婴幼儿照护服务设施。在推进城市基础设施建设、老旧小区改造中,新建、改扩建一批婴幼儿照护服务设施。城镇婴幼儿照护机构建设要充分考虑进城务工人员需求。农村社区综合服务设施建设中,要统筹考虑婴幼儿照护服务设施建设。(省民政厅、省自然资源厅、省住房城乡建设厅、省卫生健康委负责)

采取政府补贴、行业引导和动员社会力量参与等方式,支持建设嵌入式、分布式、连锁化、专业化的社区婴幼儿照护服务设施,提供全日托、半日托、计时托、临时托、亲子活动等多样化的普惠性服务。优化社区婴幼儿照护设施与社区服务中心及社区卫生、文化、体育等设施的功能衔接,发挥综合效益。(省发展改革委、省财政厅、省税务局、省民政厅、省市场监管局、省卫生健康委负责)

3. 发展多种形式机构照护服务

优先支持社会力量发展普惠性婴幼儿照护机构,采取公办民营、民办公助等多种形式,在居住人群、就业人群密集及女职工集中的区域开设婴幼儿照护机构,提供质量有保障、价格合理、方便可及的婴幼儿照护服务。(省发展改革委、省财政厅、省税务局、省市场监管局、省卫生健康委等负责)

优先解决2—3岁婴幼儿的照护需求。鼓励支持有条件的幼儿园在满足区域内3—6岁儿童入园需求基础上开设托班或扩大托班规模,实行托幼一体化管理,发挥专业资源集聚优势,统筹托幼服务资源,提高资源使用效益。(省教育厅、省卫生健康委负责)

支持用人单位以单独或与街道社区联合举办等方式,在工作场所为职工提供福利性婴幼儿照护服务。支持政府机关和企事业单位、社会组织等利用现有场地或设施新建、改扩建婴幼儿照护服务设施,有条件的可对社会开放普惠性婴幼儿照护服务。(省总工会负责)

4. 积极促进婴幼儿早期发展

聚焦健康、营养、回应性照护、早期学习和安全保障等重点内容,积极探索建立婴幼儿早期发展标准规范和服务体系,鼓励多方参与,协同推进儿童早期发展供给侧改革,支持婴幼儿照护机构和其他专业社会组织,为家庭提供公益性婴幼儿早期发展指导服务。(省卫生健康委、省教育厅、省妇联负责)

(二)落实完善标准规范体系

1. 加强婴幼儿照护机构标准建设

婴幼儿照护机构及从业人员开展婴幼儿照护服务必须符合国家相关标准和规范,依法逐步实行婴幼儿照护工作人员职业资格准入制度,制定完善地方具体实施办法,加强婴幼儿照护机构专业化、标准化、规范化建设。对选址设计、设施设备、人员配置、安全管理、卫生保健、保育管理、监督管理等制定标准规范。婴幼儿照护机构的设置应当综合考虑城乡区域发展特点,科学规划,合理布局,符合建筑设计、治安防范、消防安全、卫生环保等相关要求。(省卫生健康委、省公安厅、省民政厅、省人力资源社会保障厅、省自然资源厅、省生态环境厅、省住房城乡建设厅、省应急厅、省市场监管局负责)

2. 落实婴幼儿照护机构卫生保健规范

加强婴幼儿照护机构的卫生保健工作,严格执行婴幼儿照护机构卫生保健工作规范。坚持保育为主、保教结合,预防控制传染病,保障婴幼儿身心健康。各级妇幼保健机构、疾病预防控制机构、卫生监督机构要加强对婴幼儿照护机构卫生保健工作的业务指导、咨询服务和监督检查。(省卫生健康委负责)

(三)健全完善监督管理体系

1. 加强婴幼儿照护机构登记备案管理

举办非营利性婴幼儿照护机构的,由机构所在地县级以上机构编制部门或民政部门注册登记。举办营利性婴幼儿照护机构的,由机构所在地县级以上市场监管部门注册登记。注册登记时,应在业务范围内注明3岁以下婴幼儿照护服务或托育服务。婴幼儿照护机构经核准登记后,应当及时向当地卫生健康部门备案。登记机关应当及时将有关机构登记信息推送至卫生健康部门和公安部门。(省民政厅、省市场监管局、省卫生健康委、省住房城乡建设厅负责)

2. 落实分级管理责任

按照属地管理和分工负责的原则,市、县(市、区)人民政府对辖区内婴幼儿照护服务的规范发展和安全监管负主要责任,各相关部门按照各自职责负监管责任。建立健全业务指导、督促检查、评估奖惩、安全保障和责任追究制度。建立市、县、乡三级联动综合监管机制,发挥基层网格化管理力量,采取基层日常巡查、相关部门抽查、组织联合检查相结合的方式,加强事中事后监管,纳入"双随机一公开"执法检查,加大对婴幼儿照护机构违法违规行为的查处力度。〔各市、县(市、区)人民政府负责,市、县(市、区)相关部门分工负责〕

3. 加强婴幼儿照护机构监督管理

对婴幼儿照护机构实施动态管理,依法规范婴幼儿照护机构的资质预审,建立健全婴幼儿照护机构备案登记制度、信息公示制度和质量评估制度,运用互联网等信息化手段对照护机构的服务过程加强监管。加强行业自律,规范服务和运营行为。将婴幼儿照护机构及其从业人员信用信息纳入全省公共信用信息平台,实施守信联合激励和失信联合惩戒。建立婴幼儿照护机构及其从业人员诚信档案和黑名单制度,对虐童等行为零容忍。(省卫生健康委、省民政厅、省市场监管局负责)

研究制定婴幼儿照护机构等级评价标准,推行婴幼儿照护机构分级管理,委托专业评估机构,组织开展机构评估,评估结果定期向社会公布。(省卫生健康委负责)

加强社会监督。畅通监督渠道,工会、共青团、妇联、计划生育协会等群团组织要充分发挥社会监督职能,关注婴幼儿身心健康,维护人民群众的合法权益。(省总工会、团省委、省妇联、省计划生育协会负责)

完善群众监督。各类婴幼儿照护机构应当成立家长委员会,接受家长的监督,家长委员会对发现的违法违规行为要及时向有关部门举报。(省卫生健康委、省公安厅、省民政厅、省市场监管局负责)

（四）加强完善支持保障体系

1. 强化政策支持

通过政府购买服务、财政补贴、提供场地、减免租金、税费优惠等政策措施，加大对婴幼儿照护机构的支持力度。符合条件的托育机构水、电、气实行居民价格。全面落实国家对社区家庭服务业的税费优惠政策，为社区提供婴幼儿照护服务的机构，按规定免征增值税、契税、房产税、不动产登记费等相关税费。支持银行保险机构创新开发金融产品，为婴幼儿照护服务行业提供更好的信贷支持和保险保障。（省发展改革委、省财政厅、省税务局、省住房城乡建设厅、江苏银保监局负责）

全面落实产假、哺乳假、男方护理假等政策，鼓励落实"共同育儿假"，鼓励用人单位采取灵活安排工作时间等积极措施，为婴幼儿照护创造便利条件。（省人力资源社会保障厅、省总工会、省妇联、省卫生健康委负责）

2. 加大用地规划保障

将婴幼儿照护服务机构和设施建设用地纳入国土空间规划和年度用地计划并优先予以保障。农用地转用指标、新增用地指标分配要适当向婴幼儿照护服务机构和设施建设用地倾斜。鼓励利用低效或闲置土地建设婴幼儿照护服务机构和设施。对婴幼儿照护服务设施和非营利性婴幼儿照护服务机构建设用地，符合《划拨用地目录》的，可采取划拨方式予以保障。（省自然资源厅负责）

3. 加强人才队伍建设

支持符合条件的高等院校和职业院校（含技工学校）根据国家规定开设婴幼儿照护相关课程或专业，加快培养婴幼儿照护中高级人才。加强岗前培训和定期培训，支持符合条件的行业协会、培训机构开展婴幼儿照护服务职业技能培训。将婴幼儿照护服务相关职业工种纳入高技能人才培训补贴紧缺型职业工种目录。鼓励支持婴幼儿照护服务从业人员参加保育员、育婴员等职业技能培训，符合条件的按规定给予相关补贴。鼓励支持有育儿经验的女性就职婴幼儿照护机构。加强从业人员法治教育、职业道德教育、心理健康教育。建立健全人才评价和激励机制，依法保障从业人员合法权益，建设一支有爱心、高素质的婴幼儿照护服务队伍。依托高等院校、职业院校、儿童早期发展基地等资源，全省培育建设一批省级婴幼儿照护服务人才培养培训基地和市、县（市、区）婴幼儿早期发展指导中心。（省人力资源社会保障厅、省教育厅、省卫生健康委、省总工会负责）

4. 加强信息化支撑

推进"互联网＋婴幼儿照护"服务，充分利用互联网、大数据、云计算、物联网、人工智能等技术，整合各类婴幼儿照护服务资源，推动科学育儿服务平台建设应用，建立全省婴幼儿电子健康档案，为家庭科学养育提供标准化、专业化、针对性服务；推动婴幼儿照护服务信息管理系统建设应用，实现线上线下结合，提升照护服务、管理、统计监测精准度。（省卫生健康委、省民政厅、省市场监管局、省工业和信息化厅负责）

四、组织实施

（一）强化组织领导

各级政府要高度重视婴幼儿照护服务工作，切实加强组织领导，将婴幼儿照护服务纳入经济社会发展相关规划和目标责任考核,列入城乡公共服务目录,加强统筹协调,建立联席会议制度,研究解决婴幼儿照护服务工作重大问题。结合本地实际,制定切实管用的政策措施,落实专项经费,稳妥有序推进婴幼儿照护服务工作。

（二）强化部门协同

建立完善部门协同工作机制,婴幼儿照护服务发展工作由卫生健康部门牵头,发展改革、教育、工业和信息化、公安、民政、财政、人力资源社会保障、自然资源、生态环境、住房城乡建设、应急管理、税务、市场监管、广电、银保监等部门要按照职责分工,加强对婴幼儿照护服务的指导、监督和管理。积极发挥工会、共青团、妇联、计划生育协会等群团组织和行业组织的作用,合力推动婴幼儿照护服务健康发展。

（三）强化安全管理

建立健全婴幼儿照护机构安全管理制度,配备相应的安全设施、器材及安保人员。婴幼儿照护机构应实施安全封闭管理,并符合相关安全规定。强化婴幼儿照护机构的建筑安全、消防安全、食品安全和人身安全。婴幼儿照护机构对婴幼儿的安全和健康负主体责任。市、县(市、区)人民政府要协调各相关部门依法加强对婴幼儿照护机构的安全管理,严防安全事故发生。对履行职责不到位、发生安全事故的,要严格按照有关法律法规追究相关人员的责任。

（四）开展示范试点

开展婴幼儿照护服务示范试点工作,总结典型经验,鼓励创新创优,每个设区市至少选择 1 个县(市、区)开展试点,积极培育多种服务模式的示范试点项目,全省重点扶持建设一批示范性、普惠性婴幼儿照护机构和公益性社区亲子活动中心,发挥示范引领作用,提高婴幼儿照护服务整体水平,不断满足人民群众的婴幼儿照护服务需求。

附件:促进 3 岁以下婴幼儿照护服务发展工作部门职责分工

江苏省人民政府办公厅

2020 年 1 月 7 日

省政府关于印发中国(南京)、中国(无锡)跨境电子商务综合试验区实施方案的通知

(苏政发〔2019〕7号)

南京市、无锡市人民政府,省各有关部门和单位:

《中国(南京)跨境电子商务综合试验区实施方案》和《中国(无锡)跨境电子商务综合试验区实施方案》已经省人民政府同意,现印发给你们,请遵照执行。

江苏省人民政府

2019年1月21日

(此件公开发布)

中国(南京)跨境电子商务综合试验区实施方案

为推进中国(南京)跨境电子商务综合试验区建设,根据《国务院关于同意在北京等22个城市设立跨境电子商务综合试验区的批复》(国函〔2018〕93号)精神,制定本实施方案。

一、总体思路

以习近平新时代中国特色社会主义思想为指导,以供给侧结构性改革为主线,在全面复制推广先行综合试验区及自贸试验区成熟经验做法的基础上,突出南京特色和优势,按照"建立协作机制、搭建服务平台、完善政策环境、健全支撑体系、创新发展模式、加强行业规范"的思路,推动跨境电子商务快速健康发展,实现与创新名城建设、产业升级、贸易转型、枢纽经济发展等融合互动,形成可复制推广的南京经验。

二、基本原则

——坚持创新发展、有序规范。通过制度创新、管理创新、服务创新、模式创新,推动跨境电子商务便利化、规范化发展,为各类市场主体公平参与市场竞争创造良好的环境。注重风险可控,保障国家安全、网络安全、交易安全、进出口商品质量安全,有效防范交易风险。

——坚持突出重点、循序渐进。发挥市场在资源配置中的决定性作用,以企业实际需求为导向,完善政策法规、优化监管服务、合理配置公共资源、引导整合市场力量,激发企业参与综合试验区建设的主动性和创造性。加强试点过程把控,及时进行成果评估,有序有效推动综合试验区建设发展。

——坚持综合改革、协同发展。加强部门协同和政策衔接，推动政府与市场、监管与服务、线上与线下、内贸与外贸以及相关业态的有机融合。通过综合改革、集成创新，推动"关、检、税、汇"及商务、物流、金融等一体化发展，打造跨境电子商务完整便利的生态圈。

三、建设目标

到 2020 年，力争新增跨境电商企业 1000 家，跨境电商出口占全市一般贸易出口比重提高 10 个百分点，其中自主品牌出口占跨境电商出口比重达到 50%；建成国际商品集散中心，快速消费品进口占一般贸易进口比重达到 5%。资源配置合理有效，企业发展环境持续改善，形成线上线下高度互动、产业贸易深度融合、国内国际相互促进的发展格局，将综合试验区打造成为国内一流的全球优质商品集散中心、企业创新发展中心和人才培养集聚示范高地。

四、工作举措

（一）积极打造线上平台

1. 提升公共服务平台功能

升级现有跨境电商公共服务平台系统，加强与国家标准版国际贸易"单一窗口"、国际邮快件处理系统、国际海空运系统的无缝对接。建立查验放行、物流监控、企业资信等政务数据共享平台，推动口岸监管、商务、税务、市场监管、外汇管理等相关业务一点接入、共享共用、全程在线、免费申报。优化升级 B2B 业务认定与处理系统，进一步简化申报流程。

2. 建设大数据贸易融资平台

整合金融、信保等资源，争取在全国率先创建新型贸易融资平台，运用大数据等技术手段创新企业信用等级评定方法，便利企业开展各类融资业务，提供不见面审批的贸易融资产品和服务，重点开发针对外贸企业短期流动资金贷款的纯信用融资产品。

3. 鼓励发展市场化第三方服务平台

深入开展进出口供应链创新平台示范区创建工作，培育企业集聚、货物集聚和综合服务三位一体的龙头平台企业，大力招引培育市场开拓、交易撮合、货源组织、验厂监装、质检认证、在线教育、代运营等专业服务平台，为企业提供定制化的综合集成服务，降低企业从业门槛和运营成本。

4. 促进大数据开发应用

以公共服务平台为依托，探索制定共性对接技术标准和数据开放标准，建立各类平台非核心业务数据资源共享、优势互补、良性竞争的合作机制，推进信息共享、金融服务、智能物流、电商诚信、统计监测、风险防控等六大体系建设，重点探索完善全口径跨境电商统计监测体系。

（二）着力优化制度环境

1. 优化 B2C 监管措施

推进跨境电商升级版通关系统应用，实行全程通关无纸化。对符合条件的跨境零售出口，落实

"无票免税"税收政策,争取"清单核放、汇总统计"通关政策落地实施。加大第三方采信力度,对CNAS认证的境外第三方检验机构出具质量溯源证书的商品,给予进口绿色通道。

2. 优化跨境贸易营商环境

在全国率先试点财关库银横向联网和税单无纸化改革,实现从申报到提货全程无纸化和自动放行。优化作业流程,报检报关同步"并联"申报,进一步压缩口岸整体通关时间。实行区港联动、快速分拨,加强一线口岸与综保区联动,实现一线进境货物"先进区、后报关"、放行货物"先出区、后报关"。优化进口关税担保服务,扩大海关"汇总征税"受惠范围,创新"银关保"和关税保证保险等进口关税担保模式,降低关税保函融资门槛和成本。积极复制自贸试验区贸易便利化各项创新措施。

3. 推动跨境收支便利化

优化工作制度,为跨境电商企业提供更加便捷的外汇服务。按照便利化优先的原则,建立以动态监测、总量核查和分类管理为主要内容的跨境电商外汇管理制度。鼓励跨境贸易人民币结算,支持符合条件的第三方支付机构为跨境电商企业提供结算服务。

4. 加大金融支持力度

鼓励天使投资基金、海内外风投公司等支持优质项目。引导金融机构与跨境电商平台合作,开展供应链金融、商业保理等服务,推进线上融资方式及担保方式创新,开展双向资金池业务。建立完善统保平台,扩大出口信用保险融资规模,支持保险机构为跨境电商企业提供信用保险服务,加强银保合作,创新融资服务。

(三)强化线下载体建设

1. 优化跨境电商产业园功能布局

龙潭跨境电商产业园依托海港及综保区优势,重点发展保税进口、B2B、保税集货集拼出口业务。空港跨境电商产业园重点发展 B2C 进出口业务,与综保区联动拓展业务领域。按照"成熟一个发展一个"的原则,支持有条件的地区建设各具特色的跨境电商产业园,形成良性竞争、错位发展的格局。

2. 提升跨境电商产业园发展层级

推动龙潭、空港跨境电商产业园打造成为现代服务业集聚区,加强产业园区基础设施建设和配套服务业发展,提升规模化、智能化运营能力。以跨境电商产业园为重点,鼓励采购、第三方平台、代运营、创意、摄影、推广、培训、邮政快递等相关专业配套服务发展,延伸产业链,做大产业规模,增强产业园对跨境电子商务企业的吸引力。

3. 打造跨境电商创业孵化基地

鼓励有条件的区域规划改造现有载体,继续打造一批跨境电商创业孵化基地,吸引跨境电商相关专业服务企业落户,完善配套服务产业链,形成集孵化、研发、运营、客服、设计于一体的综合服务载体。

(四)完善国际全网营销体系

1. 加快境外营销网络布局

推动优势跨境电子商务平台及供应链企业与传统外贸企业合作,重点面向"一带一路"沿线国家和地区,加快建设海外仓和精品商品体验馆,推动境外"O2O"展示、前展后仓等营销模式发展。

2. 实施"破零"行动计划

大力发展跨境电商代运营企业,加强实操业务培训,引导鼓励传统企业利用跨境电商交易平台上线运营,开展网络营销,推动交易撮合。加快引进和培育第三方海外营销服务机构,帮助企业开发海外独立站,利用搜索引擎、互联网社区、社交媒体等互联网工具实施精准营销。支持国内电商企业、商贸企业、专业批发市场建设跨境电商垂直平台,同步开展国内业务与跨境业务,扩大境外业务规模。

3. 推动国际市场精准营销

加强与政策性保险公司的合作,建立全球贸易精准营销大数据平台,为综试区企业开拓国际市场、开展产能合作和投资贸易决策,提供国别风险、投资风险及海外客户风险报告等专业信息,帮助企业精准锁定"一带一路"等重点市场、目标客户开发方向,提高获取订单的成效。

4. 推进贸易展会升级

加强与在线"广交会""华交会""香港贸发网"等重点展会平台合作,打造"展中展""线上展"等综合展览展示平台,整体推介南京外贸商品,拓展销售渠道。积极建设中国国际进口博览会"6+365"南京进口商品展销口心,扩大优质商品进口,促进消费升级。

5. 实施以质取胜战略

引导鼓励企业开展国际电子商务相关产品及企业认证,利用国际主流跨境电商交易平台注册自有品牌,扩大自主品牌出口。鼓励跨境电商垂直平台、经营企业建立国际产品标准,提升国际竞争话语权。引导外贸综合服务平台企业与第三方质量认证机构合作,加强风险控制体系建设。

（五）建设进口商品集散中心

1. 开展一体化供应链体系建设试点

根据快速消费品跨境采购不同进口模式项下的合规服务模式,通过供应链集成整合,统一标准体系、物流服务、采购管理、信息采集、系统平台,形成以数据平台为核心,集进口采购代理服务、分销管理、合规清关服务、仓储管理、全国派送、溯源管理为一体的进口快速消费品综合服务体系。

2. 实施进口货物统仓统配

高标准建设公共仓储中心,完善智能化仓库管理系统,统一托盘码垛和周转箱流转规则,推进物流标准化,实现循环利用、降本增效。推进"海外仓+国内仓"多仓联动、标准运作,打通生产企业、供货商、经销商、门店统一配送环节,形成快速响应的全球仓储物流网络。

3. 推进进口供应链金融建设

以集散中心供应链信息平台和仓储物流系统为依托,引导鼓励金融机构创新金融产品,探索进口信用融资新模式。

4. 建设进口商品深度溯源体系

加强与国际品牌厂商的深度合作,建立对境外源头工厂验证机制,与中检溯源码对接,真正实现"关联 GS1 码+溯源码+订单+面单信息"从源头到用户全程跟踪、一物一码、正品溯源。

5. 探索建立商品售后保障体系

探索建立跨境电子商务纠纷处置和消费争议解决机制。建立跨境电子商务产品售后服务和维权体系,强化平台和经营者主体责任,构建跨境电子商务消费者与经营者间的消费纠纷调解、和解机制。加强知识产权保护,建立企业知识产权诚信机制。

(六)推进联动协同

1. 物流监管方式协同

实施仓储货物按状态分类监管制度,允许非保税区货物与保税货物在海关特殊监管区内一同集拼、分拨。探索集装箱货物"一次申报、分类验放"集成通关模式,促进跨境电商、一般贸易、邮快件业务协同发展。加强空港、海港、铁路港联动,探索多式联运、跨关区协同的物流处理新模式。

2. 产业与贸易联动协同

深入推进"互联网+产业带"行动,通过与跨境电商平台、外贸综合服务企业的合作,择优培育跨境电商品类,深耕重点新兴市场,推动外贸转型升级基地做大做强跨境电商垂直平台。推进建设面向大宗商品进出口的专业化外贸交易及综合服务平台,探索大宗货物 B2B 网上交易及标准化供应链流程服务新模式。

3. 人才培养联动协同

建立政府、高校、企业、社会四方联动的跨境电商人才培养体系,打造人才培养示范高地。推动知名跨境电商平台与高校、职业教育院校等合作办学,建设培训学院,建立一批跨境电商企业人才培训基地,形成跨境电商人才定制化培养的校企合作机制。建立跨境电商人才创业创新支持体系,将跨境电商人才列入南京市人才安居办法支持范围。开展跨境电商创业创新大赛,甄选优秀项目予以重点扶持。

五、组织实施

(一)加强组织协调

南京市人民政府成立跨境电子商务综合试验区建设领导小组,根据本实施方案精心组织,明确责任,完善机制,落实相关措施。省相关部门根据综试区建设发展要求,强化部门协调配合,加强指导,创新举措,积极向国家有关部委争取政策支持。完善国家、省、市三级联动推进机制,形成合力,扎实推进综试区创新发展。

(二)加大扶持力度

制定完善相关政策和配套措施,统筹各级专项发展资金,用足用好扶持政策,支持试点地区跨境电商业务健康发展。

(三)促进交流合作

引导建立跨境电子商务民间协调与合作机制,加强对相关政策、行业标准和支持体系的研究,指导企业加强行业自律,促进资源共享,共同良好的发展氛围。

（四）加强跟踪评估

南京市人民政府和省有关部门要按照各自职责分工,及时对试点工作进展情况进行跟踪分析,定期总结经验,开展综合评估,确保试点工作有序推进。

中国（无锡）跨境电子商务综合试验区实施方案

为推进中国（无锡）跨境电子商务综合试验区建设，根据《国务院关于在北京等 22 个城市设立跨境电子商务综合试验区的批复》（国函〔2018〕93 号）精神，制定本实施方案。

一、总体要求

（一）指导思想

以习近平新时代中国特色社会主义思想为指导，认真贯彻落实党中央、国务院决策部署，充分发挥跨境电商促进实体经济发展的积极作用，积极探索跨境电子商务新模式，促进制造业转型升级和外贸提质增效，不断提升产业国际竞争力，加快构建全面开放新格局。

（二）基本原则

1. 坚持政府引导、市场为主

在政府加强对综试区建设统筹协调、政策支持的基础上，发挥好市场和企业主体作用，激发企业和社会组织参与综试区建设的主动性和创造性，为跨境电子商务发展营造良好氛围。

2. 坚持改革创新、完善服务

推动监管与服务、线上与线下有机融合，创新跨境电商监管政策体系和服务模式，提高贸易便利化水平，为各类市场主体公平参与市场竞争创造良好环境。

3. 坚持 B2B 为主、扩大出口

引导传统外贸企业、工业企业开展跨境电商，依托互联网推动企业品牌国际化，减少对外贸易分销环节，降低外贸出口交易成本，打造畅通、便捷、高效、安全的贸易新渠道。

4. 坚持优化进口、促进消费

发展进口贸易新方式，引导企业开展跨境电商零售进口业务，多层次拓展进口渠道，扩大高品质商品进口，促进消费市场升级。

5. 坚持规范发展、保障安全

构建跨境电商生态圈，在发展中规范，在规范中发展，保障进出口产品质量安全，控制和防范交易风险，打造国际化、规范化、标准化的市场环境。

（三）发展目标

通过加快建设"四平台、六体系"，大力实施"六项工程"，完善综合服务，提升核心竞争力，努力把综试区打造成跨境电子商务产业集聚区、对外贸易转型升级示范区、进出口商品集疏运交易中心。力争到 2020 年,全市聚集具有一定规模的跨境电子商务品牌企业 500 家以上,培育一批集聚发展、各具特色的跨境电商产业集群,实现跨境电子商务交易额年均增幅 20% 以上,不断做大跨境电子商务贸易规模。

二、主要任务

（一）搭建四大平台

1. 搭建线上综合服务平台

优化提升无锡市跨境电商公共服务平台功能,按照跨境贸易电子商务（9610）及保税跨境贸易电子商务（1210）监管要求及业务发展需要,推进平台与海关进出口申报接口、税务退（免）税申报接口、外汇管理数据接口、公民身份证信息核查接口、公共信用信息系统接口、市场监管信息平台接口等对接,为跨境电商企业提供通关、出口退（免）税申报、结汇、身份认证等一站式在线服务。

2. 搭建线下综合园区平台

结合各地区位优势和产业基础,按照协同发展、突出特色的思路,推进形成"两核、五圈、多园"覆盖全市的整体布局。在江阴市、新吴区建设综试区发展核心区,在宜兴市、梁溪区、锡山区、惠山区、滨湖区建设综试区产业应用经济圈,在全市范围内建设首批 9 个跨境电子商务产业园区:江阴综保区跨境电子商务产业园、江阴市跨境电子商务产业园、新吴区跨境电子商务产业园、无锡高新区综保区跨境电子商务产业园、宜兴市跨境电子商务产业园、无锡邮政跨境电子商务产业园、锡东新城商务区跨境电商产业园、惠山区跨境电子商务产业园、山水城跨境电子商务产业园。

3. 搭建全球贸易精准营销大数据平台

与国家信息中心"一带一路"外贸大数据研究所、出口信用保险等机构合作,建立无锡全球贸易精准营销大数据平台。通过对不同国家和地区贸易大数据的采集、整理、分析,精准定位境外销售渠道、产品市场,推动企业在研发设计、生产制造、市场营销等方面与国际市场需求柜匹配,为企业提供海外营销整体解决方案。

4. 搭建产业转型跨境电商全流程辅导平台

整合全市跨境电商服务企业资源,帮助外贸企业、工业企业建设跨境电商网站、开展海外数字营销推广、完善搜索引擎优化等,提供从线上渠道管理、产品发布、库存管理、物流对接、境外收款,到境内结汇、退（免）税申报、公共服务平台对接等全流程辅导,推动传统外贸企业转型开展跨境电商业务。

（二）建立六大体系

1. 建立跨境电商信息共享体系

统一信息标准规范、信息备案认证、信息管理服务,建立多位一体的跨境电商信息共享机制,打通海关、税务、外汇、商务、物流、金融之间的信息交流渠道,实现监管部门、地方政府、金融机构、跨境电商企业、物流企业之间信息共享,为跨境电商信息流、资金流、货物流"三流合一"提供数据技术支撑。

2. 建立跨境电商金融服务体系

鼓励跨境电商使用人民币结算，丰富跨境电子商务人民币业务产品。进一步扩大跨境电商出口信用保险覆盖面，将跨境电商中小企业纳入统保平台，加快完善中小微企业的信用保险配套政策。充分利用中小微外贸企业信用贷款平台，为跨境电商中小微企业提供融资服务。鼓励金融机构、第三方支付机构、第三方电子商务平台、外贸综合服务企业、工业企业之间开展合作，为跨境电商交易提供完备便捷、风险可控的在线支付结算、融资、保险等一站式金融服务。

3. 建立跨境电商物流服务体系

利用云计算、物联网、大数据等技术，建设互联互通的物流智能信息系统、衔接顺畅的物流仓储网络系统、优质高效的物流运营服务系统。整合物流综合信息服务平台，为跨境电商企业、物流仓储企业、邮政快递企业、供应链服务商等提供实时、准确的物流状态查询及物流资源配置等服务，构建面向生产企业、流通企业和消费者的社会化共同配送体系，全面提升我市跨境电商物流服务水平。

4. 建立跨境电商信用评价体系

整合跨境电商企业、工业电商企业、平台企业、物流企业及综合服务企业基础数据，构建跨境电商信用数据库。依托公共信用信息系统、企业信用信息公示系统以及江苏省市场监管信息系统，由海关、税务等监管部门根据各自信用认证标准对跨境电商企业做出信用认证，实现对跨境电商企业信用信息"分类监管、部门共享、有序公开"。

5. 建立跨境电商统计监测体系

统一跨境电商交易主体信息、电子合同、电子订单等标准格式，简化跨境电子商务进出口商品的统计分类标准，建立全面规范的统计制度。利用大数据分析，对各类平台商品交易、物流通关、金融支付等数据进行汇总、处理、运用，为政府监管和企业经营提供决策咨询。

6. 建立跨境电商风险防控体系

贯彻落实《中华人民共和国电子商务法》，建立风险信息采集机制、风险评估分析机制、风险预警处置机制、风险复查完善机制，以流程节点风险防控为重点，开展跨境电子商务全流程的专业风险分析，有效防控综合试验区内非真实贸易洗钱的经济风险，数据存储、支付交易、网络安全的技术风险，以及产品安全、贸易摩擦、主体信用的交易风险，为加强监管提供支撑和保障。

三、创新举措

（一）实施跨境电商监管服务创新工程

1. 推进跨境电商通关便利化

探索制定符合无锡产业特点的通关监管措施，对符合条件的企业试点实施报关单免申报措施，有效降低跨境电商 B2C 进出口产品抽检率，提升通关效率。落实综试区间批量转关政策，建立多式联运监管机制，使更多的货物在本地清关。积极推动跨境贸易电子商务网购保税进口模式落地，优化综保区账册管理模式，实施"先入区后报关"制度。

2. 推动税收管理规范高效

推进便利化退税管理模式,实行出口退(免)税"无纸化管理"。落实跨境电子商务综合试验区零售出口货物税收政策,对纳入综试区线上综合服务平台监管的跨境电子商务零售出口货物,出口企业未取得有效进货凭证且符合相关条件的,试行增值税、消费税免税政策。

3. 实施负面清单监管制度

针对跨境电商经营主体建立负面清单监管制度,将存在欺诈、侵权、售假等行为的跨境电商经营主体及服务机构列入跨境电商机构管理负面清单,实施市场限入,规范跨境电商市场秩序。

4. 创新产品质量安全监控制度

建立跨境电商进口商品质量安全追溯机制,完善进口消费品监管模式,打造跨境电商进口放心消费环境。推进无锡"国家检验检测高技术服务业集聚区"和"国家检验检测认证公共服务平台示范区"建设,对跨境电商出口企业开展检验、检测、认证、咨询等质量服务,促进跨境电商出口企业提升产品质量。

(二)实施跨境电商主体培育工程

1. 大力引进行业龙头企业

针对跨境电商骨干企业、大型平台、供应链服务商、金融支付企业、物流服务商、夕综服企业等,分类确定招引重点,开展多渠道、多元化招商活动,完善跨境电商产业链,带动跨境电商产业集聚发展。

2. 鼓励制造业企业开展跨境电商

加强宣传推广、上门指导、业务培训,引导制造业企业与亚马逊、eBay、速卖道、中国制造网、敦煌网等平台对接合作,通过第三方平台开展跨境电商业务。鼓励有条件的企业自建跨境电商平台,创新外贸营销模式,拓展互联网销售渠道,扩大出口规模。

3. 支持跨境电商创新创业

开展各类跨境电商促进活动·鼓励建设跨境电商产业孵化器,加大对创新创业项目支持力度。加快建设无锡金融服务平台,引入海内外风投公司、天使投资基金,推动跨境电商领域大众创业、万众创新。

(三)实施跨境电商物流枢纽建设工程

1. 全方位扩大口岸开放

充分发挥无锡长三角中心城市区位优势,依托江阴港、苏南硕放国际机场2个一类口岸,无锡港(新安作业区)、宜兴港2个二类口岸,无锡高新区综保区、江阴综保区等海关特殊监管区域,利用无锡公路物流领域全国货源最多·干线物流线路最密的特点,积极争取设立特色商品进口指定口岸,加快跨境电商监管中心建设,打造"水、陆、空、铁"功能齐全的立体式口岸开放格局。

2. 积极推进国际航空货运网络建设

鼓励引进外籍航空公司和国际著名物流企业,大力发展全货运包机,拓展航空口岸货运市场,打通无锡至北美、欧洲、澳洲、东南亚、东北亚等区域国际货运航线。建设跨境电子商务仓储物流中心,完善口岸通关服务,提升国际货运保障能力,打造长三角区域跨境电商集聚和辐射中心。

3. 构建多维度物流配送系统

支持企业在"一带一路"沿线国家和主要贸易国家（地区）自建、收购或租赁"海外仓"，鼓励有实力的企业加快融入全球物流供应链，推动跨境电子商务物流、仓储业无缝对接，加快快递末端配送能力建设，形成布局合理、层次分明、衔接顺畅、功能齐全的跨境物流分拨配送和运营服务体系。

（四）实施跨境电商人才建设工程

1. 加强跨境电商人才引进培育

以市场需求为导向，加快引进一批跨境电商领军型人才及团队。加强政府、高校与行业协会、企业合作，鼓励高等院校及职业学院开设跨境电子商务专业、增设课程，建立跨境电商人才定制化培养的校企合作机制。加强与阿里巴巴、亚马逊、京东等知名平台及培训机构合作，建立一批符合跨境电商企业需求的创业型和实用技能型人才培训基地，构建跨境电商专业化、社会化、国际化的人才培养体系。

2. 建立跨境电商人才服务体系

完善跨境电商人才吸引、培养、使用、流动和激励机制，健全专业化、国际化的人才市场服务保障。将跨境电商行业顶尖人才和领军人才团队纳入"太湖人才计划"，积极开展跨境电商高端人才寻访。创建跨境电子商务产业联盟与人才发展联盟，推进人才与企业、项目、资本的对接，形成开放共享的合作平台。

（五）实施跨境电商品牌建设工程

1. 打造跨境电商特色产业

推动无锡重点行业、优质企业线上规模化运营，以具有优势的机械、电子、服装、家纺、新能源等行业为重点，选择一批"专精特新"的产品开展线上销售。通过运用跨境电子商务，促进传统制造企业加快数字化转型、智能化发展，实现跨境电商与实体经济融合。

2. 实施"无锡造，全球销"战略

鼓励知名企业拓展海外品牌营销渠道，利用互联网优势加快产品推广，通过"海外仓""O2O线下体验店"等方式，将产品融入境外零售体系。鼓励企业整合产业链上下游资源，加快品牌国际化步伐，着力培育一批覆盖面广、影响力大、知名度高的国际品牌。

（六）实施跨境电商产业链拓展工程

1. 完善跨境电商配套服务

推进外贸综合服务平台建设，为中小企业提供金融、通关、物流、税务、外汇等跨境电商进出口环节一揽子综合配套服务，降低交易成本，进一步扩大跨境B2B出口规模。

2. 引导跨境电商向产业链高端攀升

瞄准国际跨境电商发展的最新趋势，加强大数据、云计算、物联网等在跨境电商产业链的集成运用，促进跨境电商企业在研发、生产、销售模式上的创新，满足市场对个性化定制、柔性化生产需求，占领价值链高端，提高跨境贸易附加值。

3. 鼓励跨境电商业态创新

鼓励有条件的商贸流通企业、工业企业开设跨境电商线下体验店,形成线上线下多元一体的跨境购物渠道。支持大型交易市场或专业市场建立集研发设计、展示交易、物流配送、网络营销等为一体的跨境电商平台,开展国际采购、销售、服务。积极探索跨境电商进口网购保税新模式,优化进口结构,促进消费升级。

四、保障措施

(一)加强组织领导

无锡市人民政府成立中国(无锡)跨境电子商务综合试验区建设领导小组,根据本实施方案组织推进各项工作,建立工作协调机制,定期研究、协调推进综试区建设的有关问题和工作,加快落实相关措施。省相关部门根据综试区建设发展要求,强化部门协调配合,加强指导,创新举措,积极向国家有关部委争取政策支持。完善国家、省、市三级联动推进机制,形成合力,扎实推动综试区创新发展。

(二)加大政策支持

制定完善推动跨境电商发展的各项配套政策,统筹安排各类发展资金,用足用好各级扶持政策,促进跨境电商产业做大做强。

(三)强化督查考核

制定工作规划,明确目标任务,落实责任分工,加大工作考核力度,确保综试区建设取得实效,为全国跨境电子商务发展和外贸转型升级探索可复制推广的经验。

省政府办公厅关于对真抓实干成效明显地方进一步加大配套激励支持力度的通知

（苏政办发〔2019〕33号）

各市、县（市、区）人民政府，省各委办厅局，省各直属单位：

为贯彻落实《国务院办公厅关于对真抓实干成效明显地方进一步加大激励支持力度的通知》（国办发〔2018〕117号），增强激励效果，营造主动作为、勇于担当的良好氛围，经省人民政府同意，现就我省对真抓实干成效明显地方进一步加大配套激励支持力度有关事项通知如下：

一、对推动"放管服"、商事制度等改革成绩突出的地区，优先推荐申报国家级试点，优先纳入企业登记注册便利化改革、"双随机一公开"监管、信用风险分类管理、大数据监管等相关试点，优先授予外商投资企业登记注册权限。（省政务办、省市场监管局负责）

二、对促进外贸优进优出、组织中国国际进口博览会工作突出、积极优化营商环境成效明显的地区，在商务发展扶持政策上予以适当倾斜，优先推荐国家级试点，优先安排省级试点。对积极利用外资且提质增效成效明显的地区，在分配利用外资省级商务发展专项资金时予以适当倾斜。（省商务厅负责）

三、对推进经济开发区转型升级创新发展成效明显的地区，优先推荐其行政区域内1家符合条件的省级经济开发区申报国家级经济技术开发区，优先支持其区域内1家符合条件的省级经济开发区更名或调整区位。（省商务厅负责）

四、对年度固定资产投资保持稳定增长，中央预算内投资项目开工、投资完成等情况较好的设区市，在中央预算内投资计划申请以及切块资金安排时予以重点倾斜，用于奖励支持该地区符合条件的项目。（省发展改革委负责）

五、对财政预算执行、盘活财政存量资金、预决算公开、地方政府债务管理等财政管理工作完成情况好的地区，给予一定奖励。（省财政厅负责）

六、按照政府和社会资本合作（PPP）项目奖补资金管理办法，对列为省级试点的PPP项目给予前期费用补贴，在规定时间内规范实施落地的，按社会资本方出资资本金的1%—5%给予奖补，单个项目补助金额最高为2000万元。对民营企业作为主要社会资本方或绿色环保领域的项目，奖补标准上浮10%；对评为省级示范的PPP项目，省财政给予每个项目100万—500万元奖补。（省财政厅负责）

七、对交通建设年度目标任务完成好、投资计划完成率高、地方投资落实到位、工程款支付及时、保障农民工工资支付工作到位、项目形象进度完成情况好、省交通重大项目前期工作支持配合完成情况好、促进社会资本进入交通建设领域措施有力、交通债务风险防控工作落实有力的地区，优先安排交通项目审查审批，具备条件的项目优先列入省交通建设投资计划、安排省级补助资金。（省发展改革委、省交通运输厅负责）

八、对水利建设投资落实好、省水利基本建设投资计划完成率高、年度工作考核成绩好的地

区,优先安排水利基建项目审查审批,优先下达省水利基本建设投资计划。(省发展改革委、省水利厅、省财政厅负责)

九、对防范化解金融风险、营造诚实守信金融生态环境、维护良好金融秩序的地区,在申报金融改革创新试点和金融改革试验区等方面予以优先支持,支持符合条件的全国性股份制银行在上述地区开设分支机构,支持发展政府性融资担保机构,支持符合条件的企业发行"双创"、绿色公司信用类债券等金融创新产品,省综合金融服务平台优先与其开展社会征信业务合作。(省地方金融监管局、人民银行南京分行、省发展改革委、江苏银保监局、江苏证监局负责)

十、开展资源节约集约利用综合评价考核,实行分类奖励,对考核成绩优异的地区,给予用地计划等奖励。(省自然资源厅负责)

十一、对完成高标准农田及高效节水灌溉建设任务较好的地区,在分配省级财政资金时予以适当倾斜。(省农业农村厅、省财政厅负责)

十二、对开展消费促进工作、推动高品位步行街建设、推进农产品流通现代化及产销对接、积极发展农村电商和社区电商成效明显的地区,在商务发展扶持政策上予以适当倾斜,优先推荐申报国家级试点,优先安排省级试点。(省商务厅负责)

十三、对落实加快推进产业科技创新中心和创新型省份建设若干政策措施(科技创新40条)、深化科技体制机制改革推动高质量发展若干政策(科技改革30条)成效明显的地区,在省科技计划资金安排、高新技术企业培育奖励、重大平台载体建设等方面予以优先支持。(省科技厅负责)

十四、对实施创新驱动发展战略、推进自主创新和发展高新技术产业成效明显的高新区,依法依规调整区域范围,优先推荐综合评价靠前的高新区明确管理机构级别,优先保障重大创新项目用地需求。开展高新区发展评价考核,对创新绩效突出的省级以上高新区给予奖励补助,并优先布局建设国家和省重大科技创新平台。(省委编办、省科技厅、省自然资源厅负责)

十五、对实施知识产权战略成效明显的地区,优先支持其建立知识产权局市合作共建机制,优先推荐申报国家知识产权强市,优先列入知识产权强省建设示范区域,在安排省知识产权创造和运用专项资金、培育高价值专利和高知名度商标等方面予以适当倾斜。(省知识产权局负责)

十六、建立科技企业孵化器绩效奖励制度,对运行成效明显且地方财政给予资金安排的科技企业孵化器,省级财政按因素法给予一定比例奖励。(省科技厅、省财政厅负责)

十七、对推动"双创"政策落地、扶持"双创"支撑平台、构建"双创"发展生态、打造"双创"升级版等方面成效明显的地区,优先支持培育建设产业创新中心、双创示范基地、小微企业"双创"示范基地、众创社区和专业化众创空间、创业示范基地等国家和省级双创平台。开展已认定的省级双创平台评价考核,对绩效突出的予以倾斜支持。(省发展改革委、省科技厅、省工业和信息化厅负责)

十八、对促进制造业创新转型和高质量发展、先进制造业集群培育、实施技术改造、智慧江苏建设、制造业与互联网深度融合等成效明显的地区,在省级新型工业化产业示范基地、智能车间(工厂)建设、服务型制造、工业互联网平台、企业上云、两化融合管理体系贯标、中小企业公共服务示范平台等试点示范方面予以优先支持,并在省级工业和信息产业转型升级专项资金安排上予以适当倾斜。(省工业和信息化厅负责)

十九、对大力培育发展战略性新兴产业、产业特色优势明显、技术创新能力较强、产业基础雄厚的地区,优先支持战略性新兴产业集群工程建设,在重点项目上予以适当倾斜,引导国家和省市财政资金集中支持国家亟需、能填补国内空白、能实现重大原始创新、可替代进口、突破国外专利和技术封锁、处于产业链关键环节的战略性新兴产业项目,同时通过政银合作进行协同支持。(省发展改革委、省科技厅、省工业和信息化厅负责)

二十、对生产性服务业发展成效明显的地区,优先认定省级生产性服务业集聚示范区,并在省服务业发展专项引导资金安排上予以适当倾斜。(省发展改革委会同有关部门负责)

二十一、对推进质量工作成效突出、改革创新成效明显的地区,在省级质量考核中给予适当加分,在地方标准申报和省级标准化试点方面给予重点支持,在质量基础设施投入、国家和省级质量监督检验中心建设、产业计量测试中心规划布局、质量提升工作重点扶持等方面予以倾斜支持。(省市场监管局负责)

二十二、对推进校企合作力度大、措施实以及职业教育投入保障有力、发展环境优越的设区市,在高等职业教育卓越计划和中等职业教育领航计划、职业教育专业建设和实训基地建设等方面予以倾斜支持。(省教育厅负责)

二十三、对落实鼓励和支持就业政策措施工作力度大,工作创新创优成效明显,促进失业人员、就业困难人员及各类重点群体就业创业等任务完成较好的地区,省级财政给予适当补助。(省财政厅、省人力资源社会保障厅负责)

二十四、对养老保险扩面征缴、确保基本养老金发放、严格养老保险基金管理、落实省级调剂补助制度等成效明显的地区,在省级调剂金分配时予以适当倾斜。(省人力资源社会保障厅、省财政厅负责)

二十五、对完成年度计划减贫成效显著、探索创新有实质成效和重要经验的地区,给予一定奖励。(省财政厅、省扶贫办负责)

二十六、对棚户区改造、苏北地区农民群众住房条件改善、特色田园乡村建设工作积极主动、成效明显的地区,在省级财政安排保障性安居工程建设引导资金、改善苏北地区农民群众住房条件引导资金、特色田园乡村建设引导资金时予以适当倾斜,优先支持发行地方政府棚改专项债。(省住房城乡建设厅、省财政厅负责)

二十七、对城市和县级公立医院综合改革成效明显的地区,省统筹中央补助资金,根据考核评估结果,按一定比例或额度给予奖励。(省卫生健康委、省财政厅负责)

二十八、加强基层医疗卫生服务体系和全科医生队伍建设,对招人引人留人政策措施得力、全科医生队伍建设成效明显、基层综合服务能力强,以及家庭医生签约服务实、基层首诊签约覆盖面广、群众获得感强的地区,在分配卫生计生重点学科专科建设与人才培养等专项资金时予以适当倾斜。(省卫生健康委、省财政厅、省人力资源社会保障厅负责)

二十九、加强养老服务体系考核,将考核结果与省级养老服务体系补助资金分配挂钩。对落实养老服务业支持政策积极主动,健康养老服务业集聚区、养老服务业综合发展示范基地和养老服务业创新示范企业培育创建工作成效明显的地区,在省服务业发展专项引导资金安排上予以适当倾斜。(省民政厅、省财政厅、省发展改革委负责)

三十、加强殡葬综合改革绩效考核,对公益性骨灰安放设施规划建设、运营管理成效明显的地区,在殡葬项目建设方面予以倾斜支持。(省民政厅、省财政厅负责)

三十一、对中央环保督察交办问题整改、环境基础设施建设、生态环境质量改善及生态建设成效明显的地区,在争取中央财政环境资金时加大指导力度,额外安排省级环保引导资金进行奖励,优先支持开展生态文明建设示范创建。(省生态环境厅、省财政厅负责)

三十二、对河长制湖长制工作推进力度大、河湖管理保护成效明显的地区,在分配年度省级以上财政资金时予以适当倾斜。(省水利厅、省财政厅负责)

三十三、对开展农村人居环境整治成效明显的地区,在分配年度省级财政资金时予以适当倾斜。(省农业农村厅、省财政厅会同有关部门负责)

三十四、对粮食安全责任制考核结果优秀、成品粮油储备规模和补贴到位、优质优价收购和订单粮食推进有力、粮食产业发展质量和效益明显提升的地区,在省级仓储物流设施建设专项资金安排和粮食专项扶持政策方面予以适当倾斜。(省粮食和储备局、省财政厅负责)

三十五、对落实有关重大政策措施成效明显、创造典型经验做法且受到国务院督查表扬的地区,在下一年度省政府组织的有关实地督查中实行"免督查"。(省政府办公厅负责)

对真抓实干、相关工作成效明显的地方进一步加大激励支持力度,是新时代加强和改进督查工作、完善督查激励长效机制的重要举措,对推动贯彻落实党中央、国务院和省委、省政府决策部署,具有重要意义。省各有关部门要认真组织实施配套激励措施,及时制定或调整完善具体实施办法;要加强宣传解读、明确职责分工、加强协作配合,及时总结评估实施效果,确保激励措施落到实处、取得实效;要按照《中共中央办公厅关于统筹规范督查检查考核工作的通知》要求,既公平公正、客观全面评价地方工作成效,又简化操作、优化流程,避免增加地方负担。各设区市人民政府要明确责任部门,具体负责激励措施的对接、落实工作,注重宣传引导,鼓励奋勇争先,用足用好激励措施,创造出实实在在、不含水分的业绩,充分发挥督查激励的示范带动作用。省政府办公厅将对激励措施落实情况进行督促检查,适时对实施效果组织评估。

从2019年起,省各有关部门于每年3月31日前,根据国家和省统一组织的重大督查情况,结合本部门日常督查情况,提出拟予激励支持的地方名单,报送省政府办公厅。省政府办公厅将统筹组织开展相关督查激励工作。

自本通知印发之日起,《省政府办公厅关于对真抓实干成效明显地方进行配套激励的通知》(苏政办发〔2017〕61号)停止执行。

省政府办公厅关于印发江苏省深化"放管服"改革优化营商环境重点任务分工方案的通知

（苏政办发〔2019〕75号）

各市、县（市、区）人民政府，省各委办厅局，省各直属单位：

《江苏省深化"放管服"改革优化营商环境重点任务分工方案》已经省人民政府同意，现印发给你们，请结合实际认真贯彻落实。

江苏省人民政府办公厅

2019年9月29日

（此件公开发布）

江苏省深化"放管服"改革
优化营商环境重点任务分工方案

党中央、国务院和省委、省政府高度重视深化"放管服"改革、优化营商环境工作。为深入贯彻习近平总书记系列重要讲话精神，认真落实李克强总理在全国深化"放管服"改革优化营商环境电视电话会议上的重要讲话要求，按照省委、省政府工作部署，持续深化我省"放管服"改革，加快打造市场化法治化国际化营商环境，根据《全国深化"放管服"改革优化营商环境电视电话会议重点任务分工方案》和我省有关工作要求，现制定如下分工方案。

一、推动简政放权向纵深发展，进一步放出活力

（一）进一步放宽市场准入，落实市场准入负面清单管理制度，不得另设门槛和隐性限制（省发展改革委、省商务厅牵头，各地和省相关部门按职责分工负责）

具体措施：

1. 2019年10月底前，按照"全国一张清单"的模式，全面清理清单之外的准入许可，执行全国统一的清单代码体系，严禁各地各部门自行发布市场准入性质的负面清单。清理与对外开放政策不符、与《中华人民共和国外商投资法》不符的法规规章和规范性文件。（省发展改革委、省商务厅、省司法厅负责）

2. 落实《公平竞争审查制度实施细则（暂行）》，组织各地各部门开展存量文件专项清理，修改、废止一批不利于公平竞争的政策措施。（省市场监管局牵头，各地各部门负责）

3. 2019年9月底前部署开展招投标领域专项整治，全面清理县级以上地方人民政府及有关部

门规章、行政规范性文件和其他政策措施中对民营、外资企业投标设置不合理限制和壁垒的规定，纠正并查处一批不合理限制或排斥潜在投标人等违法违规行为。（省发展改革委、省政务办等部门按职责分工负责）

4.加强对各地各部门政府采购活动的指导和监管，清理政府采购领域妨碍统一市场与公平竞争的规定和做法。推动公共资源交易平台整合共享，将工程建设、政府采购、资产股权、环境类资源纳入统一平台，2019年底前出台我省公共资源交易目录，努力实现"平台之外无交易"（省财政厅、省政务办牵头，省相关部门按职责分工负责）

（二）继续取消下放一批行政许可事项

对保留的许可事项要逐项明确许可范围、条件和环节等，能简化的都要尽量简化。〔省政府推进政府职能转变和"放管服"改革协调小组办公室（以下简称省协调办）牵头，各地各部门负责〕

具体措施：

1.根据国务院取消下放行政许可事项的要求，做好事项对应取消下放和承接，改变管理方式，清理简并多部门、多层级实施的重复审批，结合工程建设项目审批制度改革，取消下放一批行政审批事项和中介服务事项。2019年底前，全省集中统一公布地方层面设定的行政许可事项清单，逐项简化并明确许可范围、许可条件、许可有效期限等，细化审批标准、办理程序和时限等要求。（省协调办牵头，省相关部门按职责分工负责）

2.加大政务服务事项清单检查力度，确保各级政府门户网站及部门网站、政务大厅、江苏政务服务网发布的事项信息一数一源，线上线下信息一致，推动实现同一事项全省无差别受理。（省政务办牵头，各地各部门负责）

3.深化交通运输领域简政放权。按照国家部署要求，简化道路客运经营许可事项和申请材料，精简道路货运从业驾驶员培训考试，积极探索货车"三检合一"。（省交通运输厅、省公安厅、省生态环境厅、省市场监管局按职责分工负责）

（三）继续压减工业产品生产许可证，推动检验检测认证机构与政府部门彻底脱钩（省市场监管局负责）

具体措施：

1.按照国家统一安排，调整工业产品生产许可证管理目录和强制性产品认证目录，对保留和退出目录的产品都要制定加强事中事后监管的措施。做好适用"自我声明"方式的强制性产品认证目录新扩产品相关工作的落实。（省市场监管局负责）

2.推动检验检测认证机构与政府部门彻底脱钩，鼓励社会资本进入检验检测认证市场。清理检验检测行政许可，实施统一的资质认定，加强与相关资格联合管理，加快实现检验检测认证结果在不同部门、层级和地区间互认通用，避免重复评价。（省市场监管局牵头，省相关部门按职责分工负责）

（四）大力清理简并种类过多、划分过细的资质资格许可事项（省人力资源社会保障厅、省自然资源厅、省住房城乡建设厅、省交通运输厅等部门按职责分工负责）

具体措施：

1.贯彻落实《人力资源社会保障部关于改革完善技能人才评价制度的意见》，深化职业资格制度改革，建立职业技能等级制度，健全完善技能人才评价体系。对照国家要求，及时动态调整《江苏省职业资格资质认定目录清单》，2020 年底前将资格数量再压减一半以上。（省人力资源社会保障厅牵头，省相关部门按职责分工负责）

2. 根据国家统一部署，大幅压减企业资质资格认定事项，力争 2020 年底前将工程建设、测绘等领域企业资质类别、等级压减 1/3 以上，凡是能由市场机制调节的一律取消，对保留的事项要精简资质类别、归并等级设置。探索对部分资质资格实行告知承诺管理。（省自然资源厅、省住房城乡建设厅、省交通运输厅、省应急厅等部门按职责分工负责）

（五）整治各类变相审批

摸清备案、登记、年检、认定等部门管理措施的底数，并持续清理压减。对确需保留的实行清单管理，并向社会公开。（省协调办牵头，各地各部门负责）

具体措施：

2019 年底前启动清理规范省级层面规定的目录、备案、计划、规划、登记、注册、年检、年报、监制、认定、认证、审定等管理措施，依法依规取消变相审批，分类编制事项清单并明确办理规则和流程。2020 年 6 月底前研究提出一批简化、优化的管理措施，改为通过信息共享等方式优化办事流程。（省协调办牵头，省相关部门按职责分工负责）

（六）继续推进"证照分离"改革，重点是"照后减证"（省市场监管局、省司法厅牵头，省相关部门按职责分工负责）

落实国家部署，2019 年底前在自由贸易实验区启动"证照分离"改革全覆盖试点工作，及时把握国家"证照分离"改革进展，推动改革事项在我省落实。

（七）进一步压缩企业开办时间

3 个工作日以内完成实现常态化，为开办企业提供便利。（省市场监管局牵头，各地和省相关部门按职责分工负责）

具体措施：

1. 加快电子营业执照、电子印章推广应用，简并现场登记环节，2019 年 9 月底前取消名称预核准。推广企业开办全程网上办，加快实现开办企业时申领营业执照、刻制印章、申领发票、社保登记等全流程网上申请和办理，现场"一窗"、一次领取企业开办全部材料。（省市场监管局牵头，各地和省公安厅、省住房城乡建设厅、省人力资源社会保障厅、省税务局等部门按职责分工负责）

2. 按照国家统一部署，加快电子发票的推广应用，为纳税人提供免费的电子发票开具服务，推进增值税专用发票电子化。2019 年底前将纳税人办税事项、纳税时间再压减 10%，70% 以上办税事项实现一次办结。（省税务局负责）

（八）进一步完善市场主体退出机制，促进优胜劣汰（省市场监管局牵头，各地和省相关部门按职责分工负责）

具体措施：

1. 2019 年 9 月底前建成企业注销网上服务专区，实现注销企业"信息共享、同步指引"，企业注销"一网"服务。推行税务注销分类处理，大幅简化社保、商务、海关等注销手续，实现企业注销便利化。推进企业简易注销登记试点，对于被终止简易注销登记的企业，允许其符合条件后再次依程序申请简易注销。（省市场监管局牵头，各地和省人力资源社会保障厅、省商务厅、南京海关、省税务局等部门按职责分工负责）

2. 建立办理破产工作统一协调机制,统筹推进破产程序中的业务协调、信息共享等工作。(省发展改革委、省司法厅按职责分别牵头负责)

(九)全面开展工程建设项目审批制度改革

压减审批时间和环节,确保年底实现全流程审批 100 个工作日以内完成,有条件的地方要进一步压减审批时间。(省住房城乡建设厅牵头,各地和省相关部门职责分工负责)

具体措施:

1. 继续开展工程建设项目审批制度全流程、全覆盖改革,大力精简工程建设项目审批环节和事项,分类优化审批流程,实施联合审图和联合验收等。试点地区探索取消施工图审查(或缩小审查范围)、实行告知承诺制和设计人员终身负责制,并加强事中事后监管。2019 年底前建成工程建设项目审批系统,与江苏政务服务网对接,在市、县(市、区)政务服务大厅推行工程建设项目审批"一窗受理、并联办理"。(省住房城乡建设厅、省自然资源厅、省政务办牵头,各地和省相关部门按职责分工负责)

2. 推进环评制度改革,修订我省环评审批分级管理办法,进一步下放部分项目环评审批权限。加强规划环评与项目环评联动,对符合规划环评结论和审查意见的建设项目,依法简化项目环评内容。按照生态环境部统一部署,落实登记表备案制度。(省生态环境厅牵头,各地和省相关部门按职责分工负责)

3. 明确"多规合一"要求,结合国土空间规划编制,推进国土空间规划"一张图"建设。按照国家统一部署,推进建设用地审批和城乡规划许可"多审合一"改革,合并审批、优化流程、简化材料,压缩办理时限。(各地和省自然资源厅按职责分工负责)

4. 大力推进区域评估,在省级以上开发区,推行由政府统一组织环境影响、矿产压覆、地质灾害、水土保持、文物保护、洪水影响、地震安全、气候可行性论证等评估,评估费用由地方政府或开发区管委会支付,可纳入土地出让金,评估结果由区域内项目免费共享,各部门不得对项目再进行单独评估。鼓励各地、各部门扩大评估范围。法律特别规定需要开展单独评估的项目,要充分利用区域评估结果,对项目简化评估,降低企业制度性交易成本。实行区域评估的区域,政府相关部门应在土地出让或划拨前,告知建设单位相关建设要求。(省商务厅牵头,各地和省生态环境厅、省自然资源厅、省水利厅、省应急厅、省文物局、省地震局、省气象局等部门按职责分工负责)

(十)治理违规收费·取消各种乱收费

防止地方非税收入非正常增长、抵消减税降费的政策效果,决不能再增加收费项目,确保减税降费的目标落实到位。(各地和省财政厅、省发展改革委、省民政厅、省市场监管局、省税务局等部门按职责分工负责)

具体措施:

1. 2019 年 9 月底前组织开展减税降费政策实施效果监督检查工作,坚决纠正违规开征、多征、预征非税收入的行为,坚决查处乱收费、乱罚款和各种摊派等问题。(省财政厅牵头,省相关部门按职责分工负责)

2. 治理政府部门下属单位、行业协会商会、中介机构等涉企收费行为,坚决清理整治乱收费和第三方截留减税降费红利行为。动态调整行政事业性收费和实行政府定价的经营服务性收费目录清单,全面公示收费项目、标准和依据。研究制定出台我省进一步加强和改进行业协会商会收费管

理的有关文件。(省发展改革委、省市场监管局、省民政厅、省财政厅等部门按职责分工负责)

3. 降低企业物流成本,督促各地做好口岸收费目录清单公示,整治港口、船公司、物流堆场、货代、船代等乱收费、不合理收费行为。清理铁路、水路的货运和客运杂费,降低收费标准,2019 年底前公布收费和处罚事项清单。(各地和省交通运输厅、南京海关、省发展改革委、省财政厅、省市场监管局等部门按职责分工负责)

4. 2019 年底前开展降低融资收费专项清理行动,规范中小企业融资时强制要求办理的担保、保险、评估、公证等事项,减少融资过程中的附加费用。(江苏银保监局牵头,省相关部门按职责分工负责)

二、加强公正监管,切实管出公平

(一)省有关部门要分领域抓紧制订全省统一、简明易行的监管规则和标准,并向全社会公开。抓紧清理规范和修订完善边界宽泛、执行弹性大的监管规则和标准。(省市场监管局牵头,省相关部门按职责分工负责)

具体措施:

1. 2019 年底前对已取消下放的行政许可事项事中事后监管措施落实情况进行全面评估,按照法律规定和"三定"规定确定的监管职责,进一步明确相应的事中事后监管措施,确保监管全覆盖。(省协调办牵头,省相关部门按职责分工负责)

2. 2019 年底前对现有的主要监管规则标准进行修订完善,尽可能消除模糊和兜底条款,并依法依规向社会公开。落实国家要求,在市场监管、生态环境保护、交通运输、农业农村、文化市场等行政执法领域规范执法自由裁量权,明确法律依据和处罚标准。(各地和省生态环境厅、省交通运输厅、省农业农村厅、省文化和旅游厅、省市场监管局等部门按职责分工负责)

3. 2019 年底前对照"互联网+监管"系统中检查实施清单,对现有涉企现场检查事项进行全面梳理论证,通过取消、整合、转为非现场检查等方式,压减重复或不必要检查事项,着力解决涉企现场检查事项多的问题。持续清理规范行政处罚事项,对重复处罚、标准不一、上位法已作调整的事项及时进行精简和规范。(省市场监管局、省司法厅牵头,各地和省相关部门按职责分工负责)

4. 全面落实行政执法公示、执法全过程记录、重大执法决定法制审核三项制度,深入推进规范行政执法水平"353"行动,2020 年底前基本实现各级行政执法机关及时准确公示执法信息、执法全过程留痕和可回溯管理、重大执法决定法制审核全覆盖。(省司法厅牵头,各地和省相关部门按职责分工负责)

(二)完善"双随机、一公开"监管制度和工作机制,推动日常监管"双随机、一公开"全覆盖。(省市场监管局牵头,各地和省相关部门按职责分工负责)

具体措施:

全面推进"双随机、一公开"监管,杜绝随意检查,2019 年 9 月底前建成全省统一的"双随机、一公开"监管平台,与省"互联网+监管"平台对接,实现各部门监管信息与省级"双随机、一公开"监管平台互联互通。2019 年底前市场监管部门完成双随机抽查全流程整合,实现双随机抽查覆盖企业比例达 5%。2020 年底前在市场监管领域实现相关部门"双随机、一公开"监管全覆盖,地方各级人

民政府相关部门联合"双随机、一公开"监管常态化。(省市场监管局牵头,各地和省相关部门按职责分工负责)

(三)对重点领域进行重点监管,特别是对疫苗、药品、特种设备、危险化学品等涉及人民生命安全、社会关注度高的领域,要实行全主体、全品种、全链条严格监管。〔各地和省市场监管局、省药监局、省应急厅、省发展改革委(省能源局)、省工业和信息化厅、省住房城乡建设厅、省交通运输厅、省商务厅等部门按职责分工负责〕

具体措施:

1. 加大惩处力度,提高违法成本,探索建立对举报违法行为的内部知情人员给予重奖等制度。(省市场监管局牵头,省相关部门按职责分工负责)

2. 2019年11月底前组织开展危险化学品质量安全风险隐患排查和专项整治。(各地和省市场监管局等部门按职责分工负责)

3. 建立疫苗生产企业巡查检查制度,实施对全部在产疫苗生产企业全覆盖检查。推行向疫苗生产企业派驻检查员制度。开展中药饮片质量专项整治。加强对药品集中采购和使用试点中标品种的日常监管、产品抽检和不良反应监测,督促企业落实主体责任。(省药监局牵头,各地和省相关部门按职责分工负责)

4. 开展打击欺诈骗保专项治理活动,实现对定点医疗机构和零售药店监督检查全覆盖,公开曝光欺诈骗保典型案例。(省医保局负责)

(四)加强社会信用体系建设,大力推进信用监管,推行承诺制,让市场主体和公民讲诚信,自主承诺。对违背承诺、搞虚假承诺甚至坑蒙拐骗的,一经发现要严厉惩罚。(省发展改革委、人民银行南京分行、省市场监管局牵头,各地和省相关部门按职责分工负责)

具体措施:

1. 国家出台统一红黑名单认定标准前,鼓励有条件的省级部门率先出台全省统一的认定办法,并推动各级政府部门审慎开展工作,将国家下发的各类严重失信黑名单及时纳入省级平台和联合奖惩系统,并及时推送共享至各地各部门,在"信用中国(江苏)"网站开展全量、一站式查询服务。完善经营异常名录和严重违法失信企业名单管理等制度。(省发展改革委、省市场监管局等部门按职责分工负责)

2. 围绕信用承诺、信用修复-失信联合惩戒、信用大数据开发利用等工作,2020年启动信用建设和信用监管试点示范。(省发展改革委牵头,各地各部门负责)

3. 按照全国统一部署,推动信用报告结果实现异地互认。(省发展改革委、人民银行南京分行牵头,各地各部门负责)

4. 依托国家"互联网+监管"等系统,有效整合公共信用信息、市场信用信息、投诉举报信息和互联网及第三方相关信息,充分运用大数据、人工智能等新一代信息技术,加快实现信用监管数据可比对、过程可追溯、问题可监测。(省政务办、省发展改革委、省市场监管局牵头,各部门按职责分工负责)

5. 建立完善以信用为基础的新型海关监管机制,根据企业信用等级实施差别化通关监管措施,出台对跨境电子商务等企业的认证标准。(南京海关负责)

6. 推进知识产权领域信用体系建设,探索建立知识产权(专利)领域严重失信联合惩戒机制。

加强对商标抢注和恶意注册、非正常专利申请等行为的信用监管。（省知识产权局负责）

（五）加快推进"互联网＋监管"，及时总结推广地方好的经验做法，提高监管及时性、精准性、有效性。（省政务办牵头，各地和省相关部门按职责分工负责）

具体措施：

1. 2019 年 9 月底前完成省"互联网＋监管"系统建设开发并上线试运行，推进省"互联网＋监管"系统的应用，建设监管效能评估系统，通过数据实时汇聚、大数据分析，及时、全面评估各地各部门"互联网＋监管"系统建设应用情况。选择基础条件较好的南京、无锡、苏州、南通作为试点城市，同步开展监管数据汇聚、信用监管、风险预警及监管方式创新等试点工作。（省政务办牵头，各地和省相关部门按职责分工负责）

2. 建设省监管数据中心。建设执法人员库、监管对象库、监管行为库、投诉举报库、知识库、法律法规库、信用信息库等数据库，协调各地各部门分批次完成系统对接，完成省发展改革委、省生态环境厅等部门存量数据汇聚。（省政务办、省发展改革委、省生态环境厅牵头，各地各部门负责）

（六）坚持对新兴产业实施包容审慎监管，在监管中找到新生事物发展规律，该处置的处置，该客观对待的客观对待，不简单封杀，但也决不能放任不管，推动新业态更好更健康发展。（各地和省相关部门按职责分工负责）

具体措施：

1. 2019 年 9 月底前出台促进平台经济规范健康发展的实施意见，加大政策支持力度，创新监管方式，落实和完善包容审慎监管要求，推动建立健全适应平台经济发展特点的新型监管机制。（省发展改革委、省市场监管局牵头，各地和省相关部门按职责分工负责）

2. 优化新业态发展环境，放宽新兴行业企业名称登记限制，完善互联网平台企业用工、灵活就业人员相关政策，加强政府部门与互联网平台数据共享，2019 年底前建成一体化在线政务服务平台电子证照共享服务系统。鼓励各地探索适应新业态特点、有利于公平竞争的公正监管办法，更好支持新业态发展。（各地和省政务办、省市场监管局、省人力资源社会保障厅等部门按职责分工负责）

三、大力优化政府服务，努力服出便利

（一）切实增强服务意识，不断提升服务能力和水平，大力提升政务服务效率，针对群众办事来回跑、环节多材料多、政府服务效率低等问题，对政务服务流程、方式进行系统化改革。（省政务办牵头，各地和省相关部门按职责分工负责）

具体措施：

1. 打造政务服务"一号答"品牌，实现"12345 在线"和"政风热线"品牌叠加、融合发展，深化整合各类政务热线，全面建成以"12345 在线"为龙头的全省政务热线服务体系。积极推动省、市两级政风热线转型发展，与"12345 在线"优势互补、服务闭环。（省政务办牵头，各地和省相关部门按职责分工负责）

2. 强化群众企业评判，建设江苏版的政务服务"好差评"，做好国家政务平台、长三角区域一体化、企业服务绿色通道等渠道的"一号答"服务，实现全过程评价、智能客服、专席窗口联动和百分百

回访。(省政务办负责)

3. 强化"大数据"决策支持。推进市级大数据政情民意分析系统建设,精准实施用户画像和部门画像,监督各地区部门服务生态。坚持问题导向,聚焦诉求热点和苗头事件,定期形成高质量的信息分析专报。(省政务办牵头,各地和省相关部门按职责分工负责)

4. 2019年底前,在全省全面实现不动产一般登记、抵押登记时间5个工作日以内完成的基础上,鼓励各地进一步压缩办理时限,提供优质服务。贯彻实施《江苏省不动产登记条例》,举办全省不动产登记业务技能竞赛。优化"一窗受理,集成服务"模式,继续推进不动产登记与房屋交易、缴税全业务一体化平台建设,强化与公安、市场监管、住房城乡建设、税务、司法、民政等部门信息共享,提高办事效率。2019年底前,全省全面实现不动产登记与水、电、气、网络、有线电视等关联业务的集中联动办理,继续推动增设不动产抵押登记银行便民服务网点,加强不动产登记电子证照的应用,更加方便企业群众办事。(省自然资源厅牵头,各地和省相关部门按职责分工负责)

5. 提升跨境贸易便利化水平,加强国际贸易"单一窗口"与银行、保险、民航、铁路、港口等相关行业机构合作对接,2019年底前实现主要申报业务应用率达100%。进一步精简进出口环节监管证件数量,加快推行进出口"提前申报""两步申报"通关模式和无纸化通关作业。(省商务厅、南京海关牵头,各地和省相关部门按职责分工负责)

6. 根据全国统一部署,试点建立统一的现代动产担保系统,整合各类动产登记和权利担保登记系统,实现企业担保在一个平台上登记,各相关部门按职责分别实施后台监管。(人民银行南京分行牵头,省交通运输厅、省市场监管局、省知识产权局等部门按职责分工负责)

7. 扩大异地就医结算范围,2019年底前基本实现异地就医患者在定点医院住院持卡看病、即时结算,依托"长三角"一体化平台,继续扩大跨省异地就医患者在所有定点医院能直接结算。(各地和省医保局按职责分工负责)

8. 依托全国统一的社会保险公共服务平台,实现个人权益记录查询、自主认证、养老保险待遇测算、社保卡应用状态查询等"一站式"功能,全面取消领取社保待遇资格集中认证,优化社保卡服务,加快推进电子社保卡。2019年底前实现养老保险关系转移接续业务网上办理。(各地和省人力资源社会保障厅按职责分工负责)

9. 2019年底前改进优化来华工作外国人管理工作,优化外国人来华相关审批、审查服务,压减办理时间。同时,向全社会开放出入境证件身份认证服务平台,为境内港澳居民、华侨持用出入境证件办理金融、教育、医疗等社会事务提供便利。(省政务办牵头,省公安厅、省科技厅、省人力资源社会保障厅按职责分工负责)

10. 2020年6月底前全面推广证明事项告知承诺制。进一步改进和规范基层群众性自治组织出具证明工作,解决群众反映强烈的"万能居委会"、"社区万能章"等问题。(省司法厅、省民政厅按职责分工负责)

(二)依托全国一体化在线政务服务平台,完善全省政务服务"一张网",推进"不见面审批(服务)",实现更大范围"一网通办"、异地可办"、掌上可办",确需到现场办的实现"一门通办""一窗办理"。在办理政务服务事项过程中要注意保护商业秘密和个人隐私。(省政务办牵头,各地和省相关部门按职责分工负责)

具体措施:

1. 依托全国和省一体化在线政务服务平台,2019年9月底前推进82项高频事项省内通办,41项高频事项长三角区域通办,22个高频电子证照汇聚应用,2019年底前推进长三角"一网通办"覆盖全省。推动一批高频政务服务事项实现线上"一地认证、全网通办"、线下"收受分离、异地可办"。2020年底前基本完成对依申请办理的政务服务事项名称、编码、依据、类型等基本要素和办事指南要素在国家、省、市、县四级统一。(省政务办牵头,各地各部门负责)

2. 更大力度推动数据共享。推进完成省大数据中心一期工程建设,按照"急用先行"原则提供省级部门新增信息系统所需的信息资源,保障"互联网＋监管""一体化在线服务平台"等国家和省委、省政府重点任务落地。建立权威高效的数据共享协调机制,2019年底前切实解决高频办事、百项堵点等数据共享问题,编制资源目录和共享责任清单,加快建设6大基础信息资源库。加快推进"互联网＋可信身份认证"平台、全国人口信息社会应用平台等多种网上身份认证能力融合,为在线政务服务平台提供统一身份认证支撑。(省政务办、省发展改革委、省公安厅按职责分工负责)

3. 加强五级政务服务体系建设。实现行政许可和其他有条件的依申请行政权力事项和公共服务事项全部进驻各级政务服务中心受理,根据企业和群众办件频率、办事习惯,不断优化调整窗口设置,推进水、电、气、暖、网络、电视等公共服务项目进大厅。在各地已开展的标准化试点的基础上,制定"政务服务大厅江苏省地方标准"。建设"自助服务区""互联网＋政务服务"体验区,提供多样化服务。在乡镇(街道)、村(社区)两级推广全科政务服务模式,对全科窗口充分授权,由"单一窗口"向"全科窗口"转变,由"一专多能"向"全科全能"转变。(省政务办牵头,各地各部门负责)

4. 推进"一件事"改革。选择关注度高、办理量大的高频事项,梳理需要多部门、多层级、多事项办理的"一件事",分批向社会公布"一件事"清单。通过并联审批、信息共享、集成优化等手段,重构办事流程和业务流程,对政务服务大厅进行窗口布局调整,推进"前台综合受理、后台分类审批、综合窗口出件"模式,将分设的窗口整合为综合窗口,做到"一件事""一窗办"。(省政务办牵头,各地各部门负责)

(三)一些带有垄断性质的供电、供水、供气、供暖等公用事业单位及医院、银行等服务机构,要从方便市场主体和人民群众出发,提高服务质量和效率,大幅压减自来水、电力、燃气、供暖办理时间,提高相关政策透明度,大力推行APP办事、移动支付等。(各地和省发展改革委、省住房城乡建设厅、省水利厅、省卫生健康委、人民银行南京分行、江苏银保监局、省能源局等部门按职责分工负责)

具体措施:

1. 规范水电气暖等行业收费、管理、服务,提升服务效率,加强收费监管。(各地和省发展改革委、省住房城乡建设厅等部门按职责分工负责)

2. 进一步压减办电时间,加快推广低压小微企业用电报装"三零"(零上门、零审批、零投资)服务,2019年底前全省各设区市实现低压小微企业用电报装"三零"服务,将办电时间压缩至10个工作日以内。鼓励各地在落实我省简化电力接入行政审批政策要求的基础上,进一步大幅压缩电力接入工程审批时间。(各地和省能源局、省电力公司按职责分工负责)

3. 优化水气报装服务,落实新修订的《城镇供水服务》《燃气服务导则》等国家标准,将水气设施报装提前到施工许可证核发后即可办理,大幅压减报装、安装费用。整合优化供水接入流程,实现无需增设管线的5个工作日,需增设管线并办理行政审批事项的最长不超过35个工作日完成装表接入;优化工商企业用户燃气接入,实现无需增设管线的 5 个工作日,需增设管线并办理行政审批事项的最长不超过 40 个工作日完成装表接入。(各地和省住房城乡建设厅按职责分工负责)

4. 指导督促商业银行优化服务,逐步解决银行卡解绑和异地注销难、"睡眠卡"收费不透明等一批群众反映强烈的问题,加快推动解决继承财产支取难问题。优化电信服务,持续推进降低电信收费、异地销户、携号转网等工作。持续优化老年证、居住证、流动人员人事档案管理等证件或手续办理流程,减少公用企事业单位索要的证明材料。(各地和江苏银保监局、省工业和信息化厅、省通信管理局、省公安厅、省民政厅、省卫生健康委、省人力资源社会保障厅、省发展改革委、省住房城乡建设厅、省司法厅等部门按职责分工负责)

(四)大力发展服务业,采用政府和市场多元化投入的方式,引导鼓励更多社会资本进入服务业,扩大服务业对外开放,结合城镇老旧小区改造,大力发展养老、托幼、家政和"互联网＋教育""互联网＋医疗健康"等服务,有效增加公共服务供给、提高供给质量,更好满足人民群众需求。(各地和省发展改革委、省教育厅、省民政厅、省住房城乡建设厅、省商务厅、省卫生健康委等部门按职责分工负责)

具体措施:

1. 落实国家"互联网＋社会服务"的有关要求,提出进一步推进"互联网＋"与教育、健康医疗、养老、文化、旅游、体育、家政等领域深度融合发展的政策措施,充分发挥社会领域公共服务资源作用,创新服务模式,更好惠及人民群众。(省协调办牵头,省教育厅、省民政厅、省商务厅、省文化和旅游厅、省卫生健康委、省体育局等部门按职责分工负责)

2. 结合城镇老旧小区改造,深入落实养老、托幼、家政等服务业有关政策意见。推进建设城乡便民消费服务中心,进一步扩大建设范围和数量,鼓励建设社区生活服务中心,在城乡社区推动包括家政服务在内的居民生活服务业发展,更好满足群众需要。创新发展模式,促进线上线下融合,推动社区商业发展。鼓励引导连锁经营进社区、品牌企业进社区、电子商务等新业态新模式进社区,进一步提升社区商业组织化、品质化和便利化水平,满足广大人民群众对美好生活的需求。支持社会力量发展普惠性托育服务,增加普惠性托育服务有效供给,促进婴幼儿照护服务标准化、规范化发展。(省住房城乡建设厅、省商务厅、省民政厅、省卫生健康委、省发展改革委等部门按职责分工负责)

3. 落实国家互联网诊疗和互联网医院管理相关政策,2019 年底,全省建设 50 家互联网医院,推动二级以上医院普遍提供分时段预约诊疗、诊间结算、移动支付等服务。探索建立老年人长期护理需求认定和等级评定标准体系,加强医疗护理员培训,促进老龄健康服务业发展。(省卫生健康委、省医保局按职责分工负责)

四、强化责任担当,确保"放管服"改革不断取得新成效

(一)抓紧研究制定《江苏省促进政务服务便利化条例》(暂定名)、《江苏省优化营商环境办法》,为推动"放管服"改革、优化营商环境建设提供法治保障。2019 年要开展营商环境百项诉求处理行动,破解一批营商环境痛点难点。(省政务办、省工业和信息化厅、省发展改革委、省司法厅牵头,各地和省相关部门按职责分工负责)

具体措施：

1. 加快推进《江苏省促进政务服务便利化条例》立法进程，按照规定时间提交审议。（省政务办、省司法厅负责）

2. 对照国家《优化营商环境条例》，进一步修改完善《江苏省优化营商环境办法》，2019 年底前公布实施。（省工业和信息化厅、省司法厅负责）

3. 推动落实《聚焦企业关切大力优化营商环境行动方案》，研究制定优化营商环境重点任务台账，搜集一批企业和群众反映强烈的问题，形成具体解决措施，并抓好落实。（省发展改革委、省政务办牵头，各地和省相关部门按职责分工负责）

（二）鼓励支持各地大胆创新，及时指导帮助地方解决改革中遇到的难题。要进一步加大向地方放权特别是综合授权的力度，充分调动和发挥地方推进改革发展的积极性、主动性和创造性。（省协调办牵头，各地和省相关部门按职责分工负责）

（三）对滞后于改革要求、不利于优化营商环境、制约新产业新业态新模式发展的有关规定，要加快清理修改。对与改革决策相抵触的行政法规、部门规章和行政规范性文件，要应改尽改、应废尽废。涉及修改法规规章的，要与改革方案同步提出修法建议。各地可通过地方立法，将实践证明行之有效、人民群众满意、市场主体支持的改革举措固化下来。（各地各部门负责）

（四）要把"放管服"改革、优化营商环境各项举措落实情况，作为督查的重点，继续用好督查奖惩这个有效办法，对成效明显的加大表扬和政策激励力度，对不作为乱作为延误改革的要严肃问责。（省政府督查室牵头，各地各部门负责）

各地各部门于年底前将贯彻落实情况书面报省政府推进政府职能转变和"放管服"改革协调小组办公室。工作中取得的重大进展、存在的突出问题要及时报告。

省政府关于应对新型冠状病毒肺炎疫情影响推动经济循环畅通和稳定持续发展的若干政策措施

（苏政发〔2020〕15 号）

各市、县（市、区）人民政府，省各委办厅局，省各直属单位：

为深入贯彻落实习近平总书记关于坚决打赢疫情防控阻击战的重要指示精神，全面落实党中央、国务院各项决策部署，在严密做好疫情防控工作的同时，扎扎实实做好"六稳"工作，聚焦疫情对当前经济运行带来的冲击和影响，统筹兼顾、近远结合，科学施策、分类施策、精准施策，加力促进经济循环畅通运行，有力帮助受影响较重行业和企业纾困解难，努力推动经济稳定持续高质量发展，为顺利实现今年经济社会发展目标任务打下坚实基础，现提出如下政策措施。

一、周密组织推动各类生产企业有序复工复产

按照属地管理、法人负责、有序受控的原则，分类指导企业制定"一企一策"疫情防控和复工方案，在落实疫情防控责任和措施的基础上，积极推动生产经营恢复正常。

1. 全力支持本地区保障公共事业运行必需（供水、供气、供电、供油、环卫、通讯等行业）、疫情防控必需（医疗器械、药品、防护品生产和销售等行业）、群众生活必需（超市卖场、农贸市场、食品生产、农产品生产加工和物流供应等行业）、重点项目建设施工以及其他涉及重要国计民生的相关企业全面复工复产，支持有条件的企业克服困难、扩大产能、调整结构、增加供给、提升质量。对因受疫情影响延误工期的工程施工项目，可参照不可抗力有关法定免责条款，允许适当合理延长合同工期。

2. 在严格落实防控措施的前提下，加快推动重点园区、重点出口企业、重点骨干企业、重点外资企业和产业链重要环节复工复产，减少审批流程和时限，不得另设门槛。全面加强生产期间疫情防控工作，严格返岗人员健康核查登记，做好防护物资和人员配备，全面开展厂区消毒，合理安排生产计划，健全企业疫情防控工作体系。

3. 视疫情变化和防控情况，规范引导文化旅游、住宿餐饮等服务行业有序复工。

责任单位：各设区市人民政府，省工业和信息化厅、卫生健康委、医保局、人力资源社会保障厅、发展改革委、住房城乡建设厅、农业农村厅、商务厅、文化和旅游厅。

二、加大财税政策扶持力度

在不折不扣落实国家减税降费政策的同时，分类分层对受疫情影响较重的传统服务行业和中小企业，以及开展疫情防控工作的重点企业和个人实行财税优惠政策。

4. 对因受疫情影响不能按期办理纳税申报的纳税人,准予延期申报,对确有困难而不能按期缴纳税款的纳税人,依法准予延期缴纳税款,最长不超过 3 个月。对因受疫情影响遭受重大损失或发生严重亏损,纳税确有困难的纳税人,可依法予以减免房产税、城镇土地使用税。

5. 认真落实高新技术企业所得税优惠税率、研发加计扣除政策,对技术转让、技术开发免征增值税,技术转让所得减免企业所得税。生产销售和批发、零售罕见病药品增值税一般纳税人,可选择按照简易办法依照 3% 征收率计算缴纳增值税。

6. 对医用防护服、口罩、医用护目镜、负压救护车、相关药品等疫情防控物资生产企业,确保落实全额退还增值税增量留抵税额,优先核准延期缴纳税款,并按规定临时性减免地方性收费。

7. 落实好蔬菜和部分鲜活肉蛋品流通环节免征增值税政策,国家储备商品有关房产税、城镇土地使用税、印花税优惠政策以及大宗商品仓储设施城镇土地使用税优惠政策。

8. 对旅游、住宿、餐饮、娱乐、民航、水路运输、公路运输、出租车等受疫情影响较重的服务行业,所在设区市可依法减免相关税费、研究制定财政贴息等扶持政策,帮助企业缓解经营困难。

9. 对承租国有经营性房产的中小企业和个体工商户,可以减免或减半征收 1—3 个月的房租;资金支付困难的,可以延期收取租金。对租用其他经营用房的,支持地方研究制定鼓励业主(房东)减免租户租金的奖励办法。

10. 对受疫情影响较重的外贸外资企业,各级积极研究采取扶持政策措施,协调解决供应链、资金链等问题,促进平稳健康发展。指导出口企业申请不可抗力的事实性证明书,帮助企业最大限度减轻因疫情造成不能履行合同的责任,帮助企业最大限度减小损失。

11. 落实国家减免税政策,支持重要原材料、关键零部件、核心装备进口。对按省疫情防控工作领导小组要求,进口紧缺疫情防控物资且落实减免税政策后价格仍偏高的,经确认后,省商务发展专项资金给予一定支持。

12. 对列入全国性名单的疫情防控重点保障企业 2020 年新增贷款,积极争取人民银行专项再贷款优惠资金及中央财政贴息支持。对支持疫情防控工作作用突出的其他卫生防疫、医药产品、医用器材等企业,经省财政厅会同有关部门审核确认后给予一定的贴息支持。

13. 对防疫产品和生活必需品供应企业加班生产经营增加的成本,各级可安排资金给予一定补助。在一定期限内按照国家和省有关要求对其生产的防控医疗物资及进口的同类产品实施政府兜底采购收储。

14. 充分发挥省现代服务业风险准备金作用,为省内中小型现代服务业企业提供融资增信,督促合作银行加大信贷投放力度,提供不低于 10 倍、不超过 20 倍的授信额度,对发生的风险损失可由准备金优先予以代偿。

15. 省级工业和信息产业转型升级专项资金对符合申报条件、受疫情影响较重的企业,优先给予并加大支持力度。对因疫情防控需要而扩大产能或实施技术改造的企业,各级对其新增设备投资部分,给予一定比例财政补贴。对从事服装生产等关联行业在疫情防控中临时转产防护用品的企业,其车间升级改造及新增设备产生的费用,给予一定比例财政补贴。

16. 对参加疫情防治工作的医务人员和防疫工作者,按照政府规定标准取得的临时性工作补助和奖金,免征个人所得税。疫情防控期间对其暂缓开展 2019 年度个人所得税汇算。

责任单位:各设区市人民政府,省财政厅、发展改革委、商务厅、工业和信息化厅、文化和旅游厅、卫生健康委、国资委、住房城乡建设厅、税务局,南京海关。

三、加大金融支持力度

在认真落实中国人民银行等五部委制定出台的30条政策措施基础上,抓紧研究制定我省金融支持政策措施,对积极响应的金融机构优先开展政府项目合作。

17.加强政银企协调对接,引导金融机构加大对疫情防控相关领域的信贷支持力度,对受疫情影响较重的批发零售、住宿餐饮、物流运输、文化旅游以及农产品生产加工等行业,以及有发展前景但受疫情影响暂时遇到困难的企业,特别是小微企业和创业公司,不得盲目抽贷、断贷、压贷,努力做到应续尽续、能续快续,同时启动线上续贷机制。

18.省内各银行机构对小微企业新增贷款规模不得低于2019年同期水平,其中国有大型银行普惠型小微企业贷款增速不低于20%。扩大贷款市场报价利率(LPR)定价基准的运用,力争2020年普惠小微企业贷款综合融资成本降低0.5个百分点左右。对无还本续贷政策落实成效明显的金融机构,省财政普惠金融发展专项资金给予奖励。

19.对因受疫情影响,在股票质押、融资融券、信息披露、公司债本息兑付等方面遇到困难的企业,指导其用好中国证监会及交易所相关政策,做好展期、延期披露的申请、沟通、报备和缓释公司债短期流动性风险等工作。

20.支持证券公司对疫情防控相关生产型企业和医疗服务机构创新金融服务方式,指导开辟优先服务通道,通过公司债券、资产支持证券等业务方式,提供快捷融资服务支持,引导社会资金流向,全力保障医疗药品和物资的供给。

21.支持疫情防控企业的企业债券融资需求,鼓励信用优良企业发行小微企业增信集合债券,指导发行人用好申报"绿色通道"、信息披露等支持政策。

22.在疫情防控期间,对生产、运输、销售重要医用和生活物资的骨干企业实行名单制管理,对名单内的企业提供优惠利率的信贷支持,有发展前景但受疫情影响到期还款困难的,可予以展期或续贷,鼓励金融机构适当减免展期或续贷利息。

23.建立省综合金融服务平台"绿色通道",加大对受疫情影响的中小微企业、民营企业融资支持力度,切实压降企业综合融资成本,提高融资对接效率。发挥政府采购信用融资合作机制作用,中标的中小企业可以凭政府采购合同直接向合作金融机构申请贷款,无需提供任何形式担保,合作金融机构提供利率优惠和"绿色通道"。鼓励各类特别是政府性融资担保机构,对因疫情影响暂时受困的中小微企业、新型农业主体提供融资担保服务,进一步降低担保费率,财政部门给予担保费用适当补助。

24.充分发挥政策性金融作用,鼓励和支持进出口银行、国家开发银行、中信保等政策性金融机构采取扶持政策,为出口企业提供针对性服务。加大对防疫物资进口金融支持力度,鼓励企业使用进口预付款等保险产品,保障海外采购资金安全。针对受疫情影响较重的外经贸企业实行"一企一策"服务,加强风险的预警和管理,提高限额满足率和风险容忍度,加快出口信用保险案件理赔追偿速度,做到应保尽保、应赔尽赔、高效减损。

责任单位:省地方金融监管局、财政厅、发展改革委、农业农村厅,江苏银保监局、江苏证监局、人民银行南京分行、中国进出口银行江苏省分行、国家开发银行江苏省分行、中信保江苏分公司、省再担保公司。

四、加大企业复产用工保障力度

25. 帮助和支持"三必需"企业特别是疫情防控物资生产企业积极招工,指导企业与劳务输出地加强沟通安排,运用智能化、网络化手段,畅通运行网络求职招聘服务平台,扩大信息推送覆盖面,建立返乡务工人员滞留就业应对机制,充足用好本地用工资源,促进用工需求有效对接。有力组织重点企业职工及时返岗复工,统筹做好当前错峰运输工作,制定周密的运输工作方案,合理有序安排人员到岗;复工前注重全面防控、精准对接,复工后注重服务保障、政策落实,多渠道、宽领域拓展企业用工,着力稳定就业基本面。

26. 加大失业保险稳岗返还力度,对面临暂时性生产经营困难且恢复有望的参保企业,失业保险稳岗返还政策实施期限延长至 2020 年 12 月 31 日。将中小微企业失业保险稳岗返还政策裁员率标准放宽到不高于上年度全国城镇调查失业率控制目标,对参保职工 30 人(含)以下的企业,裁员率放宽至不超过企业职工总数 20%。对批发零售、住宿餐饮、物流运输、文化旅游等受疫情影响较重的服务业企业,坚持不裁员或少裁员的,可参照困难企业标准,给予 1—3 个月的失业保险稳岗返还补贴。充分发挥省级调剂金作用,尽可能让符合条件的企业都能享受政策支持。

27. 阶段性降低失业保险费率、工伤保险费率政策,实施期限延长至 2021 年 4 月 30 日。允许职工医保统筹基金累计结余可支付月数超过 15 个月的设区市,年内阶段性降低职工医保费率 0.5—1 个百分点,同时不提高个人缴费费率。

28. 疫情防控期间,允许企业申请延期办理职工参保登记和"五险一金"等缴费业务。对因受疫情影响生产经营困难暂时无力缴纳社会保险费的企业,由当地税务部门会同人力资源社会保障部门、财政部门在企业申报后的 5 个工作日内做出认定;暂时无力缴纳住房公积金的企业,由当地住房公积金管理机构在企业申报后的 5 个工作日内做出认定,符合条件的可缓缴养老保险、失业保险、工伤保险费和住房公积金,缓缴期最长 6 个月,缓缴期间免收滞纳金,不影响企业信用和职工个人权益记录。

29. 支持受疫情影响大、导致生产任务不均衡的用人单位,根据生产经营需要,依法申请实行综合计算工时工作制。加大对疫情防控物资生产企业支持力度,对春节期间(2020 年 1 月 24 日至 2 月 9 日)开工生产、配送疫情防控急需物资且经省认定的企业,从失业保险扩大试点支出范围资金或就业补助资金中按照在岗职工每人每天 100 元的标准给予一次性吸纳就业补贴。对受疫情影响导致生产经营困难、生产订单不均衡的企业,可以通过与职工代表集体协商一致后,采取调整薪酬、轮岗轮休、缩短工时等方式稳定工作岗位,引导企业与职工同舟共济。积极为受疫情影响的企业办理与疫情相关的不可抗力事实类公证,提供律师公益法律服务,主动进行"法治体检",切实维护企业、职工合法权益。

30. 制定职业技能提升专账资金使用管理、职业技能培训合格证书管理以及加强线上职业技能培训的政策措施,鼓励和支持企业职工、就业重点群体职业技能培训。

31. 在省突发公共卫生事件一级响应解除前,未落实有效安全防控措施的企业,不得到疫情严重地区开展招聘活动,不得从疫情严重地区招聘员工,不得安排员工到疫情严重地区出差。

责任单位:省人力资源社会保障厅、财政厅、发展改革委、工业和信息化厅、住房城乡建设厅、交通运输厅、卫生健康委、司法厅、医保局、税务局。

五、加强供应链衔接配套和民生物资供应保障

32. 落实"米袋子"省长负责制和"菜篮子"市长负责制,加强粮油供应和蔬菜等鲜活农产品生产,设立专门绿色运输通道,保障好产销衔接通畅,保证市场不脱档、不断供。妥善解决养殖户饲料供应难、种苗供应难、屠宰销售难等实际问题。保障批发市场、城区物流配送畅通,确保商场超市、便利店补货及时,加强价格监测和产品质量安全监管,稳定市场价格,维护市场秩序。

33. 以疫情防控必需、公共事业运行必需、群众生活必需、重要企业生产必需等为重点,在长三角地区协同建立省市、口岸间运输优先通行机制,实现生产、生活物资互济互帮,积极帮助协调上下游企业复工复产,加强跨区域协调衔接和运力调配,促进生产企业原材料运得进、产成品运得出。

34. 优化公铁空水联运监管模式,全力保障公路网和水路网畅通,打通最后一公里"堵点"。进一步加大疫情防控应急物资和生活物资的应急运输保障力度,确保相关运输车辆不以防疫为由被拦截,并积极运用信息化手段简化流程,提高物流效率和产出效益。

责任单位:各设区市人民政府,省交通运输厅、商务厅、农业农村厅、粮食和储备局、发展改革委、公安厅、工业和信息化厅、市场监管局

六、实施临时性电价扶持政策

35. 疫情防控期间,用电企业不受"基本电费计收方式选定后在3个月内保持不变"的限制,根据实际情况按月选择基本电费结算方式。临时性取消"电力用户暂停用电容量少于十五天的,暂停期间基本电费照收"的规定,调整为按实际暂停用电天数减免用电企业基本电费,方便用电企业延期或新增办理暂停业务。

36. 对因疫情防控需要扩大产能的用电企业,如选择按合同最大需量方式结算基本电费,超过合同约定最大需量105%的,超过部分按实收取,不加倍计收基本电费。疫情防控期间,为疫情防控直接服务的医疗等场所新建、扩建用电需求,免收高可靠性供电费。

责任单位:省发展改革委、电力公司

七、大力推进重大项目建设

37. 加大有效投入,以220个省重大项目建设为抓手,加快在建项目建设和投产进度,做深做实项目前期工作,条件成熟的力争早开工、早建成、早达效。推动年初全省集中开工的1473个重大产业项目加快落地见效。对事关疫情防治和公共卫生的重大项目建设,加大支持力度,优化办理流程,提高审批效率,实行急事快办。

38. 进一步优化投资结构,大力鼓励和促进民间投资,特别是产业投资和交通等基础设施投

资。更好发挥政府投资作用,聚焦关键领域和薄弱环节,持续加大基础设施领域和公共卫生、生态环保、应急保障、人居环境整治、苏北地区农民群众住房条件改善等民生领域补短板投资力度,及早启动民生领域十大类 200 个补短板项目建设。

39. 对于疫情防控急需的应急医疗设施、隔离设施等建设项目,符合《中华人民共和国招标投标法》第六十六条规定的,可以不进行招标,由业主采用非招标方式采购,或者在招标时酌情缩短有关时限要求。对于涉及保障城市运行必需、疫情防控必需和涉及重要国计民生以及企业生产经营急需的项目,建立招投标"绿色通道"服务机制,确保依法规范、及时有序进行。

责任单位:各设区市人民政府,省发展改革委、住房城乡建设厅、自然资源厅、生态环境厅。

八、大力组织科研协同攻关

40. 针对疫情防控相关的药品、疫苗、快速检测、医疗器械、防护物资等,抓紧组织高校、科研院所、医疗机构、企业加强科研协同攻关,重点支持检测试剂、有效药物和疫苗研发、临床应用和生产,给予政策优先支持和倾斜。

41. 支持新型冠状病毒检测试剂、疫苗和救治装备研发及产业化项目,对开展新型冠状病毒检测试剂、疫苗和救治装备研发及批量生产的企业,省战略性新兴产业发展专项资金给予定额补助。

42. 疫情防控期间,减免在孵科技型中小企业租金的省级以上科技企业孵化器和大学科技园,列入省级年度绩效奖补范围的,在资金分配中予以倾斜支持。各设区市可比照制定市级创业孵化基地、园区运营补贴办法。优化"苏科贷""苏微贷""苏贸贷"办理流程,尽快实现业务线上办理,缩短备案时间。

责任单位:各设区市人民政府,省科技厅、发展改革委、工业和信息化厅、财政厅、税务局、商务厅、市场监管局。

九、加强经济运行监测和调节

43. 抓紧出台创新和完善宏观调控的实施意见,密切监测经济运行状况,重点关注疫情对工业、服务业、投资、消费、就业等领域的影响,积极实施逆周期调节,加强政策协调配合,对部门出台的政策开展评估,及时调整完善时效性政策,努力实现最优政策组合和最佳政策效果。

44. 深化供给侧结构性改革,加快产业结构调整,研究制定调优调强调绿产业的政策措施,更好发挥市场机制作用,倒逼产业转型升级。研究制定推动传统消费业态复苏的政策措施,积极引导消费预期,加快新兴消费业态成长,进一步培养居民健康生活习惯。支持传统零售企业提升网络营销能力,进一步拓宽居民线上消费的渠道,加快释放网络消费新动能。

责任单位:省发展改革委、工业和信息化厅、生态环境厅、商务厅、统计局、政府研究室。

十、注重防范受疫情影响可能暴露的风险隐患

45. 密切关注房地产市场运行态势,加强市场分析研判和资金流向监测,根据房地产市场供需

结构动态变化,开展政策预研储备,着力稳地价稳房价稳预期,保持房地产市场健康发展。

46. 密切关注上市公司、大型企业资金链状况,对可能出现的股票质押、债券违约、强制退市、资金链断裂等风险,加强监测预警和防范指导,及早采取针对性措施进行防控、缓释、化解,谨防部分领域金融风险叠加传导,牢牢守住不发生区域性系统性金融风险的底线。

责任单位:各设区市人民政府,省住房城乡建设厅、地方金融监管局、发展改革委、自然资源厅,人民银行南京分行、江苏银保监局、江苏证监局。

十一、毫不放松抓好安全生产

47. 统筹做好疫情防控和安全生产工作,严格落实安全生产责任,切实强化安全生产红线意识和底线思维,压紧压实地方党政领导责任、部门监管责任和企业主体责任,毫不放松抓好安全生产专项整治、防灾减灾救灾和抢险救援各项措施落实,坚决守好安全生产这条底线、红线、生命线。深入推进安全生产专项整治和危化品安全综合治理,聚焦重大风险、重要环节、重点部位,加强安全生产督导检查。督促复工企业合理安排生产计划,坚决防止因赶工、抢工导致安全生产事故发生,对存在安全风险隐患、重要岗位人员不到位等不具备安全生产条件的,坚决不予复产。

责任单位:各设区市人民政府,省安委办(应急厅)。

十二、着力优化营商环境和秩序

48. 进一步推进"互联网＋政务服务",提高"不见面审批(服务)"效能,积极引导选择江苏政务网、江苏政务服务 APP 等非接触式线上办理途径,加快推行环保"不见面"审批、"非现场"监测、"不接触"执法、"信息化"监管,降低疫情聚集性发生风险。依托全省投资项目在线审批监管平台,加强投资项目远程审批服务,全力做好项目立项、开工、投产全过程服务。完善企业信用修复机制,对因受疫情影响生产订单未完成或者产品交付不及时的企业,采取便利信用修复流程,规避失信风险。

49. 提升贸易便利化水平,加大与上海等海关对接力度,促进风险防控、物流监管、查验作业、保税监管等一体化。实施航空口岸通关一体化,支持国际贸易"单一窗口"对接港口、机场、铁路,拓展应用范围,巩固压缩整体通关时间成效。

50. 依法严厉打击危害疫情防控违法犯罪行为,任何地区、企业和个人不得哄抢、截留重要疫情防控物资,一经发现,坚决依法依规依纪严肃查处。严厉打击制售假冒伪劣药品、医疗器械、医用卫生材料等违法犯罪行为,以及囤积居奇、哄抬物价等价格违法和扰乱市场秩序行为。

责任单位:省发展改革委、商务厅、政务办、生态环境厅、公安厅、市场监管局、贸促会,南京海关。

本文件自印发之日起实施,有效期至 2020 年底(文中具体措施明确规定的从其规定,因新型冠状病毒肺炎疫情应急响应结束等原因,政策措施不再有必要的,自动失效)。国家出台的相关政策遵照执行。

数据篇

一、2019 年全国各地区人口及生产总值

地区	年末常住人口（万人）	年末人口比重（%）	地区生产总值（亿元）	第一产业	第二产业	第三产业	人均地区生产总值（元）
全 国	**140005**	**60.6**	**990865**	**70467**	**386165**	**534233**	**70892**
北 京	2153.6	86.6	35371.28	113.69	5715.06	29542.53	164220
天 津	1561.83	83.5	14104.28	185.23	4969.18	8949.37	90371
河 北	7591.97	57.6	35104.52	3518.44	13597.26	17988.82	46348
山 西	3729	59.6	17026.68	824.72	7453.09	8748.87	45724
内蒙古	2539.56	63.4	17212.53	1863.19	6818.88	8530.46	67852
辽 宁	4351.7	68.1	24909.45	2177.77	9531.24	13200.44	57191
吉 林	2690.73	58.3	11726.82	1287.32	4134.82	6304.68	43475
黑龙江	3751.3	60.9	13612.68	3182.45	3615.21	6815.02	36183
上 海	2428.14	88.3	38155.32	103.88	10299.16	27752.28	157279
江 苏	**8070**	**70.6**	**99631.52**	**4296.28**	**44270.5**	**51064.7**	**123607**
浙 江	5850	70	62351.74	2097.38	26566.6	33687.76	107624
安 徽	6365.9	55.8	37113.98	2915.7	15337.9	18860.38	58496
福 建	3973	66.5	42395	2596.23	20581.74	19217.03	107139
江 西	4666.13	57.4	24757.5	2057.56	10939.83	11760.11	53164
山 东	10070.21	61.5	71067.53	5116.44	28310.92	37640.17	70653
河 南	9639.75	53.2	54259.2	4635.4	23605.79	26018.01	56388
湖 北	5927	61	45828.31	3809.09	19098.62	22920.6	77387
湖 南	6918.38	57.2	39752.12	3646.95	14946.98	21158.19	57540
广 东	11521	71.4	107671.07	4351.26	43546.43	59773.38	94172
广 西	4960	51.1	21237.14	3387.74	7077.43	10771.97	42964
海 南	944.72	59.2	5308.93	1080.36	1099.03	3129.54	56507
重 庆	3124.32	66.8	23605.77	1551.42	9496.84	12557.51	75828
四 川	8375	53.8	46615.82	4807.23	17365.33	24443.26	55774
贵 州	3622.95	49	16769.34	2280.56	6058.45	8430.33	46433
云 南	4858	48.9	23223.75	3037.62	7961.58	12224.55	47944
西 藏	350.6	31.5	1697.82	138.19	635.62	924.01	48902
陕 西	3876.21	59.4	25793.17	1990.93	11980.75	11821.49	66649
甘 肃	2647.43	48.5	8718.3	1050.48	2862.42	4805.4	32995
青 海	607.82	55.5	2965.95	301.9	1159.75	1504.3	48981
宁 夏	694.66	59.9	3748.48	279.93	1584.72	1883.83	54217
新 疆	2523.22	51.9	13597.11	1781.75	4795.5	7019.86	54280

二、2019 年全国各地区生产总值构成及增速

地　区	地区生产总值构成（%）	第一产业	第二产业	第三产业	地区生产总值比上年增长（%）
全　国	**100**	**7.1**	**39**	**53.9**	**6.1**
北　京	100	0.3	16.2	83.5	6.1
天　津	100	1.3	35.2	63.5	4.8
河　北	100	10	38.7	51.2	6.8
山　西	100	4.8	43.8	51.4	6.2
内蒙古	100	10.8	39.6	49.6	5.2
辽　宁	100	8.7	38.3	53	5.5
吉　林	100	11	35.3	53.8	3
黑龙江	100	23.4	26.6	50.1	4.2
上　海	100	0.3	27	72.7	6
江　苏	**100**	**4.3**	**44.4**	**51.3**	**6.1**
浙　江	100	3.4	42.6	54	6.8
安　徽	100	7.9	41.3	50.8	7.5
福　建	100	6.1	48.5	45.3	7.6
江　西	100	8.3	44.2	47.5	8
山　东	100	7.2	39.8	53	5.5
河　南	100	8.5	43.5	48	7
湖　北	100	8.3	41.7	50	7.5
湖　南	100	9.2	37.6	53.2	7.6
广　东	100	4	40.4	55.5	6.2
广　西	100	16	33.3	50.7	6
海　南	100	20.3	20.7	58.9	5.8
重　庆	100	6.6	40.2	53.2	6.3
四　川	100	10.3	37.3	52.4	7.5
贵　州	100	13.6	36.1	50.3	8.3
云　南	100	13.1	34.3	52.6	8.1
西　藏	100	8.1	37.4	54.4	8.1
陕　西	100	7.7	46.4	45.8	6
甘　肃	100	12	32.8	55.1	6.2
青　海	100	10.2	39.1	50.7	6.3
宁　夏	100	7.5	42.3	50.3	6.5
新　疆	100	13.1	35.3	51.6	6.2

三、2019 年全国各地区国内外贸易

地 区	社会消费品零售总额（亿元）	进出口总额（亿美元）	出 口	进 口
全 国	**411649**	**45761**	**24990**	**20771**
北 京	12270.1	4161.64	750.04	3411.6
天 津	5516.05	1066.5	437.95	628.55
河 北	17934.19	580.41	343.82	236.6
山 西	7909.15	209.68	116.92	92.76
内蒙古	7610.63	159.15	54.69	104.46
辽 宁	15008.59	1052.8	454.51	598.29
吉 林	7777.23	189.01	47.04	141.98
黑龙江	9898.42	271.01	50.69	220.33
上 海	13497.21	4938.9	1990.01	2948.89
江 苏	**37672.5**	**6294.7**	**3947.84**	**2346.85**
浙 江	27176.41	4472.32	3345.91	1126.4
安 徽	13377.65	687.49	404.15	283.34
福 建	15749.69	1931.19	1201.71	729.48
江 西	8421.64	509.28	362.09	147.19
山 东	35770.58	2962.99	1614.5	1348.49
河 南	22733.02	824.74	542.2	282.54
湖 北	20224.23	571.46	359.96	211.5
湖 南	17239.54	628.95	445.46	183.49
广 东	42664.46	10361.83	6291.79	4070.04
广 西	8872.98	682.09	377.47	304.63
海 南	1808.31	131.53	49.87	81.66
重 庆	8667.34	839.7	538.04	301.66
四 川	20144.32	980.6	563.87	416.73
贵 州	4174.17	65.73	47.4	18.33
云 南	7539.18	336.95	150.24	186.71
西 藏	649.33	7.03	5.41	1.62
陕 西	9598.73	510.5	272.22	238.28
甘 肃	3692.4	55.12	19.07	36.06
青 海	880.75	5.4	2.94	2.47
宁 夏	984.49	34.88	21.6	13.28
新 疆	3361.61	237.11	180.44	56.66

四、2019 年江苏省各市（县）地区生产总值 单位：亿元

地 区	地区生产总值	第一产业	第二产业	第三产业	工业	人均地区生产总值（元）
南 京 市	14030.2	287.82	5040.85	8701.48	4215.76	165682
无 锡 市	11852.3	122.51	5627.88	6101.93	5034.41	180044
江 阴 市	4001.12	36.08	2042.02	1923.02	1851.5	242111
宜 兴 市	1770.12	49.92	924.22	795.98	778.38	140905
徐 州 市	7151.35	682.83	2886.17	3582.35	2333.44	81138
丰 县	468.23	90.84	173.94	203.45	142.51	49207
沛 县	777.96	113.6	324.39	339.97	226.5	69430
睢 宁 县	612.67	106.43	240.34	265.9	177.58	59459
新 沂 市	686.4	85.67	265.42	335.31	212.28	75127
邳 州 市	959.7	149.73	390.74	419.24	338.33	66466
常 州 市	7400.86	157	3529.17	3714.69	3156.05	156390
溧 阳 市	1010.54	52.14	513.96	444.44	401.19	132330
苏 州 市	19235.8	196.7	9130.18	9908.92	8316.49	179174
常 熟 市	2269.82	38.92	1123.23	1107.67	1033.29	149591
张 家 港 市	2547.26	28.82	1308.48	1209.96	1219.73	201795
昆 山 市	4045.06	30.34	2072.49	1942.23	1912.96	242575
太 仓 市	1324.97	32.59	651.1	641.29	606.46	183973
南 通 市	9383.39	428.84	4602.1	4352.45	3849.7	128294
如 东 县	1053.4	84.6	523	445.7	450.9	107732
启 东 市	1157.5	79.6	581.3	496.6	463.2	121874
如 皋 市	1215.2	72.4	597.4	545.3	498.6	98127
海 门 市	1352.4	63.9	695.7	592.8	575.9	149379
海 安 市	1133.2	66.1	611	456.1	519.4	131195
连 云 港 市	3139.29	362.7	1363.15	1413.44	1099.19	69523
东 海 县	526.29	78.9	215.75	231.64	171.48	54273
灌 云 县	359.19	75.1	127.47	156.62	94.99	44664
灌 南 县	381.65	62.7	171.7	147.25	133.57	60041
淮 安 市	3871.21	386.21	1617.18	1867.82	1297.3	78543

地　区	地区生产总值	第一产业	第一产业	第一产业	工业	人均地区生产总值（元）
涟 水 县	532.27	65.68	223.44	243.15	170.09	62686
盱 眙 县	418.56	68.66	159.05	190.85	144.18	63756
金 湖 县	325.12	44.38	135.39	145.35	117.12	97736
盐 城 市	**5702.26**	**619.9**	**2371.59**	**2710.77**	**1942.91**	**79149**
响 水 县	385.78	46.6	179.03	160.15	162.76	77661
滨 海 县	492.33	67.39	201.4	223.54	159.19	52939
阜 宁 县	555.06	65.65	234.74	254.67	159.01	67264
射 阳 县	563.87	95.31	207.17	261.39	182.33	64186
建 湖 县	565.96	54.99	237.73	273.24	185.17	78279
东 台 市	841.49	109.51	312.9	419.08	275.31	86850
扬 州 市	**5850.08**	**292.8**	**2778.21**	**2779.07**	**2261.96**	**128856**
宝 应 县	732.91	79.49	360.29	293.13	283.84	96410
仪 征 市	791.72	23.03	423.03	345.66	361.02	138558
高 邮 市	818.73	86.15	405.86	326.72	323.11	109978
镇 江 市	**4127.32**	**140.42**	**2004.79**	**1982.11**	**1799.32**	**128981**
丹 阳 市	1121.99	48.71	588.57	484.72	556.82	113087
扬 中 市	487.83	15.57	262.31	209.96	247.11	141667
句 容 市	661.48	47.9	286.77	326.96	229.92	105264
泰 州 市	**5133.36**	**292.5**	**2525.98**	**2314.88**	**1972.11**	**110731**
兴 化 市	871.82	128.12	346.55	397.15	241.91	70178
靖 江 市	979.57	25.7	540.91	412.96	388.82	143066
泰 兴 市	1083.9	65.41	556.2	462.29	465.3	101157
宿 迁 市	**3099.23**	**324.59**	**1324.35**	**1450.29**	**1091.82**	**62840**
沭 阳 县	950.17	106.46	395.81	447.9	345.34	60572
泗 阳 县	501.44	66.49	215.66	219.29	167.74	59125
泗 洪 县	495.45	81.36	186.9	227.19	142.7	55111

五、2019 年江苏省各市（县）地区生产总值构成

市　县	地区生产总值指数（上年＝100）	三次产业占 GDP 比重（%）			一般公共预算收入占 GDP 比重（%）	外贸依存度（%）
		第一产业	第二产业	第三产业		
南 京 市	107.8	2.1	35.9	62	11.3	34.4
无 锡 市	106.7	1	47.5	51.5	8.7	53.7
江 阴 市	106.8	0.9	51	48.1	6.4	40.2
宜 兴 市	107	2.8	52.2	45	7	17.3
徐 州 市	106	9.5	40.4	50.1	6.5	13
丰　县	104.1	19.4	37.1	43.5	6.1	14.2
沛　县	106	14.6	41.7	43.7	5.8	6.8
睢 宁 县	106.2	17.4	39.2	43.4	6.2	9.2
新 沂 市	106	12.5	38.7	48.9	5.2	13.4
邳 州 市	105.3	15.6	40.7	43.7	4.5	13.3
常 州 市	106.8	2.1	47.7	50.2	8	31.5
溧 阳 市	107.8	5.2	50.9	44	7	8
苏 州 市	105.6	1	47.5	51.5	11.6	114.3
常 熟 市	105.3	1.7	49.5	48.8	8.9	68.6
张家港市	106.1	1.1	51.4	47.5	9.7	92.9
昆 山 市	106.1	0.8	51.2	48	10.1	140.9
太 仓 市	105.4	2.5	49.1	48.4	12.3	69.4
南 通 市	106.2	4.6	49	46.4	6.6	26.9
如 东 县	106.7	8	49.6	42.3	5.5	35.8
启 东 市	105.5	6.9	50.2	42.9	6.1	21.6
如 皋 市	106.1	6	49.2	44.9	5.8	20.3
海 门 市	106.4	4.7	51.4	43.8	5.3	14.4
海 安 市	106.6	5.8	53.9	40.2	5.5	12.3
连云港市	106	11.6	43.4	45	7.7	20.5
东 海 县	105.7	15	41	44	4.6	5.9
灌 云 县	106.4	20.9	35.5	43.6	6.3	3.7
灌 南 县	105.7	16.4	45	38.6	6.2	3.1
淮 安 市	106.6	10	41.8	48.2	6.6	8.4

市　县	地区生产总值指数（上年＝100）	三次产业占GDP比重（%）			一般公共预算收入占GDP比重（%）	外贸依存度（%）
		第一产业	第二产业	第三产业		
涟 水 县	106.8	12.3	42	45.7	4.3	4.2
盱 眙 县	106.6	16.4	38	45.6	4.6	2.7
金 湖 县	106.7	13.7	41.6	44.7	6.9	10
盐 城 市	**105.1**	**10.9**	**41.6**	**47.5**	**6.7**	**11.6**
响 水 县	104.3	12.1	46.4	41.5	5.7	11.4
滨 海 县	104.1	13.7	40.9	45.4	4.7	7.3
阜 宁 县	104.6	11.8	42.3	45.9	5	4.5
射 阳 县	106.6	16.9	36.7	46.4	5.1	5.6
建 湖 县	105	9.7	42	48.3	5.3	4.5
东 台 市	104.7	13	37.2	49.8	6.2	7.5
扬 州 市	**106.8**	**5**	**47.5**	**47.5**	**5.6**	**13.3**
宝 应 县	106.8	10.8	49.2	40	3.4	9.4
仪 征 市	106.9	2.9	53.4	43.7	6.4	5.2
高 邮 市	107.1	10.5	49.6	39.9	4.5	4.3
镇 江 市	**105.8**	**3.4**	**48.6**	**48**	**7.4**	**18.7**
丹 阳 市	104.7	4.3	52.5	43.2	5.5	19.3
扬 中 市	105.8	3.2	53.8	43	7	7.3
句 容 市	106.3	7.2	43.4	49.4	8.1	7.1
泰 州 市	**106.4**	**5.7**	**49.2**	**45.1**	**7.1**	**19.4**
兴 化 市	104.6	14.7	39.8	45.6	4.6	5.9
靖 江 市	107.2	2.6	55.2	42.2	5.9	24.2
泰 兴 市	106.8	6	51.3	42.7	7.4	27.6
宿 迁 市	**107**	**10.5**	**42.7**	**46.8**	**6.9**	**7.6**
沭 阳 县	107.1	11.2	41.7	47.2	5	6.5
泗 阳 县	107.4	13.6	43.1	43.5	5.1	6.5
泗 洪 县	106.9	16.4	37.8	46.1	5.3	4.1

六、2019 年末江苏省各市(县)地区从业人员 单位:万人

市 县	就业人员	第一产业	第二产业	第三产业	私营企业 就业人员	个体 就业人员
南 京 市	502.6	39.5	145	279.5	335.78	137.27
无 锡 市	387	14.9	213.1	159	204.78	87.8
江 阴 市	99.02	3.95	61.07	34	54.72	26.62
宜 兴 市	73.9	7.83	40.03	26.04	48.9	11.24
徐 州 市	483.4	106.8	172.7	203.9	133.01	122.43
丰 县	54.58	14.49	20.54	19.55	8.14	12.25
沛 县	63.65	16.35	23.86	23.44	15.94	9.42
睢 宁 县	61.46	16.53	22.96	21.97	19.17	15.49
新 沂 市	54.79	13.19	20.38	21.22	20.57	12.54
邳 州 市	86.58	21.57	32.15	32.86	13.91	22.69
常 州 市	282.7	29.3	137.1	116.3	170.84	78.86
溧 阳 市	49.9	11.6	24.3	14.1	23.25	10.55
苏 州 市	692.6	20.9	403.8	267.9	458.99	239.34
常 熟 市	104.38	3.5	62.71	38.17	50.52	23.32
张 家 港 市	77.1	3.92	45.43	27.75	64.38	19.68
昆 山 市	117.11	1.53	73.11	42.47	77.01	50.92
太 仓 市	45.81	2.36	26.28	17.17	28.51	9.22
南 通 市	452	80	211.1	160.9	211.77	111.47
如 东 县	61.02	11.87	30.51	18.64	19.62	10.75
启 东 市	66.03	14.8	29.09	22.14	23.44	8.18
如 皋 市	72.47	15.97	34.05	22.45	33.62	18.9
海 门 市	63.59	13.44	30.91	19.24	25.17	14.45
海 安 市	53.37	9.88	28.29	15.2	33.09	12.46
连 云 港 市	249.5	75.9	72.7	100.9		
东 海 县	54.7	18.07	14.3	22.33		
灌 云 县	41.8	17.86	9.44	14.5		
灌 南 县	37.85	14.81	10.5	12.54		
淮 安 市	284.7	76.4	89.7	118.6	82.96	67.68

市 县	就业人员	第一产业	第二产业	第三产业	私营企业就业人员	个体就业人员
涟 水 县	48.49	16.84	11.61	20.04	11.25	12.41
盱 眙 县	38.45	11.54	12.72	14.19	9.84	8.76
金 湖 县	19.14	5.39	6.58	7.17	8.11	3.24
盐 城 市	**430**	**95**	**158.5**	**176.5**	**135.3**	**68.65**
响 水 县	27.28	6.96	9.86	10.46	6.04	4.78
滨 海 县	54.93	14.61	19.14	21.18	13.05	6.88
阜 宁 县	49.9	13.38	17.57	18.95	19.89	8.65
射 阳 县	55.51	13.97	19.74	21.8	10.44	6.67
建 湖 县	42.68	9.27	16.97	16.44	10.87	5.64
东 台 市	63.54	14.06	23.27	26.21	26.34	8.9
扬 州 市	**268**	**37.3**	**115.1**	**115.6**	**124.3**	**66.22**
宝 应 县	42.21	9.96	18.31	13.94	15.62	8.83
仪 征 市	39.72	7.23	17.24	15.25	12.28	8.56
高 邮 市	46.23	9.36	20.06	16.81	22.07	10.28
镇 江 市	**194.9**	**21.5**	**83.7**	**89.7**	**101.56**	**63.01**
丹 阳 市	63.8	5.64	32.33	25.83	38.52	18.93
扬 中 市	21.77	1.29	11.23	9.25	16.82	4.22
句 容 市	39.41	9.25	14.96	15.2	11.74	12.53
泰 州 市	**275**	**54.3**	**112.6**	**108.1**	**117.73**	**69.4**
兴 化 市	73.2	21.7	25.3	26.2	18.06	16.22
靖 江 市	40.6	6	20.7	13.9	19.44	8.75
泰 兴 市	63.4	14.5	26.2	22.7	22.92	18.48
宿 迁 市	**281.4**	**82.7**	**96.9**	**101.8**	**91.77**	**76.34**
沭 阳 县	93.8	26.43	35.16	32.21	42.59	20.06
泗 阳 县	49.17	17.89	15.42	15.86	12.05	13.25
泗 洪 县	48.43	16.51	15.73	16.19	11.41	13.11

七、2019 年江苏省各市（县）地区财政收支及金融　单位：亿元

市（县）	一般公共预算收入	税收收入	一般公共预算支出	年末金融机构存款余额	住户存款	年末金融机构贷款余额
南 京 市	1580.03	1373.83	1658.07	35536.08	8299.64	33585.88
无 锡 市	1036.33	870.21	1117.52	17605.46	6316.12	13556.67
江 阴 市	256.58	218.09	231.1	4072.01	1384.27	3227.27
宜 兴 市	123.85	106.69	151.09	2340.85	1229.15	1696.81
徐 州 市	468.32	373.8	882.21	8036.56	4023.66	5777.28
丰 县	28.43	22.99	73.2	487.87	341.05	278.58
沛 县	45	37.03	107.98	600.7	411.58	368.28
睢 宁 县	38.04	31.89	92.79	596.16	380.99	385.46
新 沂 市	35.55	29.04	90.2	509.5	300.73	383.05
邳 州 市	42.87	34.7	117.36	695.53	474.85	545.87
常 州 市	590.03	501.6	654.19	10892.19	4322.79	8563.59
溧 阳 市	70.27	60.35	101.91	1306.25	637.23	997.6
苏 州 市	2221.81	1991.04	2141.45	33705.02	10605.31	30880.46
常 熟 市	203.02	172.02	219.5	3303.3	1538.83	2711.9
张家港市	247	212.81	224.77	3058.8	1288.99	2512.52
昆 山 市	407.31	369.01	342.41	4397.64	1519.76	3745.75
太 仓 市	162.97	140.51	143.22	1610.64	669.74	1581.73
南 通 市	619.26	507.55	972.64	13725.31	7135.53	10211.92
如 东 县	57.7	48.18	132.56	1366.79	783.78	811.98
启 东 市	70.65	56.54	101.81	1512.57	982.22	1041.38
如 皋 市	70.01	58.5	121.94	1470.25	922.7	1032.36
海 门 市	71.02	56.9	112.89	1659.41	999.98	1163.65
海 安 市	62.66	52.64	117.41	1596.81	876.26	1219.21
连云港市	242.44	191.36	466.03	3621.56	1621.93	3460.22
东 海 县	24.06	19.52	70.03	463.46	308.64	389.99
灌 云 县	22.59	16.75	62.74	335.34	201.94	270.9
灌 南 县	23.52	20.02	57.33	279.2	150.2	245.76
淮 安 市	257.31	209.3	529.15	4137.49	1812.23	3861.8

市（县）	一般公共预算收入	税收收入	一般公共预算支出	年末金融机构存款余额	住户存款	年末金融机构贷款余额
涟 水 县	22.95	20.31	71.3	443.63	244.55	299.24
盱 眙 县	19.09	15.41	58.7	420.64	238.13	378.41
金 湖 县	22.48	20.05	47.8	289.99	179.82	260.05
盐 城 市	**383**	**294.98**	**877.52**	**6995.52**	**3667.23**	**5844.28**
响 水 县	22	16.5	64.47	247.31	152.58	211.93
滨 海 县	23.2	17.41	81.35	431.25	266.12	379.63
阜 宁 县	27.7	21.68	90.1	518.53	371.52	305.53
射 阳 县	28.6	23.02	91.68	560.28	395.23	406.42
建 湖 县	30.16	22.79	93.45	543.67	385.03	366.64
东 台 市	52	42.09	108.7	928.32	677.7	590.22
扬 州 市	**328.79**	**263.81**	**611.95**	**6787.31**	**3239.35**	**5391.98**
宝 应 县	24.87	20.01	77.53	598.26	364.58	445.8
仪 征 市	50.37	42.21	67.68	721.02	362.32	511.45
高 邮 市	36.8	30.99	79.99	703.57	452.55	512.54
镇 江 市	**306.85**	**239.01**	**466.25**	**5613.48**	**2439.32**	**5284.58**
丹 阳 市	62.01	51.8	90	1252.95	739.71	1138.75
扬 中 市	34.01	27.71	49.57	663.18	337.67	528.03
句 容 市	53.5	48.26	73.4	936.22	396.33	1122.04
泰 州 市	**365.67**	**279.15**	**594.24**	**6879.13**	**3263.96**	**5493.92**
兴 化 市	39.76	31.4	111.23	976.24	673.26	642.56
靖 江 市	57.71	45.98	86.25	1183.06	612.03	985.86
泰 兴 市	80.59	66.26	106.46	1183.74	580.17	964.65
宿 迁 市	**212.6**	**178.65**	**505.74**	**3103.37**	**1527.53**	**3083.82**
沭 阳 县	47.9	38.41	119.59	718.35	446.06	631.34
泗 阳 县	25.75	20.88	72.88	424.92	271.68	504.55
泗 洪 县	26.32	21.34	89.55	380.6	273.59	421.57

八、2019 年江苏省按登记注册类型分固定资产投资比上年增长情况　单位:%

类　别	投资额		工业投资	
	2018	2019	2018	2019
总　计	**2. 2**	**3. 2**	**8**	**3. 9**
内资企业	2.7	3.3	9.9	4
国有企业	—10	—16.4	—9.6	—34
集体企业	—17.2	6.5	—31	1.1
股份合作企业	—14.5	—46.9	—10.8	78.2
联营企业	—48.1	60.7	75.7	245
国有联营	—69.9	—92.9	—100	
集体联营	93.2	—92.1	109.1	—96.9
国有与集体联营	45	12.6	271.8	—66.1
其他联营企业	—71.1	6424.2	—100	
有限责任公司	—0.9	13.9	—2.7	13.9
国有独资公司	14.7	42.1	16	95.2
其他有限责任公司	—5	5	—3.7	8.8
股份有限公司	8	5.3	23.4	2.1
私营企业	7.7	4.6	13.2	3.9
其他企业	47	2	20.6	—45.1
港、澳、台商投资企业	—2.7	—4.3	—4.8	—4.6
合资经营企业	—12.8	0.8	—14.9	1.2
合作经营企业	9.1	—37	13.8	—19.5
独资企业	7.4	—7.6	5.2	—9.4
股份有限公司	—42.5	22.9	—57.3	65.5
其他港澳台商投资	—72.4	138.7	—61.1	201.7
外商投资企业	—1.5	7	—2	9.2
合资经营企业	—2.4	26.2	—6.1	35.2
合作经营企业	—23.6	—71.7	—23.4	—65.1
独资企业	1.3	—5.9	3	—7.4

类　别	投资额		工业投资	
	2018	2019	2018	2019
股份有限公司	−43.9	40.7	−42.6	35.4
其他外商投资	−72.1	484.2	−72.1	484.2
个体经营	0.5	22.9	53.3	−17.6
个体户	−11.1	49.2	12.8	20.8
个人合伙	156.8	−99.9	571.6	−100
按设区市分				
南京	8.8	9.2	8.9	10.2
无锡	2.6	5.6	10.5	10.4
徐州	−5	−2.8	4	4.8
常州	3.1	−12.5	7.1	2.2
苏州	−2.7	12.5	0	8.8
南通	5.2	3	8	5.9
连云港	3.4	10	13.7	15
淮安	10.2	9.2	16.1	5.9
盐城	9.8	3.3	16.2	4.8
扬州	4.7	−0.9	16.2	3.4
镇江	−37.6	1.3	−27.9	1.7
泰州	6.7	3.6	8.5	6.1
宿迁	−1.2	1.3	10.3	7

九、2019 年江苏省各市（县）地区国内贸易、对外经济

市 县	社会消费品零售总额（亿元）	♯批发和零售业	进出口总额（亿美元）	出 口	进 口	实际使用外资（亿美元）
南 京 市	7136.32	6741.19	699.6	435.33	264.27	41.01
无 锡 市	3024.34	2793.91	924.3	554.6	369.7	36.2
江 阴 市	695.95	655.58	233.65	146.55	87.09	9.31
宜 兴 市	508.19	484.46	44.46	35	9.46	3.79
徐 州 市	3533.19	1247.05	135.19	112.88	22.31	20.9
丰 县	288.46	264.15	9.56	8.43	1.14	0.88
沛 县	456.14	424.38	7.67	7.19	0.47	1.86
睢 宁 县	467.4	437.69	8.26	6.74	1.51	1.49
新 沂 市	317.38	293.22	13.39	11.44	1.95	3.4
邳 州 市	348.18	314.41	18.51	16.72	1.79	2.66
常 州 市	2401.68	2213.38	338.35	252.41	85.94	26.28
溧 阳 市	321.48	296.12	11.67	10.14	1.53	3
苏 州 市	7813.4	7150.5	3190.9	1920.4	1270.5	46.15
常 熟 市	1031	969.14	225.8	158.1	67.7	4.98
张 家 港 市	718.26	662.95	343.6	161.4	182.2	3.98
昆 山 市	1391.72	1258.11	826.7	557	269.7	7.47
太 仓 市	424.79	388.68	133.6	63.6	70	4.4
南 通 市	3361.68	3059	365.71	248.9	116.82	26.65
如 东 县	404.44	380.45	54.81	20.52	34.29	3.09
启 东 市	410.54	372.97	36.19	27.68	8.51	3.04
如 皋 市	458.06	403.5	35.77	29.19	6.57	3.51
海 门 市	430.98	396.12	28.07	24.36	3.71	2.69
海 安 市	354.88	305.5	20.26	16.37	3.89	3.19
连 云 港 市	1162.82	1067.37	93.22	38.89	54.34	6.14
东 海 县	249.17	236.79	4.47	3.9	0.57	1.02
灌 云 县	81.39	74.37	1.92	1.83	0.08	0.06
灌 南 县	98.25	84.84	1.74	1.36	0.38	0.97
淮 安 市	1745.41	1581.64	47.05	33.8	13.25	10.49

续表

市 县	社会消费品零售总额（亿元）	#批发和零售业	进出口总额（亿美元）	出 口	进 口	实际使用外资（亿美元）
涟 水 县	203.76	186.13	3.25	2.86	0.39	1.4
盱 眙 县	169.69	151.66	1.65	1.44	0.22	1.05
金 湖 县	118.51	103.36	4.72	4.64	0.07	1.28
盐 城 市	**2241**	**2065.24**	**96.12**	**64.12**	**32**	**9.2**
响 水 县	109.71	76.95	5.39	4.62	0.77	0.07
滨 海 县	230.91	126.7	4.95	4.47	0.48	0.27
阜 宁 县	235.9	136.54	4.39	4.07	0.32	0.35
射 阳 县	219.41	181.75	6.7	4.69	2.01	0.85
建 湖 县	190.99	132.93	3.87	3.44	0.43	0.35
东 台 市	242.48	288.05	10.31	9.72	0.59	1
扬 州 市	**1423.2**	**1276.9**	**113.05**	**83.65**	**29.4**	**13.88**
宝 应 县	165.94	151.28	10.04	7.73	2.31	0.87
仪 征 市	117.72	105.33	5.96	4.59	1.38	2
高 邮 市	175.87	148.39	5.06	4.46	0.6	0.93
镇 江 市	**1158.49**	**1007.05**	**112.03**	**78.67**	**33.35**	**6.6**
丹 阳 市	305.49	264.26	31.49	27.77	3.73	1.41
扬 中 市	134.55	116.39	5.19	4.48	0.7	0.63
句 容 市	155.6	134.6	6.79	5.97	0.83	1.22
泰 州 市	**1350.54**	**1220.07**	**144.66**	**95.32**	**49.34**	**14.86**
兴 化 市	248.32	222.89	7.52	7.29	0.23	1.62
靖 江 市	202.71	183.52	34.47	25.51	8.96	1.16
泰 兴 市	274.3	238.71	43.36	24.82	18.53	3.75
宿 迁 市	**1320.45**	**1239.82**	**34.25**	**28.88**	**5.38**	**4.46**
沭 阳 县	248.61	160.67	8.97	8.5	0.47	1.08
泗 阳 县	127.17	114.19	4.73	4.46	0.26	0.88
泗 洪 县	132.64	125.39	2.99	2.49	0.5	0.85

十、2019 年江苏省分市交通运输基本情况

指　标	南京市	无锡市	徐州市	常州市
运输线路				
公路通车里程(公里)	10178	7591	16793	8962
♯等级公路里程	10178	7591	16043	8962
♯高速公路	521	274	464	306
一级公路	1311	980	1376	1051
二级公路	1090	1756	1645	1614
内河航道里程(公里)	630	1578	1033	1080
公路桥梁(座)	2132	3948	5133	3541
公路桥梁长度(米)	234076	274555	254157	235597
客运量				
公路(万人)	8229	5148	9434	4063
水运(万人)	19	408		310
民用航空(万人)	3058	797	301	405
货运量				
公路(万吨)	22121	17386	27576	10258
水运(万吨)	19223	3117	7216	2690
民用航空(吨)	374634	145128	12069	33161
机动车拥有量(万辆)	283.46	226.18	183.58	151.2
♯机动汽车拥有量	269.94	208.76	151.4	143.66
♯载客汽车	254.2	196.83	133.03	134.27
载货汽车	14.31	11.21	15.81	8.88
营运汽车(含公交出租车辆)	13.22	8.27	14.87	6.53
♯私人汽车	211.19	172.24	139.51	120.81
全社会船舶拥有量(万艘)	0.148	0.131	0.317	0.159
机动船	0.147	0.13	0.145	0.159
驳船	0.002	0.001	0.172	
港口货物吞吐量(万吨)	25903	28746	4011	7599
♯外贸	3312	5260		1199

指　标	苏州市	南通市	连云港市	淮安市	盐城市
运输线路					
公路通车里程(公里)	11818	19246	12103	13508	20542
♯等级公路里程	11818	19246	12103	12932	20349
♯高速公路	608	487	354	402	396
一级公路	1947	2053	840	760	1661
二级公路	4214	1766	1857	1641	2924
内河航道里程(公里)	2786	3522	1103	1483	4346
公路桥梁(座)	9593	8591	2811	3889	15632
公路桥梁长度(米)	603464	406060	218245	216541	511686
客运量					
公路(万人)	28951	6447	4063	5678	6088
水运(万人)	651	390	21	14	
民用航空(万人)		348	192	235	209
货运量					
公路(万吨)	23831	10281	11759	4847	11339
水运(万吨)	1008	8661	2280	7784	13120
民用航空(吨)		42263	3343	10259	8684
机动车拥有量(万辆)	429.64	211.06	91.7	87.8	136.38
♯机动汽车拥有量	419.1	180.8	71.47	63.23	105.02
♯载客汽车	398.39	169.46	60.87	56.73	94.65
载货汽车	19.29	10.54	9.14	5.95	8.65
营运汽车(含公交出租车辆)	13.11	5.63	6.57	4.57	5.57
♯私人汽车	350.49	161.53	65.61	57.03	94.66
全社会船舶拥有量(万艘)	0.029	0.132	0.087	0.279	0.653
机动船	0.029	0.128	0.084	0.265	0.588
驳船	…	0.004	0.003	0.014	0.066
港口货物吞吐量(万吨)	62038	36442	24013	7809	10340
♯外贸	14653	5005	12904		1995

指　标	扬州市	镇江市	泰州市	宿迁市
运输线路				
公路通车里程(公里)	9726	7321	10087	12064
♯等级公路里程	9366	7321	10087	11960
♯高速公路	294	193	321	247
一级公路	609	954	1076	640
二级公路	1349	849	1434	1739
内河航道里程(公里)	2297	597	2550	980
公路桥梁(座)	4218	1381	7131	3282
公路桥梁长度(米)	198680	115397	332625	163642
客运量				
公路(万人)	2931	2892	5907	4644
水运(万人)	5		265	
民用航空(万人)	298			
货运量				
公路(万吨)	4898	5613	4979	9688
水运(万吨)	6931	1666	19493	2353
民用航空(吨)	12441			
机动车拥有量(万辆)	101.24	75.24	99.73	107.5
♯机动汽车拥有量	82.75	64.75	82.62	73.66
♯载客汽车	76.08	60.72	77.17	63.54
载货汽车	5.93	3.7	5.09	7.43
营运汽车(含公交出租车辆)	4	2.91	3.76	5.76
♯私人汽车	73.25	56.93	74.06	68.85
全社会船舶拥有量(万艘)	0.218	0.033	0.736	0.12
机动船	0.205	0.032	0.733	0.084
驳船	0.013	0.001	0.002	0.036
港口货物吞吐量(万吨)	10072	34012	30615	1511
♯外贸	1039	4300	2780	

十一、2019 年江苏省商品零售价格分类指数

上年＝100

类　别	全　省	城　市	农　村
商品零售价格指数	**102.6**	**102.5**	**103.4**
食品	108	107.9	108.5
饮料、烟酒	102.1	102.2	101.6
服装、鞋帽	102.8	102.8	103.3
纺织品	102.4	102.3	103.5
家用电器及音像器材	100.5	100.3	102.3
文化办公用品	101.8	101.8	102.2
日用品	101.8	101.7	101.8
体育娱乐用品	100.6	100.6	100.5
交通、通信用品	100.3	100.2	102
家具	102.8	103.1	100.1
化妆品	103.4	103.6	101.8
金银饰品	107.1	107.1	107
中西药品及医疗保健用品	102.3	102.2	103.3
书报杂志及电子出版物	109.2	109.1	109.8
燃料	97	97	97.5
建筑材料及五金电料	102.1	102	102.3
农业生产资料价格指数	**104.2**		
农用手工工具	105.4		
饲料	102.1		
仔畜幼禽及产品畜	134.2		
半机械化农具	102.8		
机械化农具	101.5		
化学肥料	102.3		
农药及农药器械	103.7		
化学农药	103.8		
农药器械	102.7		
农机用油	94.8		
其他农用生产资料	102.2		
农业生产服务	103.1		

附录：主要统计指标解释

国内生产总值(GDP) 指一个国家所有常住单位在一定时期内生产活动的最终成果。国内生产总值有三种表现形态，即价值形态、收入形态和产品形态。从价值形态看，它是所有常住单位在一定时期内生产的全部货物和服务价值超过同期中间投入的全部非固定资产货物和服务价值的差额，即所有常住单位的增加值之和；从收入形态看，它是所有常住单位在一定时期内创造并分配给常住单位和非常住单位的初次收入分配之和；从产品形态看，它是所有常住单位在一定时期内最终使用的货物和服务价值与货物和服务净出口价值之和。在实际核算中，国内生产总值有三种计算方法，即生产法、收入法和支出法。三种方法分别从不同的方面反映国内生产总值及其构成。对于地区，GDP 中文名称为"地区生产总值"。

货物和服务净出口 指货物和服务出口减货物和服务进口的差额。出口包括常住单位向非常住单位出售或无偿转让的各种货物和服务的价值；进口包括常住单位从非常住单位购买或无偿得到的各种货物和服务的价值。由于服务活动的提供与使用同时发生，因此服务的进出口业务并不发生出入境现象，一般把常住单位从国外得到的服务作为进口，非常住单位从本国得到的服务作为出口。货物的出口和进口都按离岸价格计算。

居民消费 指常住住户对货物和服务的全部最终消费支出。居民消费按市场价格计算，即按居民支付的购买者价格计算。购买者价格是购买者取得货物所支付的价格，包括购买者支付的运输和商业费用。居民消费除了直接以货币形式购买货物和服务的消费之外，还包括以其他方式获得的货物和服务的消费支出，即所谓的虚拟消费支出。居民虚拟消费支出包括以下几种类型：单位以实物报酬及实物转移的形式提供给劳动者的货物和服务；住户生产并由本住户消费了的货物和服务，其中的服务仅指住户的自有住房服务；金融机构提供的金融媒介服务；保险公司提供的保险服务。

政府消费 指政府部门为全社会提供公共服务的消费支出和免费或以较低价格向住户提供的货物和服务的净支出。前者等于政府服务的产出价值减去政府单位所获得的经营收入的价值，政府服务的产出价值等于它的经常性业务支出加上固定资产折旧；后者等于政府部门免费或以较低价格向住户提供的货物和服务的市场价值减去向住户收取的价值。

就业人员 指从事一定社会劳动并取得劳动报酬或经营收入的人员，包括在岗职工、再就业的离退休人员、私营业主、个体户主、私营和个体就业人员、乡镇企业就业人员、农村就业人员、其他就业人员(包括民办教师、宗教职业者、现役军人等)。这一指标反映了一定时期内全部劳动力资源的实际利用情况，是研究我国基本国情国力的重要指标。

单位就业人员 指在各类法人单位工作，并由单位支付劳动报酬的人员，包括在岗职工和其他就业人员。在岗职工指在本单位工作且与本单位签订劳动合同，并由单位支付各项工资和社会保险、住房公积金的人员，以及上述人员中由于学习、病伤、产假等原因暂未工作仍由单位支付工资的人员。其他就业人员指在本单位工作，不能归到在岗职工、劳务派遣人员中的人员。此类人员是实际参加本单位生产或工作并从本单位取得劳动报酬的人员。具体包括：非全日制人员、聘用的正式离退休人员、兼职人员和第二职业者等，以及在本单位中工作的外籍和港澳台方人员。

城镇私营和个体就业人员城镇私营就业人员指在工商管理部门注册登记，其经营地址设在县城关镇（含城关镇）以上的私营企业就业人员；包括私营企业投资者和雇工。城镇个体就业人员指在工商管理部门注册登记，并持有城镇户口或在城镇长期居住，经批准从事个体工商经营的就业人员；包括个体经营者和在个体工商户劳动的家庭帮工和雇工。

平均工资　指在报告期内单位发放工资的人均水平。计算公式为：

$$平均工资＝报告期工资总额/报告期平均人数$$

在岗职工平均工资指数　指报告期在岗职工平均工资与基期在岗职工平均工资的比率，是反映不同时期在岗职工货币工资水平变动情况的相对数。计算公式为：

$$在岗职工平均工资指数＝报告期平均工资/基期平均工资×100\%$$

居民消费价格指数　是反映一定时期内城乡居民所购买的生活消费品价格和服务项目价格变动趋势和程度的相对数，是对城市居民消费价格指数和农村居民消费价格指数进行综合汇总计算的结果。通过该指数可以观察和分析消费品的零售价格和服务价格变动对城乡居民实际生活费支出的影响程度。

可支配收入　指调查户在调查期内获得的、可用于最终消费支出和储蓄的总和，即调查户可以用来自由支配的收入。可支配收入既包括现金，也包括实物收入。按照收入的来源，可支配收入包含四项：工资性收入、经营净收入、财产净收入和转移净收入。计算公式为：

$$可支配收入＝工资性收入＋经营净收入＋财产净收入＋转移净收入$$

固定资产投资　是以货币表现的建造和购置固定资产活动的工作量，它是反映固定资产投资规模、速度、比例关系和使用方向的综合性指标。全社会固定资产投资按登记注册类型可分为国有、集体、个体、联营、股份制、外商、港澳台商、其他等。全社会固定资产投资总额分为城镇项目投资、农村建设项目投资和房地产开发投资三个部分。

新增固定资产　指通过投资活动所形成的新的固定资产价值，包括已经建成投入生产或交付使用的工程价值和达到固定资产标准的设备、工具、器具的价值及有关应摊入的费用。它是以价值形式表示的固定资产投资成果的综合性指标，可以综合反映不同时期、不同部门、不同地区的固定资产投资成果。

财政收入　指国家财政参与社会产品分配所取得的收入，是实现国家职能的财力保证。按我省口径，财政总收入为公共财政预算收入、基金收入和上划中央四税之和。

财政支出　国家财政将筹集起来的资金进行分配使用，以满足经济建设和各项事业的需要。

进出口总额　海关进出口总额指实际进出我国国境的货物总金额。包括对外贸易实际进出口货物，来料加工装配进出口货物，国家间、联合国及国际组织无偿援助物资和赠送品，华侨、港澳台同胞和外籍华人捐赠品，租赁期满归承租人所有的租赁货物，进料加工进出口货物，边境地方贸易及边境地区小额贸易进出口货物（边民互市贸易除外），中外合资企业、中外合作经营企业、外商独资经营企业进出口货物和公用物品,到、离岸价格在规定限额以上的进出口货样和广告品(无商业价值、无使用价值和免费提供出口的除外),从保税仓库提取在中国境内销售的进口货物,以及其他进出口货物。进出口总额用以观察一个国家在对外贸易方面的总规模。我国规定出口货物按离岸价格统计,进口货物按到岸价格统计。

实际使用外资 指外国企业和经济组织或个人(包括华侨、港澳台胞以及我国在境外注册的企业)按我国有关政策、法规,用现汇、实物、技术等在我国境内开办外商独资企业、与我国境内的企业或经济组织共同举办中外合资经营企业、合作经营企业或合作开发资源的投资(包括外商投资收益的再投资)。

对外承包工程 指各对外承包公司以招标议标承包方式承揽的下列业务:(1)承包国外工程建设项目;(2)承包我国对外经援项目;(3)承包我国驻外机构的工程建设项目;(4)承包我国境内利用外资进行建设的工程项目;(5)与外国承包公司合营或联合承包工程项目时我国公司分包部分;(6)对外承包兼营的房屋开发业务。对外承包工程的营业额是以货币表现的本期内完成的对外承包工程的工作量,包括以前年度签订的合同和本年度新签订的合同在报告期内完成的工作量。

对外劳务合作 指以收取工资的形式向业主或承包商提供技术和劳动服务的活动。我国对外承包公司在境外开办的合营企业,中国公司同时又提供劳务的,其劳务部分也纳入劳务合作统计。劳务合作营业额按报告期内向雇主提交的结算数(包括工资、加班费和奖金等)统计。

铁路营业里程 又称营业长度(包括正式营业和临时营业里程),指办理客货运输业务的铁路正线总长度。凡是全线或部分建成双线及以上的线路,以第一线的实际长度计算;复线、站线、段管线、岔线和特殊用途线以及不计算运费的联络线都不计算营业里程。铁路营业里程是反映铁路运输业基础设施发展水平的重要指标,也是计算客货周转量、运输密度和机车车辆运用效率等指标的基础资料。

货(客)运量 指在一定时期内,各种运输工具实际运送的货物(旅客)数量。它是反映运输业为国民经济和人民生活服务的数量指标,也是制定和检查运输生产计划、研究运输发展规模和速度的重要指标。货运按吨计算,客运按人计算。货物不论运输距离长短、货物类别,均按实际重量统计。旅客不论行程远近或票价多少,均按一人一次客运量统计;半价票、小孩票也按一人统计。

货物(旅客)周转量 指在一定时期内,由各种运输工具运送的货物(旅客)数量与其相应运输距离的乘积之总和。它是反映运输业生产总成果的重要指标,也是编制和检查运输生产计划,计算运输效率、劳动生产率以及核算运输单位成本的主要基础资料。计算货物周转量通常按发出站与到达站之间的最短距离,也就是计费距离计算。计算公式为:

$$货物(旅客)周转量 = \sum 货物(旅客)运输量 \times 运输距离$$

沿海主要港口货物吞吐量 指经水运进出沿海主要港区范围,并经过装卸的货物数量,包括邮件及办理托运手续的行李、包裹以及补给运输船舶的燃、物料和淡水。货物吞吐量按货物流向分为进口、出口吞吐量,按货物交流性质分为外贸货物吞吐量和国内贸易货物吞吐量。货物吞吐量的货类构成及其流向,是衡量港口生产能力大小的重要指标。

邮电业务总量 指以价值量形式表现的邮电通信企业为社会提供各类邮电通信服务的总数量。邮电业务量按专业分类包括函件、包件、汇票、报刊发行、邮政快件、特快专递、邮政储蓄、集邮、公众电报、用户电报、传真、长途电话、出租电路、无线寻呼、移动电话、分组交换数据通信、出租代维等。计算方法为各类产品乘以相应的平均单价(不变价)之和,再加上出租电路和设备、代用户维护电话交换机和线路等的服务收入。它综合反映了一定时期邮电业务发展的总成果,是研究邮电业务量构成和发展趋势的重要指标。计算公式为:

$$邮电业务总量 = \sum(各类邮电业务量 \times 不变单价) + 出租代维及其他业务收入$$

移动电话用户　是指通过移动电话交换机进入移动电话网、占用移动电话号码的电话用户。用户数量以报告期末在移动电话营业部门实际办理登记手续进入移动电话网的户数进行计算,一部移动电话统计为一户。

电话用户　指接入国家公众固定电话网,并按固定电话业务进行经营管理的电话用户。1997年以前,电话用户分为市内电话用户和农村电话用户。"市内电话用户"是指接入县城及县以上城市的电话网上的电话用户;"农村电话用户"是指接入县邮电局农话台及县以下农村电话交换点,以县城为中心(除市话用户外)联通县、乡(镇)、行政村、村民小组的用户。从1997年起,电话用户数分组调整为以用户所在区域划分为"城市电话用户"和"乡村电话用户",与过去的按市内电话和农村电话划分方法不同。而电话用户总数、电话机总部数统计范围不变。

批发和零售业商品购、销、存总额　指各种登记注册类型的批发和零售企业、产业活动单位、个体经营者以本单位为总体的商品购进、销售、库存总额。

商品购进总额　指从本单位以外的单位和个人购进(包括从境外直接进口)作为转卖或加工后转卖的商品总额。

商品销售总额　指对本单位以外的单位和个人出售(包括对境外直接出口)本单位经营的商品总额(含增值税)。

商品批发额　指商品零售额以外的一切商品销售额。包括售给生产经营单位用于生产或经营用的商品销售额;售给批发和零售业、餐饮业用于转卖或加工后转卖的商品销售额;直接向国(境)外出口和委托外贸部门代理出口的商品销售额。

商品零售额　指售给城乡居民用于生活消费、售给社会集团用公款购买用作非生产、非经营使用的商品销售额。

商品库存总额　指报告期末各种登记注册类型的批发和零售业企业、产业活动单位、个体经营者已取得所有权的商品。

商品交易市场　指有固定场所、设施,有若干经营者入场实行集中、公开交易各类实物商品的市场。

商品交易市场成交额　指商品交易市场内所有经营者所实现的商品销售金额。商品交易市场包括消费品市场和生产资料市场。

旅游者人数

(1)入境国际旅游者人数:指来中国参观、访问、旅行、探亲、访友、休养、考察、参加会议和从事经济、科技、文化、教育、宗教等活动的外国人、华侨、港澳同胞和台湾同胞的人数。不包括外国在我国的常驻机构,如使领馆、通讯社、企业办事处的工作人员;来我国常住的外国专家、留学生以及在岸逗留不过夜人员。

（2）出境居民人数：指大陆居民因公务活动或私人事务短期出境的人数。公务活动出境居民人数包括在国际交通工具上的中国服务员工，因私出境居民人数不包括在国际交通工具上的中国服务员工。

（3）国内旅游者人数：指我国大陆居民和在我国常住 1 年以上的外国人、华侨、港澳台同胞离开常住地在境内其他地方的旅游设施内至少停留一夜，最长不超过 6 个月的人数。

国际旅游（外汇）收入 指入境旅游的外国人、华侨、港澳同胞和台湾同胞在中国大陆旅游过程中发生的一切旅游支出，对于国家来说就是国际旅游（外汇）收入。

科技活动人员 指直接从事科技活动，以及专门从事科技活动管理和为科技活动提供直接服务的人员。累计从事科技活动的实际工作时间占全年制度工作时间 10% 及以上的人员。（1）直接从事科技活动的人员包括：在独立核算的科学研究与技术开发机构、高等学校、各类企业及其他事业单位内设的研究室、实验室、技术开发中心及中试车间（基地）等机构中从事科技活动的研究人员、工程技术人员、技术工人及其他人员；虽不在上述机构工作，但编入科技活动项目（课题）组的人员；科技信息与文献机构中的专业技术人员；从事论文设计的研究生等。（2）专门从事科技活动管理和为科技活动提供直接服务的人员包括：独立核算的科学研究与技术开发机构、科技信息与文献机构、高等学校、各类企业及其他事业单位主管科技工作的负责人，专门从事科技活动的计划、行政、人事、财务、物资供应、设备维护、图书资料管理等工作的各类人员，但不包括保卫、医疗保健人员、司机、食堂人员、茶炉工、水暖工、清洁工等为科技活动提供间接服务的人员。

研究与试验发展（R&D） 指在科学技术领域，为增加知识总量，以及运用这些知识去创造新的应用而进行的系统的创造性的活动，包括基础研究、应用研究、试验发展三类活动。

基础研究 指为了获得关于现象和可观察事实的基本原理的新知识（揭示客观事物的本质、运动规律，获得新发现、新学说）而进行的实验性或理论性研究，它不以任何专门或特定的应用或使用为目的。其成果以科学论文和科学著作为主要形式。

应用研究 指为获得新知识而进行的创造性研究，主要针对某一特定的目的或目标。应用研究是为了确定基础研究成果可能的用途，或是为达到预定的目标探索应采取的新方法（原理性）或新途径。其成果形式以科学论文、专著、原理性模型或发明专利为主。

试验发展 指利用从基础研究、应用研究和实际经验所获得的现有知识，为产生新的产品、材料和装置，建立新的工艺、系统和服务，以及对已产生和建立的上述各项作实质性的改进而进行的系统性工作。其成果形式主要是专利、专有技术、具有新产品基本特征的产品原型或具有新装置基本特征的原始样机等。在社会科学领域，试验发展是指把通过基础研究、应用研究获得的知识转变成可以实施的计划（包括为进行检验和评估实施示范项目）的过程。人文科学领域没有对应的试验发展活动。

研究与试验发展人员 指参与研究与试验发展项目研究、管理和辅助工作的人员，包括项目（课题）组人员，企业科技行政管理人员和直接为项目（课题）活动提供服务的辅助人员。

专业技术人员 指从事专业技术工作和专业技术管理工作的人员，即企事业单位中已经聘任专业技术职务从事专业技术工作和专业技术管理工作的人员，以及未聘任专业技术职务，现在专业技术岗位上工作的人员。包括工程技术人员，农业技术人员，科学研究人员，卫生技术人员，教学人员，经济人员，会计人员，统计人员，翻译人员，图书资料、档案、文博人员，新闻出版人员，律师、公证人员，广播电视播音人员，工艺美术人员，体育人员，艺术人员及企业政治思想工作人员，共十七个专业技术职务类别。

科技活动经费筹集　指从各种渠道筹集到的计划用于科技活动的经费，包括政府资金、企业资金、事业单位资金、金融机构贷款、国外资金和其他资金等。

政府资金　指从各级政府部门获得的计划用于科技活动的经费，包括科学事业费、科技三项费、科研基建费、科学基金、教育等部门事业费中计划用于科技活动的经费以及政府部门预算外资金中计划用于科技活动的经费等。

企业资金　指从自有资金中提取或接受其他企业委托的、科研院所和高校等事业单位接受企业委托获得的，计划用于科研和技术开发的经费。不包括来自政府、金融机构及国外的计划用于科技活动的资金。

金融机构贷款　指从各类金融机构获得的用于科技活动的贷款。

科技活动经费内部支出　指报告年内用于科技活动的实际支出包括劳务费、科研业务费、科研管理费，非基建投资购建的固定资产、科研基建支出以及其他用于科技活动的支出。不包括生产性活动支出、归还贷款支出及转拨外单位支出。

劳务费　指以货币或实物形式直接或间接支付给从事科技活动人员的劳动报酬及各种费用。包括各种形式的工资、津贴、奖金、福利、离退休人员费用、人民助学金等。

固定资产购建费　指报告年内使用非基建投资购建的固定资产和用于科研基建投资的实际支出额，即固定资产实际支出和科研基建投资实际完成额之和。固定资产是指长期使用而不改变原有实物形态的主要物资设备、图书资料、实验材料和标本以及其他设备和家具、房屋、建筑物。

新产品　指采用新技术原理、新设计构思研制、生产的全新产品，或在结构、材质、工艺等某一方面比原有产品有明显改进，从而显著提高了产品性能或扩大使用功能的产品。既包括政府有关部门认定并在有效期内的新产品，也包括企业自行研制开发，未经政府有关部门认定，从投产之日起一年之内的新产品。

专利　是专利权的简称，是对发明人的发明创造经审查合格后，由专利局依据专利法授予发明人和设计人对该项发明创造享有的专有权。包括发明、实用新型和外观设计。

发明　指对产品、方法或者其改进所提出的新的技术方案。

实用新型指对产品的形状、构造或者其结合所提出的适于实用的新的技术方案。

外观设计　指对产品的形状、图案、色彩或者其结合所做出的富有美感并适于工业上应用的新设计。

普通高等学校　指按照国家规定的设置标准和审批程序批准举办，通过国家统一招生考试，招收高中毕业生为主要培养对象，实施高等学历教育的全日制大学、独立设置的学院和高等专科学校、高等职业学校和其他机构。